가족복지론

가족복지론

강영숙 · 김성숙 · 조미정

KNOWLEDGE COMMUNITY 공동체

머리말

가족은 인간이 만든 제도 중 가장 오래된 것으로 사회변천에 따라 변화과정을 겪으면서도 꾸준히 지속된 사회의 가장 기본적이며 가장 오래된 제도이다. 때문에 개인에게 가족만큼 영향력을 크게 가지고 있는 집단도 드물다. 그러나 최근 산업화 과정을 겪으면서 한국 가족은 급격한 변화를 경험하고 있다. 높은 이혼율, 낮은 출산율, 증가하는 여성의 사회진출, 급속히 진행되는 노령화, 국제결혼 등의 가족과 관련된 사회현상뿐 아니라 가족관계나 가족의 가치관도 빠른 속도로 변화되고 있다. 뿐만 아니라 이혼 및 재혼으로 인한 취약 위기가족의 증가, 그것으로 인한 또 다른 형태의 가족구조와 자녀들의 문제, 가정폭력 등이 최근에는 더욱 다양한 가족문제로 발생되고 있다. 이러한 사회구조적인 가족복지서비스 개입의 필요성을 더욱 절감하면서 대학에서 사회복지를 강의하는 교수님, 현장에서 가족과 밀접하게 관련되어 있는 종사자들, 또 사회복지학을 공부하는 대학교 및 사이버 수강생들에게도 쉽게 다가갈 수 있는 교재를 집필하고자 하였다. 본 저자들은 십여 년간 대학에서 사회복지학을 강의해 왔다. 그러면서 현대의 가족들을 보면서 무너져내리는 가슴을 쓸어안고 가족복지 집필에 대한 시대적 사명감을 가지고 집필을 하게 되었다.

이 교재는 크게 4부로 구성되어 있다. 제1부는 현대사회와 가족을 다루었다. 1장에서는 현대사회와 가족, 2장에서는 가족복지정책, 3장에서는 가족복지 관련법에 대해서 다루었다. 제2부에서는 가족복지의 접근방법에 대해서 다루었다. 4장에서는 가족복지와 가족사정, 5장에서는 가족문제 예방을 위한 실천, 6장에서는 건강가정, 7장에서는 가족스트레스와 가족치료, 8장에서는 가족치료의 이론과 실제를 다루었다. 제3부에서는 가족복지의 실천 분야에서 다양한 형태의 가족을 다루었다. 9장에서는 한부모/ 미혼모가족, 10장에서는 입양 및 위탁가정, 11장에서는 다문화가족, 12장, 13장에서는 위기가족을 위기가족(1)과 위기가족(2)로 나누어 최근 우리 사회의 화두가 되고 있는 다양한 가족에 대해서 다루었다. 마지막으로 제4부에서는 가족복지의 미래에 대해 다루었다.

이 책이 출판되기까지 본 저자들은 아낌없이 이 책에 애정과 정성을 쏟아부었다. 이에 이 책으로 말미암아 독자들의 가족에 대한 이해가 깊어지고, 그 이해를 바탕으로 살 만한 세상으로 변화하기를 희망한다. 최선을 다하여 집필하였다고 하지만 막상 탈고하고 보니 여러 가지로 미흡한 점이 많다. 독자 여러분들의 아낌없는 격려와 조언을 부탁한다. 끝으로 이 책이 출간되기까지 바쁜 일정에도 불구하고 세세하게 신경써주신 공동체 출판사 가족들에게 진심으로 고마움을 전한다.

2024년 8월
저자 일동

차 례

PART 02 가족복지의 접근방법

PART 03 가족복지의 실천 분야

PART 04 가족복지의 미래

PART

01

현대사회와 가족

Chapter 01 현대사회와 가족

현대사회는 변화의 속도가 빨라 변화를 감지한 순간 또 다른 변화를 맞이해야 하는 사회로 가족 변화의 실제 내용과 방향을 정확히 이해하는 것은 매우 중요하다. 파편화되고 도구화되는 현대사회에서 획일성보다는 다양성, 정형화보다는 유연화 그리고 규칙과 규율의 적용보다는 정서와 사랑의 공동체로서의 가족 기능이 부각되고 있다(양옥경, 2006 : 18). 이에 본 장에서는 먼저 현대사회의 다양한 특징과 또 그에 따른 가족의 변화적 특징을 살펴보고 미래 가족을 예측해 보고자 한다.

1. 가족에 대한 이해

1) 가족의 정의

(1) Murdock의 정의

Murdock(1949)은 '가족은 사회적으로 인정받는 성적 관계를 유지하는 최소한 두 명의 성인 남녀와 한 명 이상의 자녀를 포함한다'고 하였다. Murdock은 '가족은 혈연, 입양, 결혼 등에 기반한 특수한 관계를 지닌 사람들이며, 반드시 동거할 필요는 없으며, 생활공동체로서의 연대의식을 가짐으로써 동거를 기대할 수도 있는 관계'라고 하였다. 여기서 동거란 한 울타리 안에서 생활을 같이 하는 것을 의미한다. 아울러 입양이나 고용, 기타 조건에 의해 동거하는 상태에서 가족공동체의 연대의식이 형성되어 그 관계가 지속적일 때 이것을 가족 구성원으로 받아들일 수 있다고 하였다. 그러나 그의 정의는 가족 구성원 가운데 부부와 자녀만을 중요시하는 이른바 핵가족에만 치중하는 경향이 있어 다양한 가족유형을 포함하지 못하는 한계점이 있다.

(2) Levistrauss의 정의

Levistrauss(1971)는 가족의 기능과 운명공동체적 성격을 중요시하여 가족원의 유대관계와 결합을 중요한 요소로 생각하였다. Levistrauss는 가족을 '결혼에 의해 형성되고, 부부와 자녀로 구성되지만 다른 근친자가 포함될 수 있으며 가족 구성원은 법적 · 경제적 · 종교적 유대 그리고 그 외 다른 권리와 의무, 성적 권리와 금기, 애정, 존경 등 다양한 심리적 감정으로 결합'된 것으로 정의했다. 이러한 가족의 정의는 Murdock보다 가족의 범위를 확대한 것이며 가족을 결혼과 혈연으로 조성된 더 넓은 친족집단 구조로 정의하고 있다.

(3) Goode의 정의

Goode(1982)는 '가족의 개념은 단순히 언어로 규정하여 이해할 수 있는 단순한 것이 아니다'라고 하면서, 대부분의 가족유형을 포함할 수 있는 정의를 다음과 같이 제시하였다.

① 적어도 성(性)이 다른 2명의 성인이 주거를 같이하며, 각기 다른 분업에 종사한다. 즉, 그들은 서로 같은 일을 하지 않는다.
② 그들은 여러 형태의 경제적 · 사회적 교환을 한다. 즉, 그들은 서로 상대방을 위해 일을 한다.
③ 그들은 음식, 성, 주거 그리고 재화와 사회적 활동을 공유한다.
④ 성인과 아동은 부모-자녀관계를 맺는다. 부모는 자녀에 대한 권리를 행하며, 반면에 보호와 양육에 대한 의무를 가진다.
⑤ 자녀들 간에는 형제관계가 존재한다. 이들은 서로 보호하고 도우며 함께 나누어 가질 의무가 있다.

(4) 법률에 의한 정의

우리나라의 민법 친족 편에 있는 가족에 대한 정의를 살펴보면 '배우자, 직계혈족 및 형제자매, 생계를 같이하는 직계혈족의 배우자, 배우자의 직계혈족 및 배우자의 형제자매'로 가족의 범위를 규정하고 있다. 이는 부부와 자녀 이외에 다세대로 구성된 가족 구성원이 포함되는 개념이다. 건강가정기본법에서도 '가족은 혼인 · 혈연 · 입양으로 맺어진 관계'라고 규정하고 있는 것을 보면 우리나라의 가족 개념은 부모와 자식으로 이루어진 전통적인 가족 형태를 전제로 한 정의임을 알 수 있다. 그런데 가족의 전통적 정의는 자신들을 가족으로 간주하는 다양한 집단을 포괄하지 못하기 때문에 도전받고 있다.

예를 들면, 무자녀가족, 동거가족, 노인단독가족, 동성애가족, 코뮨은 가족인가?라는 질문을 받게 된다. 최근에 급변하는 사회현상 때문에 우리가 가족에 대해 지니고 있는 전통적 개념을 수정해야 한다. 부부가족과 1인 가구가 증가 추세에 있고, 한편으로는 한부모가족, 미혼모가족, 공동체가족, 재결합가족, 딩크가족 등의 다양한 가족이 출현하고 있다. 이러한 비전통적인 가족을 포괄적으로 규정할 수 있도록 가족에 대한 정의가 확대되고 있다. 좀 더 포괄적인 정의(Chilman et al., 1988)에 따르자면, 현대 가족은 친밀, 헌신의 관계에 있는 사람들이 하나의 집단에 속해 있다는 정체성을 의식하고, 그 집단의 고유한 정체성을 수립하며, 성적 · 표현적으로 부모-자녀관계를 유지하는 것으로 보인다. 급진적 가족이론가들은 가족에 대한 정의를 가족에 관한 이념적 측면으로 구성된 family와 경제적 역할의 측면으로 구성된 household를 합쳐서 가족가구체계로 정의하기도 한다.

Burgess(1963)는 가족의 기능적 측면에 관심을 집중시켜 가족을 상호작용하는 인격체들의 통일체로 정의하였고, Goodman(1992)은 개인이 가족 구성과 해체 그리고 재구성을 연속적으로 할 수 있다는 의미를 암시하는 '혈통, 결혼, 입양에 의해 이어진 개인들의 영속적인 사회적 집단'으로 가족을 정의하였다. 이와 같이 현대적인 가족에 대한 정의는 다양한 가족을 포괄하는 정의가 될 것이다.

2) 가족 관련 용어

(1) 가정

일반적으로 가족은 인간들의 집단이고, 가정은 인간이 생활을 영위하는 장소(place)로 구분된다. 사전적 의미로 가정이란 가족이 함께 생활하는 사회의 가장 작은 집단 또는 장소로 정의되는데, 가정은 공동생활을 하는 장소의 의미뿐만 아니라 긴장 완화, 휴식과 안정, 재충전 등을 위한 심신의 안식처라는 의미도 가지고 있다. 사회복지사전에서는 가족이란 가족성원의 생명유지와 증식을 위해서 필요한 소비생활을 유지하는 장소를 지칭하면서, 이전의 가정은 생산과 소비의 장소이었지만 산업자본의 성립에 의해서 가정은 소비생활의 단위가 되었고, 가족 구성원도 축소된 것으로 보았다(조추용 외, 2001 : 15).

(2) 가구

세대(世帶, household)와 가구(家口)는 동일한 의미로 사용되고 있는데, 가구란 사전적 의미로 혈연관계와는 관계없이 주거와 생계를 같이하는 단위 또는 세대이다. 따라서 가구는 주거하는 공간과 가계라는 경제적 협력만을 기준으로 하는 집단이다. 예를 들면, 개인적으로 가정에 고용된 비가족 구성원은 가구원(家口員)에 속하지만, 타 지역에서 단독으로 거주하면서 공부하고 있는 미혼의 아들은 가족 구성원이라 할지라도 가구원은 아니다(조추용 외, 2001).

(3) 친족과 가족의 범위

가족의 범위는 가족을 혼인에 의해 맺어진 부부와 혈연관계에 의한 친자, 형제의 관계를 기준으로 하는 것으로 친족집단은 부부와 자녀로 이루어진 가족보다 범위가 넓은 것이 일반적이고, 친족의 범위는 부계, 모계 차별 없이 8촌 이내의 혈족, 4촌 이내의 인척, 배우자를 포함한다(조추용 외, 2001 : 16).

3) 가족의 형태

인류사회에서 가족의 형태는 가족의 크기, 가족 구성의 범위, 가족 내에서 권위의 소재, 부부의 결합 형태 등 구분 요인에 따라서 너무도 다양하다(유영주 외, 2000 : 25-31).

(1) 가족 구성원 수와 혈연관계의 범위에 따른 분류

가족의 형태를 분류하는 가장 기본적인 방법은 가족 구성원의 범위를 따져 보는 것이다. 이 범위는 대체로 소가족과 대가족, 핵가족과 확대가족으로 구분된다. 먼저 소가족과 대가족의 개념을 살펴보면 대소의 구별이 단순히 식구의 수가 많고 적음을 의미하기도 하고, 때로는 혈연관계의 범위와 관련되어 사용되기도 한다. 가족 구성원의 수를 기준으로 5인 이하를 소가족, 6인 이상을 대가족이라고 한다. 혈연관계에 따라 가족을 분류할 때 널리 사용되는 것은 핵가족과 확대가족의 개념이다. 핵가족은 부부와 그들의 미혼 직계자녀로 구성된 가족으로서 자녀들은 혼인하는 대로 부모의 집을 떠나 새살림을 시작하는 것이 원칙이다. 그러므로 가족 구성원은 부모와 자녀의 2세대로 한정된다. 확대가족은 핵가족이 종적 또는 횡적으로 연결되어 형성되는 것으로 자녀가 결혼 후에도 그들의 부모와 동거하는 가족형을 말한다. 가족이 종적으로 확대되어 다른 세대뿐만 아니라 세대의 형제들이 결혼한 후에도 그들의 부모와 동거하는 가족을 방계가족이라 한다. 확대가족의 한 변형으로 확대가족의 제일 윗대가 사망하여도 그의 아들들이 계속하여 한 가족을 이루고 사는 경우가 있는데 이를 복합가족이라고 한다.

(2) 가장권과 권위의 소재에 따른 분류

가장권은 가족의 대외적 관계에서의 대표권과 대내적 관계에서의 가독권(家督權) 및 가사관리권으로 이루어지는데, 이것이 부부 중 어느 편에 속하느냐에 따라서 가족을 분류한다. 이러한 가장의 권위가 부계에 속하면 부권제 또는 가부장제, 모계에 속하면 모권제, 양계에 공동으로 속하면 동권제라고 한다.

(3) 부부의 결합 형태에 따른 분류

가족의 유형을 특징짓는 데에는 가족의 구성 범위 및 가장권의 소재와 함께 결혼 형태도 중요한 요인으로 작용한다. 결혼 형태는 다시 사회적으로 용인되는 배우자의 수, 결혼 후의 거주 형태, 가계의 계승방법 등에 따라서 여러 가지 양상을 보이게 된다. 배우자의 수에 따라서는 1남 1녀로 이루어지는 부부의 결합이 있고, 어느 한쪽이 단수이고 상대방이 복수인 경우가 있다. 1남 1녀로 이루어지는 형태를 단혼제 또는 일부일처제라고 하고, 남편이나 아내가 동시에 한 사람 이상의 배우자와 결혼할 수 있는 제도를 복혼제라고 한다. 복혼제는 다시 일부다처제와 일처다부제로 나뉜다(조추용, 2001).

4) 가족의 기능

가족의 기능이란 가족이 수행하는 역할, 행위를 뜻하는 것으로 사회의 산업구조의 변화에 따라 시대의 흐름과 문화의 발전에 따라 가족의 가정 내 역할이나 사회적 역할이 달라지고 있는 것에 주목해야 한다(김혜경 외, 2013 : 21-24).

(1) 성적 기능

가족의 성적 기능은 첫째, 가족을 통해 개인의 성적 욕구를 충족한다는 측면과, 둘째, 그렇게 함으로써 사회적으로 성적 통제가 가능하다는 두 가지 의미를 지니게 된다. 가족은 남녀의 사랑을 기초로 하여 결혼이라는 형식적 절차를 통해 이룩한 만큼 성생활을 영위함으로써 가족 구성의 핵심인 성적 욕구를 충족하게 된다. 결혼으로 이룩된 가족집단은 개인적으로 성적 욕구를 충족시키는 기능과 동시에 성적 욕구의 잘못된 충족으로 인한 사회적 혼란과 무질서한 성관계를 통제하는 성적 질서의 기능을 가진다. 또한 가족구조는 성적 기능 중 근친상간(incest)의 처리에 따라 달라지는데, 족외혼(exogamy)은 씨족사회나 부족사회에서, 같은 집단 내에서 혼인하는 것을 금지하므로 근친상간이 완전히 배제되지만, 동족혼(endogamy)은 자기집단의 순수성을 지키기 위해 근친상간이 허용되는 것이다.

(2) 생식적 기능

부부의 성생활의 결과로서 필연적으로 부수하게 되는 것이 바로 자녀 출산이다. 자녀 출산은 가족의 여러 기능 중에서 가장 중요한 기능이며 가족만이 갖는 유일한 기능이다. 가족은 단순히 성적 기능의 행사와 구별되게 생식적 기능을 갖게 되는데, 출산에 의하여 친자관계가 발생하며, 육아는 부부의 공동 책임과 의무가 된다. 가족은 이런 생식적 기능을 통해 자손을 갖고 싶다는 개인적 욕구를 충족시키고 사회 구성원의 충원에 공헌하게 되는 것이다. 가족의 생식적 기능에 의하여 인류의 존속과 사회의 형성, 유지 · 발전이 가능하게 된다. 국가적 · 사회적 측면에서 현대국가는 과잉인구를 조절, 통제하기 위해 가족의 생식적 기능에 간섭하는 경향도 나타내고 있다.

(3) 교육적 기능

가정에서의 성인세대와 자녀세대 간의 접촉은 자녀의 성격이나 가치관 형성에 영향을 미친다. 유아기, 아동기를 거치는 동안 자녀들은 부모나 다른 가족들로부터 언어, 가치, 태도, 규범적 행동 등을 모방하여 학습하게 된다. 전통사회에서의 가정은 교육의 훌륭한 장이요, 부모는 가장 모범적인 교사였고 모든 교육은 가족관계에서 이루어졌다. 그러나 오늘날의 핵가족 형태에서는 전통적으로 존재했던 훈육적 가정교육의 부재와 부부간의 갈등으로 인해 교육적 기능이 약화되고 있는 실정이다. 사회인으로서 활동하는 데 필요한 도덕, 지식, 정서, 기술, 체력 등에 대한 교육은 가정에서보다 학교 및 기타 교육기관에서 담당하는 비중이 일반적으로 큰 실정이다. 그러나 가족집단 내에서의 교육은 제도화된 학교교육과는 다른 애정과 이해, 친밀과 같은 깊은 관계에 의해 자연스럽게 진행되는 교육적 기능을 가진다. 가족에는 교육과정의 조직이나 형식적 교육활동은 존재하지 않지만 부모들이 목적하는 의식적 교육이 있다고 볼 수 있다. Peters는 가정의 의식적 교육내용을 다음과 같이 제시하고 있다.

① 예법
② 가정생활을 위한 기술적인 훈련(요리, 재봉, 세탁, 장식, 정원 가꾸기)
③ 문학교육(이야기 듣기, 이야기하기, 소설 읽기, 읽기와 쓰기, 잡지 읽기)
④ 종교적 교육
⑤ 성적 도덕교육
⑥ 오락교육(놀이 종류와 방법의 지도)

⑦ 직업교육(현대에는 이런 교육이 도시에서는 행하여지지 않지만 농촌의 가정에서는 시행되고 있다)

(4) 경제적 기능

가족의 일상생활을 통해 생산과 소비의 활동은 동시에 발생한다. 과거 전통적 가정생활은 자급자족의 형태를 취하였지만 현대에 이르러 급속한 도시사회화가 전개되고 화폐경제로 전환됨에 따라 생산과 소비에서 수입과 지출로서 의·식·주 등 경제적 기능이 가족집단 내의 가정생활로 이루어졌다.

(5) 심리적 기능

가족은 혈연관계로 형성된 감정적 연대감에 기초하므로 구성원들에게 심리적인 안정감을 부여한다. 현대사회가 제도와 경쟁 위주의 사회이기 때문에 이로부터 마음의 안정과 건강한 정신위생을 갖기 위해서 가족의 심리적 기능은 더욱 강화되어야 한다. 정서적 안정이란 육체적 만족보다도 더 중요한 것이다. Musgrave는 남녀가 현재의 여건에서 그들의 삶을 성공적으로 이끄는 데 필요한 정서적 안정감을 확보해 주며, 애정을 제공해 주는 매우 구체화된 기관으로 가족이 활용되어야 한다고 주장했다.

(6) 휴식과 오락의 기능

가족집단은 가족 구성원 각자의 노동으로 인한 수고와 어려움을 털어내고 긴장과 피로를 회복하는 휴식을 취하며 휴식과 더불어 노래, 게임 등 간단한 놀이오락을 즐기기도 한다. 이러한 휴식과 오락의 기능은 현대 산업사회의 병폐적 현상으로 나타나는 이기주의, 무관심, 인간 소외 또는 청소년문제, 노인문제 등을 해소하는 방편으로 더욱 요구되고 있다.

(7) 지위부여의 기능

사람은 세상에 태어나서 연령, 성, 피부색, 거주지, 계급, 종교와 같은 귀속적 지위를 부여받으며 가정의 사회·경제적 지위에 따라 가치관, 사고방식,

생활양식 및 하는 일 등에 있어서 독특한 하위문화가 형성된다. 이러한 하위문화가 아동에게 전수되어 전체 사회의 규범이나 역할을 담당하게 된다. 일반적으로 아동들은 흥미, 가치, 생활습관, 언어 등을 자신의 가족으로부터 습득하기 때문에 상류가정에서 성장한 사람은 상류계급의 가치를 중심으로 생활하게 되며, 이들은 자신의 생활양식과는 다른 하류계급의 가치는 거의 이해하지 못한다. 예컨대 계급의 배분은 불공평하기 마련이며, 경제력, 부모의 교육수준, 권력의 차이가 있으므로, 가정의 배경에 따라 사회지위가 부여되는 것은 피할 수 없는 현상이 될지도 모른다. 따라서 가정의 사회 · 경제적 위치로 사회에서의 개인의 사회적 신분과 역할 및 자격이 결정되는 바가 적지 않다(이휘환 · 김용주, 2010).

2. 가족연구의 관점

가족은 우리의 일상생활에서 매우 친숙한 제도이기 때문에 어느 정도의 이해가 선행될 수 있다는 점에서 도움이 되기도 하나 과학적 연구를 행하는 데는 오히려 이러한 점이 장애가 되기도 한다. 그러므로 가족 연구자는 이러한 선입관이나 주관적 경험에 의한 관점을 배제하고 가족에 대한 체계적인 연구를 통해 일반화의 수준을 높임으로써 미래 가족의 방향을 제시할 수 있어야 한다. 따라서 이 장에서는 사회변화 속에서 가족을 이해하는 데 준거틀을 제시해 주는 가족 연구의 이론을 살펴보도록 하겠다.

1) 구조기능주의 이론

구조기능주의 이론은 사회가 유기체처럼 상호의존하는 여러 부분으로 되어 있고, 각 부분은 사회 전체가 유지될 수 있도록 각 기능을 수행한다는 것이다. 이는 균형을 강조함과 아울러 사회의 각 부분이 합의된 가치와 규범에 따라 움직이기 때문에 인간의 행위를 어느 정도 예측할 수 있다는 가정을 전제로 한다. 구조기능주의 가족이론에서 핵심적인 주제는 가족과 전체사회와의 관계 그리고 가족과 가족 구성원들과의 관계이다. 즉, 가족이 전체사회에 대하여 어떤 기능을 하고 있으며, 또한 가족 구성원들에게는 어떠한 기능을 갖고 있는가 하는 문제가 제기되는 것이다. 흔히 가족의 기능을 언급할 때 가족은 개별 성원들의 인성을 형성시켜 주며 기본적인 지위를 할당하는 기능을 갖고 있고, 사회에 대해서는 사회 구성원을 재생산하여 사회통제기관으로서 기능한다고 하는데, 이것은 구조기능주의 시각에서 가족과 사회 그리고 가족과 개인의 관계를 고찰한 것이다.

2) 상징적 상호작용 이론

상징적 상호작용 이론은 가족학에서 독특하고 중요한 위치를 차지하고 있다. 상징적 상호작용 이론은 가족학의 학문으로서 자리 잡기 위해 노력하였던 1920년대와 30년대를 풍미했던 주요 이론이었으며, 오늘날 가장 대중적인 가족이론 중 하나로서 다른 어떤 가족이론들보다도 가족학에 큰 영향을 미쳤다 (Hays, 1977 ; Howarc, 1981 ; 유계숙 외, 1999 : 141 재인용).

상징적 상호작용 이론은 개인이 선택적으로 반응하는 주관적 입장에서 사회현상을 파악하고 사회현상을 하나의 과정으로 이해하며, 행위자의 정신적 능력, 행위와 인간의 상호작용에 초점을 둔다. 또 상호작용 과정에서 행위자들은 의미 있는 상징을 사용하며 이 상징들은 그 의미에 근거한 반응을 불러일으킨다. 그러므로 개인은 사회환경과의 상호작용을 통하여 가치를 파악하고 지위와 역할 개념을 획득한다.

상징적 상호작용 이론은 가족의 내적인 과정에 중점을 두고 배우자 선택, 세대 간 가치관의 전이, 역할과 지위관계, 가족 스트레스, 취업모 문제, 가족 내 권력, 결혼의 질, 의사소통 등 다양한 분야에 적용되고 있다. 배우자 선택에서도 피드백에 의한 개인 간 상호작용 과정을 중시하며 세대관계에서도 사회·역사적 힘이 세대 간 전달과 같은 상호작용에 영향을 미친다는 점을 지적하기도 한다. 가족의 역할구조는 가족의 상호작용 과정 속에서 발생하며 이것이 모든 가족원의 행동을 규정하고 외부 사회체계와의 상호작용도 규정한다. 또한 이것은 가족 구성원이나 사회의 변화에 따라 수정되며 그 과정에서 가족의 안정성이나 갈등도 분석된다.

3) 교환 이론

교환 이론가 중 1960년대에 가족문제를 직접 연구한 사람은 없었다. 교환 이론가들의 연구는 일반적으로 사회적 관계에서의 사람들의 행동, 사회적 행동을 규정하는 규범의 출현, 사람들이 맺는 사회적 관계가 시간의 흐름에 따라 발전되고 변화하면서 그들이 경험하는 매력, 몰입, 신뢰 등을 중재하는 요인들, 그리고 역동성, 특히 사회적 관계에서 관찰되는 힘의 역동성을 중재하는 요인들에 초점을 두었다. 주요 교환론자들이 관심을 가진 쟁점은 가족학의 중요 쟁점으로 쉽게 차용될 수 있었는데 이러한 사실은 1960년대 후반부터 1970년대 사이에 가족학 연구의 주요 개념적 틀로서 교환론적 시각이 출현했던 것에서 입증되고 있다(유계숙 외, 1999 : 354).

교환 이론은 사회를 거시적인 차원에서 분석하려는 기능주의에 대한 대안적 이론보다 미시적인 차원에서 개인, 가족, 사회현상을 분석하는 이론이다. 교환 이론의 가장 일반적인 명제는 사람들이 자신의 이익을 극대화하기 위해 손해보는 행동을 피하고 보상이 주어지는 상호작용이나 인간관계를 추구한다는 것이다. 여기서 보상과 비용이라는 개념은 단지 물질적인 측면뿐만 아니라 심리적인 만족감과 불쾌감 등을 표현하는 포괄적 개념으로 이해해야 한다. 1960년대 후반부터 가족 연구에 적용되기 시작한 교환 이론은 1970년대 이후 중요한 개념틀로 부상되었다. 가족 구성원 간의 교환은 부부관계, 부모-자녀관계를 기점으로 하여 광역사회와의 관계로 확대된다. 기본적으로 가족 구성원 간의 교환은 관계 자체가 보상으로 작용하는 경우가 많지만 산업사회가 진행되면서 점차 이러한 가족 간의 교환적 특성이 감소하고 있다. 부부관계에서는 배우자 선택에서 교환 개념이 시작되어 부부권력, 의사소통, 결혼의 안정성, 성역할, 성행동, 가정폭력 등에 적용되고 있다. 배우자 선택과정에서는 상호 간에 소유한 제반 자원에 의해 보상 정도가 평가되어 선택 행위가 일어나며, 부부간의 권력에 있어서는 각자의 자원이 심리적·사회문화적 맥락 속에서 평가되어 작용하게 된다. 부모-자녀관계에서는 물질적 보상을 더욱 추구해 가는 산업사회에서 모의 취업문제, 세대 간 유사성이나 동일성이 보상적 관계에 미치는 영향, 사회계층별 부모 행동이나 가치관에서의 비용 개념 등이 교환 이론과 연관된다.

4) 갈등 이론

갈등 이론은 사회과정을 투쟁이나 갈등과 같은 사회적 편재성으로 설명하려는 이론으로 사회의 갈등적 측면을 과소평가한 기능주의에 대한 반동으로 생겨났으며, 사회과정에서 권력분화와 같은 갈등의 불가피성을 강조하고 있다. 갈등은 각각의 어떤 정서나 동기가 서로 대조되어 일어나는 적대적인 상호작용을 일컫는 것으로, 그 단위는 개인으로부터 거대집단까지 다양하다. 갈등 발생의 궁극적인 원인은 불평등이며, 사회체계는 재조직을 통해 순환적인 갈등 생성을 겪고 있고, 이것이 또 다른 사회변동을 일으킨다. 가족 연구에 있어서 갈등 이론은 가족 내의 이해관계나 권력 혹은 불평등에 초점을 두고 있으며, 가족 내에서 갈등이 반복된다고 해서 반드시 가족해체가 발생하는 것은 아니며, 가족체계가 더욱 구조화되기도 한다고 하였다. 그러므로 갈등을 긍정적 혹은 부정적, 어느 쪽으로 보느냐에 따라 갈등의 강도와 지속성이 결정된다. 또한 갈등 이론에서는 가족갈등이 처리되는 과정이 중요하므로 부부관계나 부모-자녀관계 등에서 자원과 권위의 독특한 특성이 파악되고 존중되어야 한다고 하였다.

5) 가족체계 이론

체계란 하나의 통일적 전체를 구성하는 상호 관련된 부분들의 집합으로서 체계의 한 요인이 변화하면 다른 요인들도 그에 의해 변화하며, 그 변화가 다시 처음의 변화 요인에 영향을 준다. 특히 가족체계는 개방체계로서 끊임없이 내적 정합이 추구되는 동시에 외부로 향하여 열려 있다. 가족체계 이론에서는 가족 구성원에게 발생하는 모든 것이 가족 내 모든 사람에게 영향을 준다고 보는데, 그 이유는 가족원이 서로 관련되어 있고 각기 하나의 집단이나 체계로서 작용하기 때문이다. 특히 가족에 대한 이러한 접근은 이론뿐만 아니라 실제에서 문제가 있는 가족을 대상으로 하는 치료가들이 이용하고 있으며, 가족관계 분야와 교육 분야, 배우자 선택이나 가족폭력, 가족생활상담의 연구에 유용하게 적용할 수 있다.

Bowen(1977)은 가족 내에 문제가 발생하는 것은 개인과 상호작용하는 일련의 가족체계적 증상이며, 가족원의 지적 체계와 정서적 체계가 분화되지 못한 경우에 발생한다고 보았다. 지적 · 정서적 체계의 분화 정도가 높으면 긴장에 잘 대처하고 생활과정이 질서 있고 성공적이며, 미분화된 경우에는 정서체계가 지적 체계를 지배하여 감정에 의존하여 쉽게 압력을 받고 적응력이 없으며 융통성이 없어 문제가 생긴다. 개인의 지적 · 정서적 체계는 가족체계의 요인이며 이것은 가족체계와 관련된다. 가족 간의 삼각관계, 부부의 정서관계와 체계, 가족체계상의 수준과 연합관계, 형제 하위체계, 정서적 차단, 개인 간 · 세대 간, 부모-자녀 간의 감정의 밀착과 고립화 정도, 3세대를 통한 가족의 투사과정, 가족의 역사성, 다세대 간의 전달은 가족이 처한 사회 · 문화적 환경과의 관련을 갖고 있다.

Minuchin(1974)은 가족을 가족 내에 존재하는 하위체계를 중심으로 기능하는 체계로 본다. 가족원은 체계의 대상이 되며, 가족원은 필요에 따라 연합하면서 가족원의 수, 성별, 세대에 따라 다양한 하위체계를 갖는다. 가족원은 가족체계의 상호작용 패턴과 가족의 규칙에 의해 통제받기도 하고 영향을 받는다. 각 하위체계 사이에는 경계가 있으며 서로 관련되어 상호작용을 한다. 가족의 기능이 원활하게 수행되려면 체계 간의 경계선이 무엇보다 명확해야 하며, 경계의 명확성과 함께 체계가 유지될 정도로 분명한 위계질서와 권력의 분배, 부모가 부여한 가족규칙과 부모의 권위가 중요하다.

가족체계는 부부, 부모-자녀, 형제의 여러 개의 하위체계로 구성되어 있다.

가족원은 각자 동시에 여러 하위체계에 소속될 수 있고, 이러한 하위체계를 통해 가족은 그 기능을 수행한다. 경계는 하위체계들의 가장자리로서, 효과적인 가족 기능이 일어나려면 이 경계가 분명해야 하며 어느 정도 투과적이어야 한다. 심각한 장애를 가진 가정은 폐쇄적인 체계를 가지고 있다. 가족원들의 기능이 미분화되고 역기능에 빠져들기 쉽다. 가정폭력은 이러한 경직된 체계 안에서 발생하며, 끊임없는 피드백을 통해 가족체계에서 세대를 거쳐 전수된다.

6) 건강가족적 관점

건강가족적 관점은 가족의 건강성에 초점을 두고 이러한 건강 요인을 파악하여 가족원의 잠재력을 개발하여 발휘할 수 있도록 도와, 성장과 변화를 유도하는 것으로 이러한 관점은 건강성이라는 긍정적 측면을 확대시킴으로써 가족의 부정적 측면을 줄일 수 있으며, 가족문제나 가족의 병리적인 면을 사전에 예방할 수 있다(김혜경 외, 2013 : 25).

3. 변화하는 가족

1) 한국 가족가치의 변화

(1) 집 위주 사상

한국사회에서 가족은 한국인의 삶을 지배하는 중심 원리로 작용하고 있다. 그러나 유독 우리 문화에서 결혼의 기본 조건으로 집 장만이 우선시되고, 준비가 되지 않았을 때 결혼을 미루거나 선택치 않는 비혼으로까지 전개된다는 점, 이념적인 집 위주의 사고가 물리적인 집, 주택으로도 전이되어 집을 소유하고자 하는 욕구가 강한 점, 이것이 나아가서는 부동산 정책에 크나큰 영향을 미친다는 점은 이러한 집의 관념의 일면을 나타내는 것이라 하겠다(권수영 외, 2020 : 25-26).

(2) 효 이데올로기

한국 가족상담에서 1980년대 이후 2000년대 초까지만 해도 고부갈등, 부부갈등이 촉발되는 주요 요인으로는 효, 즉 부모에 대한 효성심 때문인 것으로 나타났다. 왜냐하면 이와 같은 효사상이 한국사회에서는 권력을 추구하고 유지하기 위해 부모에 대한 보은이나 부모-자녀 간의 자연스러운 정애의 감정이었던 것이 오히려 도덕적 의무로 변질하여 그 성향을 더욱 강화하게 하였기 때문이다. 따라서 현 사회의 원리와 가족관계의 가치가 잘 조화될 수 있도록 재정립될 필요가 있다(권수영 외, 2020 : 27 ; 김경동, 1995).

(3) 도구적 가족주의

한국의 근대화 과정에서 가족이 담당했던 기능도 서구의 근대적 가족과는 매우 다르게 전개되었다. 급격한 산업화와 도시화로 농촌 공동체가 붕괴되었고, 도시의 가족은 오히려 가족주의를 강화하는 방식으로 스스로의 생존방식을 변형시켜 왔다. 사회적 안전망이 갖춰지지 않은 상태에서 어려운 상황에 처한 가족이 증가하게 되어 핵가족보다 더 큰 직계가족원들의 폐쇄적이고 권위적인 집단의식은 강화될 수밖에 없었으나 이와 같은 가족 간의 연대감과 결속력을 이루는 중추적 역할을 한 도구적이고 수단적인 의미의 가족주의의 가치관은 한편으로는 부정적 영향을 미치기도 하였다(권수영 외, 2020 : 28 ; 함인희, 1993).

(4) 정서적 가족관

1994년 '세계 가정의 해'를 시점으로 우리 사회에서도 단란하고 행복한 핵가족 단위의 '스위트 홈'에 대한 이상을 가지고 '아버지여, 가정으로 돌아가라!'라는 슬로건 아래, 아버지들은 일터에서는 가정의 부양자로서 역량을 다해야 하고, 가정에서는 자상하고 애정적 관심과 보살핌을 줄 수 있어야 했다. 부부관계에서도 부부가 유별하고 남편으로서의 권위를 가지고 권력과 통제를 할 수 있었던 것에서, 위계의 경계를 완화시키고 평등하고 동료처럼 서로 돕는 관계, 즉 '동반자적 부부관계'를 지향하는 변화를 요구받게 되었다(권수영 외, 2020 : 29-30 ; 한경혜, 1994).

(5) 개인과 가족의 상생

전통에서 근대로, 근대에서 현대로의 전이든 전통이나 근대적 혹은 현대적 가족가치의 혼용과 중첩적 구조로의 변화이든 현재 한국사회에서 가족은 이와 같이 다양한 모습으로 공존하고 있으며, 특히 1990년대 이후의 변화들을 통해, 친밀한 가족관계를 유지하면서도 개인이 자율이면서 독립적으로 기능할 수 있도록 하는 것이야말로 진정한 의미의 '자기분화'를 이루는 것이다. 이것이 가능하도록 가족적 유대를 유지하고 강화하면서도 개인으로서 역할과 기능하며 상생할 수 있는 토대가 마련된다면, 우리는 이것을 한국적 가족주의 모습이라 지칭하고 이것이 추구하고 지향하는 미래의 한국 가족의 모습을 전망해 볼 수 있다(권수영 외, 2020 : 31).

2) 가족 기능의 변화

가족구조와 가족가치관의 변화는 자연스럽게 가족 기능을 변화시켜 왔다. 사회변화에 따른 가족구조의 변화 및 가족 형태의 다양화는 전통적 가족 기능에도 변화를 가져왔으며, 그 과정에서 한국 가족의 특수한 기능이 부각되기도 한다.

① 성적 욕구 충족과 성적 통제 기능의 변화

우선 성적 욕구 충족과 성적 통제의 기능을 살펴보면 변화가 현저하다. 후기 산업사회에서의 성의식 개방으로 혼외관계, 동성가족, 불륜, 심지어 스와핑(swapping)까지 성행하고 있으며, 아울러 성의 개방과 동거, 혼전 및 혼외 관계의 증가 등은 가족의 성적 통제 기능을 약화시키고 있다(김승권 외, 2004).

② 자녀 출산과 양육, 사회화 기능의 변화

자녀 출산과 양육, 사회화 기능 면에서 보면, 과학문명의 발달과 새로운 지식의 급격한 유입은 전문기술 교육의 필요성을 강화시키게 되었다. 초혼연령

상승, 저출산 문제, 독신가구 증가 등으로 인해 결혼을 규범으로 삼아온 전통 윤리가 무너지고 있다. 또한 이혼 증가 및 무자녀 부부의 등장은 가족의 자녀 출산 및 양육의 기능을 약화시키고 있다. 최근 보육 및 교육비 부담 등으로 인하여 출산을 기피하는 현상이 증가하고 자녀 없이 부부만의 풍요로운 생활을 지향하는 소위 '딩크족(DINK : Double Income No Kid)'이 확산되고 있다(김두섭 외, 2005). 그러나 대부분의 부부들은 출산에 있어서 제약성을 느끼지만, 가족이 자녀에 의해 계승되고 유지 · 발전된다는 데에는 반론이 크지 않다. 인간은 본능에 의해 그 자녀에게 애정을 쏟고 자신의 자녀가 올바르게 자라나기를 희망하며 부모가 가진 많은 자원을 자녀에게 주려 한다. 이러한 인간의 종족보존 본능은 자녀 출산과 양육, 사회화라고 하는 가족의 중요한 기능의 근거로 작용한다. 한편 학교교육의 강화 및 다양한 교육시설의 등장, 보육시설의 확대 등이 가족의 자녀양육 및 사회화의 기능을 대체함으로써 가족의 자녀교육 기능이 약화된 것으로 보인다. 특히 부모-자녀 간 정보전달 통로가 다르므로 의사소통이 어려워진 측면이 있고, 부모의 교육 기능 및 역할의 감소는 부모의 권위 하락과 연결되어 자녀에 대한 교육, 훈육 및 통제를 어렵게 하는 측면이 있다(김경신, 2006).

③ 생산과 소비 그리고 경제적 협동 기능의 변화

생산과 소비 그리고 경제적 협동의 기능에서, 산업화 이후 가족의 경제적 생산 기능은 직장으로 이전되고 가족은 소비 기능만을 담당하게 되었다. 가족의 생산 기능 소멸 및 소비단위로서의 기능 강화로 많은 상품 중에서 어떻게 현명하게 물자를 구입해서 소비하느냐가 큰 과제로 인식되고 있다. 또한 무자녀가족의 등장과 초핵가족화 경향, 노인부양의 사회화는 가족의 생산과 소비, 경제적 협동주체로서의 기능을 약화시켰다고 할 수 있다(김두섭 외, 2005).

④ 휴식과 오락 그리고 정서적 안정과 보호 기능의 변화

휴식과 오락 그리고 정서적 안정과 보호의 기능 면에서는 사회변화의 가속화 및 사회구조의 복잡화로 인하여 가족원들이 가족 내에 머무는 시간이 축소된 측면이 있다. 가족원들이 가정에서 생활하는 시간이 점차 감소하고, 가정

안에서도 TV 시청, 컴퓨터게임 등 독자적인 활동 시간이 증가하므로 가족원 간 상호작용이나 대화시간이 감소한다. 뿐만 아니라 다양한 오락 및 휴식 서비스 산업이 발달하고 주 5일제의 확산 등으로 가족이 함께 여가시간을 보낼 수 있는 여건이 조성되는 한편, 가족 안에서보다는 밖에서 소비재로서의 오락을 즐기는 경향도 늘어나고 있다. 오늘날 가족의 휴식과 정서적 보호 기능이 다른 가족 기능보다 중요하게 인식되는 한편, 개인주의의 팽배와 가족 간 대화 단절, 가족해체 현상 등으로 약화되는 측면도 드러나고 있다.

⑤ 종교적 기능의 변화

가족의 종교적 기능은 가장 크게 변화하고 약화된 부분이라 할 수 있다. 특히 가족이 갖는 제사와 종교 기능은 서구 종교의 확산으로 매우 약화된 상태이다. 다만, 미약하나마 가족 나름의 분위기와 가풍을 이어나가는 정도에 머물고 있다.

3) 가족구조의 변화

(1) 가족 구성원의 감소

가족 변화 원인은 인구학적·가족가치관적·사회적 요인으로 요약된다. 인구학적 요인에는 초혼연령 상승, 출산율 저하, 평균수명 연장, 조기사망 증대 등으로 설명된다.

초혼연령의 상승은 만혼화 현상을 야기하고 이는 저출산 및 소가족화로 연결된다. 이러한 만혼화 및 결혼기피 현상은 고용과 소득불안정, 일-가정 양립이 어려운 환경, 경제적 부담과 양육 인프라 부족 등이 주요 요인으로 나타난다.

다음으로 보건 수준의 향상, 영양 및 환경 개선으로 인한 평균수명의 연장은 노인인구의 증가를 가져와 노인단독가구의 급증 및 노인부양문제를 야기하며, 가족주기와도 밀접하게 연관되어 가족 변화에 중요한 영향을 미친다. 한편, 평균수명 연장에 비해 상대적으로 중장년층의 높은 조기사망으로 가족부양 담당자가 없어지고, 배우자가 사망하고 상당기간 혼자 살아야 하는 가족

해체기가 길어지고 있음을 의미한다.

가치관적 요인에는 혼인가치관, 자녀가치관, 가족부양가치관, 부부관계 가치관 등이 포함된다. 혼인가치관은 '반드시 해야 한다'는 필수적인 가치에서 선택적인 것으로 자리매김하고 있으며, 자녀가치관도 마찬가지로 선택적인 가치로 자리 잡고 있다. 이는 고학력 및 저연령층에서 특히 두드러지고 있으며, 향후에도 지속될 전망이다. 효를 기반으로 하는 전통적인 가족부양관은 가족주의 약화와 여성의 사회진출, 법·제도적 변화 등으로 점진적으로 감소하고 사회부양이 증가하는 추세에 있다. 또한 부부간 역할도 최근 여성의 사회적 지위 상승과 경제활동이 높아지면서 가사분담이 양성평등적인 형태로 개선되고 있다.

사회적 요인은 산업화, 도시화 및 여성의 사회적 지위 변화 등으로 설명될 수 있다. 산업화는 도시화 및 핵가족화를 야기하고 여성의 교육수준 향상 및 자아성취욕구 증대를 가져와 여성경제활동을 증대시키는 요인이 되었다. 여성 경제활동의 증가 추세는 교육수준 상승, 출산율의 지속적 저하, 그리고 생활수준의 향상 및 자녀교육비의 증대 등에 따라 앞으로도 지속될 것으로 전망된다. 따라서 전통적으로 여성이 가족 내에서 담당하였던 기능과 역할은 남성 및 사회의 지지체계가 미비한 환경 속에서 가족위기를 가중시키는 요인으로 작용할 가능성이 예상된다. 더불어 급속한 정보화 및 교통통신의 발달은 일터와 가정의 통합, 일상적 대화양식의 변화 등 가족생활 양식과 관계에 변화를 가져오는 동시에 주말부부, 기러기가족 및 분거가족 등 새로운 가족관계의 유지를 가능하게 하는 원인으로 작용할 것이다.

이러한 가족구조의 변화는 가족생활주기에도 영향을 미쳤다. 첫 자녀 출산 이후 막내 출산까지의 출산기간은 줄어들었으며, 첫 자녀 출산 이후 막내를 결혼시키기까지의 자녀양육기간은 축소되었다. 자녀양육기간의 축소로 양육으로 인해 소요되는 시간과 노력이 줄어들면서 주부들은 생활에 변화를 겪게 된다. 또한 자녀를 모두 출가시킨 탈양육기의 빈둥지가족의 출현은 한국 가족생활주기에 나타난 획기적인 변화 가운데 하나이다. 60대 이상 주부의 경우는 막내를 결혼시키기 이전에 배우자의 사망을 경험하였음에 비해, 30대 주부는 막내 결혼 이후 배우자 사망 전까지 평균 8년을 노부부만이 남게 되는 가족생활주기를 경험하게 되었다. 이러한 가족생활주기의 출현은 새삼 결혼의 의미를 되새기도록 하는 동시에 노인만 남게 되는 가족의 경제적 지원과 심리적·정서적 안정을 위한 가족복지의 문제를 제기한다.

(2) 가족 형태의 변화

① 한부모가족

이혼, 사별, 유기, 미혼모에 의하여 발생하는 가정으로 현재 18세 미만의 자녀와 살면서 자녀를 부양하고 부모 역할을 담당하고 있는 한부모와 자녀의 집단을 의미한다.

현대사회는 이혼의 증가로 인해 한부모가정이 증가하는 추세를 보이고, 이러한 증가 추세와는 달리 한부모가정에 대한 사회적인 인식은 아직 거기에 미치지 못하고 있다.

한부모가정은 대가족, 핵가족, 입양가족, 무자녀가족, 재혼가족, 아이 없는 가족 등과 마찬가지로 다양한 가족 구성의 모습이 유독 한부모가정에 대한 사회의 부정적인 시각은 그릇된 우리 문화의 산물일 뿐이다.

한부모가정은 배우자와의 이혼이나 사별 등으로 심리적인 갈등상태에 놓여 있는 것이 사실인데, 이러한 갈등상황은 한부모가정이 발생한 후 1~2년 안에 거의 사라지고, 가족의 지지와 사회의 지원 속에서 한부모가정 구성원들은 현실에 적응해 나가게 된다.

② 노인단독가족

일반적으로 노인가족은 가족원 중에 노인이 포함된 형태로서 노인독신, 노인부부, 노인부부와 미혼자녀, 노인부부와 기혼자녀 및 기타 혈연 또는 비혈연 가족원 등으로 구성된 가족 형태로 나타날 수 있다. 과거 3세대 직계가족 구조의 형태에서 핵가족 형태가 주류를 이루는 변화를 거치면서 노인독신 및 노인부부 가족이 증가하고 있다.

한국을 포함한 많은 나라들은 저출산과 고령화 현상을 동시에 경험하고 있다. 그 결과 노인인구의 비중이 급속하게 늘어나고 있다. 이에 따라 노인인구에 대해 어떤 정책을 펴는지가 중요한 사회적 이슈가 되고 있다. 대체로 한국의 부모들은 노후에 자녀들이 부양할 것으로 기대하고 있기 때문에 노후대책을 세우지 않고 있는 경우가 많다. 앞으로 경제적 능력이 떨어지는 거대한 노인 인구 집단을 어떻게 해야 하는지 매우 중요한 과제가 될 것이다. 노인인구 중 특히 취약한 집단은 혼자 사는 노인이다. 한국은 일찍부터 고령화를 경험한 선진국들만큼 고령자를 위한 사회보장제도가 발달하지 못하였다. 그래서 한국 노인에게는 자녀를 포함한 가족이 가장 중요한 사회경제적 지원자일 수밖에 없다. 배우자 등 가족과 함께 사는 노인은 가족으로부터 다양한 지원을 받을 수 있지만 혼자 사는 노인은 그럴 수 없다. 특히 노인은 다양한 만성질환에 자주 시달리기 때문에 때로는 기본적인 일상생활을 영위하기도 쉽지 않다. 때문에 독거노인은 사회복지의 대상일 수밖에 없으며, 독거노인은 경제상황이나 신체건강의 어려움도 있지만 정신건강도 매우 취약하다. 한국은 OECD 국가들 중 노인 자살률이 높은 국가이다. 한국 노인 중 독거노인의 자살률은 더 높다. 이들은 함께 사는 가족이 없기 때문에 외로움이나 우울감을 더 많이 느끼게 된다. 때문에 이들에게 여러 가지 면에서 주의를 기울여야 한다.

노인 단독가구는 지난 2000~2020년 사이에 그 비중이 3.8%p 가량 증가하였고, 노인 부부가구는 2000년에 노인 전체 가구의 33.1%를 차지한 이후 2020년에 34.9%로 비중이 증가하는 추세에 있다.

③ 다문화가족

국제결혼건수가 증가함에 따라 결혼이민자가족의 안정적인 정착과 가족관계 증진 지원을 위한 통합적인 가족 지원 체계 구축과 강화의 필요성이 증대되고 이를 위한 정부정책수립의 기초자료로 활용하기 위한 통계청(2020)의 자료에 따르면 외국인과의 혼인은 23,643건으로 전년대비 945건, 4.2% 증가하였고, 전체 혼인 중 외국인과의 혼인 비중은 9.9%로 전년보다 1.1%p 증가한 것으로 나타났다(통계청, 2020c). 그렇지만 국제결혼에 대한 대내·외적인 여건의 성숙과 한국 남녀의 결혼에 대한 가치관의 차이로 한국 남성과 외국 여성의 결혼은 증가할 가능성이 높다.

위에서 살펴본 가족의 유형 외에도 다양한 형태의 가족 유형을 〈표 1-1〉과 같이 정리해 볼 수 있다.

〈표 1-1〉 다양한 가족 유형과 결혼 유형

구분	종 류	구 성
가족 유형	핵가족(nuclear family) 생식가족(family of procreation)	남편/ 아내와 그들의 미혼자녀(부부들에게는 생식가족, 즉 결혼을 통해 자신이 새로 형성하는 가족이 됨)
	확대가족(extended family) 원가족(family of origin)	핵가족과 조부모(자녀들에게는 원가족, 즉 자기가 태어나서 자란 가족이 됨)
	복합가족(composite family)	두 명 이상의 핵가족이 한 명의 공동배우자를 공유
	동거가족(cohabitation)	법적인 혼인을 하지 않고 남녀가 함께 살고 있는 형태
	재혼가족(remarried family)	남편과 아내, 적어도 한 명은 결혼한 경험이 있으며, 이전의 결혼에서 자녀가 있음
	한부모가족(single parent family)	부모 중 한쪽의 사망이나 이혼, 별거 등의 이유로 아버지나 어머니 한쪽과 미혼의 자녀로 구성된 가족
	1인 가족(single family)	결혼을 하지 않고 혼자 사는 젊은 싱글족 또는 가정해체에 따라 혼자 사는 사람이나 독거노인
	딩크가족(Double Income No Kids family)	맞벌이를 하면서 아이를 갖지 않는 부부
	위탁가족(foster family)	일정 기간 동안 다른 사람의 자녀를 위탁양육하는 가족
	공동체 가족(commune)	사람들이 가족처럼 집단으로 모여서 함께 사는 것으로 자원, 시설, 가사, 아동양육의 역할을 서로 공유
결혼 유형	일부일처제(monogamy)	부부와 자녀
	연속적 일부제(serial monogamy)	결혼, 이혼, 재혼으로 한 시점에는 한 배우자와 결합
	사실혼(common-law)	법적인 관계가 없는 일부일처제
	복합혼(polygamy)	여러 명의 배우자
	일처다부제(polyandry)	한 명의 부인과 여러 명의 남편
	일부다처제(polygyny)	한 명의 남편과 여러 명의 부인
	집단결혼(group marriage)	두 명 이상의 남자와 두 명 이상의 여자의 집단적 결혼

출처 : 전선영 외(2011). 가족복지론.

4) 가족생활주기의 변화

가족생활주기(family life cycle)는 가족치료를 인간발달 이론에 접목시킨 것으로 사회학으로부터 차용한 모형이다(Nichols & Schwartz, 2001). 비슷한 사건을 경험하고, 비슷한 위기에 직면하며, 비슷한 발달과업을 달성하고자 하는 가족을 특정 범주로 구분하여 각 단계가 가지고 있는 특성과 모든 가족은 이러한 가족생활주기의 단계를 반드시 거치게 되며, 각 단계에서 다음 단계로 넘어갈 때 적응상의 문제가 발생하게 된다. 이러한 적응상의 문제가 심각할 경우 가족은 엄청난 스트레스를 받게 되는데 이때 가족발달의 각 단계마다 새로운 적응 기술을 배우는 것을 요구한다(이영호, 2006 : 272-297). 가족생활주기에 대해서 가족복지가 관심을 가지는 이유는 다음과 같다.

첫째, 사람이 일생을 영위하는 데 연령별 혹은 생애의 시기별로 욕구가 다양하다는 점이다. 만일 이러한 다양한 시기별 욕구를 적절하게 충족시킬 수 없다면 그 사람은 문제에 봉착하게 되며, 복지증진은 생각할 수 없게 된다.

둘째, 인간의 생활 전반, 생애 전반에 걸쳐 국가는 국민들의 욕구해결을 위해, 현대에 와서는 국가나 사회가 원조하여야 한다는 측면이 강하게 부각되었기 때문이다. 그런데 가족생활주기도 시대의 흐름에 따라 변화되고 있다. 최근에는 점점 출산율이 낮아지고 단산연령도 낮아져서 그만큼 마지막 자녀의 독립이 빨라지고 있으며 사람들의 수명이 증가하는 등 가족생활주기의 각 단계별 기간의 변화양상이 뚜렷해졌다. 따라서 가족생활주기에서는 부부만이 남게 되는 시기부터 은퇴 후 부부 모두 사망하기 전까지의 기간이 전보다 훨씬 길어지게 되었다. 즉, 가족생활주기의 후기 부분이 연장되고 있어 이에 대한 중요성과 관심이 증가되고 있다.

이러한 가족생활주기 단계의 변화양상은 가족생활주기 단계별 복지대책 또한 달라져야 함을 시사한다. 즉, 가족생활주기의 변화는 각 단계별 가족생활상의 차이를 보이며, 그에 따른 복지욕구 또한 다를 것으로 예상되면서 가족복지정책도 각 단계별 복지욕구를 고려해야 함을 의미한다(조추용 외, 2001).

한편 Carter와 McGoldrick은 가족생활주기 단계에 따른 가족의 과업 및 성공을 위해 가족에게 요구되는 기능을 다음과 같이 설명하였다.

〈표 1-2〉 가족생활주기와 관련된 발달과업과 가족의 기능

가족생활주기	주요 발달과업	성공을 위해 가족에게 요구되는 기능
1단계 자녀독립기 : 집을 떠남, 독립된 젊은 성인 단계	자신에 대한 정서적 · 재정적 책임감을 받아들임	• 원가족과의 관계에서 자아분화 • 친밀한 동료관계의 발달 • 재정적인 독립과 자아의 확립
2단계 결혼을 통한 가족 구성 : 새로운 부부	새로운 가족체계에 대한 적응과 헌신	• 부부체계의 형성 • 배우자와의 성숙한 관계를 유지하기 위해 친구와 확대가족과의 관계 재형성
3단계 부모기 : 어린 자녀를 둔 단계, 아동기 가족	체계 내의 새 가족 구성원을 받아들임, 체계 변화에 적응	• 자녀에게 공간을 주기 위한 부부체계의 조정 • 자녀양육 · 재정 · 가사에서 협력 • 부모 · 조부모 역할을 포함하기 위한 확대가족과의 관계 재조정
4단계 청소년기 가족 : 사춘기 자녀를 둔 단계	자녀의 독립과 조부모의 노쇠를 수용하기 위한 가족경계선의 융통성 필요	• 사춘기 자녀가 가족체계의 안과 밖으로 이동하는 것을 허락하기 위한 부모-자녀관계의 변화 • 중년기 사회적 역할 추구와 부부생활의 위기에 대한 점검 • 노부모를 함께 보살피기 위한 변화 시작
5단계 자녀 진수기 : 자녀가 집을 떠나 세상이라는 바다로 나가는 단계	가족체계로부터 가족 구성원들의 잦은 출입을 받아들임	• 두 사람만의 부부체계로서의 재협상 • 성장한 자녀와 부모 간에 성인 대 성인 관계로 발전 • 인척과 손자를 포함하기 위한 관계의 재조정 • 부모(조부모)의 신체적 노화와 죽음을 다룸
6단계 : 노년기	세대 역할의 전환을 받아들임	• 생리적인 쇠퇴에 직면하여 자신과 또는 부부 간의 기능과 관심을 유지하는 것, 새로운 가족의 사회적인 역할에 대한 탐구 • 중간세대의 더 많은 중심적인 역할에 대한 지지 • 노인들의 지혜와 경험을 위한 자리를 내드리는 것과 지나친 노인들의 역할기능 없이 노인세대를 지지하는 것 • 배우자, 형제, 동료의 사망에 대한 대비와 자신의 죽음에 대한 준비, 삶의 회고와 통합

출처 : Carter, B., & McGoldrick, M.(1988), p. 15.

5) 미래 가족의 방향

미래 가족의 변화에 대한 내용은 다음과 같다(최선화, 2018 : 295-297).

첫째, 가족 형성 및 재생산 방식의 변화가 나타나고 있다. 법적으로 혼인을 통해 형성되던 부부 및 출산을 통한 가족 형성 방식에 변화가 나타나서 법률혼을 거치지 않고 동거를 통해 형성된 부부가 증가하고 이들이 자녀를 갖는 경우가 늘고 있으며, 심지어 혼인하지 않고 홀로 자녀를 낳아 양육하는 미혼한부모도 늘고 있다.

둘째, 선택적 가족이 증가하고 있다. 선택적 가족은 혈연이나 법적 유대에서 벗어나 개인의 자율적 선택을 통해 사회적으로 획득된 가족의 유대, 돌봄, 부양 등을 실천하는 가족 형태를 의미하는 것으로 종종 국가의 제도적 가족 틀에 맞서는 정치적 의미를 내포하기도 한다. 성소수자 커플이 대표적이다.

셋째, 세계화 문화초월가족이 증가하고 있다. 최근 취업이나 자녀교육의 이유로 일정 기간 주말부부나 기러기가족 생활을 하는 가족이 적지 않으나 미래에는 이러한 경향이 더욱 심화되어 가족원이 다른 국가나 문화권에 장기간 떨어져 거주하며 가족 간의 유대 및 가족생활을 유지하는 경우가 늘 것이다.

넷째, 가족 및 가족생활의 개념이 확장되고 있다. 전형적 가족은 이성애의 두 부모와 생물학적 자녀로 이루어진 전형적 가족 유형이며, 전통적 핵가족, 제도적 가족으로 간주되고 있으나 때로는 '친밀감'이나 '유대' 또는'개인적 삶'과 같은 광범위한 개념의 합을 '가족'으로 사용하기도 한다.

Chapter 02

가족복지정책

우리나라의 과거 가족복지정책은 요보호, 취약계층에 집중되어 가족문제의 해결에 초점을 두어 왔다. 건강가정기본법은 다양해지고 있는 가정 형태와 기능, 그리고 가정문제의 다변화 등으로 가정에 대한 국가의 역할이 강조되면서 그 필요성이 등장하기 시작하였고, 현대사회에서 가정의 중요성이 증가하여 가정문제에 대한 예방과 치료하는 측면이 강조되어 단순한 제도로서는 가정문제를 해결할 수 없게 되어 건강가정기본법이 2005년 1월 1일부터 시행(김익균, 2008 : 109)되면서 가족의 기능을 지원하는 법적 체계를 갖추게 되었다. 즉, 현 정부는 가정의 건강성 증진을 통한 건강한 사회와 국가를 구현하고자 하는 비전 아래 가정의 건강성 증진을 위한 국가와 사회의 공동협력체계 구축, 건강가족정책의 체계적 방안 구축 및 건강가족정책의 핵심과제를 제시하고자 하는 목표를 가지고 아홉 가지 건강가족정책 영역으로 구분하여 제시하고 있다. 외국의 가족정책의 주요 구성요소로는 가족에 대한 현금급여(가족관련수당과 세제 혜택)와 취업부모에 대한 지원(모성휴가, 아동양육휴가, 보육시설)을 언급했고, Bertram, Roesler와 Ehlert는 거시적인 범주를 사용하여 가족정책을 현금급여 정책과 시간 정책 그리고 보육인프라의 정책 혼합물이라고 규정한다(조흥식 외, 2017 : 223). 이에 본 장에서는 정부의 가족정책 현황 및 가족복지서비스 전달체계 등을 중심으로 살펴본 후 외국의 가족정책에 대해서 소개하고자 한다.

1. 가족복지정책의 이해

1) 가족정책과 가족복지정책의 개념

(1) 가족정책의 개념

가족정책의 영역은 일반적으로 명시적 가족정책, 묵시적 가족정책 등으로 분류된다(박희숙, 2014). 가족정책에 대한 개념은 가족의 실체를 어떻게 인식하는지에 따라 다른 입장을 취할 수 있다. 남성과 여성이 만나 자녀를 낳고 생활하는 사적인 개념의 가족, 사회 구성원을 양육하는 역할을 담당하는 사회적 가족의 개념, 사회변화에 따른 정치적 도구로서의 공공 개념의 가족 등 다양한 가족의 실체가 존재한다. 또한 가족복지정책이 가족정책(family policy)의 한 영역이면서 동시에 가족을 위한 복지정책(family welfare policy)이라는 면에서 약간의 차이가 있기는 하지만 일반적으로 혼용되고 있다(김혜경 외, 2006 : 69).

Titmuss는 가족정책은 구체적인 처방을 위한 명확한 정책 대상으로서 '가족'이 정의되고, 투여되는 제도적 수단들이 가족자원, 나아가 궁극적으로는 가족구조에 영향을 주도록 설계된 정책으로 정의하였다(Titmuss, 1974 : 23-32 ; Hantrais & Letablier, 1996 : 139).

한편 명시적 가족정책은 정부가 특정한 기획과 정책을 시행할 때 그것이 가족에게 분명하게 관여하여 가족정책의 목표를 얻을 수 있는 것이고, 묵시적 가족정책은 정책의 목표를 모두 얻을 수 없더라도 가족에 대해 관여하고 있는 기획이나 정책을 말한다(박희숙 외, 2014). Kamerman과 Kahn(1978)은 이러한 가족정책의 명시성에 따라 세 가지로 구분하였다. 첫 번째 유형은 보육정책이나 아동복지정책 등과 같이 특정한 목적과 프로그램을 가진 명시적 정책, 두 번째 유형으로는 조세정책, 연금정책, 주택정책 등과 같이 합의된 목적은 없지만 의도적으로 가족을 겨냥하여 추구하는 정책을 꼽을 수 있다. 끝으로는 가족 삶의 변화를 직접적으로 표방하지 않으나, 정책의 수행결과가 가족생활에 일정한 영향을 미치는 정책들로서, 노동 및 산업 정책이나 이민정책과 같은 정책은 직접적인 가족생활 영역으로 볼 수 없지만 가족생활에 적지 않은 영향을 미치는 정책들이다. 따라서 이 역시 가족정책으로 분류 가능하지만, 지나치게 포괄적이라는 점에서 정책의 영역이나 대상보다는 관점으로서의 가족정책 범주에 포함시키게 된다(Kamerman & Kahn, 1978 ; 장혜경 외, 2002). 이처럼 가족정책은 구체적이고 직접적인 정책으로부터 사회정책 전 영역을 포괄하는 광범위한 정책과 등치되는 등 매우 다양한 개념으로 사용되고 있다(김혜영, 2012).

(2) 가족정책의 목표

가족정책의 목표는 국가마다 상이할 수 있으나 공통적으로 다음과 같은 세 가지를 공유하고 있다. 즉, 가족정책의 목적은 국가마다 하나만 고수하는 것이 아니라 서로 혼합되어 있으며 공유되고 있다. 따라서 초기의 가족정책 목표는 가족의 복지 기능 향상으로 개인이 아닌 가족을 단위로 가족의 기능 향상을 목적으로 하는 것으로, 산업화 이후 사회변동으로 가족의 기능을 제대로 수행할 수 없게 됨에 따라 국가가 가족의 복지 기능을 강화, 보완 및 대리하기 위한 제도적 노력의 시작을 하게 되었다. 중반부에는 저출산 문제에 초점이 맞춰졌다. 이는 인구 조절로, 산아제한정책과 출산장려정책으로 나눌 수 있다.

먼저 산아제한정책의 긍정적인 효과는 국민의 생활의 질이 높아지며 노동력의 인적 자본의 질이 높아지고 주거비용이 감소하는 것 등이 있다. 한편 출산장려정책을 시행하는 근본적인 이유는 노동력 구성의 변화와 경제성장의 둔화, 사회복지 부담에 대한 불안감에 기인한다. 그리고 현재에는 여성의 노동시장 참여로 인해 오늘날 가족정책의 목표는 양성평등 추구이다. 이는 경제적 부분의 여성 인력의 노동시장 참여율 증가와 사회적 부분의 여성의 교육수준의 변화, 가치관 변화 등에 따라 남녀평등의 변화를 요구하고 있다(홍세진 · 김소진, 2009).

(3) 가족정책의 이념

가족정책의 기본 이념은 영원히 변하지 않는 성질, 즉 가족 구성원들 사이의 평등, 삶의 질 향상, 대상자의 확대에 부합되어야 한다.

① 자유방임주의

이 복지모형이 내세우는 근본 가치는 자유, 개인주의, 불평등으로 상호 밀접한 관계를 갖는다. 자유란 강제의 부재로서 개인이 그 자신의 이익을 추구하고 그의 행동결과에 책임을 질 수 있는 만큼 자유롭다면 그 자신과 국가를 위하여 최대의 능력을 발휘할 것으로 본다. 따라서 개인의 자유에 영향을 미칠지도 모르는 어떠한 정부의 방책도 허용하지 않으며, 국가의 개입이나 강제에 의해 풍요로워지기보다는 차라리 가난하면서 자유로울 것을 주장한다. 또 인간의 지위와 소득은 그 자신의 능력과 노력에 의해 결정되므로 불평등은 정당화되며, 이러한 측면은 경제성장에 긍정적인 작용을 한다고 본다.

즉, 경제적으로는 사유재산제도, 영리추구, 자유경쟁의 원칙이 지배하며, 국민경제의 질서는 Smith의, 이른바 '보이지 않는 손'에 의해서 자연스럽게 조화를 이루어 나가므로 국가는 이러한 경제체계에 간섭하지 않는 것이 좋다는 입장을 취한다. 이러한 관점에서 복지국가는 다음 세 가지 방향에서 그 축소가 요구되는데, 첫째, 사회봉사의 범위 및 원조 대상자의 축소 둘째, 서비스 수준의 저하 셋째, 사회봉사에서의 행정관리의 방향을 중앙에서 지방으로, 정부에서 민간으로 이양하여 개인주의와 자유를 더 보장하도록 하는 것이다.

② 자유민주주의

이 복지모형이 내세우는 근본 가치는 자유, 개인주의, 경쟁적인 사기업의 강조, 자조로서, 자유방임주의와 비슷하지만 지적 실용주의에 의하여 다소 조건적이고 제한적이다. 근본적으로 자유시장제도의 신념 때문에 정부의 역할은 한계성을 가지고 있다고 본다. 즉, 정부의 가장 중요한 역할은 국민 개개인이 이미 수행하고 있는 활동에 관계하는 것이 아니라 국민 개개인의 외부에 놓여 있는 기능, 다시 말하면 정부 이외의 누구도 행할 수 없는 기능에 관한 것으로 이때의 부조(扶助)는 최저수준으로 제한된다. 따라서 정부의 역할은 현저한 사회악 해소, 사회불평등 완화, 사회복지계획에서의 우선순위 결정, 민간기업의 조장에 있는 것으로 이를 위해 민간복지, 사회보험, 국민 최저수준의 사회복지사업의 실시를 주장한다. 정치적으로는 의회민주주의하에서 사회개혁을 그 방법론으로 채택하고 있다.

③ 사회민주주의

이 복지모형이 내세우는 중심 가치는 평등, 자유, 우애이며, 파생적 가치로 인도주의를 들 수 있다. 따라서 국가는 부족한 생활상태에 놓여 있는 자에 대한 사회적 원조를 중요시 여기며, 분배정책을 통해서 사회적 평등을 실시하여 복지국가를 이루려고 한다, 이러한 측면에서 복지국가는 사회경제적 기능을 가지고 있으며, 이에 의한 사회정책이 산업사회에 의해 파생된 욕구와 문제에 대한 대응이라고 본다. 때문에 가족의 역할과 기능 변화에 적절히 대응하여 사회통합, 공동체의식 및 이타주의를 유지시키는 것을 과제로 보고 있다.

④ 사회주의(마르크스주의)

마르크스주의도 자유, 평등, 박애를 근본 가치로 하고 있지만 민주사회에서 사용되는 견해와는 다르다. 자유란 단순히 체제의 부재만을 의미하는 것이 아닐 뿐만 아니라, 어떤 특권의 존재하에서도 있을 수 없다고 본다. 따라서 정부가 경제적인 측면에서 강력하고 능동적인 역할을 담당하게 되며, 이러한 차원에서 생산제도의 국유화는 정당화된다. 왜냐하면 자원의 배분이 성숙도 기준이 아니라 요구도 기준에 입각해 있기 때문에 이러한 욕구에 대한 국가책임, 즉 무료 서비스를 강조하는 것이다. 정치는 급진적인 사회개혁을 통해 이루어질 수 있다고 보며 자본주의 체제의 종식이 사회의 평등을 가져다준다고 믿는다.

2) 복지국가와 가족정책의 관계

복지국가와 가족정책의 관계에 대해 Esping-Anderson(1999)은 복지의 책임 소재를 분석하였다. 가족중심의 책임을 강조하는 가족주의(familism)와 가족에 대한 사회적 책임을 강조하는 탈가족주의의 양축을 중심으로 서구국가들을 분석하였다. 그 결과 가족 스스로의 책임과 가족의 기능을 강조하고, 가족의 책임수행이 어려울 때 국가가 개입하는 것을 원칙으로 하는 가족주의 체제는 이탈리아나 독일이 포함된다. 이에 반하여 탈가족주의는 주로 북유럽국가에게 나타나는데, 가족의 부양 및 자녀양육의 책임은 당연히 국가에게 있음을 인지하고 이러한 근거하에 가족정책을 수행하고 있다. 또한 국가와 시장경제,

그리고 가족 간의 관계에서 몇 가지 다른 유형을 발견하였다. 복지국가의 형태를 탈상품화 정도에 따라 자유주의 복지체제(liberal welfare state), 조합주의 복지체제(corporatist regime), 사회민주주의 복지체제(social democratic)로 분류하면 다음과 같다(김혜경, 2006).

(1) 자유주의 복지체제

자유주의 복지체제는 사회적 개혁이 전통적인 자유주의적 노동의식 규범에 의하여 제약을 받고, 급여 대상은 곧 저소득층에 집중되며, 급여 대상 자격기준은 매우 까다롭다. 복지수혜자들은 빈곤의 평등을 경험하지만, 시장에서의 역할에 따라 복지혜택도 다르다. 이러한 체제에서는 전통적 가족의 기능과 역할이 강조되면서 가족이 복지의 일차적 책임을 진다. 가족의 책임 기능에 문제가 발생하였을 때 국가의 개입이 이루어지며, 그것도 최소한의 개입에 그치고자 한다. 이러한 형태는 미국, 캐나다, 호주 등에서 볼 수 있다.

(2) 조합(보수)주의 복지체제

조합주의 복지체제는 역사적인 조합주의적 국가체제의 잔여인데 새로운 신산업주의 계급구조와 맞물려 나타났다. 시장의 효율성이나 노동의 상품성은 큰 관심사가 아니며 사회권 여부도 논의 대상이 아니다. 가장 중요한 것은 계층 차이를 얼마나 유지하는가의 문제이며, 모든 권리가 계층과 지위에 달려 있다. 여기서는 국가가 주된 사회복지 제공자의 역할을 도맡아 하므로 민간 주도하에 복지가 상대적으로 덜 강조된다. 사적 보험이나 직업상의 혜택은 복지의 역할을 담당하지 못하며 계층 차이를 강조하는 국가의 정책으로 인하여 부의 재분배 효과는 그리 크지 못하다.

(3) 사회민주주의 복지체제

사회민주주의 복지체제에서는 국가와 시장 혹은 노동자계층과 중산층이라는 이중성을 허용하지 않고, 최소한의 욕구의 평등성보다는 최고 수준의 평등성을 추구한다. 각종 가족 관련 복지서비스는 신중산층의 욕구를 충족시킬 수 있는 수준까지 높인다. 이러한 체제에서는 가족의 기능에 보완하는 정책이 아니라 가족의 역할을 적극적으로 공유하고 가족 기능의 사회화에 국가가 앞장선다. 그리하여 국가는 가족복지정책을 통하여 사회 구성원에게 사적 생활을 영위해 나가는 데 불편함이 없도록 가족 관련 문제를 직접적으로 해결해 나가는 책임을 다하고 있다. 이러한 형태는 덴마크, 스웨덴, 노르웨이, 핀란드 등의 북유럽에서 볼 수 있다(이영실 외, 2010).

2. 가족복지정책의 분야

가족정책은 다양한 분야로 구분할 수 있지만 이 장에서는 가족정책을 출산정책, 가족의 소득을 유지하기 위한 소득유지 및 보장정책, 가족의 질병을 예방하고 건강을 유지하며 건강과 관련된 욕구를 지원하는 의료보장정책, 가족의 경제적 안정을 지원하기 위한 고용 촉진 및 지원정책, 자녀양육이나 노인부양을 지원하기 위한 돌봄지원정책, 가족의 주거안정을 지원하기 위한 주거정책 등으로 구분하여 기술하고자 한다(도미향 외, 2014 ; 여성가족부).

1) 출산 관련 정책

우리나라의 경우 출산 관련 정책은 저출산 문제에 대응하기 위한 가족친화제도, 보육서비스, 인센티브제 도입 및 모자보건지원정책이 도입되고 있다. 가족친화제도는 남녀 근로자가 직장과 가정 일을 조화롭게 수행하고 자녀 출산과 양육에 차질이 없도록 다양한 정책, 프로그램 등을 지원하는 것으로, 탄력근무제도, 보육 및 돌봄 지원제도, 휴가 및 휴직 제도, 근로자 지원제도 등이 있다. 우리나라의 경우 육아휴직제도를 도입한 것 등이 대표적이다. 대표적인 보육서비스는 어린이집에 대한 지원의 일환으로 방과 후 보육서비스 확대, 보육시간 연장, 휴일이나 공휴일 보육 지원, 영유아 및 장애아전담이나 장애아통합 어린이집 등의 확대가 이에 해당한다. 인센티브제도에 대한 우리나라의 경우 세 자녀 가구에 대해 주택 건설량의 3% 내에서 주택을 특별공급하고 있으며 다자녀가구에 대한 공제제도를 추구한 바 있고 지방자치단체 등에서는 세 자녀 이상 가정에 출산장려금이나 현물 지원 등의 다양한 인센티브를 제공하고 있다. 모자보건지원책의 일환으로는 불임부부 시험관아기 시술비 지원, 여성 및 어린이 건강관리, 미숙아·선천성 이상아 등록 및 관리, 모유수유 교육 등의 확대를 추진하고 있다.

2) 소득유지 및 보장정책

이 정책은 가족의 경제적 부담을 완화하고 소득 불균형을 개선하기 위한 정책으로 국민연금, 기초생활보장제도, 조세방식의 공제제도가 대표적이다. 공적연금제도인 국민연금제도는 노후에 경제적 소득을 위한 세대 간 경제생활보장정책이라고 할 수 있으며 기초생활보장제도는 공공부조 방식으로 생활이 어려운 취약계층에게 필요한 금전적 지원 강화를 목적으로 하며 국민기초생활보장의 수급자 대상으로 한정한다. 이 제도에 의한 수급권자는 생계급여, 의료급여, 주거급여, 교육급여, 해산급여, 장제급여, 자활급여 등을 받을 수 있다. 조세방식의 공제제도는 각종 세금공제를 통한 소득지원정책의 일환으로 실시되며 이 밖에 빈곤가족을 위한 경제적 생활을 지원하는 정책으로 한부모가족지원정책을 들 수 있다. 이 법에 의거하여 18세 미만의 자녀를 둔 저소득 한부모가족에게 복지급여를 지원한다.

3) 의료보장정책

이 정책과 관련한 제도에는 건강보험제도, 산재보험제도와 의료급여가 있다. 건강보험제도를 통해 기존의 치료서비스를 중심으로 제공되던 의료서비스가 건강증진, 질병예방, 재활을 포괄하는 보장성 성격의 보험으로 재편되었으며, 산재보험에서는 간병보험제도가 신설되어 장기보호를 요하는 1, 2급 중증 산업재해 장애인들은 치료가 종결된 후에도 간병을 받을 수 있게 되어 가족의 경제적 부담을 덜게 되었다. 또한 배우자, 부모, 13세 이상의 자녀 또는 형제가 간병하는 경우에도 급여를 받을 수 있으며 '후유증상의 진료'가 신설되어 재요양의 요건에는 해당되지 않으나 치유된 후에도 후유증상이 발생할 우려가 있는 대상자에게 현물급여에 해당하는 진료서비스를 제공하고 있다.

4) 고용 촉진 및 지원 정책

우리나라의 고용 촉진 및 지원 정책은 주로 빈곤층과 실직자를 위한 정책으로 이루어져 있는데 주로 국민기초생활보장제도상의 자활사업과 고용촉진 프로그램이 대표적이다.

(1) 자활사업

자활사업은 저소득층 빈곤가족이 적극적으로 노동시장에 참여할 수 있도록 지원하여 경제적으로 자활할 수 있도록 돕는 정책으로 지역사회 내 자활후견기관에서 주로 담당한다.

첫째, 취업자와 취업대상자를 위한 제공이다. 직업적응 훈련과 개인별 맞춤형식의 직업훈련 프로그램 제공, 창업활성화를 위한 전세점포지원사업과 창업 초기 운용자금 지원 등 제공한다. 둘째, 비취업대상자를 무료로 돕는 간병도우미사업을 제공한다. 음식물 재활사업, 집수리도우미사업, 청소사업 등이 있다.

(2) 고용촉진 프로그램

고용촉진 프로그램은 저소득 빈곤가족 주부와 고령여성을 대상으로 하는데 대표적 고용정책은 실업급여가 있다. 이 정책은 근로자가 실직하였을 경우 일정 기간 가족의 안정된 생계유지를 지원하도록 하고 있으며 전 직장에서 지급된 평균임금의 50%가 지급된다.

5) 돌봄지원정책

이 정책에는 자녀양육을 지원하는 정책과 노인부양을 지원하는 정책이 포함된다.

(1) 자녀양육지원정책

자녀양육지원정책에는 영유아보육법에 의한 저소득층 아동에 대한 보육지원, 근로기준법에 의한 출산전후휴가와 남녀고용평등법에 의한 육아휴직, 이혼가정 자녀의 양육을 위한 '양육비 일부 의무부담' 조치 등이 포함된다.

① 저소득층 아동에 대한 보육지원

보육지원사업의 일환으로 2012년부터 만 0~2세 법정 저소득층 아동과 소득수준과 무관하게 어린이집 이용 0~2세 아동 및 만 3~4세의 법정 저소득층 아동과 영유아가구 소득 하위 70% 이하 아동에게는 보육 · 교육비가 전액 지원된다.

② 근로기준법에 의한 출산전후 휴가

출산전후휴가급여는 근로기준법 제74조에 의거하여 임신 중인 여성에게 통상 90일간 유급으로 보장되며 2005년에 출산전후 휴가 비용을 전액 고용보험에서 지급하도록 개정하였다.

③ 「남녀고용평등과 일 · 가정 양립 지원에 관한 법률」에 의한 육아휴직

육아휴직제도는 「남녀고용평등과 일 · 가정 양립 지원에 관한 법률」 제19조에 의거하여 만 8세 이하 또는 초등학교 2학년 이하의 자녀(입양 자녀 포함)를 둔 남녀 근로자의 양육지원을 1년 동안 보장하며 동 기간 동안은 통상 임금의 100분의 40을 지급하고 급여 중 일부(100분의 15)를 직장 복귀 6개월 후에 합산하여 일시불로 지급한다.

(2) 노인장기요양보험

이 보험은 2008년에 도입된 제도로 노인에 대한 돌봄을 사회적 보호의 차원으로 확대하여 가족의 노인부양 부담을 경감시키고자 하는 사회보험제도이다. 치매나 중풍 등 노인성질환으로 타인의 도움을 받지 않고는 혼자 생활하기 어려운 노인을 대상으로 간병, 수발, 목욕, 간호, 재활 등의 요양서비스를 국가 및 사회가 공동 책임하에 제공함으로써 가족의 노인부양 부담을 완화 또는 경감시키는 제도이다.

3. 가족복지정책의 현황

1) 제4차 기본계획 추진 방향

〈표 2-1〉 제4차 기본계획 추진 방향

1. 가족 다양성 포용	• 가족 다양성 증가를 반영하여, 모든 가족이 차별 없이 존중받고 정책에서 배제되지 않는 여건 조성에 초점을 두고, 가족 유형에 따른 차별 해소 및 다양한 가족 구성의 선택에 대한 권리 보장 • 비혼, 1인 가구 증가 등 다양한 돌봄과 친밀성의 욕구에 대응하는 사회적 돌봄 지원체계를 구축하고, 혈연을 기반으로 하는 가족 구성원이 1차적으로 책임지던 돌봄의 사회적 분담 확대
2. 모든 가족의 안정적인 삶의 여건 보장	• 한부모 · 다문화가족 등 핵심 지원 대상 가족에 대한 지원은 지속 강화하되, '욕구가 있는 모든 가족'이 가족 형태에 따른 낙인이나 차별 없이 기본적인 가족생활을 할 수 있도록 지원 확대 • 비혼, 1인 가구, 노년기 가족 등 가족 구성원의 전 생애주기를 고려하여, 지역사회의 모든 가족에 대한 보편적 정책으로 확장 • 재난, 감염병 등 가족 위기에 대응하여 지역사회를 기반으로 하는 소규모의 유연한 사회적 돌봄을 확충하고, 위기 · 취약가족의 조기 발굴 · 지원, 비대면 가족서비스 등 확대
3. 가족 구성원 개개인을 존중	• 가족 구성원 개개인의 권리 인식 증가를 반영하여, '공동체로서의 가족 지원'에서 '가족과 개인의 삶을 지원'하는 방향으로 전환 • 부양자, 돌봄자 등 가족 내 역할에서의 성평등, 세대 · 젠더 간 위계 구조 없는 민주적인 가족관계 구현을 위한 정책 확대 및 가족 구성원 간 상호 존중, 상호 돌봄 등 평등한 가족문화 지향 • 여성의 일할 권리와 일 · 가정 양립을 강조하는 정책에서 남녀 모두의 일하고 돌볼 권리 균형을 중시하는 성평등 관점의 정책 기조 강화 * '주로 일하는 남성 · 주로 돌보는 여성'을 전제한 '남성 생계부양자 모델'에서, 남녀 모두를 일과 돌봄의 주체로 설정한 '보편적 돌봄자 모델'로 전환

출처 : 여성가족부(2021a). 제4차 기본계획 정책 체계, pp. 12-13.

우리나라는 2020년까지 저출산 사회에 대응하여 전반적 사회 · 경제구조 개혁을 추진하여 구체적인 정책성과를 가시화하기 위해 매 5년마다 단계적 · 전략적 목표를 설정하고, 계획을 수립 · 추진하고 있다. 먼저 제1차 기본계획(2006~2010)으로 출산 · 양육에 유리한 환경을 조성하고, 제2차 기본계획(2011~2015)에서는 점진적으로 출산율을 회복하여, 제3차 기본계획(2016~2020) 기간에는 OECD 국가 평균 수준으로 출산율을 회복하겠다는 중 · 장기적 계획을 수립하여 추진하였다. 최근 발표된 정부의 제4차 기본계획 추진 방향의 내용은 다음과 같다(여성가족부, 2021a).

2) 제4차 기본계획 및 정책 체계(2021~2025)

비 전	"2025 세상모든가족함께" 모든 가족, 모든 가족 구성원을 존중하는 사회	
목 표	가족 다양성 인정	평등하게 돌보는 사회
영역별 과 제	영역(4개)	평등하게 돌보는 사회
	1. 세상 모든 가족을 포용하는 사회기반 구축	1-1. 가족 다양성을 수용하는 법 · 제도 마련 1-2. 가족 다양성 인식과 평등한 가족문화 확산 1-3. 가정폭력 대응 강화 등 가족 구성원 인권 보호
	2. 모든 가족의 안정적 생활 여건 보장	2-1. 가족 변화에 대응하는 경제적 기반 강화 2-2. 가족 특성을 고려한 자녀양육 여건 조성 2-3. 지역 중심의 통합적 가족서비스 체계 구축
	3. 가족 다양성에 대응하는 사회적 돌봄 체계 강화	3-1. 지역 기반 다양한 가족의 돌봄지원 확대 3-2. 안전하고 촘촘한 돌봄 체계 구축 3-3. 가족 돌봄 지원의 양적 · 질적 강화
	4. 함께 일하고 돌보는 사회 환경 조성	4-1. 남녀 모두의 일하면서 돌볼 수 있는 권리 보장 4-2. 성평등 돌봄 정착 및 돌봄 친화적 지역사회 조성

|그림 2-1| 제4차 기본계획 정책 체계

출처 : 여성가족부(2021a). 제4차 기본계획 정책 체계, p. 14.

(1) 세상 모든 가족을 포용하는 사회 기반 구축

① 가족 다양성을 수용하는 법 · 제도 마련

- 가족 유형에 따른 차별 해소
- 다양한 가족 구성에 대한 정책적 지원 방안 마련

② 가족 다양성 인식과 평등한 가족문화 확산

- 가족 다양성에 대한 사회적 감수성 제고
- 가족과 개인이 공존하는 평등한 가족 문화 조성

③ 가정폭력 대응 강화 등 가족 구성원 인권 보호

- 가족 구성원 안전 보장을 위한 법률 정비
- 가정폭력 · 아동학대 사건 발견 및 대응 강화
- 가정폭력 · 아동학대 피해에 대한 통합 지원 강화

(2) 모든 가족의 안정적 생활여건 보장

① 가족 변화에 대응하는 경제적 기반 강화

- 가족변화를 반영한 생계비 등 급여 확대
- 아동양육 가족에 대한 경제적 지원 강화
- 가족 수요에 맞는 주거 지원

② 가족 특성을 고려한 자녀양육 여건 조성

- 한부모가족 자녀의 안정적 성장발달을 위한 지원 및 제도 강화
- 양육비 이행 실효성 제고를 위한 체계 정비
- 다문화가족 자녀의 동등한 출발점 보장
- 위기 · 취약 아동 · 청소년의 보호 및 자립 지원

③ 지역 중심의 통합적 가족서비스 체계 구축

- 통합적 가족서비스 기반 조성
- 보편적 가족서비스 확대
- 지역사회 기반 취약 · 위기가족 지원 강화

(3) 가족 다양성에 대응하는 사회적 돌봄체계 강화

① 지역 기반 다양한 가족의 돌봄 지원 확대
- 지역사회 자녀 돌봄 지원 확대
- 지역공동체 기반 일상 돌봄 지원

② 안전하고 촘촘한 돌봄체계 구축
- 믿고 맡길 수 있는 안전한 가정 돌봄 지원
- 재난·재해 시 돌봄 공백 대응

③ 가족 돌봄 지원의 양적·질적 강화
- 가족 돌봄의 공공성 강화
- 돌봄노동의 사회적 가치 제고

(4) 함께 일하고 돌보는 사회환경 조성

① 남녀 모두의 일하면서 돌볼 수 있는 권리 보장
- 일하는 사람의 돌봄권 보장을 위한 제도 강화
- 돌봄권을 보장하는 일터 조성

② 성평등 돌봄 정착 및 돌봄 친화적 지역사회 조성
- 성평등 돌봄 정착을 위한 지원 및 홍보
- 가족·돌봄 친화적인 지역사회 조성
- 가족친화 사회환경 조성을 위한 기반 정비

3) 제4차 기본계획 추진 방향

제4차 기본계획의 가족서비스 전달체계의 내용을 살펴보면, 건강가정기본법, 다문화가족지원법에 따라, 시·군·구 건강가정·다문화가족지원센터를 설치·운영, 통합을 추진 중에 있으며, 건강가정·다문화가족지원센터 203개소, 건강가정지원센터 18개소, 다문화가족지원센터 25개소(2020년 기준)를 운영하고 있다(여성가족부, 2021a : 38).

	건강가정다문화가족지원센터	건강가정지원센터	다문화가족지원센터
시작	• 2014년 • 건강가정기본법 제35조 • 다문화가족지원법 제12조	• 2004년 • 건강가정기본법 제35조	• 2006년 • 다문화가족지원법 제12조
기능	• 가족관계 – 부모역할지원, 가족상담 등 • 가족돌봄 • 가족생활 • 가족과 함께하는 공동체	• 가족돌봄 • 가족교육 • 가족상담 • 가족문화 • 지역사회 연계	• 가족 – 다문화가족 이중언어환경 조성 등 • 성평등 인권 • 사회통합 • 상담 • 홍보 및 지원 연계

|그림 2-2| 가족서비스 전달체계

출처 : 여성가족부(2021a). 제4차 기본계획 정책 체계, p. 38.

한편 시·도와 시·군·구 건강가정지원센터 공통사업에서 추진하는 주요 내용은 다음과 같다(여성가족부, 2021b : 228-235).

〈표 2-2〉 시·도 건강가정지원센터 공통사업

영역 \ 구분	시·도 센터 공통사업	설명
인적자원 역량강화 (교육지원)	시·군·구 센터 직원 교육	• 광역단위 상담직원 교육, 직원 워크숍 등 • 연간 5과목 또는 30시간 이상
	시·군·구 센터 활동가 교육	• 센터에서 활동하는 인력 교육 • 연간 5과목 또는 30시간 이상
특성화사업 및 정책지원(사업지원)	시·도별 특성에 맞는 프로그램 개발	• 광역 단위 특성에 맞는 시범사업 운영 및 매뉴얼 개발
네트워크 활성화 (연계)	광역단위 업무협의회	• 중앙과 시·군·구 센터의 연계 역할 • 시·군·구 센터 지원방문, 모니터링 등
	유관기관 연대 사업	• 유관기관의 발굴과 사업연계
홍보	광역단위 홍보	• 캠페인성 홍보사업 등
	시·군·구 센터 홍보지원	• 시·군·구 연계 홍보활동 • 홍보매체 개발 및 활용

출처 : 여성가족부(2021b). 가족사업안내_1권, p. 234.

(1) 시 · 도 건강가정지원센터 공통사업방향

① 시 · 군 · 구 센터 지원에 중점을 두되, 대민서비스는 지역 상황에 맞게 실시한다. 또한 시 · 군 · 구 센터의 건강가정사업을 지원하고, 센터의 직원 및 활동가의 역량을 강화하며 유관기관과의 연계 사업에 중점을 둔다.
② 시 · 군 · 구 센터 설치 비율 증가 시 점차 시 · 도 센터의 역할을 강화시킨다.

(2) 영역별 수행사업(공통사업)

① 인적자원 역량강화 영역

㉠ **시 · 군 · 구 센터의 직원 보수교육**
- 직원의 전문성 강화를 위한 사업 관련 교육을 실시한다.
- 연간 5과목 또는 30시간 이상을 이수한다.
- 한국건강가정진흥원 교육시수 인정이 필요한 과목은 연간계획을 세워 한국건강가정진흥원의 승인을 득하도록 한다.

㉡ **시 · 군 · 구 센터의 활동가 보수교육**
- 강사, 상담자원활동가, 가족봉사단 및 품앗이 리더, 기타 자원활동가 등 센터의 인적자원의 역량강화 보수교육을 한다.
- 연간 5과목 또는 30시간 이상을 이수한다.

② 특성화사업 및 정책지원 영역

㉠ **시 · 도별 특성에 맞는 프로그램 개발 및 보급을 한다.**
- 광역 단위 특성에 맞는 시범사업을 운영한다.
- 모니터링이나 컨설팅 등의 지원 활동을 한다.
- 시 · 군 · 구 센터가 실시하는 특성화 사업의 지원 활동을 한다.
- 사업운영 환경 개선을 위한 제안 등을 한다.

③ 네트워크 활성화 영역

㉠ **광역단위 업무협의**
- 해당 시 · 군 · 구 센터의 현황공유 및 의견수렴을 한다.

- 중앙과 시 · 군 · 구 센터를 연계하는 다양한 지원 활동을 한다.
- 광역 단위 사업수행을 위한 담당자 업무협의 등을 한다.

㉡ 광역단위 유관기관 연대 사업

- 사업관련 다양한 유관기관의 발굴과 사업연계, 지원체계를 개발한다.
- 사후관리 활동 등을 통한 네트워크를 활성화시킨다.

④ 홍보지원 영역

㉠ 광역단위 홍보

- 건강가정사업, 시 · 군 · 구 센터 및 시 · 도 센터를 알릴 수 있는 캠페인을 실시한다.
- 홍보물 제작 및 보급을 통한 광역단위 대국민 홍보를 수행한다.

㉡ 시 · 군 · 구 센터 홍보 지원

- 시 · 군 · 구 센터에서 요청하는 홍보를 지원한다.
- 홍보 매체 개발 및 보급을 한다.
- 시 · 군 · 구 센터 연계 캠페인 등을 진행한다.

(3) 유의사항

① 시 · 도 센터는 서울시, 부산시, 대전시, 경기도, 경상남도센터로 총 5개소이며, 대전시센터는 시 · 군 · 구 센터 사업을 전적으로 수행한다.

② 시 · 도 센터 수행사업 중 2영역 이상을 실시하여야 하며, 시 · 군 · 구 센터 사업 수행 여부는 해당 지자체와 협의하여 결정한다.

③ 사업실적은 가족지원통합시스템을 통해 매월 보고한다.

④ 직원교육, 워크숍 등의 효율적인 사업 운영을 위하여 일정이나 내용 등을 한국건강가정진흥원과 공유하고 적극 협의하고, 한국건강가정진흥원이 승인한 교육에 한해 중앙센터 교육 이수시간으로 인정(최대 10시간)한다.

〈표 2-3〉 시 · 군 · 구 건강가정지원센터 공통사업

구 분 영 역	시·군·구 센터 공통사업	설 명
가족돌봄 나눔 *3가지 사업 중 2가지 선택	모두가족 봉사단	• 기존의 가족봉사단의 활동 내용을 '돌봄'을 주제로 전환하여 운영
	모두가족 품앗이	• 전업주부와 맞벌이 주부가 함께 운영하는 품앗이, 남성이 참여하는 품앗이 등 다양한 그룹 운영
	아버지-자녀가 함께하는 돌봄 프로그램	• 아빠와 자녀가 함께하는 돌봄프로그램 운영
가족교육	생애주기별 가족교육	• 가족 내에서 발생하는 문제를 예방하고 가족 구성원의 역량을 강화시키기 위한 부모, 부부, 조부모, 자녀 등 가족을 대상으로 한 생애주기별 다양한 교육 • 예비/ 신혼기 · 중년기 · 노년기 부부교육 등 • 예비부모교육, 영유아기 · 아동기 · 청소년기 자녀를 둔 부모교육 등
	남성대상 교육	• 아버지교육, 찾아가는 아버지 교육, 남성대상 자기돌봄 교육 등
가족상담	가족(집단)상담	• 생애주기에 따라 발생되는 가족 내 다양한 갈등과 문제의 해결을 위한 상담사업 • 개인을 대상으로 하는 개별적 접근과 가족 구성원이 함께 참여하는 가족단위의 통합적 접근을 포함 • 가족단위의 면접 상담 유도 • 연간 상담실적이 100명 이하인 센터는 가족집단상담을 연간 2건 이상 반드시 포함
가족문화	가족사랑의 날	• 수요일, 가족이 모두 함께하는 프로그램
	가족친화문화 프로그램	• 가족캠프, 가족축제, 가족체험활동 등
지역사회 연계	지역사회 협의체 참여, 협약 및 연계사업	• 지역사회 협의체, 유관 기관 네트워크 활용 및 참여

출처 : 여성가족부(2021b). 가족사업안내_1권, pp. 230-231.

(4) 시 · 군 · 구 건강가정지원센터 사업 방향

① 다양한 가족지원, 이용자 참여 확대를 통한 가족기능 지원을 강화시킨다.

- 이용자 참여 확대를 위해 가족이 함께하는 가족단위 프로그램을 활성화한다.
- 한부모가족, 조손가족 등 다양한 가족이 참여할 수 있는 프로그램을 강화한다.

② 생애주기별 부모교육 등 가족교육 활성화

- 관공서 · 공공기관 · 학교 · 기업 · 군부대 등 찾아가는 가족교육을 활성화한다.
  - 아버지교육 중 일부를 직장맘 남편을 위한 특화프로그램으로 운영한다.
  - 아빠의 육아 참여를 확대할 수 있는 프로그램을 활성화한다.
  - 육아 정보 공유를 위해 아빠자조모임을 운영 · 지원한다.

(5) 영역별 수행사업(공통사업)

① 가족돌봄나눔 영역 ⇒ 3개 사업 중 택 2

㉠ **모두가족봉사단**('가족 함께 돌보기'를 위한 지역 봉사단)

- 기존 가족봉사단의 활동 내용을 '돌봄'을 주제로 전환하여 운영한다.
- 센터 내 또는 지역사회 돌봄 프로그램과 결합하여 운영한다.
- 2인 이상의 가족이 돌봄봉사활동에 참여(돌봄 목표시간 설정)한다.
- 자녀돌봄에서 출발하여 노인, 장애아, 환자 등 돌봄이 필요한 다양한 대상으로 확대한다.
- 봉사활동을 위한 교육, 자조모임도 활동내용에 포함한다.

㉡ **모두가족품앗이**('자녀 함께 키우기'를 위한 지역 품앗이)

- 기존 구성원 간의 재능나눔, 돌봄나눔 활동을 넘어 지역사회와 타 공동체로 돌봄 품앗이 확대를 한다.
- 전업주부와 맞벌이 주부가 함께 운영하는 품앗이, 남성이 참여하는 품앗이 등 다양한 그룹 운영을 한다.
- 품앗이 활동을 위한 전체가족 예비교육, 전체가족회의 등은 가족품앗이 활동에 포함한다.

㉢ **아버지-자녀가 함께하는 돌봄 프로그램**

- 아버지의 양육 참여 확대를 위해 유아나 초등학생을 위한 돌봄프로그램을 운영한다.

- 아이 돌봄, 품앗이, 상담 등 기타 다양한 프로그램과 연계하여 운영한다.

② 가족교육 영역

㉠ 생애주기별 가족교육

- 가족 내에서 발생하는 문제를 예방하고 가족 구성원의 역량을 강화시키기 위한 부모, 부부, 조부모, 자녀 등 가족을 대상으로 한 생애주기별 다양한 교육을 한다.
- 예비/ 신혼기 · 중년기 · 노년기 부부교육 등이 있다.
- 예비부모교육, 영유아기 · 아동기 · 청소년기 자녀를 둔 부모교육 등이 있다.

㉡ 남성대상 교육

- 일 · 가정 양립과 가족생활의 남성참여 활성화를 위한 교육을 한다.
- 찾아가는 아버지교육을 통한 아빠 대상 육아교육을 한다.

③ 가족상담 영역

㉠ 생애주기에 따라 발생되는 가족 내 다양한 갈등과 문제의 해결을 위한 상담사업

- 개인을 대상으로 하는 개별적 접근과 가족 구성원이 함께 참여하는 가족단위의 통합적 접근을 포함한다.
- 가족단위의 면접 상담 유도를 한다.

※ 단, 연간 상담실적이 100명 이하인 센터는 가족집단상담을 연간 2건 이상 반드시 포함한다.

㉡ 기타 사례회의 및 정기 슈퍼비전 관련 직원교육 지침을 참조한다

④ 가족문화 영역

㉠ 가족사랑의 날 실시

- 매주 수요일 가족이 함께 할 수 있는 프로그램을 실시(참여자 여건 등을 고려하여 요일 변경 가능)한다.
- 가족관계 개선을 위한 가족캠프, 가족축제, 가족체험활동 등을 실시한다.

⑤ 지역사회 연계

- 지역사회협의체, 유관기관 네트워크 적극 활용 및 참여를 추진한다.
- 기관 협약을 통한 연계사업을 추진한다.

(6) 유의사항

- 독립형 센터는 5개 영역 수행사업을 모두 실시하고, 다기능화센터는 4개 영역의 사업을 수행한다.
- 사업의 실적보고는 가족지원통합시스템의 입력 기준에 따라 실시한다.
- 사업 수행 후 사업별로 만족도 조사와 성과 평가를 실시하고, 평가 결과는 추후 사업에 반영을 한다.
  - 만족도 설문은 7문항을 준수하되, 프로그램의 성격에 맞게 자유롭게 구성 가능(가족지원통합시스템에 반드시 입력)하다.
  - 가족관계 위기징후 척도 및 가족스트레스 척도를 사용하여 이용자에게 맞는 서비스를 계획하고 성과를 측정할 수 있도록 한다.
- 참가자에 대한 제한이 없는 모든 프로그램에 한부모가족, 다문화가족, 조손가족 등의 다양한 가족이 참가할 수 있도록 기획한다.
- 상담사업 실시 시 가족상담 운영규정(안)에 의거하여야 하며, 가족상담 매뉴얼을 적극 활용하여야 한다.

① 가족지원서비스 우선 제공 대상

프로그램 제공 시 한부모 · 조손 · 이혼위기 가족 등 가족 기능이 약화된 가족 및 저소득 취약계층 가족을 우선 지원하도록 노력한다.

4. 가족복지정책의 전달체계

우리나라 가족복지정책의 행정체계를 살펴보면, 2005년도 여성부를 여성가족부로 확대 · 개편하였고, 2008년 이명박 정부 시절에는 여성가족부를 여성부로 개편하였다가 다시 2010년 정부조직을 개편하여 이전의 청소년 및 다문화가족을 포함한 가족 관련 업무를 보건복지부로부터 이관시켜 관할하고 있다. 2013년 기준 박근혜 정부에서는 여성가족부가 중앙 전담부서가 되어 가족정책을 관장하고 있다. 현재 여성가족부는 여성정책의 종합 및 여성의 권익증진 등 지위향상뿐만 아니라 가족정책, 건강가정사업을 위한 아동 업무 및 청소년의 육성 및 보호 기능을 수행하고 있다. 그러나 보육지원 및 임신·출산 지원 및 취약아동 보호의 업무는 주로 보건복지부가 전담하고 있으며 다자녀가정, 다문화가정 지원의 일부 업무도 보건복지부에서 담당하고 있다는 점에서 우리나라의 가족복지정책은 주로 여성가족부와 보건복지부의 양쪽이 주를 이루고 있지만 고용노동부와 교육부에서도 일부 담당하고 있다. 그리고 2004년 건강가정기본법의 제정으로 '건강가정지원센터'가 설치되어 각종 가족복지사업을 수행하고 있으며, 2008년 다문화가족지원법에 의거하여 다문화가족지원센터가 설치되어 다문화가족에 특화된 서비스가 제공되고 있다.

1) 보건복지부

보건복지부의 인구정책실은 주로 여성의 출산, 보육, 아동, 노인 등 가족의 생성과 유지에 관련된 정책업무를 담당하고 있다. 인구정책실의 하부조직별 업무관장을 보면 인구아동정책관에서 저출산·고령사회 기본계획과 관련 정책을 수립하고 인구교육, 고령친화사업, 베이비붐세대 사회참여를 위한 정책, 출산 관련 정책을 시행한다. 노인정책관에서는 노인돌봄종합서비스, 노인여가정책, 치매관리사업을 비롯하여 건강한 노후생활을 위한 정책, 노인학대 예방을 위한 시책과 장기요양보험 관련 정책을 관장한다. 보육정책관에서는 영유아보육법, 공공형 어린이집, 어린이집 평가인증, 보육전자바우처, 양육수당 등 아동의 양육과 관련된 정책을 총괄하고 있다. 또한 사회복지정책실의 복지정책관, 복지행정지원관, 복지정보통합관리추진단과 사회서비스정책관에서도 빈곤가족 등 여러 가족을 지원하는 사업, 사례관리 등 지역복지, 복지지원의 체계화와 사회서비스 지원을 통해 가족복지를 향상시키고자 노력하고 있다.

2) 여성가족부

여성가족부는 일·가정 양립과 양성평등 실현, 청소년 역량 개발과 건강한 성장 지원, 건강한 가정 만들기와 안전한 사회 만들기를 목표로 여성정책의 기획·종합 및 여성의 사회참여 확대, 정책의 성별 영향 분석·평가, 여성인력의 개발·활용, 청소년 정책의 협의·조정, 청소년활동 진흥 및 역량 개발, 유해환경으로부터의 청소년 보호, 위기청소년 등의 보호·지원, 가족 및 다문화가족정책의 기획·종합, 양육·부양 등 가족 기능의 지원, 다문화가족의 사회통합 지원, 성폭력·가정폭력 예방 및 피해자보호, 성매매 예방 및 피해자 보호, 아동·청소년 등의 성보호, 이주여성·여성장애인 등의 권익보호의 업무를 담당하고 있다. 특히 가족복지와 관련하여 청소년가족정책실 내에 가족정책관은 따로 두고 다문화가족정책을 비롯하여 여러 가족정책을 수립·조정, 기획하며 가족생활을 지원하고 있다.

3) 고용노동부

고용노동부는 가족복지정책을 직접적으로 다루는 부서는 아니지만 여성 근로자를 대상으로 직장과 가정생활의 양립을 추구하는 근로복지정책을 추구함으로써 가족복지정책을 다루는 유관부서라 할 수 있다. 고용노동부 인력수급정책국 산하 여성고용정책과에서는 양성평등을 위해 여러 가지 노동시장 내 성차별을 규제하는 것에서 그치는 것이 아니라 적극적으로 고용을 개선하고 취업여성의 모성보호정책, 직장과 가정생활의 양립을 지원하는 정책, 직장보육시설의 설치 지원 등의 사업을 관장함으로써 일하는 여성의 가족복지 향상에 영향을 미친다.

4) 건강가정지원센터 / 다문화가족지원센터

건강가정지원센터는 건강가정기본법에 의거하여 중앙, 시·도 및 시·군·구에 설치되는 기구로서 가족문제의 예방·상담 및 치료, 건강한 가족의 유지를 위한 프로그램의 개발, 가족문화운동의 전개, 가족 관련 정보 및 자료 제공 등을 행하는 일선 가족복지서비스 전달체계라 할 수 있다. 건강가정지원센터는 중앙건강가정지원센터 1개와 전국에 100여 개의 건강가정지원센터가 설치되어 가족교육사업, 가족상담사업, 가족문화사업, 가족돌봄나눔사업, 돌봄지원사업, 가족역량강화지원사업 등 다양한 가족지원사업 등을 수행하고 있다(여성가족부). 또한 건강가정기본법에 따라 건강가정사라는 가족복지 전문가를 배치하여 가족복지서비스 및 관련 지원사업을 행하도록 되어 있다. 또한 다문화가족지원에 의거한 다문화가족지원센터에서는 건강가정사 혹은 사회복지사가 배치되어 다문화가족을 대상으로 특화된 가족복지 프로그램을 제공하고 있다(성정현 외, 2014).

5. 주요 국가의 가족복지정책

스웨덴, 프랑스, 핀란드, 오스트리아 등 유럽 국가들은 자녀 돌봄과 유급노동의 균형(일-가족 양립)과 성별 역할분담(남성의 돌봄 참여), 가족 형태의 다양성과 이주가족 등에 주목해 가족정책을 펼치고 있다. 국가별로 정책의 주요 이슈들을 살펴보면 다음과 같다.

1) 스웨덴 : 남성의 돌봄 참여 확대와 이주가족정책

스웨덴은 1910년대부터 복지국가의 기초를 쌓아 1950년대 이후 사회서비스에 대한 인식 전환과 함께 급격한 제도의 발전을 이루게 되었다. 이러한 스웨덴은 '공개(openness)'와 '다양성(diversity)'이라는 사회복지서비스의 목표가 있다. 서비스의 운영과 정보에 대한 공개 그리고 서비스 대상자의 다양한 욕구에 대한 적절한 대응, 이것을 위해 스웨덴 정부는 몸집을 작게 나누었는데 주민들이 서비스 질에 대해 높은 만족도를 보이는 이유는 그 중심에 작지만 강한 지자체, 코뮨(시 단위의 지방자치정부 : 20개의 광역자치단체와 290개의 기초자치단체)이 있기 때문이다(윤승희, 2020 : 297-303).

스웨덴의 가족정책은 일-가족 균형을 넘어 남성의 가사 참여, 돌봄 참여 등으로 관심의 영역을 확장하고 있다. 그중 남성의 부모휴가 사용은 주요 이슈이다. 현재 18개월 사용 가능한 부모휴가는 주로 여성이 사용하고 있어 정부는 남성의 휴가 사용률을 높이기 위한 정책을 모색하고 있다. 하나의 방안으로 휴가기간의 1/2 또는 1/3을 남성이 사용할 경우 급여를 더 주는 제도를 시행하고 있으나 신청과정 등이 너무 복잡해 사용률을 높이는 데 한계가 있다. 또한 이 정책은 조세기반으로 설계되어 있어 소득수준이 높은 가구에 유리할 수 있다. 아동 돌봄서비스의 시장의존도는 아직 낮다. 아이들은 1세 이후 90% 정도가 보육시설에 맡겨 길러지며, 가정 내 보육은 거의 없다. 중도우파 정부 집권 후 보육시설의 민영화가 추진되었지만 기존 시설이 전환된 것으로, 이들 시설은 정부로부터 규제를 받는다. 오히려 노인 돌봄 부분의 민영화가 주로 논의되고 있다. 스웨덴 사회에서는 가족 유형에 따라 경험하게 되는 위기가 다른데 맞벌이가족의 경우는 노동시장 요인이 주 요인이 된다. 노동시장에서의 경쟁압력이 강해지면 일과 가족을 양립하는 것이 어려워지고 이혼율이 높아질 수 있다. 이주는 최근 스웨덴 사회의 주요 이슈로 이주가족 아이들이 문화적 차이로 인해 스웨덴에서 자란 아이들만큼의 자유를 누릴 수 없다는 문제가 제기되고 있다. 또한 이주정책이 남성은 사회적응정책 중심으로, 여성은 가족 프로그램 중심으로 제공되고 있어 성별 차이의 문제가 발생하고 있다(윤승희, 2020).

2) 핀란드 : EU의 공동정책과 국가정책의 간극

핀란드 정부는 1990년대 경기침체를 계기로 미래 예측을 토대로 한 정책적 대응이 필요해 관련 기구인 'Finland Government Foresight Network'를 설치하였다. 그곳에서는 인구, 경제 등에 대한 전망을 예측하고, 5개년 계획, 액션플랜 등을 수립한다. 소비경제, 기술 분야에서는 향후 가족의 삶이 'slow family life'와 'fast family life'로 대비될 것이라 예측한다. 즉, 65세 이상 은

퇴한 건강한 연금생활자 노인 가족과 시간에 쫓기는 맞벌이가족이 대비되는데 서비스 경제 부분에서 이는 중요한 이슈가 되고 있다.

한편 EU는 권역 내 국가 간 정책 공유를 추진하고 있다. 자녀 출산과 양육 관련 정책도 그 대상인데, 핀란드의 경우 EU 다른 국가에 비해 상대적으로 긴 모성휴가와 부모휴가를 가지고 있어 정책의 퇴보를 우려하고 있다.

3) 오스트리아 : 유급노동과 돌봄노동의 선택(일과 가족의 조화)

오스트리아는 독일과 동일 언어권으로 가족정책 역시 유사한 형태를 보이고 있다. 두 나라의 가족정책은 2011년에 개혁되었다. 주요 내용은 '엄마가 집에서 아이를 돌보는 것이 좋다'는 전통적이고 보수적인 가족정책에서 벗어나 여성들에게 '선택의 자유'를 제공하는 것이다. 이러한 변화는 두 가지 이유에서 일어났다. 하나는 여성이 아이를 돌보느라 오랫동안 유급노동을 쉰 후 복귀할 때 파트타임 직업을 가질 확률이 높아지는 문제이다. 다른 하나는 부모가 일과 가족의 조화가 어려울 경우 경제적인 이유로 직업을 선택하는 경향이 나타난다는 점이다. 이에 오스트리아 정부는 최대 3년의 육아휴직 기간과 수당의 결합방식을 다양화한 다섯 가지 정책옵션 중 하나를 여성 또는 부모가 선택하도록 한다. 그리고 노동시장에 빨리 복귀하기를 원하는 여성들을 위해 보육시설 설치를 확대하고 있으며, 남성이 육아휴직을 선택할 경우 추가보조금을 지급한다(김소영, 2012).

4) 프랑스 : 유자녀 가족(커플) 지원과 가족 형태의 다양성 존중

프랑스는 OECD 평균보다 높은 비용을 가족지원에 쓰고 있으며(GDP의 3.8%), 좌우파의 정치적 합의(political sensus)로 정권에 따른 가족정책 변화가 크지 않다. 그리고 가족 형태의 다양성이 존중되는 분위기로 동성결혼이 법적으로 허용될 예정이다. 프랑스의 가족정책은 한 세기 전부터 친출산(pro-natalist)의 기조를 유지해 오고 있는데, 이는 출산을 장려하는 정책이 아니라 아이를 갖고 싫어 하는 부부에 대한 지원을 의미한다. 정부 지원은 비용보전과 일(유급노동)과 자녀 돌봄의 조화를 지원하는 제도로 나누어진다. 전자는 자녀 수에 따라 차등적으로 가족수당을 제공하고, 세금을 감면해 주는 것이다. 가족 수에 따라 차등적인 세금감면에 대해서는 사회적으로 논란의 여지가 존재한다. 후자는 여성의 취업활동이 가능하도록 국가가 보육서비스를 제공하고, 양육휴가를 보장해 주는 것이다. 현재는 국가 재정의 문제로 보육서비스 제공 연령을 몇 세부터 할 것인가 하는 논의가 제기되고 있다.

프랑스 부모처럼 생각하는 체크리스트

한국의 부모와 프랑스의 부모와의 차이점을 발견하기 위한 질문을 다음과 같이 제시하였다(이현주, 2016 : 67-91).

첫 번째, 스스로 자신의 양육 능력을 신뢰하고 있는가?
두 번째, 아이의 좌절과 실패는 충족시키려고 하지는 않는가?
세 번째, 나의 기대를 아이에게서 충족시키려고 하지는 않는가?
네 번째, 만족 지연 능력을 제대로 키워주고 있는가?
다섯 번째, 감정절제를 일관성 있게 교육하고 있는가?
여섯 번째, 0~5세 교육의 힘, 한 번 정한 규칙을 타협하고 있지 않는가?
일곱 번째, 먼저 듣고, 그 후 말하는 대화의 기본을 지키고 있는가?
여덟 번째, 부모와 아이는 모두 독립된 개인임을 인정하는가?

Chapter 03

가족복지 관련법

1. 건강가정기본법

1) 법의 의의와 목적

건강가정기본법은 우리 사회의 변화에 따라 가족해체현상이 급속도로 증가함에 따라 이혼율 증가, 가족의 부양 기능 약화 등의 가족문제에 대처하며 가정을 단위로 한 통합적이고 예방적인 복지서비스를 구현하기 위하여 제정되었다. 건강가정기본법은 2004년 2월에 제정되어 2005년 1월부터 시행되었고, 2020년 5월 19일 개정 · 시행되고 있다. 개정 이유 및 주요 내용은 보건복지부의 청소년 · 가족 기능을 여성부로 이관하여 종합적 가족정책 기능을 수행할 수 있도록 여성부를 '여성가족부'로 확대 · 개편하고, 보건복지가족부는 보건복지정책 기능을 중심으로 재편하여 '보건복지부'로 명칭을 변경하였다. 입법목적은 건강한 가정생활의 영위와 가족의 유지 및 발전을 위한 국민의 권리 · 의무와 국가 및 지방자치단체 등의 책임을 명백히 하고, 가정문제의 적절한 해결방안을 강구하며 가족 구성원의 복지증진에 이바지할 수 있는 지원정책을 강화함으로써 건강가정 구현에 기여하는 것이다(동법 제1조).

2) 주요 내용

(1) 가족, 가정, 건강가정에 대한 정의

'가족'이라 함은 혼인, 혈연, 입양으로 이루어진 사회의 기본 단위를 말하고, '가정'이라 함은 가족 구성원이 생계 또는 주거를 함께하는 생활공동체로서 구성원의 일상적 부양, 양육, 보호, 교육 등이 이루어지는 생활단위를 말한다. 그리고 '건강가정'이라 함은 건강가정을 저해하는 문제의 발생을 예방하고 해결하기 위한 여러 가지 조치와 가족의 부양, 양육, 보호, 교육 등의 가정 기능을 강화하기 위한 사업을 의미한다(동법 제3조).

(2) 책임주체 및 적용대상자

건강가정기본법에 따르면, 모든 국민은 가정의 구성원으로서 안정되고 인간다운 삶을 유지할 수 있는 가정생활을 영위할 권리를 가지기 때문에 모든 국민은 가정의 중요성을 인식하고 그 복지의 향상을 위하여 노력하여야 한다(동법 제4조). 따라서 국가 및 지방자치단체는 건강가정을 위하여 필요한 제도와 여건을 조성하고 이를 위한 시책을 강구하여 추진하여야 하고, 가족 구성원의 특성과 가정 유형을 고려하여야 하며, 민주적 가정 형성, 가정친화적 환경 조성, 양성평등한 가족가치 실현 및 가사노동의 정당한 가치 평가를 위하여 노력하여야 한다(동법 제5조).

(3) 건강가정사업

건강가정기본법에서는 국가 및 지방자치단체가 추진해야 하는 건강가정사업으로 가정에 대한 지원, 가족단위 복지증진, 가족의 건강증진, 가족부양의 지원, 이혼예방 및 이혼가정 지원, 건강가정교육 등(제21 · 23 · 24 · 25 · 31 · 32조), 개별 복지법과 달리 가정을 단위로 한 통합적 접근을 규정하고 있다.

(4) 건강가정지원센터

건강가정기본법은 국가 및 지방자치단체가 가정문제의 예방 · 상담 및 치료, 건강가정의 유지를 위한 프로그램의 개발, 가족문화운동의 전개, 가정 관련 정보 및 자료 제공 등을 위하여 중앙, 시 · 도 및 시 · 군 · 구에 건강가정지원센터를 설립하도록 하였다. 센터에는 건강가정사업을 수행하기 위하여 관련 분야에 대한 학식과 경험을 가진 전문가인 건강가정사를 두도록 되어 있다. 건강가정사는 대학 또는 이와 동등 이상의 학교에서 사회복지학, 가정학, 여성학 등 여성가족부령이 정하는 관련 교과목을 이수하고 졸업한 자로만 가능하게 되었다(동법 제35조).

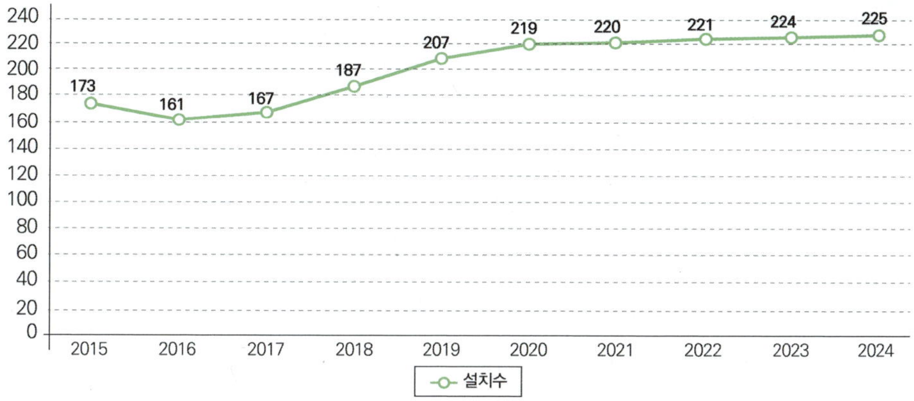

|그림 3-1| 2024년 건강가정지원센터 설치수

출처 : 여성가족부, 각 시 · 도(시 · 군 · 구) 가족센터, 건강가정지원센터 및 다문화가족지원센터 자료.

3) 건강가정지원센터 추진체계

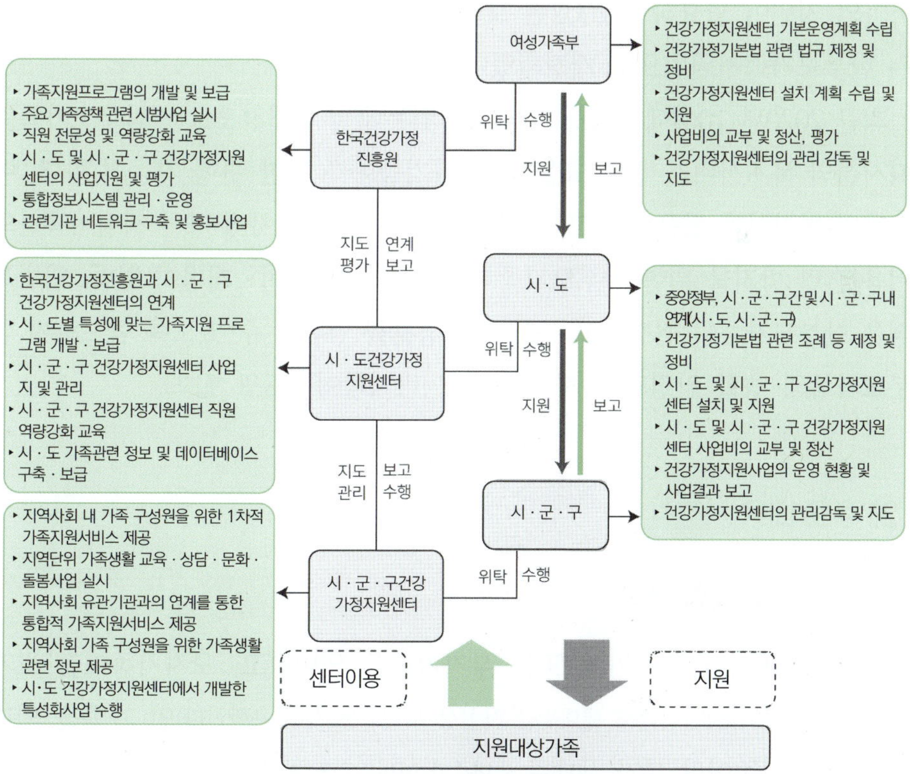

|그림 3-2| 건강가정지원센터 추진체계

출처 : 여성가족부(2022b). 가족사업안내 1권, p. 218.

2. 한부모가족지원법

1) 법의 의의와 목적

우리 사회에서 대부분의 한부모가족(모 · 부자가족)은 경제적으로 곤경에 처해 있는 경우가 대부분이다. 또 사회적으로 보이지 않는 차별의 대상이 되고 있어 자녀양육문제와 그들의 정서적 문제 등에 직면해 있다. 따라서 이러한 문제를 해소, 예방, 지지하기 위한 사회복지적 지원과 원조가 요청된다. 1989년 제정된 모자복지법은 배우자와 사별, 이혼, 유기, 별거 등의 사유로 배우자가 없거나 배우자가 있어도 노동능력을 상실하여 여성이 생계를 책임지는 모자가정이 자립 · 재활할 수 있도록 지원하기 위하여 제정되었는데, 이후 이혼의 급격한 증가와 경제구조의 변화로 부자가족의 경우에도 자립 · 재활을 위하여 국가의 지원이 필요하여 2002년 모 · 부자복지법으로 개정되었고, 2007년에는 한부모가족지원법으로 개정되었다.

최근 2020년 10월에 개정 · 시행되고 있는데 추진배경으로는 한부모가족복지시설의 복지서비스 전달 효율화 및 다기능화를 통한 수행 기능의 확대, 이용자의 편리성과 접근성 제고, 운영하지 않는 시설 설치에 따른 시설이용자의 이용 혼란 방지를 위한 한부모가족복지시설 등의 정비 · 개정이 있다. 입법목적은 한부모가족이 건강하고 문화적인 생활을 영위할 수 있도록 함으로써 한부모가족의 생활 안정과 복지 증진에 이바지함이다(동법 제1조).

2) 주요 내용

(1) 한부모가족의 정의

한부모가족이란 모자가족 또는 부자가족을 의미하고, 모자가족이란 모가 세대주(세대주가 아니더라도 세대원을 사실상 부양하는 자를 포함한다)인 가족을 의미하며, 부자가족이란 부가 세대주(세대주가 아니더라도 세대원을 사실상 부양하는 자를 포함한다)인 가족을 의미한다(동법 제4조).

(2) 책임주체 및 적용대상자

한부모가족지원법에 따르면, 국가와 지방자치단체는 한부모가족의 복지를 증진할 책임을 지고, 모든 국민은 한부모가족의 복지증진에 협력하여야 하며(동법 제2조), 한부모가족의 모 또는 부와 아동은 그가 가지고 있는 자산과 노동 능력 등을 최대한으로 활용하여 자립과 생활향상을 위하여 노력하여야 한다(동법 제3조)고 규정하고 있다. 보호대상자의 범위는 특례규정을 두고 있는데, 국내에 체류하고 있는 외국인 중 대한민국 국민과 혼인하여 대한민국 국적의 아동을 양육하고 있는 사람도 대상이다. 그리고 출산 후 해당 아동을 양육하지 아니하는 미혼모도 공동생활가정을 이용할 때에는 이 법에 따른 보호대상자가 된다(동법 제5조의 2).

(3) 복지지원의 내용

복지지원의 내용으로는 복지 급여, 복지 자금의 대여, 가족지원서비스 등의 현물급여와 전문서비스를 포함하고 있으며, 또한 한부모가족의 주거안정을 위하여 국가 및 지방자치단체는 국민주택을 분양하거나 임대할 때에는 한부모가족에게 일정 비율이 우선 분양될 수 있도록 규정하고 있다(동법 제12 · 13 · 17 · 18조).

(4) 한부모가족복지시설

국가나 지방자치단체는 한부모가족복지시설을 설치할 수 있다. 국가나 지방자치단체 외의 자가 설치 · 운영하려면 시장 · 군수 · 구청장에게 신고해야 한다(동법 제20조). 한부모가족복지시설의 종류로는 모자가족복지시설, 부자가족복지시설, 미혼모자가족복지시설, 일시지원복지시설, 한부모가족복지상담소 등이 있다.

〈표 3-1〉 2024년 한부모가족지원사업 주요 내용

구 분	개정사유	2024년 개정 사항
신청	실거주지 지원신청 가능	• 주민등록상 주소지가 아니라 실거주지에서도 한부모가족 지원 신청 가능 *「사회보장급여법」 개정으로 아동수당 등 복지급여도 동일하게 적용될 예정 • 다만, 이 경우에도 보장기관은 주민등록상 주소지의 지자체
선정 기준	가정폭력 등에 의해 가출한 자	• 재가 한부모의 경우 '주소와 거소를 달리하는 경우'에만 선정 가능했으나, '거소만 달리하는 경우'로 변경
선정 기준	소득기준 상향	• 한부모가족 복지급여 지원 소득기준 상향(기준중위소득 60% → 63%)
선정 기준	해외체류	• 조사시점으로부터 과거 180일간 60일 이상 해외체류 시 지원 중단 조건의 해당 대상은 기존에 지원을 받고 있던 대상으로 한정
조사	소득조사	• 근로·사업소득을 '40만원+30%' 공제하는 연령의 범위 상향(24세 이하 → 29세 이하)
조사	재산조사(자동차)	• 생업용자동차에 대해 100% 소득 감면 • 생업용자동차 선정 기준 배기량 상향 (1,600cc → 2,000cc)
복지급여의 실시	복지급여 지원 소득기준	• 한부모가족자녀 양육비 등 지원 : 기준중위소득 63% 이하
복지급여의 실시	한부모가족 아동양육비	• 아동 1인당 월 21만원 지원 • 자녀 연령 18세 미만에서 고등학교 이하 재학 중인 경우 22세 미만으로
복지급여의 실시	청소년한부모 아동양육비	• 아동 1인당 월 35만원(단, 0~1세 자녀는 40만원)
부정수급 포상금	부정수급 신고체계 명확화	• 부정수급 신고 및 처리체계 명확화

출처 : 여성가족부(2024c). 한부모가족지원사업, p. 5.

3. 민법(가족법)

1) 법의 의의와 목적

한국 법 중에서 가족과 관련된 직접적인 법은 민법으로서 혼인관계, 친자관계, 상속관계 등을 규율하는 구체적 사항을 정하고 있다. 민법의 제4편(친족 편), 제5편(상속 편) 및 「가족관계의 등록 등에 관한 법률」은 가족법이라고 할 수 있다. 한국의 가족법은 1969년부터 시행되었으며 세부내용은 친족의 정의와 범위, 약혼과 사실혼, 친생자, 호주승계, 상속과 유언 등으로 가족제도의 기본을 유지하는 규정이라고 할 수 있다. 가족법은 원래 부계중심의 가부장적 가족제도의 원리에 근거하여 제정된 법률이다. 그 때문에 기존의 가족법에는 양성평등이라는 헌법의 기본 원칙에 위배되는 규정이 상당 부분 존재하고 있어서 여성계에서는 가족법 개정에 대한 논의를 지속하여 왔다. 2000년 10월에는 '동성동본불혼' 규정과 '여성의 재혼금지' 조항이 폐지되었고, 부계중심의 가족구성원리의 근거가 되는 '호주제도(동법 제778조)'도 2005년 3월 2일 국회 본회의 통과 후 2008년부터 폐지되었다. 개정된 호주제에서 자녀는 아버지의 성과 본을 따르는 것을 원칙으로 하되 부모의 협의에 따라 어머니의 성을 따를 수도 있도록 하고 또한 필요한 경우에 법원의 허가를 받아 자녀의 성과 본을 변경할 수 있도록 했다. 호주제 폐지에 따른 대체법으로 「가족관계의 등록 등에 관한 법률」이 제정되었고, 2008년 1월 1일부터 시행되고 있다. 따라서 '호적'이 '가족관계등록부'로 변경됨에 따라 가족관계등록부는 개인별로 편제하여 개인의 존엄성과 양성평등의 헌법이념을 구현하였다.

2) 주요 내용

(1) 가족법

1950년대부터 가족법 제 · 개정 운동을 펼쳐온 한국가정법률상담소를 비롯해서 61개의 단체가 1973년 범여성가족법개정촉진회를 결성하여 가족법 개정

요강 10대 항목을 발표하였다. 이 항목에는 호주제도의 폐지, 친족범위 결정에 있어서 남녀평등, 동성동본불혼제도의 폐지, 소유 불분명한 부부재산에 대한 부부의 공유, 이혼배우자의 재산분배청구권, 협의 이혼제도의 합리화, 부모의 친권공동행사, 적모서자관계와 계모자관계의 시정, 상속제도의 합리화, 유류분제도 등이었다. 1975년 4월 9일에는 이러한 10개 항목이 반영된 가족법 개정안을 국회에 제출하였다(가정법률상담소, http://www.lawhome.or.kr).

가족법(家族法)은 가족 및 친족의 공동생활과 공동생활에 기초한 재산의 승계관계를 규율하는 법이다. 친족 · 상속법이라는 용어를 사용하기도 하고, 대한민국의 경우, 민법전(民法典) 가운데에서 제2편 물권, 제3편 채권을 한 묶음으로 해서 '재산법(財産法)'이라고 하고, 제4편 친족과 제5편 상속을 한 묶음으로 해서 '가족법(家族法)'이라고 강학상(講學上) 일컬어지고 있으며, 재산법과 가족법은 모두 민법으로서 인류의 생활관계를 규율하는 의미에서 동일한 성질을 가지고 있다(위키백과 https://ko.wikipedia.org). 가족의 범위는 8촌 이내의 혈족, 4촌 이내의 인척, 배우자이다.

가족법개정운동본부(http://antihoju.lawhome.or.kr)에 따른 내용을 정리해 보면 다음과 같다.

첫째, **혼인연령** : 혼인에 대해 부모의 동의를 받는 연령을 "남자 27세, 여자 23세 미만인 자"를 "미성년자"(만 20세 미만)로 개정하였다(제808조 제①항).

둘째, **성년의제제도의 신설** : 만 20세 미만인 미성년자라도 혼인을 한 경우에는 성년과 같이 부모의 동의 없이 법률행위를 할 수 있게 되었다(제826조의 2).

셋째, **협의이혼제도의 합리화** : 협의이혼 시 가정법의 확인을 받도록 하여 협의이혼의 신중을 기하여 아직 약자인 여성에게 부(夫)의 강권에 의한 축출이혼의 위험으로부터 보호하려는 취지였다(제834조, 836조).

넷째, **부모의 친권 공동행사** : 이혼 시 자녀 양육책임을 아버지가 우선하였던 것에서 "부모가 공동으로 행사하고, 부모의 일방이 친권을 행사할 수 없을 때에는 다른 일방이 이를 행사한다"로 개정하였다(제909조 제1항, 제2항). 그러나 단서조항을 두어 "부모의 의견이 일치하지 않을 경우에 부(父)가 친권을 행사"하도록 하였다.

다섯째, **귀속불명재산의 부부공유제**: 구속불명의 재산이 제정법에서는 부(父)의 특유재산으로 간주하였으나, 개정법에서는 "부부공유"로 개정하였다(제830조 제2항). 이는 소유가 불분명한 재산은 부부의 상호협력에 의하여 취득한 재산이라는 의미이다.

여섯째, **법정재산상속분의 균등화**: "여자의 상속분은 남자의 상속분의 2분의 1로 하고, 동일가적 내에 없는 여자의 상속분은 남자의 상속분의 4분의 1로 한다"(제109조 제1항, 제2항)고 했던 것을 개정 시 삭제하였으므로 아들과 딸 사이의 상속분에 관해서 평등하게 되었다. 단, 호주상속인에 대해 인정되는 재산상속분상의 5할 가급(加給)이라는 특권에 관해서는 변함이 없고 동일가적 내에 없는 딸의 상속은 예전대로 아들 상속분의 4분의 1에 지나지 않았다. 또한 피상속인의 처의 상속분을 호주상속인의 상속분과 균등하게 개정하였다.

일곱째, **유류분제도의 신설**: 유류분제도의 신설(제112~1118조)은 유언상속제와 법정상속제의 양자를 조절 타협시키고자 하는 데 근본 취지가 있었다. 즉, 제정법에서 유언의 절대 자유를 인정하기 때문에 피상속인의 무지각한 유증으로 인해 첫째, 사후의 부양가족을 노두(路頭)에 방황케 함으로써 사회적 병폐를 일으킬 염려가 있다는 점, 둘째, 엄밀한 의미에서 재산상속은 피상속인을 중심으로 하는 유족들의 유형·무형의 공헌의 산물이라고 볼 수 있으므로 상속인에게는 당연히 그리고 불가침적으로 상속재산의 일부를 취득할 권리가 인정되어야 한다는 점 등이다(가족법개정운동본부 http://antihoju.lawhome.or.kr).

(2) 친족법

친족법은 상속법과 더불어 민법전의 가족법을 구성한다. 인류는 종족보존의 본능을 바탕으로 하여 국가생활 이전부터 남녀의 성적 결합으로 자손의 증식을 꾀하고, 피로써 연결된 자들이 집단을 이루어 그의 존속과 발전을 이루어 왔다. 남녀의 성적 결합, 즉 혼인의 모습이나 친족적 집단의 모습은 시대의 흐름에 따라 변천을 겪어오고 있다. 그러한 변천 속에서 남녀의 결합 형태라든가 집단의 형태 등이 그때그때의 사회규범에 의하여 규율되어 왔다. 이러한 사회규범이 곧 넓은 의미에 있어서의 친족법이다. 나라에 따라 차이는 있으나 혼인관계 · 친자관계 및 친족관계를 규율의 대상으로 하는 것이 친족법이다. 그러나 형식적으로 친족법이라고 할 때에는 「민법」 제4편의 규정을 통틀어서 일컫는다(한국민족문화대백과사전 http://encykorea.aks.ac.kr).

친족의 범위는 8촌 이내의 혈족, 4촌 이내의 인척, 배우자이다. 1960년 1월 1일에 시행된 민법전은 호주제를 중심으로 한 전통적인 가족제도에 기초를 두었기 때문에 그 후의 사회변혁과 발전에 따른 사회 저변의 변화에 뒤떨어지고 맞지 않게 되었으며, 더욱이 남녀평등의 헌법정신에도 위배되는 결과가 초래되어 여성계를 중심으로 폭넓은 개정 요구가 대두되었다.

1977년 12월 31일 법률 제3051호 '민법 중 개정법률'에 의해 가족법 분야에 일부 수정이 가해져 혼인 · 동성동본 · 성년자 · 이혼 · 귀속불명재산 · 친권 · 상속에 관한 법률의 개정이 있었으며 유류분제도(遺留分制度)를 신설하였고, 1990년 1월 13일 법률 제4199호 '민법 중 개정법률'은 구법(舊法)에서 부계(父系) 8촌(寸) 이내, 모계(母系) 4촌 이내로 되어 있던 친족의 범위를 부계 · 모계 동일하게 8촌 이내의 혈족과 4촌 이내의 인척(姻戚)으로 하였으며(제777조), 적모서자관계와 계모자 관계를 혈족에서 제외시켰다.

구법(舊法)에서는 부모가 이혼했을 경우에 자녀에 대한 친권(親權)의 행사가 부(父)에 일방적으로 귀속되는 경향이 있었는데, 신법(新法)에서는 부모가 이혼하는 경우에 부모의 협의로 '친권을 행사할 자'를 정할 수 있도록 하고 당사자의 청구에 의하여 가정법원이 정하도록 하였다(제909조). 법원은 '친권을 행사할 자'로 지정된 부모가 사망할 경우에 생존하는 부 또는 모가 친권을 갖는다. 이 때문에 '친권을 행사할 자'가 남긴 유산을 생존하는 부나 모가 가로채는 문제가 부각되어, 2005년에는 '친권을 행사할 자'를 '친권자'로 수정하였고 민법이 개정되었다. 2011년 단독 친권자가 사망한 경우 가정법원의 심사를 통해 친권자 혹은 후견인을 정하도록 민법이 개정되어 2013년 7월부터 시행되었다(https://ko.wikipedia.org).

(3) 상속법

상속은 사망으로 인하여 개시된다. 구법에서 상속편을 호주상속제도 그리고 재산상속제도로 구분하여 신분상 또는 재산상의 지위를 계승하는 제도 규범이지만 양자 모두 가부장제도의 성격과 남성 중심적 요소가 짙으므로 현대의 상황이나 사고와는 많은 차이점이 있다.

1990년 1월 13일 법률 제4199호 개정 · 공포된 '민법 중 개정법률'은 호주상속제도를 분리해 내어 친족편에 귀속시키게 되었는데 상속법은 재산상속만을 규율하게 하였다. 이 개정법률 중 주목해야 할 내용은 직계비속 간의 상속분의 차등을 없앤 것과 배우자의 상속분을 직계비속의 5할을 가산, 그 권리를 증가시킨 것이다(https://ko.wikipedia.org). 그 외에도 상속 시 피상속인의 재산의 유지 또는 증가에 관하여 특별히 기여하였거나 피상속인을 특별히 부양한 자가 있는 경우 이를 상속분 산정 시 고려하는 기여분제도(寄與分制度)와 죽은 사람을 땅 속에 매장한 시설(분묘 : 墳墓) 등의 승계제도가 신설되었다.

4. 영유아보육법

1) 법의 의의와 목적

한국의 보육제도는 일하는 기혼여성의 아동을 보호하는 탁아사업의 형태로 시작되었다가, 1980년대 후반부터 기혼여성의 사회진출을 적극적으로 돕는 차원에서 보육권 보장의 사회적 책임 문제가 공적으로 제기되기 시작하였다. 그 결과 영유아보육법은 1991년 1월에 제정되고 최근 2021년 8월에 일부개정되어 시행되고 있다. 입법목적은 영유아의 심신을 보호하고 건전하게 교육하여 건강한 사회 구성원을 육성함과 아울러 보호자의 경제적 · 사회적 활동이 원활하게 이루어지도록 함으로써 가정복지 증진에 이바지함을 목적으로 한다(동법 제1조). 이러한 영유아보육법의 목적에 따라 보육은 영유아의 이익을 최우선적으로 고려하여 제공되어야 하고, 영유아가 안전하고 쾌적한 환경에서 건강하게 성장할 수 있도록 하여야 하며, 영유아는 자신이나 보호자의 성, 나이, 종교, 사회적 신분, 재산, 장애 및 출생지역 등에 따른 어떠한 종류의 차별도 받지 아니하고 보육되어야 한다(동법 제3조).

2) 주요 내용

(1) 영유아보육에 대한 정의

영유아란 6세 미만의 취학 전 아동을 의미하고, 보육이란 영유아를 건강하고 안전하게 보호·양육하고 영유아의 발달 특성에 맞는 교육을 제공하는 어린이집 및 가정양육 지원에 관한 사회복지서비스를 의미한다(동법 제2조 제1~2항).

(2) 책임주체 및 적용대상자

영유아보육법에 따르면, 모든 국민은 영유아를 건전하게 보육할 책임을 지고, 국가와 지방자치단체는 보호자와 더불어 영유아를 건전하게 보육할 책임을 지며, 특별자치도지사·시장·군수·구청장은 영유아의 보육을 위한 적절한 어린이집을 확보하여야 한다(동법 제4조).

(3) 육아종합지원센터, 보육개발원

보육에 관한 정보의 수집·제공 및 상담을 위하여 보건복지부장관은 중앙육아종합지원센터를, 특별시장·광역시장·특별자치시장·도지사·특별자치도지사 및 시장·군수·구청장은 지방육아종합지원센터를 설치·운영하여야 한다. 이 경우 필요하다고 인정하는 경우에는 영아·장애아 보육 등에 관한 육아종합지원센터를 별도로 설치·운영할 수 있다. 중앙육아종합지원센터와 지방육아종합지원센터에는 육아종합지원센터의 장과 보육에 관한 정보제공 및 상담업무 등을 담당하는 보육전문요원 등을 둔다(동법 제7조). 보건복지부장관은 보육에 관한 연구와 정보 제공, 프로그램 및 교재 개발, 평가척도 개발 및 보육교직원 연수 등의 업무를 위하여 한국보육진흥원을 설치하거나 그 업무를 관련 연구기관 등에 위탁할 수 있다(동법 제8조).

(4) 어린이집

어린이집의 종류로는 국공립어린이집, 사회복지법인어린이집, 법인·단체 등 어린이집, 직장어린이집, 가정어린이집, 부모협동어린이집, 민간어린이집 등이 있다(동법 제10조). 국가 및 지방자치단체는 국공립어린이집을 설치 · 운영하며, 도시 저소득주민 밀집 주거지역 및 농어촌지역 등 취약지역에 우선적으로 설치하여야 한다(동법 제12조). 국공립어린이집 외의 보육시설을 설치 · 운영하려는 자는 특별자치도지사 · 시장 · 군수 · 구청장의 인가를 취득하여야 한다(동법 제13조). 대통령령으로 정하는 일정 규모 이상의 사업장의 사업주는 직장어린이집을 설치하여야 하며, 사업장의 사업주가 직장어린이집을 단독으로 설치할 수 없을 때에는 사업주 공동으로 직장어린이집을 설치 · 운영하거나, 지역의 어린이집과 위탁계약을 맺어 근로자 자녀의 보육을 지원하여야 한다(동법 제14조).

〈표 3-2〉 2021년 영유아보육법의 주요 내용[시행 2021. 4. 1]

구 분	조 항	
목 적	제1조	영유아의 심신을 보호하고, 건전하게 교육하여 건강한 사회 구성원으로 육성함과 아울러 보호자의 경제적 · 사회적 활동이 원활하게 이루어지도록 함으로써 가정복지 증진에 이바지함을 목적으로 한다.
정 의	제2조	삭제〈2021. 3. 2.〉
보육이념	제3조	삭제〈2021. 3. 2.〉
책 임	제4조	삭제〈2021. 3. 2.〉
보육정책위원회의 회의	제10조	① 각 보육정책위원회의 회의는 각 보육정책위원회가 속하는 기관 · 지방자치단체의 장 또는 재적위원 3분의 1 이상의 요청이 있거나 위원장이 필요하다고 인정할 때에 위원장이 소집한다. ② 각 보육정책위원회의 회의는 재적위원 과반수의 출석으로 개의하고, 출석위원 과반수의 찬성으로 의결한다. ③ 각 보육정책위원회의 회의에 출석한 위원에게는 예산의 범위에서 수당과 여비를 지급할 수 있다. 다만, 공무원인 위원이 그 소관 업무와 직접적으로 관련되어 출석하는 경우에는 지급하지 않는다. 〈개정 2021. 3. 2.〉
보육정책위원회의 운영세칙	제11조	이 시행령에서 규정한 사항 외에 각 보육정책위원회의 운영에 필요한 사항은 각 보육정책위원회의 의결을 거쳐 위원장이 정한다.

구 분	조 항	
국공립어린이집의 설치, 운영	제19조	① 법 제12조 제3항에 따라 국공립어린이집을 설치 · 운영해야 하는 공동주택의 규모는 500세대 이상으로 한다. ② 법 제12조 제3항 단서에서 "대통령령으로 정하는 경우"란 다음 각 호의 경우를 말한다. 1. 공동주택관리법 제2조 제1항 제7호에 따른 입주자 등의 과반수가 국공립어린이집으로의 운영에 찬성하지 않는 것을 서면으로 표시한 경우 2. 해당 공동주택의 특성상 보육 수요가 없는 등 국공립어린이집으로의 운영이 필요하지 않다고 지방보육정책위원회가 심의한 경우 ③ 특별자치시장 · 특별자치도지사 · 시장 · 군수 · 구청장은 주택법 제2조 제10호에 따른 사업주체가 같은 법 제49조에 따른 사용검사를 신청하기 전까지 사업주체와 국공립어린이집(특별자치시장 · 특별자치도지사 · 시장 · 군수 · 구청장이 운영하는 경우로 한정한다)의 정원 및 설치 · 운영에 드는 비용의 분담비율 등에 대하여 협약을 체결해야 한다. 〈개정 2021. 3. 2.〉
어린이집 정보 공시의 범위 · 횟수 및 시기	부칙	① 법 제49조의2 제1항 제6호에서 "대통령령으로 정하는 사항"이란 다음 각 호의 사항을 말한다. 〈개정 2015. 9. 15., 2021. 3. 30.〉

출처 : 법제처(2021). 영유아보육법시행령.

5. 모성보호에 관한 법[1)]

출산 · 육아에 대한 사회보험이 시작된 2001년 이래 여성고용률은 꾸준히 증가하여 2019년에는 60%대(60.9%)에 진입하였고, 남성 육아휴직자도 2만 명을 돌파하였으나, 2019년 합계출산율은 0.918명으로 세계 최하위권이고, 앞으로 더 낮아질 것으로 언급하였다(고용노동부, 2021 : 1-371). 이러한 상황에서 출산 · 양육에 대한 부담 등으로 인한 여성의 경력단절 해소와 근로자의 일 · 가정 양립 실현은 우리 사회가 다 같이 힘을 모아 해결해야 할 중요한 과제이다. 이 장에서는 더 많은 여성이 경제활동에 나서고 육아나 가사부담에 영향을 미칠 수 있는 모성보호와 일 · 가정 양립에 관한 내용을 살펴보고자 한다.

1) 고용노동부(2021). 모성보호와 일 · 가정 양립지원업무편람

1) 고용센터 여성 관련 업무 개요

고용센터에서 수행하는 여성 관련 업무는 근로자 지원제도와 사업주 지원제도로 구분할 수 있다. 근로자 지원제도는 임산부와 태아의 보호를 위한 출산전후휴가 급여(유산 · 사산휴가 포함)와 일 · 가정 양립을 지원하기 위한 육아휴직 · 육아기 근로시간 단축 급여이고, 사업주 지원제도는 출산 · 육아부담으로 인한 경력단절을 방지하기 위한 출산육아기 고용안정장려금과 임신, 육아 등으로 인한 부담을 방지하기 위하여 워라밸일자리 장려금이 있다.

(1) 근거 법령

여성고용과 관련된 제도는 「남녀고용평등과 일 · 가정 양립 지원에 관한 법률」, 근로기준법, 고용보험법에 그 근거를 두고 있고, 이 세 가지 법률을 흔히 '모성보호 3법'이라고 한다. 「남녀고용평등과 일 · 가정 양립 지원에 관한 법률」은 '남녀고용평등법' 또는 '고평법'으로 줄여서 부른다. 근로기준법은 출산전후휴가, 유산 · 사산휴가 부여의무 등을 규정하고, 남녀고용평등법은 배우자 출산휴가, 육아휴직, 육아기 근로시간 단축, 가족돌봄휴직, 가족돌봄휴가, 가족돌봄 등 근로시간 단축 등을 규정하며, 고용보험법은 출산전후휴가 급여, 유산 · 사산휴가 급여, 배우자 출산휴가 급여, 육아휴직 급여, 육아기 근로시간 단축 급여 및 출산육아기 고용안정지원금 등 사업주와 근로자에 대한 정부의 지원제도를 규정하고 있다.

(2) 사업별 주요 내용

〈표 3-3〉 사업별 주요 내용

구 분	법 률	시행령	시행규칙
출산전후 휴가	근기법 제74조 제1항 고보법 제75조~제77조	고보법 제100조~제104조	고보법 제121조~제125조
유산 · 사산 휴가	근기법 제74조 제3항	근기법 제43조 고보법 제100조~제104조	고보법 제121조~제125조

구 분	법 률	시행령	시행규칙
예술인·특고 출산전후 급여등	고보법 제77조의4, 제77조의9	고보법 제104조의9, 제104조의16	고보법 제125조의5, 제125조의11
배우자 출산휴가	고평법 제18조의2 고보법 제75조~제77조	고보법 제100조~제101조, 제103조~제104조	고보법 제121조~제125조
육아휴직	고평법 제19조 고보법 제70조, 제71조, 제73조, 제74조	고평법 제10조~제14조 고보법 제94조~제99조	고보법 제116조~제120조
육아기 근로시간 단축	고평법 제19조의2 고보법 제73조의2	고평법 제15조 고보법 제104조의2~제104조의4	고보법 제116조~제120조
출산육아기 고용안정 장려금	고보법 제23조	고보법 제29조	고보법 제51조,제52조

출처 : 고용노동부(2023). 모성보호와 일·가정양립지원 업무편람, p. 5.

(3) 임신, 출산, 육아기 근로자 보호/ 사업주 지원 제도 개관

① 근로자 보호 및 지원

- 태아검진시간(근로기준법 제74조의2) : 임산부 정기건강진단 시 필요한 시간을 청구하는 경우 허용한다.
- 시간 외 근로 금지(근로기준법 제74조 제5항) : 임신 중인 여성 근로자에게 시간 외 근로를 하게 하여서는 안 된다.
- 야간·휴일근로 제한(근로기준법 제70조) : 임산부와 18세 미만자를 오후 10시부터 오전 6시까지의 시간 및 휴일에 근로시키지 못한다(고용노동부 장관의 인가를 받은 경우에 가능).
- 임신기간 근로시간 단축(근로기준법 제74조 제7항) : 임신 중 여성 근로자의 임신 12주 이내와 36주 이후에 1일의 근로시간을 2시간 단축하여 근무한다.
- 육아시간(근로기준법 제75조) : 생후 1년 미만의 유아(乳兒)를 가진 여성 근로자가 청구하면 1일 2회 각각 30분 이상의 유급 수유 시간을 주어야 한다.

② 사업주 지원

- 임신 : 출산육아기 고용안정장려금 워라밸일자리 장려금
- 출산 : 출산육아기고용안정장려금
- 육아 : 출산육아기고용안정장려금 워라밸일자리 장려금

2) 모성보호 제도

(1) 출산전 · 후휴가

출산전후휴가제도의 목적은 여성근로자의 건강보호와 태아의 순조로운 발육을 위해서 출산 전과 출산 후를 통하여 최소한의 보호휴가를 부여하는 것이다.

〈표 3-4〉 사업별 주요 내용

항 목	주요 내용	비 고
대 상	• 출산을 앞둔 임신 중인 근로자	근속기간 · 근로형태 · 직종 등에 관계없이 부여
기 간	• 출산을 전후하여 90일 부여(출산 후 45일 보장) 단, 다태아일 경우 120일 부여하며, 이때 출산 후에 60일 보장해야 함	위반 시 2년 이하의 징역 또는 2천만 원 이하의 벌금
분할사용	• 유산 · 사산의 위험이 있는 근로자는 출산 전에도 분할 사용 가능	분할 사용할 수 있는 기간은 최대 44일
소득보장	• (우선지원대상기업) 90일분 모두 고용보험에서 지급(단, 최초 60일은 통상임금과 고용보험 지급분의 차액은 사업주가 지급하여야 함) • (대기업) 최초 60일은 사업주가 지급, 최종 30일은 고용보험에서 지급	통상임금 지급(고용보험 지원은 최대 210만 원)
복귀 시 업무보장	• 휴가 전과 동일한 업무 또는 동등한 수준의 임금을 지급하는 직무에 복귀시켜야 함	위반 시 500만 원 이하의 벌금
신분보장	• 휴가기간과 그 후 30일간 해고 제한 • 휴가기간은 소정근로일수 계산 시 출근한 것으로 봄	위반 시 5년 이하의 징역 또는 5천만 원 이하의 벌금

출처 : 고용노동부(2023). 모성보호와 일 · 가정양립지원 업무편람, p. 9.

(2) 유산 · 사산휴가(관계법령)

유산 · 사산휴가제도의 목적은 임신 중인 여성이 유산 또는 사산한 경우 여성근로자의 정신적 · 신체적 건강을 보호하여 정상적으로 업무에 복귀할 수 있도록 하려는 것이다.

① 근로기준법

- **제74조(임산부의 보호)** 사용자는 임신 중인 여성이 유산 또는 사산한 경우로서 그 근로자가 청구하면 대통령령으로 정하는 바에 따라 유산 · 사산휴가를 주어야 한다. 다만, 인공 임신중절수술(모자보건법 제14조 제1항에 따른 경우는 제외한다)에 따른 유산의 경우는 그러하지 아니하다.
- **시행령 제43조(유산 · 사산휴가의 청구 등)** 법 제74조 제3항에 따라 유산 또는 사산한 근로자가 유산 · 사산휴가를 청구하는 경우에는 휴가 청구 사유, 유산 · 사산 발생일 및 임신기간 등을 적은 유산 · 사산휴가 신청서에 의료기관의 진단서를 첨부하여 사업주에게 제출하여야 한다. 사업주는 유산 · 사산휴가를 청구한 근로자에게 다음 각 호의 기준에 따라 유산 · 사산휴가를 주어야 한다.

② 휴가기간

- 유산 또는 사산한 근로자의 임신기간(이하 "임신기간"이라 한다)이 11주 이내인 경우 : 유산 또는 사산한 날부터 5일까지
- 임신기간이 12주 이상 15주 이내인 경우 : 유산, 사산한 날부터 10일까지
- 임신기간이 16주 이상 21주 이내인 경우 : 유산, 사산한 날부터 30일까지
- 임신기간이 22주 이상 27주 이내인 경우 : 유산, 사산한 날부터 60일까지
- 임신기간이 28주 이상인 경우 : 유산 또는 사산한 날부터 90일까지

③ 고용보험법

- **제75조(출산전후휴가 급여 등)** 고용노동부장관은 「남녀고용평등과 일·가정양립 지원에 관한 법률」 제18조에 따라 피보험자가 근로기준법 제74조에 따른 출산전후휴가 또는 유산·사산휴가를 받은 경우로서 다음 각 호의 요건을 모두 갖춘 경우에 출산전후휴가 급여 등(이하 "출산전후휴가 급여등"이라 한다)을 지급한다(이하 생략).

3) 일·가정 양립 지원 제도

(1) 육아휴직

육아휴직제도는 근로자가 육아로 인해 퇴직하는 것을 방지하고, 직장생활과 가정생활을 조화롭게 양립할 수 있도록 지원하는 제도로 만 8세 이하 또는 초등학교 2학년 이하의 자녀를 가진 근로자가 그 자녀의 양육을 위해 최대 1년 동안 휴직할 수 있도록 한다.

〈표 3-5〉 육아휴직 주요 내용

항 목	원 칙	비 고
대 상	만 8세 이하 또는 초등학교 2학년 이하의 자녀를 가진 근로자(남·녀 불문)	남·녀 근로자 각 1년씩 사용가능 * 위반 시 500만 원 이하의 벌금
기 간	1년 이내	분할사용은 1회
신분보장	• 육아휴직을 이유로 한 해고, 기타 불이익 처우 금지 및 육아휴직기간 중 해고 금지 • 휴직 종료 후 휴직 전과 동일한 또는 동등한 수준의 임금을 지급하는 업무로의 복귀 • 육아휴직기간은 근속기간에 포함	• 위반 시 3년 이하의 징역 또는 3천만 원 이하의 벌금 • 위반 시 500만 원 이하의 벌금 • 위반 시 500만 원 이하의 벌금
지원제도	• 근로자에게 육아휴직 급여 지원 • 사업주에게 육아휴직 등 부여 지원금 지원	고용보험법에 의한 수급자격·절차 참고

출처 : 고용노동부(2023). 모성보호와 일·가정양립지원 업무편람, p. 121.

(2) 육아휴직 급여

① 제도의 취지

직장과 가정의 양립지원을 위해 고용보험에서 육아휴직 기간동안 급여를 지급함으로써 육아를 이유로 하는 근로자의 이직방지 및 고용유지를 지원하며 아울러 모성보호 비용의 사회분담 기틀을 마련하고 종래 실업자 중심의 급여체계를 재직자급부로 확대하려는 취지도 있다.

② 육아휴직 급여 신청

육아휴직 급여를 지급받고자 하는 자는 거주지 또는 사업장 관할 직업안정기관의 장에게 육아휴직 급여 신청서를 작성하여 제출하고, 동 신청서는 직접 또는 대리인이 출석하여 제출하거나 우편 등의 방법으로 제출할 수 있으며, 인터넷을 통한 신청도 가능하다. 신청서를 작성하여 제출할 경우에는 사업주로부터 육아휴직부여기간 등 육아휴직에 관한 확인서를 교부받아 제출하여야 한다(최초 육아휴직급여 신청 시에만 제출한다).

(3) 육아기 근로시간 단축(관계법령)

① 「남녀고용평등과 일 · 가정 양립 지원에 관한 법률」

② 육아기 근로시간 단축의 사용 형태

- 「남녀고용평등과 일 · 가정 양립 지원에 관한 법률」
  제19조의4(육아휴직과 육아기 근로시간 단축의 사용형태) ② 근로자는 육아기 근로시간단축을 나누어 사용할 수 있다. 이 경우 나누어 사용하는 1회의 기간은 3개월(근로계약기간의 만료로 3개월 이상 근로시간 단축을 사용할 수 없는 기간제 근로자에 대해서는 남은 근로계약기간을 말한다) 이상이 되어야 한다.

4) 기초고용평등질서 확립

(1) 관계법령

① 「남녀고용평등과 일 · 가정 양립 지원에 관한 법률」

- 제31조의2(자료 제공의 요청)
  ① 고용노동부장관은 다음 각 호의 업무를 수행하기 위하여 보건복지

부장관 또는 국민건강보험법에 따른 국민건강보험공단에 같은 법 제50조에 따른 임신·출산 진료비의 신청과 관련된 자료의 제공을 요청할 수 있다. 이 경우 해당 자료의 제공을 요청받은 기관의 장은 정당한 사유가 없으면 그 요청에 따라야 한다.

- 제3장에 따른 모성 보호에 관한 업무
- 제3장의2에 따른 일·가정의 양립 지원에 관한 업무
- 제3장에 따른 모성보호, 제3장의2에 따른 일·가정의 양립 지원에 관한 안내
- 제31조에 따른 보고 및 검사 등

② 고용노동부장관은 제1항에 따라 제공 받은 자료를 고용정책기본법 제15조 제3항에 따른 고용보험 전산망을 통하여 처리할 수 있다

(2) 민간단체 고용평등상담실 운영

사업장 내에서 일·가정 양립 지원제도 위반, 고용상 성차별 및 직장 내 성희롱 등으로 피해 받은 근로자의 고충을 민간단체에서 전문적으로 상담한다(매년 운영비 지원).

6. 사회보장 관련법

우리나라의 헌법에는 모든 국민은 인간다운 생활을 할 권리(제34조 제1항)가 있으며, 이를 위해 국가는 사회보장과 사회복지 증진에 노력할 의무(제34조 제2항)가 있음을 명시하고 있다. 현대 복지국가는 보통 가족 구성원이 개별적으로 외부 세계와 접촉하게 될 때 고려해야 할 사회적 관계를 법을 통해 규율하거나, 가족을 직접적으로 보호하는 기제에 대해 법적으로 규정함으로써 국가의 가족에 대한 보호의무를 이행한다(전광석, 1996 : 139). 이 경우에 가장 중요한 수단으로 활용되는 것이 사회보장법이다.

1) 가족복지정책 관련 사회적 서비스 및 관련법

〈표 3-6〉 가족복지정책 관련 사회적 서비스 및 관련법

사회적 서비스	구체적 프로그램		관련법
사회보험법	연금보험	국민연금	국민연금법
		공무원연금	공무원연금법
		사립학교 교직원연금	사립학교교직원연금법
		군인연금	군인연금법
	건강보험	국민건강보험	국민건강보험법
	산업재해보상보험		산업재해보상보험법
	고용보험		고용보험법
	노인장기요양보험		노인장기요양보험법
공공부조법	국민기초생활보장법		국민기초생활보장법
	의료급여		의료급여법
	보훈급여		국가유공자 등 예우 및 지원에 관한 법률
	재해구호		재해구호법 의사상자 등 예우 및 지원에 관한 법률
	갱생보호		보호관찰 등에 관한 법률
사회복지 서비스법	일반사업		사회복지사업법 사회복지공동모금회법
	아동복지		아동복지법 입양특례법 영유아보육법 청소년기본법
	장애인복지		장애인복지법 장애인고용촉진 및 직업재활법 장애인 등에 대한 특수교육법
사회복지 서비스법	노인복지		노인복지법 고용상 연령차별금지 및 고령자고용촉진에 관한 법률
	여성복지		성매매알선 등 행위의 처벌에 관한 법률 성매매방지 및 피해자보호 등에 관한 법률 모자보건법
	교정복지		보호관찰 등에 관한 법률

출처 : 조흥식(1998 : 186-187) 내용에 최근 변화내용을 추가하여 재구성.

사회보장법은 본래 인간이 살아가면서 직면할 가능성이 높은 다양한 위험 종류에 대해 사회적으로 대응함으로써 최저생활이 보장되도록 하기 위한 목적을 담고 있는 사회보장의 근거가 되는 법이다. 여기에서 위험이라 함은 고령, 사망, 질병, 실업, 장애 등을 대표적으로 들 수 있는데, 이들 위험은 결국 일차적으로는 가족의 경제적 부양 기능을 위협하는 형태로 표면화되는 것이 일반적이다. 그렇기 때문에 국가는 이러한 위험에 처한 가족의 생활이 정상적으로 영위될 수 있도록 하기 위해 사회보험과 공공부조 그리고 사회복지서비스를 통해 현금급여나 현물급여를 제공함으로써 가족의 삶이 다시 안정을 찾도록 노력한다.

사회보장법은 크게 사회보험 관련법, 공공부조 관련법, 사회복지서비스 관련법으로 분류될 수 있다. 이 가운데 사회보험 관련법은 법을 통해 개인과 가족의 추상적 수요를 보장하려는 목적을 지니고 있는데, 사회보험은 보험방식에 의해 국민에게 발생하는 위험에 대처함으로써 국민의 소득을 보전하고 건강을 보장한다. 사회보험 관련법에는 연금법(국민연금법, 사립학교교직원연금법, 군인연금법), 건강보험법(국민건강보험법), 산업재해보상보험법 및 고용보험법이 속한다. 이에 비해 공공부조 관련법은 국민의 최저생활을 구체적으로 보장함을 목적으로 하기 때문에 경제적 생활유지능력이 부족한 취약계층을 대상으로 하여 이들의 최저생계와 건강유지를 돕는다. 공공부조에 관한 법률에는 국민기초생활보장법과 의료급여법이 있다.

그 밖에 사회복지서비스는 국가나 지방자치단체 또는 민간에서 복지와 관련된 상담, 방문서비스, 직업훈련 그리고 사회복지시설 이용 서비스 등을 필요로 하는 사람들에게 제공함으로써 이들이 정상적 사회생활을 할 수 있도록 지원하는 것을 말한다. 사회복지서비스 관련법은 노인복지법과 아동복지법 등 가족생활과 필수적으로 연관되는 법이라 할 수 있다. 우리나라의 경우 가족 유형이 다양화되면서 그만큼 복지수요도 증가하고 있다. 그리고 다른 나라에 비해 훨씬 빠르게 진행되는 인구의 고령화로 인해 가족의 기능 수행에 대한 부담은 크게 증가하고 있다. 따라서 기존의 사회보장 관련법만으로는 가족의 복지욕구를 충족시키기 어려운 실정이다. 사회보험 관련법을 예로 보면 가족 유형의 다양화에 주요 요인으로 작용하는 기혼여성의 취업 증가는 보험료 산정방식을 개별 근로자 단위에서 가족단위로 개선하고, 모성보호(maternity-protection)를 강화해야 할 필요성을 증가시키고 있어 이에 대해 국민연금법과 고용보험법을 비롯한 관련 법제도들이 개선되어야 한다는 의견이 제시되고 있다(국회여성특별위원회, 1999). 현재 우리나라에서 모성보호와 관련된 법률은 「남녀고용평등과 일·가정 양립 지원에 관한 법률」과 근로기준법 그리고 고용보험법이 대표적이라 볼 수 있다. 이들 3개 법률은 그동안 별다른 실효 없이 명목상으로 존치되다가 기혼 취업여성의 증가로 인한 보육욕구의 변화와 근로자의 자녀양육권에 대한 권리 강화의 차원에서 2000년 이후에 그 내용이 대폭 수정됨으로써 법률에 가족의 현실이 조금씩 반영되기 시작하고 있다.

최근부터 시행되고 있는 노인장기요양보험은 노인인구의 증가와 관련된 가족의 복지욕구를 고려하여 가족의 노인수발부담을 완화하기 위해 보건의료서비스와 간병수발서비스를 통합적으로 제공하는 다섯째 사회보험이다. 외국의 경우에도 치매노인과 만성질환을 보유하고 있는 노인의 수가 증가함에 따라 노인보호문제의 심각성을 인식하고 사회보험의 형태로 장기요양서비스를 제공하고 있는 나라들(독일 : 1995년 도입, 일본 : 2000년 도입)이 있는데 그 가운데 독일은 장기요양보험제도의 대상이 노인뿐 아니라 장애인과 요양욕구를 가진 모든 연령층을 포괄하고 있어서 향후 우리나라의 제도개선에 시사하는 바가 크다.

2) 사회보장제도 신설·변경 협의

사회보장제도 신설·변경 협의 운용지침의 내용은 다음과 같다(보건복지부, 2021c : 1-35).

(1) 제도의 정의

사회보장기본법 제26조에 따라 중앙행정기관의 장과 지방자치단체의 장이 사회보장제도를 신설하거나 변경하는 경우 신설 또는 변경의 타당성, 기존 제도와의 관계, 사회보장 전달체계에 미치는 영향, 지역복지 활성화에 미치는 영향 및 운영방안 등에 대하여 보건복지부 장관과 협의하는 것을 의미한다.

(2) 제도의 목적

국가 전체적인 사회보장제도의 정합성을 유지하고, 중앙과 지자체의 사회보장제도 간 연계를 통한 조화로운 복지체계 구축 목적과 사회보장 급여나 서비스의 중복, 편중, 누락 등을 방지하여 사회보장사업의 효과성 제고, 복지 사각지대 해소, 기존 사회보장제도에 부정적인 영향을 주는 제도 등의 신설 · 확대 억제 등 국가와 지자체의 합리적 역할분담 그리고 사회보장 업무 담당자가 제도의 내용과 제도 운영방안을 폭넓게 검토 · 분석하여 국가 · 해당 지자체의 실정에 맞는 최선의 대안을 선택 · 제시하도록 합리적인 의사결정 추구를 목적으로 한다.

(3) 법적 근거

사회보장기본법 제26조(2013.1.27., 시행, 2012.1.26. 전부개정)에 근거하여 중앙부처 및 지방자치단체에서 사회보장제도를 신설하거나 변경하는 경우, 보건복지부장관과 사전 협의를 의무화한다.

3) 협의 대상

중앙행정기관의 장과 지방자치단체의 장은 사회보장제도를 신설하거나 변경할 경우 신설 또는 변경의 타당성, 기존 제도와의 관계, 사회보장 전달체계에 미치는 영향, 지역복지 활성화에 미치는 영향 및 운영방안 등에 대하여 대통령령으로 정하는 바에 따라 보건복지부장관과 협의하여야 한다(사회보장기본법 제26조 제2항).

(1) 사회보장제도

협의 대상은 사회보장기본법상 '사회보장(동법 제3조 제1호)' 및 '평생사회안전망 (동법 제3조 제5호)'에 해당하는 제도의 신설 또는 변경한다.

- **(사회보장)** 출산, 양육, 실업, 노령, 장애, 질병, 빈곤 및 사망 등의 사회적 위험으로부터 모든 국민을 보호하고 국민 삶의 질을 향상시키는 데 필요한 소득, 서비스를 보장하는 사회보험, 공공부조 및 사회서비스이다.
- **(사회보험)** 국민에게 발생하는 사회적 위험을 보험의 방식으로 대처함으로써 국민의 건강과 소득을 보장하는 제도이다.
- **(공공부조)** 국가와 지방자치단체의 책임 하에 생활 유지 능력이 없거나 생활이 어려운 국민의 최저생활을 보장하고 자립을 지원하는 제도이다.
- **(사회서비스)** 국가 · 지방자치단체 및 민간부문의 도움이 필요한 모든 국민에게 복지, 보건의료, 교육, 고용, 주거, 문화, 환경 등의 분야에서 인간다운 생활을 보장하고 상담, 재활, 돌봄, 정보의 제공, 관련 시설의 이용, 역량 개발, 사회참여 지원 등을 통하여 국민의 삶의 질이 향상되도록 지원하는 제도이다.
- **(평생사회안전망)** 생애주기에 걸쳐 보편적으로 충족되어야 하는 기본욕구와 특정한 사회위험에 의하여 발생하는 특수욕구를 동시에 고려하여 소득 · 서비스를 보장하는 맞춤형 사회보장제도이다.

(2) 신설 · 변경의 의미

- **(신설)** 해당 중앙행정기관 및 지방자치단체에서 시행하고 있지 않은 새로운 사회보장제도를 기획하여 시행하고자 하는 경우와 유사하거나 동일한 사회보장제도를 이미 다른 중앙행정기관 또는 지방자치단체에서 시행하고 있는 경우에도 협의기관에서 동일한 제도를 새롭게 도입하고자 하는 경우 신설에 해당 새로운 사회보장제도의 기획 또는 본격적인 시행을 위한 시범사업도 사회보장제도의 신설에 해당된다.
- **(변경)** 중앙행정기관 및 지방자치단체에서 이미 시행 중인 사회보장제도의 대상자 선정기준, 재정부담 수준, 급여내용, 전달체계 등이 변경되는 경우(동법 시행령 제15조 제2항)이다.

PART 02

가족복지의 접근방법

Chapter 04

가족복지와 가족사정

1. 가족복지의 이해

가족은 모든 사회의 기반을 형성하는 사회적 기본 단위이다. 그러나 지금의 한국가족은 구조적·기능적 변화에서 가족관계 측면까지 다양하게 나타나고 있으며 그 속도 또한 매우 빠르게 진행되고 있다. 그리고 그 규모와 구조 및 기능 면에서 축소·약화되고 있다. 특히 다양한 형태의 가족의 등장은 여러 가지 형태의 다양한 가족문제를 안고 있어서 심각한 사회문제로 확대되어 가고 있는 실정이다. 이제 가족은 더이상 사적 영역으로 한정될 수 없으며 가족문제는 가족 구성원 개개인의 문제나 위기가 아니라 가족의 사회적 문제가 되고 있으므로 이에 적합한 사회적 대응을 필요로 하고 있는 실정이다. 이에 이 장에서는 가족복지에 대한 개괄적인 이해를 도모함으로써 향후 가족복지에 대한 구체적 이해를 돕고자 한다.

1) 가족복지의 개념

가족이라는 복합성 혹은 포괄성 그리고 사회복지라는 고도의 다양성 내지 복합성 때문에 가족복지를 개념적으로 고정화시키기는 대단히 어렵다. 복지라는 말은 근대에 와서 사회복지, 복지국가, 복지사회, 국민의 복지증진, 복지구현 등의 용어에서 볼 수 있듯이 널리 빈번하게 사용되고 있으며, 복지(welfare)는 안녕(well-being), 행운(good fortune), 행복(happiness), 번영(prosperity) 등과 동의어로 쓰이며, 더할 나위 없이 좋고 만족스러운 삶이란 의미를 함축하고 있다(김태현 외, 2014 : 26). 또한 가족복지는 가족의 복지를 추구하기 위한 사회의 공동체적 노력을 의미하는 것으로 우리 사회의 기본 단위이며, 한 개인의 생활주기에 걸쳐서 중요한 환경체험 장소이기 때문에 사회적 기능을 향상시키기 위한 지원을 고려해야 한다(권신영 외, 2018 : 40).

가족복지의 개념에 대한 여러 학자들의 정의를 살펴보면 다음과 같다(김혜경 외, 2014 ; 이소희 외, 2003 ; 조흥식, 2002). Zimmerman(1995)은 가족복지란 가치이면서 가족정책의 목표가 되는 것으로, ① 건강, 행복, 결핍으로부터 자유로운 상태, ② 사회화의 발달적 과정과 현대의 환경적 조건에 따른 산물, ③ 생활영역(결혼, 가족, 노동, 여가, 주택, 이웃 등)에서 만족을 이루는 것, ④ 사람들 간에 공유되는 삶에 대한 광범위한 태도 혹은 증후군, ⑤ 생존을 위한 기본적인 요구충족이나 생활상의 위험에서 탈피할 수 있는 적절한 기능을 수행할 수 있도록 하는 것이다. Feldman & Scherz(1968)는 가족복지란 전체로서의 가족은 물론 그 구성원들의 사회적 기능 수행을 효과적으로 증진시킴으로써 가족 구성원들 모두에게 행복을 도모하기 위한 사회복지의 한 분야이다. 김만두(1982)는 가족의 집단성을 확립하도록 하고, 개개 가족 구성원의 인격의 성장과 발달을 원조하며, 항상 변화하는 사회에 대응하여 적극적인 적응 능력을 가질 수 있는 가족, 즉 대사회적으로 적응하는 가족의 확립이라는 목표를 가지고 전개하는 활동이다. 김영모(1960)는 가족복지란 가족의 생활을 강화하고, 가족 내의 관계를 강화시키며 가족성원의 사회적응 기능을 강화시키기 위하여 정부와 민간이 개입을 행하는 사회적 대책이다. 일본 현대복지학총람에서 가족복지란 개인생활상의 모든 욕구충족이 그 사람의 가족생활의 양태에 의하여 규정됨에 착안하여 가족원으로서의 개인의 가족집단에의 적응이나 가족생활 그 자체의 유지 및 질적 향상을 도모함을 목적으로 하는 사회복지의 한 분야라고 하였다. 조홍식 등(1995)은 가족복지란 목적 면에서는 국민의 생활권의 기본이념에 입각하여 가족의 행복을 유지시키고자 하는 것이며, 주체 면에서는 가족을 포함한 사회 구성원 전체가 되고, 대상 면에서는 가족 구성원 개개인을 포함한 한 단위로서의 가족 전체가 되며, 수단 면에서는 제도적 · 정책적 · 기술적 서비스 등 조직적 제반 활동이 되고, 범위 면에서는 사회복지의 한 분야인데 사회복지 개념은 추상적 목적 개념이 아니라 복지라는 목적 달성을 위한 현실적 수단으로서 실체 개념을 갖는다고 하였다. 이상의 개념들을 통해 이

장에서는 가족복지를 한 단위로서 가족의 전체성에 주목하면서 가족과 가족 성원이 경험하는 문제를 예방하고 해결하여 가족이 건강하고 행복한 상태를 유지할 수 있도록 하는 제도적 · 정책적 · 기술적 서비스로 가족 구성원 전체에 관심을 두는 과정이라고 정의하고자 한다.

2) 가족복지의 대상

가족의 무엇이 복지의 대상이 되는 것일까? 가족복지의 대상은 가족의 구조와 기능, 그리고 가족의 생활주기에 따라 다양하게 나타날 수 있는 가족이 지닌 욕구와 문제로서 구체적으로 다음과 같이 세 가지 기준으로 분류할 수 있는데 가족구조상의 특성에 따른 대상은 가족의 구조상의 특성에 따라 가족의 대상을 규정하는 것으로 맞벌이가족, 미혼모가족, 이혼 및 재혼 가족, 소년 · 소녀가정, 노인가족, 핵가족 등 가족구조상의 다양화를 고려하여 각 가족이 지닌 특성에 따라 복지서비스를 달리하는 경우를 말하고, 가족 기능상의 문제에 따른 대상은 가족의 기능상의 문제에 따라 가족복지의 대상을 규정하는 것으로 빈곤가족, 학대가족, 알코올중독이나 약물중독 가족, 청소년비행가족 등으로, 실직으로 인한 소득의 상실로 경제적인 측면에서 기능상의 결손을 경험하는 가족과, 병리 혹은 장애로 인한 심리적 및 의료적 문제를 겪고 있는 가족의 경우를 말하며, 가족의 주기에 따라 발생하게 되는 다양한 욕구에 따른 대상은 가족의 생활주기에 따라 가족은 다양한 변화와 문제 또는 위기를 경험하게 된다. 부부만의 시기, 자녀 출산 및 양육기, 미취학 아동기, 학령기, 청소년기, 독립기, 중년기, 노년기 등 가족생활주기에 따라 복지 개입을 달리하는 경우를 말한다(성영혜 · 송주미, 1997).

3) 가족복지의 목표

가족복지의 목표는 한 사회의 경제, 정치 및 역사적 배경에 따라 다양한 변화가 있을 수 있다. 기본적으로 염두에 두어야 할 가족복지의 목표로 다음과 같은 것들이 있다(김혜경 외, 2015 ; 성영혜 · 송주미, 1997). 첫째, 가족의 안녕 도모이다. 가족복지는 가족의 문제와 욕구를 해결하는 것을 목표로 해야 한다. 둘째, 가족원 간의 권리 보장과 평등 증진이다. 다양한 가족원 간의 문제를 해결하고 예방할 수 있는 법적 · 제도적 장치를 보장하는 데 목표를 둔 정책이 되어야 한다. 셋째, 새로운 가족 형태의 인정이다. 전통적인 직계가족이나 핵가족뿐만 아니라 새롭게 나타나고 있는 가족형태를 인정하고 이에 대한 정책을 적극적으로 시행해 나가야 한다. 넷째, 사회문제의 근본 해결이다. 가족복지는 사회문제 해결에 기여하며 사회의 변화를 유도할 수 있어야 한다.

4) 가족복지의 필요성

산업화 이전의 가족은 자녀의 출산과 양육과 교육 기능, 생산과 소비의 경제적 기능, 가족성원의 보호와 부양 등 많은 기능을 수행하여, 인간의 욕구와 문제는 가족을 통하여 해결될 수 있었다. 그러나 산업화 이후 가족은 내 · 외적인 변화로 인하여 다양하고 복잡한 가족문제에 직면하고 있으며 가족 기능에 대한 보완과 대체가 필요하게 되었다. 가족복지의 필요성이 그 어느 때보다도 강조된다고 볼 수 있다(최경석 외, 2003).

(1) 가족과 사회관계에 대한 시각의 변화

가족 기능은 약화되었는데, 책임은 오히려 증가하고 있으므로, 가족이 그 책임을 잘 수행할 수 있도록 다양한 가족복지서비스가 제공되어야 한다. 현대 가족은 과거 가족이 지닌 주요 기능이 약화되어 스스로의 힘으로는 해결할 수 없는 많은 문제를 안고 있다. 취업모의 증가, 평균수명의 연장, 가족이 지속적으로 보호해야 하는 심신장애인의 증가 등이 그것이다. 그러므로 다양한 형태의 가족을 인정하고 그들에게 맞는 가족복지서비스를 제공해야 한다.

(2) 가족에 대한 개입의 관점 변화

1980년대 이전까지 자유주의 국가에서 가족성원의 보호는 가족의 책임으로 간주하여 국가가 가족에 개입하는 것이 오히려 문제를 일으킨다는 입장을 취했다. 특히 기혼여성의 취업 증가는 가족에 대한 국가 개입을 꺼리는 보수적 입장을 취하고 있는 국가에서조차 가족에게 적극 개입하는 계기를 마련해 주었다. 사회문제의 해결에 국가가 개입하는 것을 바람직하지 않게 여기는 신자유주의자들조차도 사회복지제도의 개혁을 추진하면서 사회복지의 축소를 위하여 가족제도를 강화하는 가족복지 프로그램을 집중 지원하는 경향이 있다.

(3) 다양한 가족형태의 등장과 욕구의 다양화

현대사회에 이르러 환경이 변화되면서 다양한 가족 유형이 등장하였고 점차 증가되고 있다. 맞벌이가족, 재혼가족, 미혼가족, 무자녀가족, 한부모가족, 독신가족, 노인가족, 재혼가족, 입양가족, 다문화가족, 기러기가족, 동성가족, 공동체가족, 사이버가족 등 다양한 형태의 가족이 보편적인 가족 형태로 자리매김하면서, 이러한 다양한 가족들의 욕구를 충족시켜 주는 가족복지서비스가 필요하게 되었다. 그리고 이러한 가족을 문제 가족으로 보고 접근하던 기존의 가족복지정책으로는 다양한 형태의 가족의 욕구를 충족시키기 어렵게 되었다.

(4) 사회문제 해결단위로서 가족의 유용성

가족은 인간과 사회의 문제를 해결하는 데 있어서 효율적인 단위이다. 국가정책적인 측면에서는 사회주의 국가의 경험이 대표적인 예였던 몇몇 사회주의 국가에서, 가족을 대신하는 공동체(콜호츠, 인민공사, 집단농장)를 건설하려던 시도는 경제적 비효율성과 아동의 건강한 양육의 실패로 인하여 얼마 못 가서 가족보호로 후퇴하게 되었다(장경섭, 1994). 이는 가족을 부정하였던 사회주의 국가에서 가족이 사회체계의 핵심적 단위이자 문제해결을 위한 효과적 단위임을 인정한 사례다. 또한 인간의 문제를 해결하고자 하는 접근방법으로 개인을 대상으로 한 개별적인 접근보다 가족을 단위로 한 가족치료(상담)가 문제해결에 보다 효과적이라는 결과가 나온 것도 한 예라고 볼 수 있다(최경석 외, 2001).

5) 가족의 욕구

욕구(need)란 어떠한 목적을 위해 좋은 것, 필요한 것 또는 필수적인 것이 결여되거나 결핍된 상태를 의미하는 것으로 가족의 생활주기별 욕구와 가족복지대책 · 서비스의 내용을 살펴보면 다음과 같다(김혜경 외, 2006 : 55-56).

〈표 4-1〉 가족생활주기별 가족의 욕구와 가족복지대책 · 서비스

<table>
<tr><th>구 분</th><th>기 간</th><th>현대가족의 특징 및 문제</th><th>복지대책 방향</th></tr>
<tr><td>형성기</td><td>결혼~
첫 자녀 출생</td><td>• 초혼 연령의 상승과 출산력 저하로 자녀 수 감소
• 근로 및 사업소득을 통해 지출 억제 및 저축 증대 도모</td><td rowspan="2">• 저축의 욕구가 크므로 소득세 감면</td></tr>
<tr><td>확대기</td><td>첫 자녀 출생~
막내 자녀 출생</td><td>• 초혼 연령의 상승과 출산력 저하로 자녀 수 감소</td></tr>
<tr><td>확대완료기</td><td>막내 자녀 출생~
자녀의 결혼 시작</td><td>• 자녀부양 기간 연장
• 자녀교육 및 결혼, 분가가 일어나는 시기, 소득 및 소비지출이 가장 활발</td><td rowspan="2">• 세금공제
• 아동수당제도 도입</td></tr>
<tr><td>축소기</td><td>자녀의 결혼 시작~
자녀의 결혼 완료</td><td>• 점차 단축되는 경향</td></tr>
<tr><td>축소완료기</td><td>자녀의 결혼 완료~
배우자 사망</td><td>• 점차 길어지는 경향
• 소득, 소비 수준은 급격히 낮아짐</td><td rowspan="2">• 직접적인 생활비 지원을 위주로 한 노후 소득보장정책</td></tr>
<tr><td>해체기</td><td>배우자 사망~
본인 사망</td><td>• 점차 길어지는 추세
• 소득뿐 아니라 주거 사정도 열악하며 경제적 문제가 여느 단계보다도 심각</td></tr>
</table>

출처 : 김혜경 외(2016). 가족복지론. p. 56.

위에서 살펴본 바와 같이 가족생활주기별 가족의 욕구에 따른 가족복지 실천의 차원에서 사회복지사가 가족을 이해하는 한 가지 방식은 다양한 발달 단계에서 일어나는 이슈와 친숙해지는 것이다. 각 단계에서 다음 단계로 이어질 때 가족원들은 다양한 스트레스와 고통을 경험하게 된다. 가족사회복지사가 이들 이슈를 이해할 때, 가족이 성숙해 감에 따라 발생하는 변화에 대처할 수 있도록 돕게 될 것이다(이화여자대학교 사회복지연구회, 2001 : 137).

2. 가족복지의 관점

가족복지실천을 수행하기 위한 관점은 다양하지만 여기에서는 강점관점과 성인지적 관점을 중심으로 소개하고자 한다.

1) 강점관점

강점관점은 전통적인 문제중심적 접근의 병리적 관점에서 벗어나 클라이언트의 강점과 능력을 원조과정의 가장 핵심적인 부분으로 채택하는 관점이다(Cowger, 1997 ; Kaplam & Girard, 1995). Saleebey(1997)는 강점관점을 체계화하였는데, 이러한 강점관점은 인간의 존엄성과 사회정의를 실천하고자 하는 사회복지의 기본적인 가치와 맥을 같이하며 다음과 같은 가정과 원칙을 전제로 한다(손병덕 외, 2014).

첫째, 모든 개인, 집단, 가족과 지역사회는 강점을 가지고 있다.

둘째, 외상이나 학대, 질병과 다툼은 상처가 되기도 하지만 도전과 기회의 근원이 될 수 있다.

셋째, 개인과 집단, 지역사회의 성장과 변화의 능력에 상한선을 두지 말아야 한다.

넷째, 클라이언트와 협력함으로써 더 잘 도울 수 있다.

다섯째, 모든 환경에는 자원이 존재한다.

2) 성인지적 관점

가족복지가 추구해야 할 관점은 무엇보다도 성인지적 관점이다. 가족에 대한 성인지적 관점은 임상 모델이나 기술이 아니라 성역할에 따른 불평등과 그 영향에 대한 시각이나 태도로 볼 수 있다. 가족사회복지사는 개입을 할 때 성인지적 관점이 철학적 기반이 되며 가족 내의 전통적인 성역할로 인해 일어나는 여러 문제들에 대해 민감하게 관심을 갖는다. 성인지적 관점의 기반은 남성과 여성이 처한 특정 상황에 대한 의미가 다르다는 사실에 근거하며 따라서 남녀별로 서로 다른 실천적 접근이 이루어져야 한다는 것이다.

김인숙(2011)은 가족정책이 양성평등이라는 조건하에 만들어지고 수행되어야 한다고 하였다. 그 이유는 현재 가족을 둘러싼 사회적 결과는 여성의 사회적 역할 및 지위와 깊이 관련되어 있기 때문이라고 하였다. 젠더를 중심에 둔 가족정책이란 여성이 노동시장에 참여하는 데 방해가 되는 요인과 조건을 제거하는 여성의 시장화와 양육 및 돌봄 노동에 남성 참여를 사회적으로 제도화하는 남성의 가족화가 두 축이 되어야 한다고 하였다.

3. 가족복지서비스적 접근방법

가족복지서비스적 접근방법은 거시적 접근과 미시적 접근으로 구분할 수 있다. 가족복지의 거시적 접근은 가족복지를 위한 사회적 환경을 조성하는 방법으로 가족이 사회 전체의 제도적 구조 내에서 유지·발전할 수 있는 환경을 조성해 가는 접근 방법이다. 가족복지의 미시적 접근은 가족문제 또는 가족해체의 위기를 경험하고 있는 가족에게 직접적 또는 개별적으로 필요한 지원을 제공하는 접근 방법을 말한다. 가족 개인의 문제를 인간관계의 조정기술로 보고 문제의 원인을 심리적·사회적 원인에서 찾는다. 가족복지서비스의 대표적인 프로그램을 개괄적으로 살펴보면 다음과 같다(이영실 외, 2010, 조흥식 외, 2009 ; 손병덕 외, 2014).

1) 가족에 대한 직접적 개입

가족에 대한 직접적 개입의 대표적인 것이 가족사회복지실천이다. 가족사회복지실천은 부부간의 문제, 부모-자녀 간의 관계문제, 세대 간의 갈등과 같은 문제와 관련하여 전문가가 개입하는 방법이다.

2) 가족보호

가족보호는 가정 내에서 발생하는 각종 장애문제에 대해 보호를 제공함으로써 가족의 역할과 능력고취 기능을 수행하는 것이다.

3) 가족치료

가족치료는 가족진단을 기초로 가족문제를 해결하여 정상적 기능을 수행할 수 있도록 원조하는 전문적 개입활동으로, 그 개입의 초점을 문제가 있는 가족 구성원에서 가족 전체로 옮겨 가족이 변화에 참여할 수 있도록 유도한다. 가족치료는 개인을 하나의 독립된 존재로 인식하기보다는 환경과 상호작용하는 연대적 맥락 안에서 이해하기 위한 방법이며, 이를 뒷받침해 주는 이론으로는 일반체계이론, 구조이론, 상호작용이론, 발달이론, 의사소통이론, 역할이론 등이 있다. 가족치료는 개인보다는 가족체계에 초점을 두는 상담방법이므로 개인상담에 비해 인간의 문제를 좀 더 포괄적으로 이해할 수 있으며, 관계와 상황을 중시함으로써 다양한 접근방법이 가능하다.

4) 가족옹호

가족옹호는 지역사회에 필요한 변화를 일으키기 위하여 사람들로 하여금 사회행동의 사명을 가지고 가족욕구에 대한 직접적이고 전문적인 지식을 이용케 함으로써 가족이 생활조건을 향상시키도록 계획된 전문적 서비스이다. 또한 지역사회 내의 많은 가족에게 영향을 미치는 약물중독, 알코올중독, 지적장애 및 인권의 남용과 같은 공통의 문제해결을 위해 그 지역 가족이 협동적 사회행동을 하도록 하는 데 목표를 두고 있다.

5) 가족조성서비스

가족조성서비스는 가족이 가족 구성원을 양육 · 보호 · 부양하거나, 가사를 적절히 처리하는 기능을 제대로 수행할 수 없을 때 적절한 도움을 제공하는 것을 말한다. 이 서비스는 가족생활의 강화를 위해 가족복지 분야뿐만 아니라, 아동, 노인, 장애인 복지 등의 분야에서 광범위하게 활용되는데, 이때 매스미디어가 중간 역할을 담당한다.

6) 가족생활교육

가족생활교육은 가족생활의 질적 극대화를 실현하는 데 도움을 주기 위해서 가족 구성원에게 필요한 자원, 정보, 기술 등을 제공하고 지도하는 과정을 말하며, 가족생활에 관련된 개념이나 원리에 대한 지식을 습득하고 개인적 태도나 가치를 개발하며, 타인의 가치를 이해하고 수용하면서 가족복지에 기여하도록 하는 대인기술을 학습하는 과정을 말한다. 가족은 가족생활교육을 통하여 가족생활을 향상시킴과 더불어 가족과 관련된 사회문제 역시 사전에 예방할 수 있다. 가족문제를 해결하고 가족위기에 능동적으로 대처하며 예방하기 위하여 가족을 위한 지속적 재사회화 교육이 실시되어야 하며 가족생활에 대한 교육은 가족복지적 차원에서 계획되고 실천되어야 한다.

7) 가족계획사업

가족계획사업은 재생산적 건강보호서비스의 일종으로 임신중절, 성병에 대한 보호, 영양, 자녀 수에 대한 계획, 임신을 위한 서비스 등을 제공함으로써 건강한 가족생활을 하도록 한다.

8) 가족보존과 가정기반 서비스

오늘날의 가족복지서비스 관련 기관은 특수집단이나 지역사회의 응급욕구를 충족시키기 위한 특수 프로그램, 가족 상담 및 치료, 가족옹호, 가정조성서비스, 가족생활교육 등과 같이 다양한 서비스를 제공하고 있다. 따라서 모든 가족서비스기관은 인간의 존엄성과 가치에 입각해서 개인의 인권 및 가족의 권익을 보호할 수 있어야 한다.

9) 건강가정을 위한 가정자원관리

가정자원관리는 가정과 가정 구성원의 목표를 달성하기 위하여 가정이 가지고 있는 자원을 발굴하고, 자원을 활용할 수 있는 합리적인 방법을 제시하는 과정이다. 이를 위해서 우리 가정에서 가장 긴급히 해결해야 할 과제는 무엇이고, 가정구성원들이 가장 원하는 바가 무엇인지 등의 파악과 분석이 필요하다. 또한 건강한 가정을 구현하기 위하여 개별 가정의 건강성을 최대한 발현할 수 있는 합리적이고 효율적으로 자원을 활용하는 길을 안내하는 것이 가정자원관리의 역할이므로 가정자원관리의 원리와 기술에 대한 학습, 다양한 자원에 대한 이해와 관리기술의 습득은 우리가 합리적이고 효율적으로 자원을 활용하여 건강한 가정을 구현하는 데 매우 중요하고 필수적인 자원이라 할 수 있다(홍성희 외, 2008 : 53-55).

4. 가족사정에 대한 이해

1) 가족사정의 개념

사정(assessment)은 사회복지 서비스 제공을 목적으로 클라이언트(client)의 전반적인 자료를 수집하고 전체를 분석하는 체계적인 과정을 말한다. 사정은 사회복지 대상에 대한 서비스의 수준과 성격을 결정하고 구체적인 서비스 전달의 양과 질에 대한 계획을 수립하기 위한 자료를 제공하기 때문에 사례관리에서 매우 중요한 단계이다.

가족사정은 가족을 하나의 단위로 보고 가족 내부 및 외부 요인 그리고 이들 양자 간의 상호작용 등을 파악하기 위해 자료를 수집·분석하고 종합하여 그 가족에 대한 개입을 계획하는 일련의 과정을 말한다. 사정은 초기 면담

뿐만 아니라, 클라이언트에게 제공되는 모든 서비스의 과정을 통해서 이루어지는데 직관이나 느낌보다는 관찰이나 기록, 관련 연구문헌 등 경험적 자료에 근거해서 이루어져야 한다. 또한 다양한 반응체계에 관심을 갖고 클라이언트의 긍정적 행동에 초점을 두어야 한다.

이처럼 가족사정이란 가족을 하나의 생태체계적 단위로 보고 가족 내·외의 요인 그리고 양자 간의 상호작용 등을 파악하기 위해 자료를 수집, 분석, 종합하여 그 가족에 대한 개입을 계획하는 일련의 과정이다. 전문가의 입장에서 객관적으로 이루어지는 상황에 대한 사정뿐만 아니라, 그 객관적 상황에 대해 클라이언트와 그 가족의 입장에서 어떻게 상황을 인지하고 받아들이는지의 주관적 측면에 대한 사정이 함께 이루어져야 하는 것이다.

2) 가족사정의 기준

가족사정에 있어서 클라이언트가 호소하는 문제에 대한 사정으로 문제의 지속기간과 복잡성, 문제의 과거 기록, 문제에 대한 가족원들의 관점, 문제해결을 위한 노력의 정도, 상황을 변화시키려는 의지의 정도 등을 파악하는 것이 중요한 자료가 될 수 있다(Holman, 1983 : 21-22). 다소 차이는 있지만 생태체계적 관점에서 가족을 사정할 때 일반적으로 포함되는 문제들을 정리해 보면 다음과 같다(이원숙, 2012).

(1) 가족 구성원 의식의 규정은 어떠한가?

결혼, 이혼, 법적 입양 등과 같이 법원의 명령에 의해 구성된 가족인 생물학적 가족의 성원들은 누구인가, 기능적 가족의 구성은 어떠한가(누가 동거가족의 일부이고 일상생활에 대한 책임은 누가 지는가), 생물학적·법적 유대에도 불구하고 가족에 소속된 사람으로 고려되는 가족 구성원들로 인식된 가족은 누구인가, 생애 전반에 걸쳐 충성과 의무를 다할 장기적인 헌신이 가능한 사람은 누구인가를 살펴본다.

(2) 가족을 설명하는 사실과 실제는 어떠한가?

가족 구성원의 이름, 성별, 연령, 발달단계에 따르는 가족 기능의 영향관계, 가족 기능이 가족생활주기와 어떻게 관련되어 있는가, 어떠한 종교·윤리·문화적 정체성을 갖는가, 소득의 출처 및 경제활동인구는 누구이며 어디에서 근무하고 이들의 직업이 가족 역할과 기능 수행에 어떠한 영향을 미치는가, 결혼이나 가족의 형성관계, 아동과 관계한 상황들, 이혼·유기·폭력 등의 역사는 있는가, 가족 구성원의 질병이나 장애 또는 중독관계는 어떠한가, 가족의 주 호소 문제 또는 욕구는 무엇인가, 이 가족의 강점은 무엇인가, 약물, 알코올중독, 가정폭력, 성 학대 등의 문제가 있는가 등을 살펴본다.

(3) 가족의 기능 수행을 위한 지역사회의 지지기반은 어떠한가?

가족의 기능 수행을 위한 지역사회의 지지기반은 무엇이 있는가, 그곳에서의 생활을 통해 어떠한 영향을 받는가, 살기에는 어떠한가, 직장을 구하는 것은 가능한가, 기본적인 공공시설과 이용 가능한 서비스와 프로그램은 적절한가 등을 살펴본다.

(4) 가족 기능의 수행은 어떠한가?

경제단위(소득과 세금 등)로서의 가족 기능은 어떠한가, 일상생활의 과제(요리, 청소, 세탁 등)는 잘 관리되고 있는가, 휴식과 건강 회복을 위한 사적인 공간의 제공이 가능한가, 가족에게 정체성과 소속감을 제공하는가, 가족은 동반자 의식과 양육과 사랑 등을 제공하는가, 아동은 격려와 지도를 받는가, 가족은 아동이 인간관계에 필요한 사회적 기술 등의 학습을 할 수 있도록 하는가, 중요하다고 생각되는 의식, 전통, 종교적 신념 등을 고수할 수 있는가를 살펴본다.

(5) 하위체계, 경제, 규칙과 역할은 어떠한가?

가족은 복잡하게 얽혀 있는 가족 구성원들 간의 관계망으로 하나의 역동적 체계라 할 수 있다. 이 역동적 체계인 가족은 성(gender), 이해관계, 세대

(generation) 그리고 가족의 생존에 필요한 기능을 바탕으로 하위체계를 발전시킨다(Hepworth & Larsen, 1993 : 295).

가족의 상호작용을 좌우하는 가족체계는 네 가지 하위체계로서 부부 하위체계, 부모 하위체계, 부모-자녀 하위체계, 형제 하위체계가 있다. 이러한 하위체계에는 규정과 다양한 규칙, 의사소통 채널, 그리고 행동패턴 등이 있는데 이를 '경계'라는 용어로 설명한다. 또한 시간이 흐름에 따라 하위체계의 구성도 변화가 가능한데 너무 긴밀하거나 결속이 강해서 다른 가족 구성원이 무기력감이나 소외감을 느낄 수도 있다.

5. 가족사정 영역

1) 가족체계

사정(assessment) 단계에서 수집된 자료는 클라이언트(client)에게 가장 적절한 사회복지 서비스가 무엇인지 계획하고 실행하기 위한 단서로 사용되므로 가족체계 전체에 대한 사정(assessment)은 물론 가족 구성원 개개인의 문제에도 면밀한 탐색이 필요하다. 가족을 체계로 접근하는 것은 가족을 사정하고 문제해결을 돕는 데 효과적이다. 체계이론의 개념은 가족체계를 사정하는 데도 유용하지만, 보다 큰 체계가 가족에게 어떠한 영향을 미치는지를 사정하는 데도 도움이 된다.

가족을 올바로 사정하려면 그 가족이 기능하고 있는 가족의 하위체계가 기능적인지 역기능적인지 탐색해야 한다. 가족 하위체계는 ① 부부 하위체계, ② 부모 하위체계, ③ 부모-자녀 하위체계, ④ 형제자매 하위체계로 구성된다. 각 하위체계는 고유한 기능과 역할이 있으며, 가족 내에서 지속적인 연합 혹은 동맹을 이루면서 가족 기능에 중요한 역할을 한다.

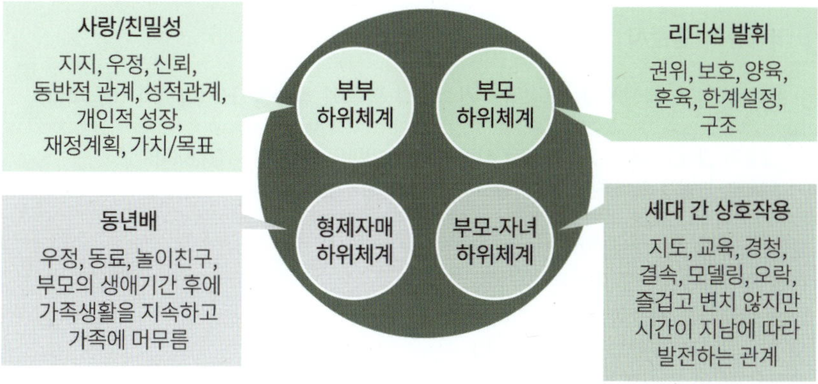

[그림 4-1] 가족 하위체계

2) 가족규칙

버지니아 사티어 (Virginia Satir)

가족규칙(Family rule)은 가족원 서로의 행동을 규정하고 제한하는 관계상의 합의를 말한다. 사티어(Satir, 1988)는 가족규칙을 가족구조 내에서 필수적 역동적이고 영향력이 강한 행동규범으로 정의하였다. 가족규칙은 가족체계를 조절하고 유지하는 역할을 한다. 특정한 규칙을 구성원들에게 지나치게 요구하거나 규칙이 허용하는 범위가 너무 제한되어 체계와 구성원 모두에게 부정적 영향을 미칠 때 사용하는 명칭이다. 가족규칙은 부모가 자녀들에게 삶의 방향을 제공하여 가족체계를 유지하고, 사회 구성원으로 잘 살 수 있도록 도와주기 위한 가치관이 내재되어 있다. 역기능적 가족체계일수록 가족규칙을 강력하게 적용한다. 자녀들은 가족의 인정과 사랑을 받기 위해서 그리고 거부당하거나 버림받지 않기 위해서 이러한 가족규칙을 지키려 노력한다(Satir, 1988).

가족규칙 질문지

다음 문항을 읽고 자신에게 해당되는 가족규칙 항목에 점수를 표시하시기 바랍니다.

1 : 그렇지 않아도 된다. 2 : 대체로 그렇게 하지 않아도 된다. 3 : 중간이다
4 : 대체로 그렇게 해야 한다. 5 : 반드시 그렇게 해야 한다.

1. 모든 가족행사에 참석하여야 한다. (　　)
2. 한번 약속을 하면 그 약속은 지켜야 한다. (　　)
3. 항상 성실하고 최선을 다해야 한다. (　　)
4. 사치는 나쁘기 때문에 검소해야 한다. (　　)
5. 근검절약하여 미래를 위해 준비하여야 한다. (　　)
6. 성에 대해 말하거나 알려고 해서는 안 된다. (　　)
7. 남자는 말을 아껴야 한다. (　　)
8. 여자는 목소리가 커서는 안 된다. (　　)
9. 여자는 남자의 의견에 반대를 해서는 안 된다. (　　)
10. 집안일은 여자의 몫이다. (　　)
11. 자녀 양육은 엄마가 책임져야 한다. (　　)
12. 장남과 장녀는 장남과 장녀 노릇을 해야 한다. (　　)
13. 어른의 잘못을 지적하거나 불평해서는 안 된다. (　　)
14. 아랫사람은 윗사람에게 복종하여야 한다. (　　)
15. 어른에게 말대꾸하지 않는다. (　　)
16. 말을 많이 해서는 안 된다. (　　)
17. 남에게 싫은 말을 해서는 안 된다. (　　)
18. 원하는 것을 요구하기보다 해줄 때까지 기다린다. (　　)
19. 남의 흉을 보아서는 안 된다. (　　)
20. 감정, 특히 부정적인 감정을 표현해서는 안 된다. (　　)
21. 집안일을 밖에서 말해서는 안 된다. (　　)
22. 식구들 사이에 갈등이 있어서는 안 된다. (　　)
23. 형제끼리 싸워서는 안 된다. (　　)
24. 자기 자랑을 해서는 안 된다. (　　)
25. 실수를 해서는 안 된다. (　　)
26. 가문에 먹칠을 해서는 안 된다. (　　)
27. 잘못하면 반드시 벌을 받아야 한다. (　　)
28. 부모에게 반드시 효를 행해야 한다. (　　)
29. 남자는 울어서는 안 된다. (　　)
30. 어른에게 걱정을 끼쳐서는 안 된다. (　　)
31. 부모의 판단이 가장 옳기 때문에 부모의 의견에 따라야만 한다. (　　)
32. 부모 마음이 불편하면 자식이 풀어드려야 한다. (　　)

* 점수가 높은 항목은 규칙의 변화가 필요하고 점수가 높은 항목의 수가 많을수록 경직된 가족체계를 이룰 가능성이 높다.

출처 : 사티어모델(2002).

3) 가족역할

역할이론을 가족체계에 적용시키면 가족 구성원 개개인은 가족의 구조에 통합된 여러 역할을 수행하며 어떤 기대 · 허용 · 금지된 행동을 대변하게 된다. 가족역할에는 공식적 역할 이외에도 비공식적 역할이 있을 수 있다. 역할과 역할기대는 사회적 상호작용의 과정에서 학습된다. 역할에 대한 만족도는 역할 당사자들이 상호작용에서 어느 정도 조화를 이루는가에 달려 있다. 가족갈등은 가족 구성원 개개인들이 역할에 불만족하거나 역할에 대한 이견이 있거나 혹은 지나친 역할부담이 있을 때 발생할 수 있다. 그러므로 가족사정에서는 가족 내에서의 역할의 분배, 이들 역할이 규정되는 방식 그리고 역할갈등을 이해하는 것이 중요하다.

4) 권력구조

권력은 체계 내의 다른 사람들보다 서열이 높고 더 많은 특권을 가지는 것을 의미한다. 모든 가족은 권력구조를 발달시킨다. 가족체계는 이 구조를 통해서 구성원들의 모든 행동을 허용 가능한 범위 내에서 유지시킨다. 가족의 권력기반과 권력배분의 사정에는 여러 요인이 고려되어야 한다. 모든 가족은 권력문제를 피할 수 없으며 어떤 방식으로든 권력을 할당해야 한다. 가족 내 권력은 가족 구성원 개개인의 심리적 욕구를 충족시키고 체계의 건강을 증진시키는 기능성이 사정되어야 한다. 사회복지사는 다음을 관찰함으로써 가족권력의 분포를 파악할 수 있다.

- 누가 가장 먼저 말하는가?
- 누가 누구를 방해하는가?
- 누가 누구에게 동의하는가?
- 누가 가장 말을 많이 하는가?
- 누가 결정할지를 누가 결정하는가?
- 의사결정 시 보통 누구의 생각이 받아들여지는가?

- 권력기반이 가족 내 어떤 하위체계에 있는가?
- 가족원들이 권력의 집중 혹은 분산에 동의하는가?

5) 가족의 의사결정과정

가족의 의사결정과정의 사정은 어떤 의사결정이 가족의 안녕을 촉진시키는지, 가족체계를 혼란케 하는지 혹은 갈등을 초래하는지를 결정하는 데 목적이 있다. 가족의 의사결정과정을 사정하기 위해서는 효과적인 의사결정에 대해 이해하고 있어야 한다. 다음에서는 그 구체적 지침을 살펴보고자 한다.

① 효과적인 의사결정은 가족 구성원들 간에 열린 피드백과 자기표현을 요구한다. 이는 타협, 이견을 가질 수 있다는 점에 대한 합의, 차이점을 타협하거나 해결하기 위해 순서를 정하는 것과 같은 기술을 포함한다.

② 구성원들은 체계 내에 있는 다른 구성원들과의 갈등을 두려워하지 않고 각자 생각하고 느끼는 바를 이야기할 수 있어야 한다.

③ 열린 피드백과 자기표현 없이는 내적 및 외적 스트레스와 위기에 대한 적응을 요하는 전환기적 발달단계에 발생하는 가족 구성원 개인의 욕구를 의사결정과정에 반영하지 못할 것이다.

④ 효과적인 의사결정은 각 가족 구성원이 체계의 모든 구성원이 '소중하다'는 철학적 자세 혹은 태도를 가질 것을 요구한다. 다시 말해서, 가족은 각 구성원에게 영향을 미치는 의사결정을 내릴 때 해당 구성원의 욕구를 고려할 것임을 합의해야 한다.

⑤ 효과적인 의사결정은 가족체계의 구성원이 해결이 아니라 욕구의 관점에서 생각할 것을 요구한다. 때때로 가족 구성원들은 삶의 경험에 따라 이분법적 논리(내 방식 아니면 네 방식으로 하는 것, 그래서 둘 중 한 사람이 지는 것)로 문제해결에 접근하도록 조건화되어 있다. 이런 편협한 접근은 경쟁적인 해결책을 중심으로 접근하기 때문에 타협점을 찾는 것을 저해한다.

⑥ 효과적인 의사결정은 가족 구성원에게 대안을 창출할 수 있는 능력을 요구한다.

⑦ 효과적인 의사결정은 가족 구성원에게 대안의 경중을 평가하도록 요구한다.

⑧ 효과적인 의사결정은 가족에게 의사결정 사항을 수행해 나가는 데 구성원 개인에게 과업을 할당하는 방식으로 가족을 조직하도록 한다.

⑨ 효과적인 의사결정은 새로운 정보와 새롭게 대두되는 가족 구성원 개인 또는 가족 전체의 욕구에 따라 이미 내렸던 의사결정에 대해 타협하고 조정할 수 있는 융통성을 요구한다(Hepworth et al., 2006 : 269-271).

6) 가족목적

가족목적은 의사결정과 권력에서와 마찬가지로 대개는 부모 하위체계에서 수립된다. 가족목적은 다음 두 가지 방식으로 수립된다. 첫째, 가족은 사회가 수립한 공통목적(아동을 사회화하는 것, 주요 문화적 패턴을 전승하는 것 그리고 가족 구성원들의 개인적, 양육적 그리고 안전의 욕구를 충족시키는 것 등)을 어느 정도 채택하고 받아들일 것이다. 둘째, 파트너들은 개인적 목적을 가지고 오는데, 이는 아마도 그들 가족 혹은 원가족의 선호도에 근거할 가능성이 크다. 가족목적은 다양하고 위기 시에 훼손될 수도 있지만, 문제해결의 자원으로 활용될 수 있다는 점에서 강점으로 간주된다. 가족목적이 명료할수록, 주요 목적과 관련하여 합의가 존재할수록 그리고 가족 개개인의 욕구와 관심을 반영할수록 가족목적은 강점으로 작용한다(Hepworth et al., 2006 : 272-274).

7) 가족의 믿음과 인지패턴

가족 구성원의 행동은 가족 개개인, 가족단위 그리고 보다 큰 세계에 대한 공유된 인식 혹은 믿음과 불가분의 관계에 있다. 이 공유된 인식은 중립적인 외부 관찰자의 견해와 일치할 수도 있지만 현실을 왜곡한 것일 수도 있다. 이런 왜곡은 흔히 가족이 동의하는 신념 혹은 믿음의 한 부분인데, 상호작용 패턴과 관계를 형성하고, 유지하고, 정당화하도록 돕는다.

8) 의사소통의 사정

가족 구성원들이 의사소통하는 방식은 가족체계로서 얼마나 효과적으로 기능하고 있는지와 직결된다. 가족 구성원은 언어적·비언어적 채널을 통해서 메시지를 전달하며, 다른 언어적·비언어적 메시지를 통해서 이들 메시지의 의미를 규정한다. 그러므로 사회복지사의 과업은 의사소통의 일치성, 다시 말해서 메시지의 언어적·비언어적 요소가 일치하는가를 사정하는 것이다.

6. 사정도구 및 사정방법

가족의 기능이 순기능인지 역기능인지를 파악하는 것은 치료자에게 중요한 문제이다. 그러므로 가족의 기능을 사정할 때 어떤 것을 가지고 사정을 하는가는 전적으로 치료자에게 달려 있으며, 어떠한 개념으로 가족을 보느냐에 따라서 그 결과가 다르게 되는 것이다. 가족을 사정하기 위해 가족 구성원이나 중요한 타인을 상대로 인터뷰를 하기도 하고, 가족과 그들의 생활공간 내에 있는 사람과 기관 간의 연계를 그림으로 그리는 생태도를 통해 가족체계와 환경체계 간의 관계를 파악하여 가족의 문제나 스트레스의 요인을 가족 외부의 환경체계에서 찾기도 한다.

1) 가계도(Genograms)

가족은 공간적으로 존재할 뿐 아니라 시간적으로도 존재하며, 가족을 시계열적으로 조명할 필요가 있다(Hartman, Compton, & Galaway, 1989 : 168 재인용). 생태도와 더불어 가계도는 가족을 사정하는 데 널리 사용되어 왔으며, 여러 세대를 살펴볼 수 있다는 장점을 가지고 있다. 특히 가계도는 주요한 사건들, 가족원의 출생과 상실, 커뮤니케이션과 관계 유형, 직업 등 가족에 관한 연대기적 청사진을 보여준다(Kirst-Ashman & Hull, Jr. 1999 : 190). 가계도는 사회복지

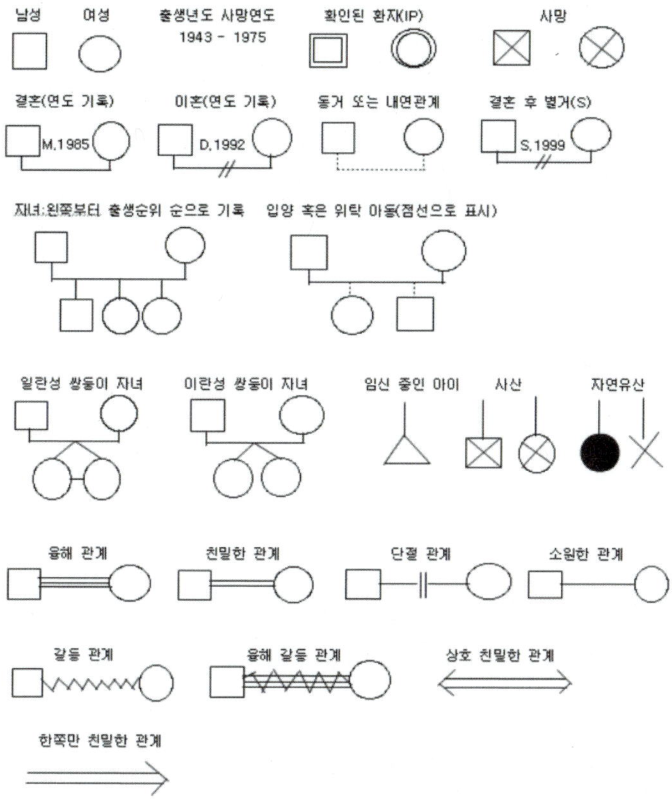

[가족가계도를 위한 도표 참고: McGoldrick & Gerson(1990)]

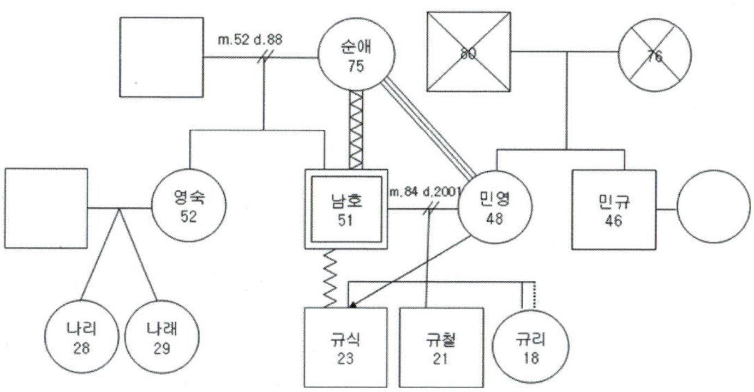

|그림 4-2| 가계도 예시

사와 가족원의 공동작업을 통해 가장 잘 구성해 낼 수 있다. 생태도와 마찬가지로 가계도에서도 남성은 네모로 그리고 여성은 원으로 표시한다. 세모는 성별을 알 수 없는 경우에 사용한다. 결혼은 남성과 여성을 연결하는 선으로 표시하며 대체적으로 결혼 연도를 선 위에 표기한다. 이혼은 결혼을 의미하는 선을 가로지르는 사선으로 표기한다. 아동은 출생 순으로 왼쪽에서 오른쪽으로 표시해 나간다. 사망은 네모, 원 혹은 세모 위에 X 표시를 한다. 점선은 대체적으로 함께 거주하고 있는 가족원을 의미한다. 가계도 그리기는 내담자에게 가족배경이 현재의 가족문제에 어떻게 영향을 미치는지 이해하기 위해서 가족의 기원에 대한 정보를 얻는 것이 중요하다는 필요성을 설명하면서 시작한다. 칠판 같은 큰 그리기 판이 도움이 된다. 몇 가지 지침을 제시하면 다음과 같다(김윤재, 2007).

- 모든 가족 구성원이 참여하도록 격려한다.
- 현재 안고 있는 문제와 관련된 문제들이 윗세대에서 나타났는지 파악한다.
- 간단하고 무난한 질문에서 심층적인 질문으로 넓혀간다.
- 역할이나 관계가 확실하게 판단되면 가설을 세울 수 있는 질문으로 넓혀간다.
- 가계도를 그리는 경험이 가족에게 부담스럽게 느껴지지 않도록 배려하여야 한다.
- 가계도를 작성한 후 상담자는 가족들이 자신의 생각을 나누도록 이끌어 갈 수 있어야 한다.

2) 생태도(Eco-map)

생태도는 기존 자원들이 가족욕구를 충족시키는 데 적합한가를 탐색하고 가족과 그들을 둘러싼 환경과의 관계에 대한 성격을 포착하기 위해 Ann Hartman(1978)이 개발하였다. 이는 개인이나 가족을 포함하는 클라이언트 체계가 외부 환경 체계들과 어떻게 관련되어 있는가를 그림으로 나타내는 것으로서 사회복지사가 환경과 가족의 관계에 대한 정보를 획득하도록 도우며 가족이 그 욕구를 충족시켜 온 방법을 파악하게 하는 사정도구이다. 클라이언트 체계와 외부 체계 혹은 외부 자원과 관련해서는 주위에 얼마나 다양한 체계들이 존재하는가의 구조적인 면(자원체계의 수나 크기 등)뿐만 아니라 그 외부 체계들이 어떻게 작용하는가의 기능적인 면(관계의 질과 내용)을 파악한다. 사회복지사와 가족은 생태도를 다음 세 가지 차원에서 분석한다.

첫째, 생태체계적 환경에서 가족을 전체적으로 이해한다. 가족이 이용할 수 있는 주요 자원은 무엇인가, 전혀 없거나 부족한 자원들이나 지지는 무엇인가, 가족과 환경 간 관계의 본질은 무엇인가 등을 이해한다.

둘째, 가족과 환경의 경계에 대해 이해한다. 에너지의 투입과 산출의 흐름이 쌍방적인지, 환경으로부터 가족에게로 일방적인가, 가족으로부터 환경에게로 일방적인지에 대해 이해한다.

셋째, 가족 내부에 대해 이해한다. 가족 구성원들이 외부체계와 서로 다르게 연결되는가, 한 구성원이 특히 긴장적 관계에 연결되어 있지 않은가, 가족이 함께 혹은 개별적으로 다른 체계들과 상호작용하는가 등에 대해 이해한다.

이와 같은 분석을 통해 주로 환경체계를 변화시켜야 할 것인가, 가족과 환경체계들과의 관계를 변화시켜야 할 것인가, 가족체계를 변화시켜야 할 것인가에 대해 결정할 수 있다. 생태도 활용목적은 다음과 같다.

첫째, 가족 내에 존재하는 결속력, 지지도를 파악한다.

둘째, 가족 구성원 간, 외부체계 간 긴장 상태를 파악한다.

셋째, 가족과 외부 체계 사이에 존재하는 자원의 부족과 결핍 정도를 파악한다.

넷째, 가족과 외부 체계 사이에 존재하는 자원의 흐름, 자원의 유용성을 이해한다. 즉, 체계들 간의 관계를 원활하게 하기 위해 어느 체계를 어떻게 변화시켜야 할지를 결정하도록 도와준다.

생태도 그리는 방법은 생태학적 체계, 생활공간에서의 개인 혹은 가족들을 둘러싸고 있는 경계를 역동적인 방법으로 지도화한다. 이 지도는 가족생활을 구성하는 주요 체계들 그리고 가족과 이들 체계들의 관계의 본질을 반영한다(Hartman, Compton & Galaway, 1999 : 363 재인용). 생태도는 우선 중앙에 가족체계를 나타내는 커다란 원을 그리는 작업에서부터 시작한다. 중심원 내부에 가족원들을 그려 넣는다. 남자는 네모 그리고 여자는 원으로 표시한다. 이 네모 혹은 원 안에 해당 가족원의 연령을 기재하는 것이 유용하다. 가족과 상호작용하는 다른 체계들은 중심원 외부에 놓여 있는 보다 작은 원으로 표시한다.

이들 체계에는 확대가족, 친구, 학교, 사법기관, 사회복지기관, 교회, 직장, 의료기관 등이 포함될 수 있다. 일단 가족이 상호작용하고 있는 의미 있는 체계들을 설정하고 난 후 이들과의 관계를 선으로 표시한다. 예를 들어, 강한 관계는 두꺼운 선 그리고 약한 관계는 가는 선으로 표시한다. 스트레스가 있거나 갈등관계는 사선으로 표시한다. 체계들 간에 에너지 혹은 자원의 상호교환 관계는 화살표로 표시한다(이영분 외, 2001 : 202).

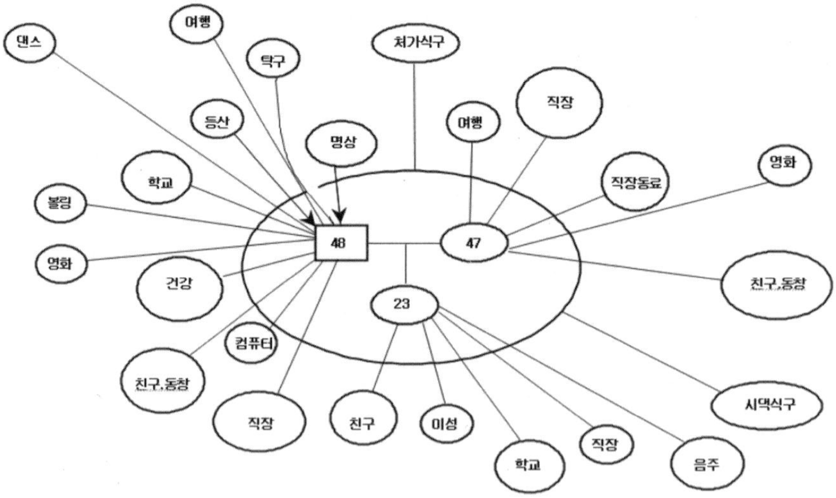

스트레스 관계
빈약하고 불명확한 관계
긍정적 관계(굵을수록 강한 관계)
친밀관계
관계의 방향

|그림 4-3| 생태도 예시

3) 생활력 도표

생활력 도표(life chronology)는 가족사정도구의 하나로 가족이나 가족 구성원에게 발생한 중요한 사건이나 시기를 중심으로 해서 연대기적으로 작성한다. 생태도나 가계도처럼 원이나 선을 이용하는 것이 아니라 표를 이용한다. 생활력 도표의 활용은 특정 발달단계의 생활경험을 이해하는 데 도움이 되고, 아동과 청소년 대상의 활동에서 유용하게 사용된다.

〈표 4-2〉 생활력 도표 예시

연도	나이	장소	가족	주요 사건	문제
1976	35	부산	첫째 자녀	출생	미숙아로 태어남
1979	32	울산	남편	실직과 잠적	빚 독촉을 심하게 받아서 남편 잠적
1982	29	울산	남편	입원	심한 알코올 중독
1984	27	김해	가족 모두	친정 근처로 이사	극심한 생활고

4) 가족생활주기

가족의 기능을 측정하려고 할 때, 치료자는 먼저 가족이 수행해야 하는 기능이 무엇인가를 살펴보아야 하고 이를 위해 정상적인 가족의 기초선이 제공하는 가족생활주기를 살펴보아야 한다. 가족생활주기는 인간의 생애주기와 마찬가지로 탄생에서 죽음까지의 일련의 과정에는 단계가 있고, 이 단계마다 과업이 있다는 것을 이야기한다. 그러므로 발달론적 접근은 생태학적 접근과도 맥을 같이한다고 할 수 있는데 이 단계에 대한 적응에 있어서 많은 스트레스를 경험할 수 있으며, 심할 경우 가족문제의 근원이 될 수 있기 때문에 사회복지사는 반드시 그 가족이 어떤 단계를 거쳐 왔고, 현재 어느 상태에 있으며, 그 적응 상태는 어떠한가 등을 파악해야 하는 것이다. 가족의 생활주기와 각 단계에서의 과업이 무엇인가 하는 것은 학자마다 다소 차이가 있다. Duvall은 가족생활주기를 8단계로 설명하면서 2세대 핵가족을 중심으로 가족생활주기를 개념화하였다.

〈표 4-3〉 Duvall의 가족생활주기에 의한 가족발달 과업

주기단계	가족 내 지위	가족발달 단계에 따른 과업
결혼 전기	아내/ 남편	• 상호 만족적 결혼 : 임신의 적응과 부모됨에 대한 희망
신혼기	아내-모/ 남편-부 유아(딸, 아들)	• 아이를 낳고 아이에 적응하고 아이의 발달을 고무 • 부모와 아이 모두에게 만족스러운 가족을 꾸미는 것
자녀 아동기	아내-모/ 남편-부 딸-자매/ 아들-형제	• 학령 전 아동의 욕구와 관심을 성장지향적으로 적응하도록 하는 것 • 부모역할로 인한 에너지 소모와 프라이버시가 없어짐에 대한 대처
자녀 학동기	아내-모/ 남편-부 딸-자매/ 아들-형제	• 건설적 방법으로 학령기 아동을 가진 가족집단에 적응 • 아동의 교육적 성취를 고무
자녀 청소년기	아내-모/ 남편-부 딸-자매 아들-형제	• 10대 성숙을 위해 책임과 자유의 균형을 이루도록 하고 스스로를 해방시키도록 함 • 나이가 들어가는 부모로서의 관심과 경력을 설정하도록 함
자녀 독립기	아내-모-조모 남편-부-조부 딸-자매-이모 아들-형제-삼촌	• 성인이 된 자녀들을 직장, 군대, 대학, 결혼 등으로 내보내되 적절한 격식과 도움을 줌 • 지지적 가정을 유지
중년기	아내-모-조모 남편-부-조부	• 결혼관계를 재정립 • 젊은 세대와의 유대를 유지
노년기	과부/ 홀아비 아내-모-조모 남편-부-조부	• 유족 및 홀로 되는 것에 대한 대처 : 가정을 마감하고 노화에 적응하는 것 • 은퇴에 대한 적응

출처 : Duvall(1977). Marriage and Family Develoment, p. 179.

(1) Carter와 McGoldrick의 가족생활주기

Carter와 McGoldrick은 〈표 4-4〉처럼 6단계로 구분하면서 3세대 이상의 대가족 가족체계를 중심으로 설명하였다. 특히 Carter와 McGoldrick은 한 단계에서 다음 단계로 잘 넘어가기 위해 가족 간의 관계가 중요한 역할을 한다고 하였다.

〈표 4-4〉 Carter와 McGoldrick의 가족생활주기

가족생활 주기(단계)	전환기 시점의 정서적 과정 : 주요 과업들	가족에게 요구되는 기능
자녀독립기 : 집을 떠남, 독립된 젊은 성인 단계	자신에 대한 정서적 · 재정적 책임감을 받아들임	• 원가족과의 관계에서 자아분화 • 친밀한 동료관계의 발달 • 재정적인 독립과 자아의 확립
결혼을 통한 가족 구성 : 새로운 부부	새로운 가족체계에 대한 적응과 헌신	• 부부체계의 형성 • 배우자와의 성숙한 관계를 유지하기 위해 친구와 확대가족과의 관계 재형성
부모기 : 어린 자녀를 둔 단계, 아동기 가족	체계 내의 새 가족 구성원을 받아들임, 체계변화에 적응	• 자녀에게 공간을 주기 위한 부부체계의 조정 • 자녀양육 · 재정 · 가사에 협력 • 부모 · 조부모 역할을 포함하기 위한 확대가족과의 관계 재조정
청소년기 가족 : 사춘기 자녀를 둔 단계	자녀의 독립과 조부모의 노쇠를 수용하기 위한 가족 경계선의 융통성 필요	• 사춘기 자녀가 가족체계의 안과 밖으로 이동하는 것을 허락하기 위한 부모-자녀관계의 변화 • 중년기 사회적 역할 추구와 부부생활의 위기에 대한 점검 • 노부모를 함께 보살피기 위한 변화 시작
자녀진수기 : 자녀가 집을 떠나 세상이라는 바다로 나가는 단계	가족체계로부터 가족 구성원들의 잦은 출입을 받아들임	• 두 사람만의 부부체계로서의 재협상 • 성장한 자녀와 부모 간에 성인 대 성인 관계로 발전 • 인척과 손자를 포함하기 위한 관계의 재조정 • 부모(조부모)의 신체적 노쇠와 죽음을 다룸
노년기 가족	세대역할의 전환을 받아들임	• 생리적인 쇠퇴에 직면하여 자신과 또는 부부간의 기능과 관심을 유지하는 것, 새로운 가족의 사회적 역할에 대한 탐구 • 중간세대의 더 많은 중심적인 역할에 대한 지시 • 노인들의 지혜와 경험을 위한 자리를 내드리는 것과 지나친 노인들의 역할기능 없이 노인세대를 지지하는 것 • 배우자, 형제, 동료의 사망을 다루는 것과 자신의 죽음에 대한 준비, 삶의 회고와 통합

출처 : Carter, B., & McGoldrick, M.(1988), p. 15.

(2) Collins의 가족생활주기

〈표 4-5〉 Collins의 가족생활주기

주기단계	가족과업
결 혼	• 관계에 헌신하기 • 역할과 규칙 형성하기 • 원가족에서 분리하면서 부부로서 차별화하기 • 구체적이고 개인적인 욕구와 관련하여 타협하고 협상하기
학령 전 자녀 가족	• 부부단위를 삼각형으로 재안정시키기 • 자녀를 수용하고 가족에 통합시키기 • 서로에 대한 그리고 일에 대한 관계 재고하기
학령기 자녀 가족	• 보다 많은 독립 허용하기 • 새로운 사회적 제도를 수용할 수 있도록 가족경계 열기 • 역할 변화를 이해하고 수용하기
10대 자녀 가족	• 경계를 조정하여 10대의 독립에 대처하기 • 개인의 자율성에 대한 새로운 개념에 적응하기 • 규칙 변화, 한계설정 및 역할 타협
자녀진수기 가족	• 10대에게 학업과 직업훈련을 통하여 독립된 생활 준비시키기 • 청년의 독립 수용하기
중년기 부모	• 빈 둥지에 적응하기
노년가족	• 손자녀 및 자녀의 배우자들과 관여하기 • 노화문제에 대처하기

출처 : Collins, D., Jordan, C., & Coleman, H.(1999). An Introduction to Family Social Work. F. E., Peacock Publishers, Inc., p. 63 재인용.

5) 사회적 관계망 지도와 사회적 관계망 격자(Social Network Map & Social Network Grid)

Whittaker와 Tracy가 개발하였다. 작성방법은 사회복지사가 가족원과의 의사소통을 통하여 필요한 정보를 수집하여 구성한다. 순서는 다음과 같다(전선영 외, 2011).

(1) 사회적 관계망 지도 작성

클라이언트와 의미 있는 관계를 맺고 있는 사람들을 확인하여 이들을 가족, 다른 가족원, 직장, 학교, 종교모임, 사회적 모임, 이웃, 공공기관 등 유형별로 기록한다.

(2) 사회적 관계망

사회적 관계망 그리드(social network grid)는 개인, 가족의 사회적 지지체계를 사정하는 도구이다. 사회적 관계망을 그림이나 표로 보여줌으로써 가족의 관계망을 전체적으로 볼 수 있게 해준다(Tracy & Whittaker, 1990 ; 허남순 외, 2004).

날짜: ______년 ___월 ___일
응답자: ________________

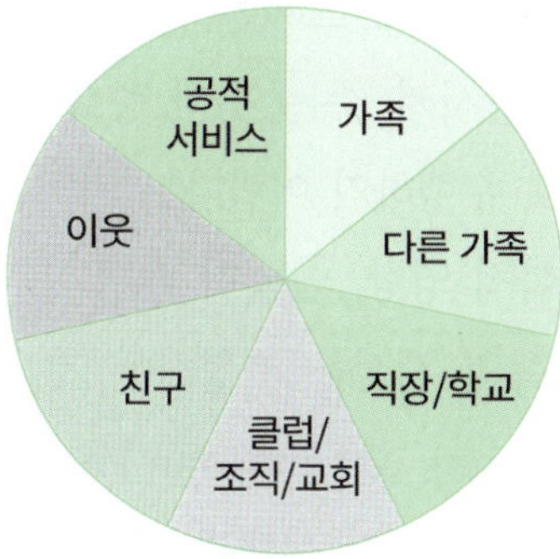

|그림 4-4| 사회적 관계망

출처 : 전선영 외(2012), 181.

번호: 응답자: 이름:	생활영역 1. 동거가족 2. 다른가족 3. 직장/학교 4. 조직 5. 다른 친구 6. 이웃 7. 전문가 8. 기타	물질적 지원 1. 거의 없음 2. 간혹 있음 3. 거의 항상	정서적 지지 1. 거의 없음 2. 간혹 있음 3. 거의 항상	정보/조언 1. 거의 없음 2. 간혹 있음 3. 거의 항상	비판 1. 거의 없음 2. 간혹 있음 3. 거의 항상	원조의 방향 1. 양방향 2. 당신이 그들에게 향함 3. 그들이 당신에게 향함	친밀성 1. 친밀성이 없음 2. 친밀한 정도 3. 매우 친밀	만나는 빈도 0. 보지 않음 1. 몇 회/연 2. 매달 3. 주별 4. 매일	알고 지낸 기간 1. 1년 미만 2. 1~5년 3. 5년 이상
01									
02									
03									
04									
05									
06									
07									
08									
09									
10									
11									
12									
13									
14									
15									

6) 강점사정

최근 사회복지실천에서 클라이언트의 강점의 활용에 대한 관심이 증가하고 있다. Hepworth와 Larsen은 병리에 대한 관심은 클라이언트의 성장 잠재력을 파악하는 데 장애가 될 뿐 아니라 상당수의 클라이언트는 이미 자신감이 결여되고, 무가치하다고 느끼는 상태에서 도움을 요청하므로 원조과정에서 자아존중감을 향상시켜 주는 것이 중요함에도 불구하고 병리에 초점을 두게 되면 이를 제대로 수행하기 어렵다고 지적한다(Hepworth & Larsen, 1993 : 194-195).

가족구조, 문화적 영향, 인종적 배경, 그리고 여러 다른 환경적 변수로 인한 차이 때문에 가족의 강점을 사정하는 것은 쉬운 일이 아니다. 이런 다양성에도 불구하고, Beavers & Hampson(1990)은 능력 있는 가족은 타협능력, 개인적 표현의 명료성, 개인적 선택과 양가성에 대한 존중 그리고 서로에 대한 제휴적 태도(affiliative attitude)에 있어서 높은 수준의 일관성을 유지한다고 지적한다. 기능적인 가족은 특정 구조와 생활스타일을 가진 가족에게 국한되는 것이 아니라 다양한 구조와 생활스타일을 가진 가족에서 발견될 수 있다. 다시 말해서, 가족의 건강성은 가족원들의 상호작용의 본질 그리고 가족원들이 주고받는 지지에 따라 결정되는 것이다(Miley et al., 1995 : 203).

〈표 4-6〉 가족의 강점

1 : 거의 전혀 2 : 가끔 한 번씩 3 : 때때로 4 : 빈번하게 5 : 거의 항상		
( )	1	우리 가족은 서로를 위해 좋은 일을 한다.
( )	2	우리 가족은 느끼는 대로 말할 수 있다.
( )	3	우리는 가족을 자랑스러워한다.
( )	4	우리는 문제가 있을 때 자녀의 제안도 환영한다.
( )	5	우리 가족은 필요시 도움을 요청할 수 있는 친구와 친척이 있다.
( )	6	우리는 서로에게 관심이 있다는 사실을 표현한다.
( )	7	우리는 서로의 이야기를 결정한다.
( )	8	우리는 가족으로서 함께 뭉친다.
( )	9	우리 가족은 유사한 가치와 신념을 가진다.
( )	10	우리 가족은 지역사회 혹은 종교집단 활동에 참여한다.
( )	11	나는 우리가 가족으로서 친밀한 것에 대해 행복하다.
( )	12	우리는 서로에 대한 감정을 이해하는 것이 중요하다고 믿는다.
( )	13	우리는 가족전통을 가지고 있고 이를 지켜나간다.
( )	14	우리는 규칙과 훈육에 대한 의견을 말할 수 있다.
( )	15	문제가 있을 때, 우리는 동일한 문제를 겪는 다른 가족에게 기꺼이 도움을 요청할 의사가 있다.
( )	16	우리는 가족 내 다른 사람들이 어떻게 느끼는지에 대해 관심을 쏟는다.
( )	17	우리는 논쟁하지 않으면서 문제에 대해 이야기할 수 있다.
( )	18	집안일은 가족 구성원들에게 공정하게 나누어진다.
( )	19	우리 가족은 필요할 때 외부의 전문적 도움을 받을 의사가 있다.
( )	20	우리는 서로를 존중한다.
( )	21	우리는 함께 이야기 나누는 것을 즐거워한다.
( )	22	가족 구성원은 서로에게 충성심을 느낀다.
( )	23	중요한 가족문제를 결정할 때 각 가족 구성원은 의견을 표명할 수 있다.
( )	24	떨어져 사는 가족 구성원과 만남을 지속하고 있다.

개별적 강점 점수표
- 가족돌봄 : 1, 6, 11, 16, 21번 문항의 총점
- 의사소통 : 2, 7, 12, 17, 22번 문항의 총점
- 가족자부심 : 3, 8, 13, 18, 23번 문항의 총점
- 가족결속감 : 4, 9, 14, 19, 24번 문항의 총점
- 지역사회 및 가족유대 : 5, 10, 15, 20번 문항의 총점

출처 : Duncan & Brown(1992), Miley, K. K., O' Melia, M., & DuBois, B. L.(1995). Generalist Social Work : An Empowering Approach. Allyn and Bacon, p. 204 재인용.

Chapter 05

가족문제 예방을 위한 실천

가족문제가 발생하는 원인은 가족 구성원이 가족 내에서 자신의 역할을 적절히 수행하지 못하여 발생하는 내적 요인과 산업화, 핵가족화, 가치관의 변화와 더불어 변화하는 외적 요인으로 나눌 수 있다. 전통적인 가족의 구조가 달라진다 해도 일차적인 보호체계로서 가족이 가지는 본래의 기능은 사라지지 않는다. 개인주의가 확산되는 사회에서 고독감과 고립감은 자살, 빈곤, 등의 사회문제로 만들어진다. 이 장에서는 가족의 기능과 역할의 선순환 과정과 결혼 준비 교육, 예비 부부 교육, 부모 교육, 은퇴 준비 교육 등, 가족생활 주기 등, 가족 내에서 발생하는 문제를 예방할 수 있는 실천 프로그램을 알아보려 한다.

1. 결혼

과거에는 일정한 연령에 도달한 남녀가 반드시 치러야 하는 통과의례로 여겨졌던 결혼이 오늘날에는 필수적인 과정이 아닌 선택의 문제로 인식되고 있다. 최근 이혼율이 급증하고 비혼이나 동거를 선택하는 사람들이 지속적으로 증가하고 있지만, 아직도 대부분의 사람들이 일생을 통하여 한 번 혹은 그 이상의 결혼생활을 선택하고 경험한다는 점에서 결혼은 중요한 사회제도이다.

사람들은 "왜 결혼하는가?"라는 질문에 대해 '사랑하니까', '인생의 동반자를 얻기 위해', '보다 안정된 삶을 위해' 등의 이유를 제시하지만, 실제 결혼생활은 이러한 기대와는 사뭇 다르다. 많은 전문가들은 결혼이 실패하는 이유는 결혼에 대한 동기가 바르지 못하거나 결혼에 대해 잘못된 믿음이나 신화를 갖고 있기 때문으로 본다.

2. 결혼의 의미

1) 결혼의 개념

학문적으로 결혼은 자신이 태어나 성장한 출생가족을 떠나 배우자와 더불어 새로운 가족을 형성하는 법적 · 사회적 결합이다(김명자 외, 2009). 흔히 '제2의 탄생'이라 일컬어지는 결혼은 두 남녀가 부모나 형제자매와 함께 해왔던 원가족을 떠나 배우자와 더불어 자신들만의 새로운 가족을 형성한다는 점에서 새로운 인생을 출발하는 것이라 할 수 있다. 또한 결혼이란 적절한 연령에 도달한 성인 남녀가 이성교제와 배우자 선택의 과정을 통해 애정과 신뢰를 확인하고 정신적 · 육체적으로 결합하는 것이다(정옥분 외, 2009). Olson 등(2014)은 결혼을 '정서적 · 육체적 친밀감, 다양한 과업, 경제적 자원을 공유하는 두 사람의 정서적이고 법적인 공약'이라고 정의하였다. 한편 Broderick(1992 ; 1993)이 지적한 결혼의 특징을 제시하면 다음과 같다.

- 결혼은 인구학적 사건(demographic event)이며 하나의 사회적 단위를 만들어 낸다.
- 결혼은 두 가족과 사회관계망의 결합(joining of two families and social networks)이다.
- 결혼은 부부와 국가 간의 법적 계약(legal contract)이다.
- 결혼은 경제적인 결합(economic union)으로서 부부는 하나의 재정적 단위가 된다.
- 결혼은 가장 보편적인 성인의 동거 형태(the most common living arrangement)이다.
- 결혼은 대부분의 인간의 성적 활동 환경(context of most human sexual activity)이다.
- 결혼은 노동력 재생산의 단위(reproductive unit)이다.
- 결혼은 자녀를 사회화시키는 단위(unit that socializes children)이다.

- 결혼은 친밀하고 공유하는 관계(intimate, sharing relationship)를 발전시키는 기회이다

이와 같이 결혼이란 두 남녀의 육체적 · 정서적 · 경제적 · 사회적 · 법적 결합을 의미한다. 결혼은 두 성인 남녀가 자유의지를 갖고 선택하는 하나의 생활양식이자 사회제도이며 합법적인 성적 욕구의 충족, 자녀 출산과 양육을 통한 가계계승, 생식행위를 통한 사회 구성원의 충원, 정서적 안정과 친밀한 관계 형성 등의 중요한 의미를 가진다. 따라서 대부분의 사람들은 결혼을 통하여 개인적 욕구충족과 이에 대한 법적 승인 및 사회적 인정을 획득함과 동시에 사회적인 의무와 책임을 지게 된다.

2) 결혼의 동기

일반적으로 인생의 여정을 홀로 가는 것보다 누군가와 함께 가기를 원하기 때문에 결혼할 것이다. 인간은 불완전하고 상호의존적이기 때문에 일상적으로 누군가에게 끊임없이 관심을 받고 친밀한 관계를 유지하고 싶어 한다. 그러한 정서적 관계를 항구적으로 보장받기 위해 결혼을 선택한다. 또한 인간의 기본적인 욕구인 성욕을 합법적으로 충족하기 위한 목적도 있으며 나아가 자녀를 갖기 위한 동기도 있을 것이다. 대부분의 사람들이 결혼하는 주요 동기를 살펴보면 다음과 같다(이기숙 외, 2001).

(1) 사랑의 실현

대부분의 사람들이 결혼을 하는 가장 큰 이유는 바로 사랑하는 사람과 함께 살고 싶기 때문이다. 두 사람은 결혼이라는 사회제도 속에서 상대방에 대한 애정과 헌신, 책임감 등을 표현하면서 서로에게 인생의 동반자가 된다.

(2) 성적 욕구의 충족

성적 욕구는 결혼 이외의 관계에서도 충족될 수 있지만, 결혼이라는 사회제도를 통해 두 성인 남녀는 사회적으로 안정된 합법적인 성적 욕구를 충족시킬

수 있다. 즉, 서로 간의 성적 독점성과 다른 성적 관계에 대한 배타성을 하나의 권리로 인정받게 된다.

(3) 정서적 · 경제적 안정

대부분의 사람들은 결혼을 통해 정서적 안정과 경제적 안정을 획득하게 된다. 생의 동반자인 배우자로부터 자신에 대한 이해와 정서적인 뒷받침을 받으면서 자신이 소중한 사람이라는 정서적 안정감을 얻게 된다. 또한 가계의 수입과 지출을 함께 관리하는 경제적 공동체로서 가계의 자산 증식과 합리적인 소비활동을 통하여 물질적 안정을 취하게 된다.

(4) 부모됨의 성취

자녀를 갖고 부모가 된다는 것은 많은 사람들에게 중요한 인생의 목표가 된다. 전통사회에서는 자녀 출산을 통해 가계를 계승해 나가는 것이 결혼의 가장 중요한 동기였다. 현대사회에서는 자녀 출산이라는 결혼의 동기가 상당히 약화되었지만, 아직도 많은 사람들이 결혼을 하여 자녀를 출산하고자 한다. 또한 자녀 출산은 결혼의 개인적 동기 외에 사회 구성원을 충원한다는 매우 중요한 사회적인 의미를 내포한다.

(5) 성인으로서의 신분 획득

우리나라는 법적으로 만 19세 이상 된 자를 성년으로 인정한다. 하지만 혼인을 할 수 있는 연령은 남녀 만 18세로 부모의 동의가 있다면 미성년이라 할지라도 혼인할 수 있다(민법 제807조). 또한 민법 제826조의2에 의하면 미성년이 혼인을 할 경우에는 성년으로 인정하여 부모가 혼인한 미성년 자녀의 법적 대리인 역할을 하지 않도록 하고 있다. 이는 역연령(曆年齡)을 기준으로 한 성년의 신분 인정 이상의 의미로 사회적 기준의 성인 신분 획득의 의미가 포함된다. 즉, 결혼을 통해 사회적으로 성인으로 인정을 받을 수 있고, 부모로부터 독립된 생활을 영위할 수 있다.

(6) 사회적 기대의 부합

전통적으로 우리 사회의 사회적 규범이나 가치는 성인이 되면 결혼을 하는 것이 정상적인 것으로 간주되어 왔다. 특히 가족주의가 강한 우리나라에서는 적절한 시기에 결혼을 하지 않으면 주위 사람이나 사회로부터 압력을 받게 된다. 최근 이러한 압력이 다소 약화되긴 했지만 일정한 연령에 도달한 성인남녀가 결혼하기를 기대하는 것은 여전히 사회적인 통념으로 존재하며 이에 부합하기 위해 결혼을 선택하기도 한다. 하지만 이러한 결혼의 일반적인 동기와는 달리 결혼생활의 안정성을 위협하는 바람직하지 않은 동기들도 있다. 또한 결혼 동기가 부모로부터 벗어나기 위한 목적이라든가, 사회경제적 지위의 상승을 위한 것이라든가 하는 도구적 동기일 때는 결혼 이후에 2차적인 어려움을 발생시킬 수 있다. 부정적인 요인들이 결혼의 동기로 작용한 경우 결혼생활의 만족감이나 안정성은 크게 위협을 받게 되고 이혼으로 끝이 날 수 있다. 예를 들면, 부정적인 결혼의 동기로는 혼전 임신, 순간적인 열정, 외로움에서의 도피, 신분 상승의 수단, 헤어진 사람에 대한 복수, 부모의 지나친 통제로부터의 도피, 상대방에 대한 동정심, 불행한 가정환경에서의 탈출 등의 이유를 들 수 있다(정옥분 외, 2009). 결혼의 동기와 관련하여 향후 원만하고 조화로운 결혼생활을 영위하기 위해서는 결혼 전에 자신이 결혼을 하고자 하는 명확한 이유와 결혼을 통해 충족하고자 하는 중요한 욕구에 대한 진지한 자기성찰의 시간을 갖는 것이 중요하다. 아울러 자신에게 적합한 배우자상을 분명히 정립하고 혹시라도 결혼에 대한 비현실적인 기대나 환상을 가지고 있는 것은 아닌지에 대한 사전점검이 필수라고 할 수 있다

결혼에 대하여

정호승

만남에 대하여 진정으로 기도해온 사람과 결혼하라
봄날 들녘에 나가 쑥과 냉이를 캐어본 추억이 있는 사람과 결혼하라
된장을 풀어 쑥국을 끓이고 스스로 기뻐할 줄 아는 사람과 결혼하라
일주일 동안 야근을 하느라 미처 채 깎지 못한 손톱을 다정스레 깎아주는 사람과 결혼하라
콧등에 땀을 흘리며 고추장에 보리밥을 맛있게 비벼 먹을 줄 아는 사람과 결혼하라
어미를 그리워하는 어린 강아지의 똥을 더러워하지 않고 치울 줄 아는 사람과 결혼하라
가끔 나무를 껴안고 나무가 되는 사람과 결혼하라
나뭇가지들이 밤마다 별들을 향해 뻗어나간다는 사실을 아는 사람과 결혼하라
고단한 별들이 잠시 쉬어가도록 가슴의 단추를 열어주는 사람과 결혼하라
가끔은 전깃불을 끄고 촛불 아래서 한 권의 시집을 읽을 줄 아는 사람과 결혼하라
책갈피 속에 노란 은행잎 한 장 쯤은 오랫동안 간직하고 있는 사람과 결혼하라
밤이 오면 땅의 벌레 소리에 귀 기울일 줄 아는 사람과 결혼하라
밤이 깊으면 가끔은 사랑해서 미안하다고 속삭일 줄 아는 사람과 결혼하라
결혼이 사랑을 필요로 하는 것처럼 사랑도 결혼이 필요하다
사랑한다는 것은 이해한다는 것이며
결혼도 때로는 외로운 것이다

3. 예비부부교육

1) 필요성

예비부부교육은 결혼준비교육이라고도 하며 결혼을 앞두고 있는 커플이나 미혼자를 대상으로 성공적 결혼생활을 할 수 있도록 돕기 위해 행해지는 교육이다. 현재 국내에서 실시되고 있는 결혼준비교육에 포함되는 내용은 주로 의사소통, 성생활, 결혼에 대한 헌신, 갈등해결, 자기이해, 근원가족, 역할기대 등으로 예비부부가 결혼을 성공적으로 준비하도록 돕는 공식적 사회화 기회라고 할 수 있다.

예비부부교육의 의의는 무엇보다 결혼초기의 적응기간 동안 발생할 수 있는 갈등이나 문제상황을 예측하여 대처할 수 있도록 하고, 더불어 미혼 남녀에게 결혼의 중요성, 건강한 부부상, 결혼의 가치 등에 대해 진지하게 생각할 수 있는 기회를 주어 바람직한 결혼문화를 만들어 내도록 하는 사회적 노력이라는 데 있다.

2) 내용과 실제

일찍부터 공적 차원에서 결혼생활교육 프로그램에 관심을 가진 미국은 2002년 부시 대통령에 의해 건강한 결혼생활을 강화하기 위한 보다 새로운 지원책을 정부 차원에서 실시하기 시작하였다.

Lewis와 Gossett(1999)가 규정한 건강한 결혼생활의 여덟 가지 필수 조건이 포함되어 있다(African American Healthy Marriage Initiative, 2003).

① 배우자가 함께 부부관계에 대한 명확한 정의를 내리는 일에 참여한다.
② 강력한 부부 결속력은 친밀감과 자립의 정도로 나타난다.
③ 상대방의 생각과 감정에 서로 관심을 기울인다.
④ 감정을 솔직하게 표현한다.
⑤ 피할 수 없는 갈등이 일어나더라도 확대시키거나 절망적 상황으로 몰고

가지 않는다.

⑥ 문제해결기술이 잘 발전된다.

⑦ 대부분의 기본적 가치관을 공유한다.

⑧ 변화와 스트레스를 다루는 능력이 잘 발전된다.

3) 효과성

예비부부교육 프로그램은 부부문제를 예방하고 부부의 삶의 질과 가족 구성원 간의 관계의 질을 높일 수 있고, 결혼으로 인해 발생하는 여러 가지 전환을 미리 인지하고 계획할 수 있으며, 결혼을 기점으로 경제적, 정서적, 사회적으로 독립을 이루는 동시에 새로운 사람과의 관계를 정립하며 평등한 관계에 소속되도록 도와줄 수 있다.

또한 예비부부를 위한 결혼준비교육 프로그램은 결혼 전에 결혼준비를 위한 문제해결이나 개인과 환경의 강점 향상을 실천할 수 있는 기피를 통하여 예방적 학습을 준비 또는 경험을 갖게 하는 것으로, 결혼과 가족생활의 내용을 전문적 이론과 훈련을 통하여 강화 내지는 향상하도록 돕는다.

4. 부부교육

1) 필요성

가족관계 중에서 부부관계가 차지하는 비중과 중요성은 매우 높다. 가족 내에서 부부관계를 어떻게 유지하느냐는 가족 전체의 가족관계에 영향을 미치므로, 부부관계 향상을 위한 다양한 교육 프로그램을 통하여 부부관계를 향상시켜야 한다.

건강한 사회를 이루기 위해서는 사회의 기초를 이루는 가정이 건강해야 하고, 가정이 건강하기 위해서는 부부가 건강한 관계를 유지해야만 한다. 건강한 사회를 이루고 이혼에 따른 정서적 · 사회경제적 손실을 예방하기 위해서도 세대별 특성을 고려하여 결혼한 부부교육은 반드시 필요하며, 평생교육의 일환으로서 제도적으로 도입되어야 한다(손병덕, 2008).

2) 내용과 실제

부부교육은 부부를 대상으로 하여 결혼생활의 고통이나 붕괴를 예방하기 위한 보다 현실적인 새로운 접근법으로서 성공적이며 안정된 결혼생활을 성립하고 유지하기 위한 교육이다(African American Healthy Marriage Initiative, 2003). 부부는 교육을 통해 결혼생활에서 비롯되는 고통이나 이혼을 줄이는 행동, 성공적 결혼을 만드는 행동을 증가시키는 구체적 방법을 학습한다. 그렇게 함으로써 행복한 결혼생활을 이루고자 하는데, 한국 부부가 생각하고 있는 행복한 결혼의 주요 강점은 다음과 같다.

- 의사소통 : 서로 터놓고 이야기하고, 감정을 나누며, 자주 이야기하고, 계속 관계를 가지는 것 포함
- 서로 시간 가지기 : 가족으로 무엇인가를 함께하며 저녁식사를 함께하고 함께 생일과 명절을 축하하는 것
- 지지 : 서로 의지할 수 있고 가족을 우선적으로 지키는 것
- 영적 신념 : 가족 구성원을 묶도록 도와주고, 스트레스를 이기도록 도와줌
- 신체적 · 정신적 건강 : 건강한 가족의 가장 중요한 강점

3) 효과성

부부교육에 참여한 많은 부부는 실제 부부 간의 생활에서 부부간 대화문제, 자녀양육 및 교육문제, 고부 및 친족 간 문제, 종교문제, 사회활동문제 등으로 인하여 부부갈등을 초래하고 심지어 이혼 등을 야기하는 사회문제로 대두되고 있다. 이러한 부부갈등을 당사자 간 해결하지 못하고 지내 왔지만 부부교육 프로그램을 통해서 결혼생활에 미치는 여러 요소를 이해하고, 부부갈등을

해소하는 대화기술 등을 배우며, 부부의 역할을 서로 잘 감당하게 함으로써 부부 상호 간의 결혼만족도를 높이고 이혼율을 줄일 수 있는 효과적 프로그램으로 자리매김하고 있다.

부부관계 향상 프로그램의 주요내용

- 자아상의 치유와 결혼의 의미
- 부부의 역할과 부부관계의 이해
- 남녀의 차이
- 바람직한 의사소통
- 원가족의 가계도
- 자녀교육
- 가정경제교육

출처 : 한국건강진흥원(2023)

5. 부모교육

월퍼스타인(Wallerstein, 1995)은 그의 저서 『좋은 결혼-사랑은 어떻게 그리고 왜 지속되는가?』에서 모든 성공적인 결혼에서 협상해야 할 필요가 있는 9가지 심리 과제를 이야기하고 있다. 성공한 결혼을 위한 심리적 과제의 기초는 행복한 결혼생활을 영위하는 50쌍의 부부에 대한 종단적 연구에서 도출된 결과이며, 부부가 결혼 생활 시작 단계부터 수행해야 할 것으로 생활주기가 변화할 때마다 지속적으로 재정립되고 해결되어야 할 내용이다(송정애, 2010).

1) 심리적 분리와 새로운 관계 형성하기

두 부부가 원가족 체계로부터 분가하는 기능으로 부부는 확대가족과 지금까지와는 다른 관계를 확립하여야 한다. 즉, 아들이나 딸로서의 역할은 남편과 아내로서의 역할 다음으로 두 번째 역할이 되어야 한다. 원가족 안에서 자율적 관계를 견고하게 발달시키지 못한 사람은 흔히 자신의 감정을 억제하거나 자신의 개인적 이익을 부부 공동체 이익보다 우선시하는 부부관계를 발달시킴으로써 갈등이 시작된다. 사람은 부부가 되기 전에 분리된 '자기'가 되어야만 한다.

맥골드릭의 부부문제가 될 수 있는 상황

① 두 사람이 권력, 사회경제적 지위, 직업에서의 현저한 차이
② 한 쪽 배우자의 경제적 의존
③ 아내의 경제적 통제
④ 심각한 상실을 경험한 후 바로 이성 사귀거나 결혼
⑤ 자신의 원가족과 거리를 두려는 바람이 결혼의 동기 요인
⑥ 종교, 교육, 사회계층, 국적, 연령 등에 큰 차이가 있다
⑦ 부부가 양립할 수 없는 형제 구도(출생순위)를 지닌 채 결혼
⑧ 원가족과 지나치게 가깝게 살거나 아주 멀리 떨어져 산다.
⑨ 확대가족에게 재정적, 물리적, 감정적 의존
⑩ 너무 일찍(20세 미만) 결혼하거나 너무 늦게(35세 이후) 결혼
⑪ 교재기간이 6개월 미만이거나 3년 이상의 약혼기간 거친 후 결혼
⑫ 결혼식에 가족이나 친구가 참석하지 않았다.
⑬ 아내가 결혼 전에 또는 결혼 1년 안에 임신
⑭ 부부가 형제나 부모와 원만하지 않은 관계를 가짐
⑮ 부부 자신의 아동기와 청소년기를 불행한 시기로 지각
⑯ 부부의 화

출처 : 맥골드릭(McGoldrick, 1980)

2) 결속감 구축하기와 자율성 창조하기

결속감 구축과 자율성 확립은 결혼한 사람으로서의 심리적 정체감을 발전시키는 데 매우 중요하다. 긴장이 많은 결혼생활은 흔히 정체감이 형성되지 않았거나 매우 빈약하며 건강한 부부는 결속감을 위해 개인의 자율성을 희생하지 않으면서 개인의 욕구를 충족시키기 위해 부부가 함께 노력한다(월퍼스타인(Wallerstein, 1995). 새로운 "결혼" 정체감을 구축하는 것은 양쪽 배우자의 개인적 성취를 복합시키면서 이루어지는 다면적 과제이다. 청년기 정체감인

"나" 중심성 정도를 상기시키는 것이 연결감의 과제에서 중요하게 부각된다. 그러나 결혼 안에서 새롭게 공유된 정체감을 형성하기 위해서는 청년기와 초기 생인기의 자유로운 "나"에서 "우리"라는 견고하고 지속적인 결혼생활로 변화되어야 하는 것이 요구된다.

3) 부모 되기

부부가 자녀를 갖게 되면 자동적으로 세 사람은 삼각관계를 형성하여 어머니는 자녀와 더 가깝게 된다. - 어머니가 자녀에게 지나치게 몰입하면 아버지는 자기 일에 더 몰입함으로써 아내와 거리를 두게 된다. - 자녀가 성장하면 부모는 안정성과 부모의 권위를 유지하면서 자녀의 성장을 격려해 줄 수 있는 규칙을 확립, 부부관계를 보호하면서도 성장하는 자녀가 독립할 수 있도록 심리적, 물리적 공간을 만들어야 한다.

4) 위기에 대처하기

가족생활주기 조건 같이 예측 가능한 스트레스도 있고, 실직, 질병, 장애와 출생, 죽음과 같이 예측하기 어려운 스트레스, 태도, 기대, 금기 같은 형태로 세대를 거슬러 유전되는 스트레스는 가족에게 위기를 불러일으킨다.

- **심리적 분리와 새로운 관계 형성하기** : 두 부부가 원가족 체계로부터 분가하는 기능으로 부부는 확대가족과 지금까지와는 다른 관계를 확립하여야 한다.
- **월러스타인의 결혼생활 위기 대처 5단계**
  ① 위기가 결혼생활에 영향을 미칠 것이라는 것 이해와 자신의 관점 유지
  ② 서로 비난을 피함
  ③ 문제가 그들을 지배하지 않게 함
  ④ 괴롭힘을 받거나 절망감 갖지 않는다.

⑤ 알코올 문제나 우울증과 같이 심각한 위기를 조기에 개입

5) 갈등해결을 위해 안전한 방식 만들기

- 서로에게 상처를 주지 않는 안전한 방식으로 자신과 일치되지 않는 측면을 표현할 수 있는 방법을 배워야 한다.
- 서로의 특성과 차이를 존중해 주고 상대방의 행동을 부정적으로 해석하지 않는다.
- 부부는 결혼생활이 깨질 것에 대한 불안과 걱정 없이 자신의 분노를 자유롭게 표현할 수 있다.
- 부부간 갈등을 다룰 수 있는 규칙을 발달시키는 부부는 친밀감을 보호하면서 관계 성장을 촉진시킬 수 있다.
- 갈등이 통제할 수 없는 상태에 이를 때 논쟁을 계속하기보다 필요할 경우 '타임아웃'을 부를 수 있도록 한다.

6) 성적 사랑과 친밀감 탐색하기

- 부부는 지속적인 성관계를 발달시켜야 한다.
- 조화로운 성생활은 부부관계에 강력한 새 끈을 더해 주고 결혼생활의 모든 다른 영역에 영향을 미친다.
- 건강한 성 관계를 갖기 위해서 부부가 육체적 관계에 대한 의사소통 방식을 배울 필요가 있다.

7) 웃음 나누기와 활발한 관심사 유지하기

- 즐거움과 놀이, 유머는 건강한 결혼의 중요한 측면이다.
- 일과 자녀 양육의 책임이 부부간의 즐거움과 개인적인 즐거움을 갖는 것보다 우선되기 때문에 이럴수록 부부는 두 사람의 관계에서 즐거움과 개

인적인 즐거움과 재미를 유지하도록 노력해야 한다.

- 서로를 기쁘게 할 수 있는 부부는 더 자주 긍정적 감정을 나누고 갈등을 더 잘 관리하며 미래에 대한 꿈을 나누는 일을 지속한다.

8) 정서적 양육 제공하기

- 정서적 양육 제공은 부부가 의존, 실패, 실망, 슬픔, 노화 등에도 안전하게 기댈 수 있도록 정서적 지지를 제공해 주는 것을 의미한다.
- 부부가 서로에게 양육과 지지를 제공할 때 각자는 자존감의 증진을 경험한다.
- 부부가 서로를 지지해 줄 때 상대방에게 의존할 수 있고 그러한 의존을 바탕으로 두 사람은 신뢰관계를 구축한다.

9) 이중 환상을 보존하기

- 부부가 각자 일상적인 문제와 요구에 직면하면서 관계의 애정 어린 측면과 긍정적인 측면을 기억해 내는 것을 의미한다.
- 부부가 과거로부터 긍정적인 기억을 어느 정도 경험하였고 얼마나 유지하고 있는가에 따라서 현재의 문제에 대한 대처 능력이 형성될 수 있다.
- 서로 사랑하지 않고 있다고 생각하는 부부들이 그들이 서로 사랑했을 때의 기억과 서로에게 고마웠던 추억을 기억하게 함으로써 현재 결혼생활에서의 갈등문제와 정서적 문제를 해결할 수 있다.

(1) 필요성

부모교육은 다음과 같은 이유에서 필요하다.

첫째, 부모 자신이 자녀교육에 대한 신념과 안정감을 갖게 된다.

둘째, 아동의 성장·발육에 관한 원리나 아동의 특성 및 아동의 요구를 이해하고 학습할 수 있는 기회를 갖게 된다.

셋째, 자녀교육에 따른 충분한 지식과 그 방법을 터득하게 된다.

넷째, 부부간의 자녀교육의 지도 방향이 일치되어 일관성 있는 교육을 할 수 있게 된다.

다섯째, 부모교육을 통해 얻은 지식과 능력을 실제 유아교육 분야에 활용할 수 있는 기회도 갖게 된다.

여섯째, 부모교육을 통해 실제적으로 가정생활의 향상에 도움이 된다.

일곱째, 가정과 유아교육기관 간에 원만한 관계를 갖고 부모와 교사가 일치단결하여 자녀를 바람직하게 지도하는 데 도움이 된다.

(2) 내용과 실제

가장 널리 알려진 부모교육 프로그램은 부모효율성 훈련(PET : Parent Effectiveness Training)이다. 임상심리학자였던 Gordon(1960)은 자녀의 정신적 · 정서적 문제를 병리적인 정신의학적 문제로 취급할 것이 아니라 부모-자녀 간의 인간관계에서 생긴 문제로 보아야 한다고 생각하였다. 따라서 부모-자녀 관계를 개선시킬 수 있는 방법을 부모에게 교육하기 위한 프로그램을 만들었는데 그것이 바로 부모효율성 훈련이다.

이 프로그램은 의사소통기술훈련에 집중되어 있는데, PET프로그램은 자녀와의 의사소통, 문제해결 장면에서 갈등을 겪고 있는 부모에게 자녀와의 긍정적 의사소통기법을 교육시킴으로써 부모역할에 적극적으로 대처할 수 있게 하는 것이 목적이기 때문에 가정생활에서 일어나는 많은 상황과 대화를 포함시켜 부모역할훈련에 기초가 되는 의사소통기술과 방법을 구체적으로 프로그램에 포함시키고 있다.

(3) 효과성

부모교육의 효과성을 살펴보면,

첫째, 부모-자녀 간의 상호작용의 질을 개선하며, 부모와 자녀의 행동을 긍정적으로 변화시키기 위한 의식적인 목적지향적 학습활동을 강화시켜 준다.

둘째, 부모참여를 통해서 유아교육 프로그램의 계획과 실천, 평가, 수정 등 모든 주요 단계에 부모의 결정권한을 강화시켜 주며 동시에 부모역할 기능을 발달시켜 준다.

셋째, 부모개입이 부모의 가능성을 실현하는 과정으로서 그들의 정신력, 가능성, 능력을 발견하도록 돕는다.

넷째, 부모역할은 부모와 자녀 사이의 계속적 상호작용으로 인해 부모와 자녀를 변화시킨다. 따라서 부모교육은 자녀양육과 교육활동에 관여하고 있는 부모가 그들의 역할과 기능을 보다 효과적으로 충분히 발휘함으로써 부모와 자녀의 행동을 긍정적으로 변화시킨다.

6. 은퇴준비교육

1) 필요성

은퇴 이후의 삶에 대해 스스로가 긍정적이며 적극적으로 인식하고 대처하고자 하는 자세, 그리고 경제적 측면과 건강 측면을 미리 준비하는 것, 이것이야말로 은퇴 이후의 삶의 질을 높이기 위해 갖추어야 할 필수요건이라고 할 수 있으며, 이러한 사항을 보다 구체적으로 미리 교육하는 것이 중요하다.

은퇴준비교육은 고령 근로자의 이러한 심리적 문제를 완화시키는 기제로 작용할 수 있다. 은퇴준비교육을 통해 현재 경제환경을 이해하고, 자신의 노동 삶에 대한 새로운 시각을 갖고, 은퇴 후의 삶을 적극적으로 준비하는 기회를 가질 것이며, 기업은 경력 개발 프로그램과 함께 운영함으로써 젊은 근로자의 직업생활을 새롭게 준비시키는 계기가 될 것이다.

2) 내용과 실제

은퇴준비교육의 내용은 재정, 건강, 인간관계, 여과활동, 사회참여, 은퇴와 고령에 대한 태도, 주택, 법률적 지식, 노인복지서비스 정보로 구성되어 있다. 실시시기는 주로 은퇴 직전이고, 소수의 기업은 은퇴 1~2년 전에 실시하기도 한다. 프로그램의 실시방법은 상담, 강의, 토의, 현장견학 및 실습, 워크숍 등의 다양한 방법이 시도되고 있다.

그러나 준비되지 않은 은퇴준비교육 프로그램은 강의를 통한 정보전달에 그 역할을 한정시키고 있어, 은퇴준비교육의 본래 취지를 실현하지 못하고 있다. 실시기간은 장기간으로는 매주 1회씩 3개월, 단기간의 경우 2주간 연속, 실시자는 각 분야의 전문가로 구성된 은퇴준비교육 전문가집단이 제공해야 한다.

3) 효과성

은퇴준비교육의 효과성을 살펴보면

먼저, 재취업교육, 창업교육, 여가 및 취미활동 관련 교육, 건강관리교육, 재정관리 및 재테크 관련 교육, 가족 및 인간관계교육, 전원생활교육 등의 일곱 가지를 포함시켰는데 경제적인 면뿐만 아니라 심리적인 면까지 고려하여 보다 풍요로운 은퇴 후의 삶을 준비하는 데 도움을 주고 있다(배문조 · 전귀연, 2006).

둘째, 은퇴준비도가 부부간의 친밀한 관계, 특히 심리적 은퇴준비가 결혼만족도에 가장 큰 영향력을 줌으로써 은퇴자 부부가 함께 참여하는 은퇴준비교육 프로그램이 은퇴자의 삶의 질을 높여 줄 수 있다(양영순, 2009).

셋째, 이미 은퇴가 정해진 사람을 대상으로, 장기가 직장생활을 했던 사람들이 은퇴 후에 성공적인 삶을 계획하도록 하는 데 아주 효과가 크다.

Chapter 06

건강가정

1. 건강가정의 이해

최근 우리 사회에서 건강가족에 대한 관심이 증대하고 있으나 아직 이에 대한 연구는 많지 않은 실정이다. 2004년 건강가정기본법이 통과되었고, 2005년부터 시행되고 있다. 동법에서는 건강가정의 개념을 '가족 구성원의 욕구가 충족되고 인간다운 삶이 보장되는 가정을 말한다'라고 정의하고 있다. 또한 가족 구성원은 부양 · 자녀양육 · 가사노동 등 가정생활의 운영에 함께 참여하여야 하고 서로 존중하며 신뢰하여야 한다는 가족가치를 규정하고 있다(건강가정기본법, 2004).

이 법의 시행으로 건강가족에 관련된 프로그램이 보다 활성화될 것은 자명하다. 우리나라 시 · 군 · 구에 건강가정지원센터를 설치하여 다양한 프로그램을 운영함으로써 건강가정 만들기에 노력하고 있다. 이와 같은 맥락에서 건강가족에 대한 개념을 보다 명료화할 필요가 있다. Mace는 가족이 건강할 때 사회가 건강해짐을 지적하면서 건강가족을 지향하는 예방적 차원의 가족강화 프로그램이 요구된다고 지적한다. 한편 Weinhold와 Weinhold는 가족 내 폭력의 문제는 어느 한 사회가 아니라 전 세계가 직면하고 있는 가족문제임을 지적하면서 민주적인 파트너십 가족의 구축이 요구된다고 주장한다(Arp, Arp, & Mace, 1996 : 150-168, Weinhold & Weinhold, 1996 : 170-203 재인용).

1) 건강가족의 개념

오늘날 가족은 그 어느 시대보다 급변하는 세상에서 살고 있다. 이와 같이 급격한 사회변화는 가족에게 직 · 간접적인 영향을 미치고 있다. 이에 따라 가족의 안정성은 약화되었고, 이동이 심해졌고, 확대가족으로부터의 사회적 지지도 약화되었다. 확대가족의 감소와 한부모가족의 증가는 우리 사회뿐 아니라 전 세계적인 이슈가 되고 있다. 일반적으로 가족에 대한 연구는 사회변동이나 가족의 변화가 눈에 띄는 변화와 관심을 받아왔는데, 제1차세계 대전 후의 경제 불황, 결혼이나 가족 혹은 성에 대한 관념의 붕괴, 공업화와 도시화에 따른 핵가족의 증가와 더불어 비행, 범죄, 이혼, 약물남용 등이 증가하던 1930년부터 1940년대의 미국 정신의학 및 심리치료에서는 설리반 등에 의한 신프로이트학파가 활약하였고, 그들은 사회학파나 인류학자와 협력하여 사회정신의학, 문화정신의학을 발전시켰다(김성철 외, 2020 : 14).

급격한 사회변화와 이에 따른 가족의 변화는 21세기 사회에서 가족에 대한 예방적 접근의 중요성을 부각시키고 있다. 예방 프로그램의 성격은 강화(enrichment), 안녕(well-being), 자기발전(self improvement)으로 규정지을 수 있다. 가족강화(family enrich- ment) 프로그램은 가족의 자기충족 능력을 향상시킬 수 있다. 또한 가족 개개인 그리고 하나의 단위로서 가족에게 임파워먼트를 부여하며, 나아가서 이는 가족이 보다 큰 상위체계인 사회에 기여하도록 돕는다. 사전예방적 서비스는 위험요인의 발생을 예방하는 데 주안점을 두고 있다. 예방 프로그램은 여러 가지 장점을 가지고 있다. 예방은 비용효과적이며, 가족강화 프로그램은 궁극적으로 복지예산의 절감에도 기여한다. 그리고 예방지향적 서비스의 증대는 가족 해체적 및 파괴적 패턴을 변화시키고 건설적인 지원을 가능케 한다. 예방지향적 가족서비스는 가족형성의 출발점이 되는 결혼과정에서부터 시작해서 예비부부의 건강한 가족생활에 대한 준비를 도울 수 있다. 부모교육 프로그램과 학대예방 프로그램 등은 자녀양육에 대한 지식과 기술을 향상시킬 수 있다. 가족생활교육 프로그램은 청소년이 21세기에 적합한 배우자 그리고 부모로서의 준비를 갖춘 정서적으로 건강한 사람으로 성장하도록 돕는다. 이와 같은 예방적 프로그램의 영역에는 자녀양육에 대한 지식과 기술의 증진, 청소년문제에 대한 대처능력의 향상, 가족의 스트레스 대처기술의 증진, 가족의 서비스의 접근성 향상, 정보지지망 발달의 촉진 등이 포함된다.

(1) 건강에 대한 정의(세계보건기구)

건강이란 단순히 질병이 없거나 허약하지 않은 상태만이 아니라 신체적·정신적 및 사회적 안녕의 완전한 상태이다. 이런 의미에서 개인의 건강은 건강한 가정, 건강한 사회의 지표로서 중요할 뿐만 아니라 개인의 삶의 질 향상과 가정의 사회적인 기능의 수행을 위해서도 필수적이다.

(2) 건강가정의 의미(유영주, 1995)

건강한 가정이란 서로 협동하고, 인내하고 그리고 타협해서 공동체로서의 유대감을 다져가는 가정으로, 가족원의 인격을 서로 존중하고, 가족원의 상호작용이 잘 이루어지는 체계(공동체)로서의 균형을 잘 유지하고 있는 가정을 말한다. 건강한 가정은 태어나는 것이 아니라 만들어지는 것으로, 건강한 가정이 가족의 형성만으로 자연스럽게 이루어지는 것이 아니라 가족원들의 의식적인 노력과정을 통해 이루어지는 것으로 파악한다.

(3) 건강가족의 의미(이소희, 2004)

- 개인적 차원 : 가족 개개인의 건강한 성장·발달을 도모한다.
- 관계적 차원 : 가족 간의 상호작용이 균형을 유지한다(의사소통, 역할관계, 의사결정).
- 체계적 차원 : 가족체계를 잘 유지하여 사회, 국가와의 긴밀한 유대관계를 유지하는 가족이다.

(4) 건강가족의 요인(10가지)

가족원에 대한 존중, 가족원 간의 유대의식, 감사와 애정과 정서적 안식처, 긍정적 의사소통, 가치관 목표 공유, 역할 충실, 문제해결능력, 경제적 안정과 협력, 신체적 건강, 사회와의 유대이다.

(5) 건전가정의 개념(지영숙, 이영호)

건전가정이란 지역사회 단위에서 가정의 유지 및 발전을 위하여 가정의 기능을 잘 수행하고 그 기능들의 수행을 위한 바른 태도, 실천하는 용기, 의식적으로 노력하는 정도가 높은 가정이다.

(6) 건강가족과 건전가정의 차이점

건강가족(기능적 가족)은 임상가들이나 치료자들이 가족문제나 가족병리를 진단하기 위한 개념으로 정서적 · 관계적 상호작용에 초점을 두고, 건전가정은 보다 포괄적이고 광의의 개념으로 가족생활의 심리적 · 사회적 측면뿐만 아니라 경제적 · 가정관리적 측면까지를 포함하는 개념이다. 따라서 가족체계가 각종 내적 · 외적 스트레스에 직면했을 때 건강한 가족을 유지하기 위해 필요한 것들이 있는데 ① 사랑, ② 규율, ③ 관용, ④ 적응력, ⑤ 자유로운 대화이다.

2) 건강가정의 요소

기본 토대는 가정의 경제적인 안정과 안정적인 의식주 생활이고, 가족관계가 민주적이고 양성평등한 관계, 열린 대화, 휴식과 여가를 공유할 수 있으며, 가정역할로는 자녀의 성장 · 발달 지원, 합리적인 자원관리, 가족역할을 공유한다. 사회와의 관계에서 일과 가정을 조화롭게 하며, 건강한 시민의식과 자원봉사활동, 지역사회활동에 참여하고, 건강한 가정생활문화를 유지하고 창조해야 한다. 이러한 가정이 건강성을 가지고 있다고 말할 수 있다. 통합적이고 복합적인 개념으로 여러 요소들의 조합을 고려한 연속선의 개념으로 보아야 한다.

3) 법률에서 규정하는 건강가정

건강가정의 중요성은 이미 양성평등기본법, 가정폭력방지법, 사회보장기본법, 노인복지법 등에서 법의 목적이나 기본 이념, 국가의 의무로 규정하고 있는 데서 확인할 수 있다. 건강가정이라는 용어가 이미 오래전부터 가계에서 추구해 온 이념으로, 개인과 가정의 궁극적인 행복한 상태를 나타내는 개념으로 쓰여왔음을 알 수 있다. 이런 법에서는 건강한 가정의 구현이나 건강가정의 육성이 중요하다는 인식은 공유하고 있으나 구체적으로 건강가정이 어떤 가정을 의미하는지, 또 법에서 구현하고자 한 가정의 건강성 증진을 위해 구체적으로 어떻게 할 것인지에 대한 내용에 대해서는 언급하지 않고 있었다. 건강가정에 해당되는 법률은 다음과 같다.

- 양성평등기본법 제2조(기본 이념)
- 가정폭력방지 및 피해자보호 등에 관한 법률 제1조(목적)
- 사회보장기본법 제6조(국가 등과 가정)
- 노인복지법 제3조(가족제도의 유지 · 발전)

이처럼 건강가정의 구현을 각 법의 목적이나 기본 이념으로 제시하는 이유는 건강한 가정은 그 가정에 속해 있는 개인의 행복에 기여할 뿐 아니라 건강한 사회, 건강한 국가의 기본이 되기 때문이다. 개인의 행복은 개인의 자유와 함께 건강한 가정의 유지에 포함된 개념으로 보아야 한다(종종 개인은 가정이라는 공동체 안에서 자신의 자유와 권리를 제한받을 수 있다. 그러나 가정공동체의 해체가 아닌 존립이 궁극적으로 자신의 행복으로 환원되기 때문에 우리는 가정의 유지가 개인의 자유를 무시하는 것이 아닌 개인의 자유와 함께 건강한 가정의 유지에 포함된 개념으로 받아들여야 한다). 나아가 가정문제 증가로 인한 가족갈등, 가족해체는 사회의 비용을 증가시키고 그 비용의 부담 역시 가정의 몫이다. 이런 의미에서 사회적 자본의 중요성에 대한 인식은 건강한 가정이 어떻게 사회적 자본으로 기여하여 건강한 사회의 기초가 되는지 보여주는 것이다.

4) 건강가족의 기능

가족강화 프로그램은 가족의 기능을 토대로 개발 · 실행되는 것이 바람직하다. UN은 미래지향적인 건강한 가족의 기본적 기능을 아래와 같이 제시하고 있다.

첫째, 인간의 가치를 한 세대에서 다음 세대로 전달하는 것이다. 부모의 과업은 아동을 있는 그대로 받아들이고, 사랑하고 돌보며, 건강하고 긍정적인 영향을 주고자 노력하는 것이다. 이런 노력을 통해 정직성, 돌봄, 포용력과 같은 긍정적 인간가치가 다음 세대로 전달될 것이다.

둘째, 가족원 모두에게 출생부터 사망까지 각기 고유한 위치를 제공하는 것이며, 이는 인간관계를 형성하고 유지하는 기술의 학습을 통해서 이루어진다. 인간관계는 가족 내의 다양성에 가치를 부여하면서 가족원의 공통성을 인정하는 데에서 출발해야 한다.

셋째, 가족원에게 인간관계를 형성하고 유지하는 것 그리고 공동선을 위하여 함께 노력하는 것을 학습할 수 있는 장소를 제공하는 것이다.

넷째, 모든 사람들이 보다 나은 세계를 위해 노력할 수 있도록 이에 대한 메시지를 공유하고 전달하는 길을 발견하는 것이다.

5) 건강가족의 특성

그동안 가족과 관련하여 무엇이 제대로 되어 있는가보다 무엇이 잘못되었는가에 보다 많은 초점이 주어져 왔는데, 이는 가족강화를 지향하는 예방적 초점에서 보면 병리를 강조하는 것이다. 예방적 서비스를 위해서는 건강가족의 특성을 명료화하고 이를 강화시키는 도구가 필요하다. Stinnett에 의하면, 건강가족은 다음과 같은 특성을 지닌다.

(1) 인정

모든 개인은 인정받고자 하는 기본적 욕구를 가지고 있다. 건강가족은 서로에게서 좋은 자질을 발견하고 이를 인정해 주고, 표현하는 가족이다. 모든 사람은 강점과 긍정적 자질을 가지고 있으며, 가족은 이를 확인시켜 주는 일차적 장소이다. 건강가족은 긍정성에 초점을 두고 있다.

(2) 시간의 공유

건강가족은 서로 함께하는 시간을 진정으로 즐길 수 있는 가족이다. 가족이 시간을 함께하는 것은 저절로 되는 것이 아니라 미리 계획하고 조직할 필요가 있으며, 건강가족은 이를 능숙하게 해낸다.

(3) 헌신

건강가족은 서로의 행복과 복지를 증진시키는 데 헌신적인 가족이다. 가족의 헌신에 대한 연구는 드물지만, Yankelovich는 사회가 지나친 자기중심적 지향에서 벗어나서 보다 깊은 개인적 관계를 통한 자기충족을 지향하는 새로운 삶의 규칙을 강조한다. 다시 말해서 헌신의 새로운 윤리를 지향하는 과정에 있다고 지적하였다.

(4) 커뮤니케이션

건강가족은 좋은 커뮤니케이션 패턴을 가지고 있다. 이 특성은 앞서 지적한 특성들과 긴밀하게 연관되어 있다. 건강가족은 서로 대화를 할 뿐 아니라 서로 경청해 주기 때문에 상호존중할 수 있다. 또한 건강가족에서 가족원들은 비전투적이며 건설적 방식으로 감정을 표현할 수 있다. 나아가서 이들은 갈등을 창의적으로 활용할 수 있다. 이런 커뮤니케이션은 건강가족의 삶을 통합시키는 요소가 된다.

(5) 종교적 지향

흥미롭게도 건강가족은 높은 수준의 종교적 지향을 가진다고 지적되고 있는데, 이 종교적 지향은 단순히 교회나 절에 가는 것이나 종교행사에 참여하는 것 이상을 의미한다.

Stinnett는 많은 가족에게 있어서 위대한 힘에 대한 인식이 목적과 강점에 대한 인식을 고취시키는 것을 발견하였다. 또한 가족관계의 측면에서 이러한 인식은 가족원 서로가 인내하고, 용서하고, 분노를 극복하고, 긍정적이며 지지적이 되도록 돕는다.

(6) 위기관리 능력

건강가족은 위기를 건설적 방식으로 다룰 수 있는 능력을 가지고 있다. 이들은 서로에게 지지적인 상태에서 문제를 해결해 나갈 수 있다. 이들은 문제해결기술을 가지고 있으며 최악의 상황에서조차 긍정적 측면을 발견할 수 있는 능력을 가지고 있다. 이들은 위기를 규명하고, 서로를 공격하는 것이 아니라 문제를 공략할 줄 안다.

6) 가족건강성

가족은 가장 기본적인 사회의 단위이며 개인에게 있어서 가장 중요한 환경이다. 따라서 건강한 사회를 만들고, 그 속에서 개인이 건강하고 행복한 삶을 살 수 있도록 하기 위해서는 가족의 건강성을 확보하는 것이 무엇보다 필요하다(최선희, 2003). 최근 우리 사회의 가족은 급격히 약화되고 있고, 가족해체현상은 증가하고 있는 실정으로 가족의 건강성을 회복하기 위한 노력이 절실히 요구되고 있으나, 사회복지현장에서는 문제와 그 원인 및 해결책을 찾는 데 집중되었다고 할 수 있을 것이다. 특정 문제에 대한 해결을 모색하는 소극적인 개입방향에서 이제는 가족의 안정성과 건강성을 증진시키는, 즉 보다 적극적인 프로그램 개발 또는 외부 기관과의 프로그램 연계가 필요하며 이를 위한 기초 작업으로 가족의 건강성을 체크할 수 있는 기본 도구인 가족건강성 척도를 사정도구에 적용하였다. 가족건강성 영역을 각 학자와 사정도구 및 가족치료 접근을 중심으로 종합하여 다음과 같은 8개의 영역으로 구성하였다.

(1) 의사소통

잘 말하는 것과 잘 듣는 것 그리고 의사소통에 대한 태도와 행동의 세 부분으로 나누어지는데 잘 말하기는 직접적(direct), 개방적(open), 구체적(specific), 분명하고 명확(clear), 솔직(honest)할 것과 언어적·비언어적 의사소통의 일치, 갈등적인 감정의 표현과 유쾌하게 말하는 것 등을 내용으로 한다. 잘 듣기는 반응하기, 확인하기, 공감 나타내기, 비언어적 메시지 파악 등이 포함된다. 그리고 의사소통 전반에 대한 것은 상대방의 감정과 생각 존중, 대화시간 갖기, 모두 참여하기, 지지적인 표현 사용, 대화로써 문제해결 가능, 솔직하고 친절한 태도, 언제든지 대화가 가능할 것, 화나게 하거나 기분 나빠하는 말을 알고 있을 것, 화해의 방법을 알고 있어야 한다는 것 등이 요구된다.

(2) 유연성

역할 공유, 가족 간 협상이 가능, 통제에 대한 융통성, 가족규칙 혹은 원칙의 유연한 적용, 발달주기에 따른 적응을 내용으로 하며 적응성으로도 표현된다. 이러한 적응성은 높은 수준의 정서적 성숙을 필요로 한다.

(3) 자율성

가족 구성원 간, 하위체계 간, 가족과 환경 간의 명확한 경계를 통한 독립성을 가지는 것으로 이에는 책임이 따른다. 또한 개인생활, 개인적인 차이, 서로 다른 욕구에 대해 존중해야 한다는 것이다. 자율성은 단순히 분리만을 의미하는 것이 아니고 만족스럽고 건강한 결속이 이루어지는 것을 포함하는 것이다.

(4) 신뢰와 지지

기본적인 신뢰를 바탕으로 감사와 긍정적인 칭찬을 통해서 지지를 하고, 그것이 구성원들에게 부담이나 압력으로 작용하지 않아야 한다. 또한 부부의 신뢰와 지지를 바탕으로 자녀들이 자연스럽게 서로 믿고 지원해 주는 것을 배우고, 신뢰가 깨지더라도 다시 회복할 수 있다는 사실을 알고 있으며, 또한 각자의 즐거움을 위해 신뢰를 깨지 않는 것을 그 내용으로 한다.

(5) 애정과 사랑

상호 간의 친밀성과 일체감 및 친근감을 가지는 것으로 따뜻함, 유머, 편안함 등을 토대로 하고 사랑, 기쁨, 행복, 공포, 분노, 슬픔, 실망, 우울 등 상대방의 모든 감정에 대해 공감하고, 이해하며, 반응하고, 언어적·비언어적으로 분명하게 개방적으로, 직접적으로, 섬세하게, 사랑하는 감정이 충분히 전달되도록 표현하는 것을 의미한다.

(6) 문제해결능력

문제와 갈등이 발생했을 때 이를 인정하고 정확하게 인식하며, 타협과 협상을 통해 해결해 나가는 것으로 문제 확인, 자원식별, 대안행동계획 설정, 적절한 행동 결정, 실행, 모니터링, 평가 등의 문제해결 단계를 성공적으로 수행하고 필요시 주저 없이 외부의 도움을 구하는 것을 의미한다. 또한 문제해결능력에는 문제를 해결하기 위해 다양한 행동대안들을 활용할 수 있는 유연성의 개념도 포함되어 있다.

(7) 자녀양육

자녀양육은 크게 양육과 훈육으로 나뉘는데, 양육은 영양, 안전과 보호, 사회화 등을 제공하며 가족과 적절하게 분리하는 과정을 습득시키는 것이고, 훈육은 자녀의 행동에 대한 적절한 통제와 지도를 하고 교육을 시키는 것이다. 교육내용은 타인에 대한 존경, 옳고 그름, 책임감을 갖도록 하는 것이다. 이러한 자녀교육이 제대로 이루어지기 위해서는 가족 구성원의 개인적인 차이를 인정하고, 개인의 결정을 존중하고, 중요한 가치들에 대해 일치된 생각을 가지고 있고, 행위를 판단함에 있어 동기를 중요시하고, 선과 악에 대해 분명하고도 구체적으로 안내를 해주는 것이 필요하다. 마지막으로 자녀에 대한 기대를 현실적으로 하고, 권위와 통제와 지도는 유연하되 일관성이 있어야 한다.

(8) 가족전통이나 종교 등의 가족신념

가족의 전통이나 종교 등의 신념체계는 종교와 관련된 것으로 동일한 종교를 가지고 있을 것과, 가족전통과 관련된 것으로 정신적인 지주가 되는 중심인물이 있고, 집안행사에 친척들이 함께 모이려고 하는 전통과 의식이 있을 것 등이 있다. 그리고 이들 신념체계는 유연해야 한다(김윤재, 2007).

7) 건강가정사업

건강가정기본법에서는 국가 및 지방자치단체가 추진해야 하는 건강가정사업으로 가정에 대한 지원, 가족단위 복지 증진, 가족의 건강 증진, 가족부양의 지원, 이혼예방 및 이혼가정 지원, 건강가정교육 등 개별복지법과 달리 가정을 단위로 한 통합적 접근을 규정하고 있다.

건강한 가정을 위한 대화법

건강한 가정은 가장 좋은 정신치료소이다. 따라서 건강한 가정을 위한 대화법을 다음과 같이 제시한다(오강섭, 2016 : 28-32).

- 공감의 대화
  공감은 모든 대인관계의 기초로 상대의 입장에 서서 같은 감정을 느껴보는 것이며, 대인관계에서 가장 기본인 가족 간에도 필요한 것이다.
- 지지적인 대화
  가족은 우리가 가장 중요하게 생각하는 대인관계의 모체이므로 이런 관계에서는 서로를 지지하는 대화가 진행되어야 한다.
- 신뢰가 바탕이 된 대화
  무슨 말을 해도 가족은 나를 사랑하고, 항상 내 편이라는 신뢰가 바탕이 되어야 한다.
- 존중하는 대화
  가까운 가족일수록 존중하는 자세가 대화의 기본이므로 특히 자녀의 말을 존중해 주는 습관은 자녀의 긍정적 자존감 형성에 영향을 미칠 수 있다.
- 동반자로서의 대화
  배우자는 평생의 동반자라 불린다. 부모와 자식 간의 관계도 마찬가지이므로 평생의 동반자, 동지라는 관점에서 대화를 해야 한다.

2. 건강가정의 발달과 등장배경

1) 건강가정의 발달

Bradshaw에 의하면, 가족은 부부 파트너십이 핵심요소가 되는 체계로서 간주되어야 한다. 부부체계가 잘 기능하면, 아동은 행복하고 건강한 사람으로 성장할 수 있는 기회를 가지게 될 것이다. 건강하게 성장하기 위한 아동의 욕구에는 가치감, 신체적 안정감 혹은 생산성, 친밀감과 소속감, 통일된 구조감, 책임감, 도전받고 자극받는다는 느낌, 즐거움과 승인, 영성적 토대를 위한 기회 등이 포함된다. 그러므로 기본적으로 건강한 관계를 가진 어머니와 아버지를 필요로 한다. 이에 따라 가족강화 프로그램은 부부, 자녀 그리고 가족을 서로 관련된 단위로 간주한다. 건강가족은 여러 요소를 가지고 있지만, 무엇보다도 부모가 제공하는 긍정적인 역할모델은 아동의 발달에 중요한 요소이다. 긍정적인 부모역할모델은 아동이 자신의 성숙을 향해 노력하도록 돕는다. 아동발달 전문가는 건강가족의 중요한 요소는 아동이 느낄 수 있는 서로 사랑하는 부모의 존재라는 데 동의하고 있다. 이런 가족에서, 아동은 동일한 성별을 가진 부모와 긍정적으로 동일시하고 성별이 다른 부모와 어떻게 긍정적인 관계를 형성하는지를 관찰을 통해 학습하게 된다. 물론 다른 형태의 가족에서도 자녀에게 건강한 부모역할의 모델을 효과적으로 가르칠 수 있지만, 기능적인 가족에서 건강한 부모역할의 모델을 보여주기가 보다 용이하다.

(1) 커뮤니케이션의 학습

긍정적 커뮤니케이션은 경청뿐 아니라 정확한 자기표현까지를 의미한다. 커뮤니케이션을 통해 사고와 감정이 표현되고 명료화된다는 점에서 이는 관계형성에 기여할 수 있다. 커뮤니케이션은 상대방에 대한 배려와 애정의 표현을 포함한다. 행동과 일치하는 긍정적 방식의 사고와 감정표현이 학습될 수 있다.

(2) 긍정성의 강조

아동에게서 긍정적 행동을 관찰하고 격려해 주는 것, 아동이 성취한 바를 알아주는 것은 자신이 인정받는다는 느낌을 주게 된다. 부모는 긍정성을 강조할 필요가 있다. 예를 들어, 점심 도시락에 사랑의 쪽지 보내기와 같은 간단한 방법도 아동의 긍정적 자질과 행동을 인정하고 격려해 주는 데 이용될 수 있다.

(3) 감정의 표현

인간은 정상적 범주의 일련의 감정을 가지고 있으며 이를 표현하고 인정받을 필요가 있다. 건설적인 감정표현은 건강한 관계를 형성하고 유지하는 데 매우 중요하다. 슬픔, 기쁨, 분노, 행복감은 모두 존재하고 그 자체로 좋은 것도 나쁜 것도 아니다. 감정표현의 방식에 따라 성장을 촉진하는 친밀한 긍정적 관계로 발전될 수도 있고 비건설적이고 파괴적 관계로 전개될 수도 있다.

때로 가족원 사이에서 오해와 긴장이 형성되기도 하며, 이에 따라 가족원들은 분노를 경험하기도 한다. 분노표현의 방식은 가족에 따라 차이가 있는데, 경우에 따라 분노를 폭발시켜 해소하기도 한다. 보다 건설적인 방법은 분노를 인정하고 가족원들이 적절한 감정표현을 통해 이를 해소해 나가는 것이다. 아래는 긍정적 커뮤니케이션을 증진시키는 방법들이다.

첫째, '너' 메시지를 피한다.

둘째, '왜'라는 질문을 피한다.

셋째, 감정을 표현한다, "나는 이렇게 느낀다"와 같은 문장으로 시작한다. 자신의 감정을 나누되 상대방을 공격하는 것은 피한다.

넷째, 이슈를 해결하기 위한 시간을 허용한다. 문제가 되는 이슈에 대한 감정을 표출하고 이를 해결하기 위해 함께 노력하는 것을 배우는 것은 긍정적인 가족관계 형성에 기여한다.

(4) 협동의 학습

부모가 아동에게 적절한 기대 수준과 한계를 설정해 주는 것은 협동을 학습할 수 있는 기회를 제공해 주는 것이다. 아동은 제어되지 않은 충동으로 인해 스스로 감당하기 어려운 곤경이나 두려운 상황에 처할 수 있으므로 부모가 외적인 한계를 설정해 줄 필요가 있다. 과거에는 많은 부모들이 권위주의적 방식으로 자녀를 훈육하였다.

오늘날 대다수 부모들은 아직도 권위주의적 양육방식을 지향하고 있기 때문에 협동적인 훈육방식에 익숙하지 않다. 이런 상황에서 많은 부모들은 좌절감을 느끼고 자포자기하게 되고 자녀에게 무조건적인 허용적 양육태도를 가지기 쉽다. 이 경우 자녀들은 내적인 통제를 발달시키지 못할 뿐 아니라, 부모와 자녀의 삶의 방식 간에 괴리가 형성된다. 자율성과 자기훈육(self-discipline)에 가치를 부여하는 부모가 한계를 설정하는 데 가장 적당하다.

2) 건강가정의 등장배경

(1) 가정의 중요성에 대한 재인식

가족은 생명을 주는 집단이며, 인간다움을 만들어 내는 도덕적 집단으로, 가족중심주의에서 인간은 자율적이고 독립적인 존재만이 아니라 관계 안에서 태어나 관계 안에서 성숙해 간다는 새로운 조명과 인식을 제공해 준다. 인간은 가정의 정서적 · 관계적 기능을 통하여 안정감과 아울러 전인적인 인간성을 발달시킬 수 있을 뿐만 아니라 인간의 공동체성, 사회성은 가정생활을 통한 규칙, 협동, 양보, 질서를 통해 훈련될 수 있다.

그동안 가정은 인간에게 중요한 생활의 장으로 일차적인 관심의 대상이었으나, 사회적으로는 국가나 타인이 개입할 수 없는 개인적이고, 사적인 영역으로 취급되어 왔다. 그러나 최근 증가하는 많은 가정문제는 사회적인 문제로 부각되어 사회의 유지 · 발전을 논할 때 간과할 수 없는 변수가 되었다.

(2) 변화하는 가정현상에 대한 대처

정부에서는 가족환경의 빠른 변화와 이에 따른 가족문제에 적극적이고 능동적으로 대처하고자 2005년 6월 가족 관련 업무를 담당하는 주무부처를 '보건복지부'에서 '여성가족부'로 이관하였다. 우리 사회의 가족해체현상이 극히 심각한 수준에 이르고(이혼증가율 세계 1위, 조이혼율 세계 2위로 OECD 30개국 중 이혼율 세계 2위), 저출산율은 세계 1위, 혼인율의 급격한 감소, 만혼 증가, 무자녀가정 증가, 독신가구 증가 등 가정 형성 · 유지를 통한 사회의 존립기반이 흔들리고 있다.

또한 가정폭력, 아동유기 및 결식, 청소년의 각종 범죄, 노인 가출 및 노인 유기 등의 증가에 따라 가족문제가 심각하며, 물질만능주의의 확산으로 신용불량자 양산 등 가정경제의 파탄이 초래되고, 이는 가정의 총체적 위기를 초래하고 있다. 따라서 건강한 가정에 대한 요구는 이처럼 사회현상과 가족을 둘러싼 환경이 변화하여 가족의 형태가 다양해지고, 가족문제가 사회적인 문제로 부각되면서 이에 대한 대처방안을 강구하는 과정에서 나타났다.

(3) 가정문제의 예방 및 해결의 필요성

가정에서 발생하는 문제는 한 번 발생하면 그 해결과 치료에 많은 시간적·재정적 비용이 들며, 완벽한 치료도 불가능하다. 그러므로 가정문제에 대한 접근은 문제가 발생하기 전에 지원함으로써 문제의 발생을 예방하고, 되돌릴 수 있는 상태에서 가정문제를 해결 또는 치료하는 것이 중요하다.

가정법률과 관련된 문제는 약혼문제, 부부별산제, 가정폭력 강간죄, 강제추행죄, 혼인빙자간음죄 등을 들 수 있다. 약혼을 통해 부부공동체를 성립시킬 의무를 지게 되는데 만약 결혼 전 배우자가 있는 경우 등 위험을 방지할 수 있다. 또한 요즘 부부들은 결혼 후에도 각자의 재산을 가지려는 경향이 있다. 예전과 달리 여성도 경제활동에 많이 참여하면서 '부부재산계약'이나 '부부별산제'를 통해 각자 자신의 재산을 소유할 수 있는 '등기'를 해둔다. 한편 가정폭력과 관련해서는 그 심각성을 고려하여 우리나라에서는 가정폭력방지 및 피해자 보호 등에 관한 법률을 1997년에 제정하여 시행하고 있다. 그 외에도 청소년 성매매(원조교제)나 강간죄, 강제추행죄, 혼인빙자간음죄 등이 있는데 '13세 미만'의 어린 여성의 경우에는 비록 합의에 의해서 성관계를 갖더라도 강간죄에 준해 처벌받는 경우가 있다(김형태, 2008 : 487-500).

가정문제에 접근하는 예방적 측면은 가정의 기능을 강화하고 잠재력을 개발하여 가정 스스로 문제에 대처할 수 있게 하는 것으로 개별 가정의 건강성을 증진함으로써 달성할 수 있다. 지금까지 우리 사회는 가정생활이란 누구나 배우지 않아도 태어나면서부터 자연스럽게 잘 할 수 있는 것으로 생각해 왔다. 그러나 행복하고 건강한 가정을 유지하기 위해서는 건강한 가정생활을 유지하는 데 도움이 되는 지식이 필요하고, 이런 지식은 교육을 통해 습득될 수 있다.

(4) 국가와 가정의 상호작용하는 공동의 노력 필요

가정이 건강성을 회복하기 위해서는 개별 가정의 노력만으로는 불가능하며 국가와 사회의 적극적인 지원과 제도적인 뒷받침이 필요하다. 국가나 사회의 가정에 대한 지원은 가정을 능동적인 주체로 인정한 바탕 위에서 이루어져야 한다. 즉, 국가가 가정에 대해 일방적인 개입 차원의 지원서비스를 제공하는 것이 아니라 가정의 자율성과 자립성을 증진하기 위한 지원을 강조해야 한다. 가정이 건강하기 위해서는 가정이 갖고 있는 실제적 · 잠재적 자원을 충분히 활용할 수 있는 동기를 제공하고, 가정의 자원화를 위한 가정기능의 강화 및 사회적 지원체계를 필요로 한다.

3) 건강가정사의 역할과 자질

(1) 건강가정사의 역할

건강가정사는 건강가정기본법이 지향하는 철학과 이념의 실천자로서, 건강가정사업의 전달자로서 그리고 건강가정지원센터 조직의 운영자로서 그 역할이 규정되어야 한다. 그러므로 건강가정사가 그 역할을 제대로 수행하기 위해서는 건강가정기본법의 기본 이념과 철학을 기본적으로 이해해야 하며, 이를 바탕으로 건강가정사업을 수행하기 위한 제반 지식과 능력을 갖추는 동시에 전문적으로 수행함으로써 유관기관이나 전문가와 유기적인 연계를 맺으면서 시너지 효과를 가져와야 한다.

또한 건강가정사는 건강가정사업의 전달자로서 그 역할에 충실하여야 한다. 건강가정사는 가정에 대한 거시적 · 미시적 관점을 통합할 수 있는 역량과 지식을 갖추어야 하며, 이러한 관점을 구체적인 사업으로 실천할 수 있는 응용능력, 창의능력을 가져야 한다.

마지막으로 건강가정사는 건강가정지원센터를 조직적이고 체계적으로 운영하는 경영자로서 그 역할을 수행해야 한다. 건강가정기본법 제35조에 의하면, 건강가정지원센터는 가정문제의 예방, 상담 및 치료, 건강가정의 유지를 위한 프로그램의 개발, 가족문화운동의 전개, 가정 관련 정보 및 자료 제공 등을 위하여 중앙, 시 · 도 및 시 · 군 · 구에 두도록 되어 있다. 건강가정지원센터는 건강가정사업의 활성화, 건강가정사업의 총괄기획, 프로그램 운영을 위한 인력관리, 프로그램 개발과 제공, 건강가정사업 관련 기관과의 네트워크 구축 등의 기능을 수행하는 중추기관이라고 할 수 있다.

건강가정사는 건강가정지원센터의 전국 조직체계를 유기적인 맥락 속에서 이해하고 중앙, 시 · 도 및 시 · 군 · 구 단위의 센터의 역할과 기능을 세부적으로 파악함으로써 그 속에서 자신의 역할을 자리매김해야 한다. 건강가정사가 그 역할을 제대로 수행하기 위해서는 건강가정기본법의 기본 이념과 철학을 이해함을 기초로 건강가정사업을 수행하기 위한 제반 지식과 능력을 갖추는 동시에 건강가정지원센터를 전문적으로 운영하기 위한 경영 지식과 능력 또한 갖추어야 한다.

(2) 건강가정사의 업무

건강가정기본법에 정의된 건강가정사의 업무를 살펴보면 다음과 같다.

첫째, 가정문제의 예방 · 상담 및 개선

둘째, 건강가정의 유지를 위한 프로그램의 개발

셋째, 건강가정 교육(민주적이고 양성평등한 가족관계 교육을 포함한다)

넷째, 가정생활문화운동의 전개

다섯째, 가정 관련 정보 및 자료 제공

여섯째, 가정에 대한 방문 및 실태 파악

일곱째, 아동보호전문기관 등 지역사회자원의 연계

여덟째, 그 밖에 건강가정사업과 관련하여 여성가족부장관이 정하는 활동

이러한 법에 명시된 건강가정사에 대한 정의를 토대로 건강가정사의 직무와 관련해서 정의를 하면 다음과 같다. 건강가정사란, 첫째, 가정문제에 대한 전문지식을 가지고 있는 전문가로서, 실제적으로 가정문제를 예방하고 상담하면서 가정생활을 개선시키며, 나아가 가정 관련 정보 및 자료를 제공해야 한다. 둘째, 건강가정을 위한 실천가로서 민주적이고 양성평등적인 이념을 바탕으로 가정생활에 실제적으로 도움을 주는 교육자이며, 건강한 가정생활문화를 사회에 구현하고, 건강가정사업을 실천해야 한다. 셋째, 오늘날 가정의 실태를 파악하는 조사자로서, 가정을 방문하거나 실태를 파악해야 한다. 넷째, 지역사회의 연락기관과 연계하는 조정자(coordinator)로서, 지역사회에 있는 여러 기관과 연계 · 조정하면서 가정 및 사회의 건강성을 향상시켜야 한다.

3. 지배가정과 파트너십 가정

1) 가족의 기능적인 측면에서의 지배가족과 파트너십 가족

〈표 6-1〉 지배자 가족과 파트너십 가족

지배자 가족	파트너십 가족
- 경쟁적 구조	- 협동적 구조
- 권력의 남용	- 형평성 있는 권력의 사용
- 평등하지 않은 권리	- 동등한 권리
- 가족비밀	- 열린 의사소통과 비밀이 없음
- 경직되고 강박적인 규칙	- 융통성 있는 규칙
- 경직된 성역할	- 융통성 있는 성역할
- 가사분담을 하지 않음	- 가사역할이 평등하게 분담됨
- 가족 공동활동이 없음	- 계획된 가족활동
- 경제적 '부담'이 분담되지 않음	- 경제적 책임의 분담
- 사생활에 대한 존중이 없음	- 사생활에 대한 존중
- 윈-루즈(win-lose) 갈등해결	- 윈-윈(win-win) 갈등해결
- 의사결정을 공유하지 않음	- 의사결정을 공유함
- 부모역할을 공유하지 않음	- 부모역할이 평등하게 분담됨
- 감정에 대한 지지가 없음	- 모든 감정이 수용됨
- 폭력과 수치심에 의한 훈육	- 존중과 신뢰를 토대로 한 훈육
- 실수를 허용하지 않음	- 실수가 허용됨
- 사과를 하지 않음	- 필요하면 사과를 함
- 문제를 다른 사람에게 떠넘김	- 문제에 대한 개인적 책임을 인정함
- 외부인에 대한 저항	- 외부인에 대한 열린 마음
- 의무를 토대로 한 가족에 대한 충성	- 신뢰를 토대로 한 가족에 대한 충성
- 변화에 대한 저항	- 변화에 대한 열린 마음
- 가족화합이 없음	- 응집력 있는 가족단위
- 학대적 행위로부터 보호되지 않음	- 구성원은 안전하고 보호된다고 느낌
- 갈등이 간과됨	- 갈등은 즉각적으로 해결됨
- 웃음 혹은 기쁨이 거의 혹은 전혀 없음	- 가족은 즐거움의 원천으로 간주됨
- 계획하거나 원하지 않았던 자녀	- 계획되고 원하였던 자녀

출처 : Weinhold, J. B., & Weinhold, B. K.(1996). Partnership Families In United Nations Family's Challenges for the Future. United Nations Publications, pp. 173-174.

가족은 구성원 정체성의 기반을 구축해 주며 이후의 성장을 위한 정신적·발달적 토대가 된다. 만약 가족이 안정적이고, 사랑을 나누며, 지지적이고, 모든 가족 구성원을 가르치고 양육하는 과업에 민감하다면, 구성원의 잠재력을 실현시키는 데 지대한 긍정적 힘이 된다. 그러나 만약 가족이 변덕스럽고, 적대적이며, 돌보지 않고, 방임적 혹은 학대적이라면, 이는 성장하는 아동들에게는 회복할 수 없는 해악 그리고 성인에게는 커다란 정서적 고통의 원천이 될 것이다(Maguire, 2002 : 158). 파트너십 가족 모델은 민주적인 가족과 맥을 같이하고 있으며, 지배자 가족 모델과 대조를 이룬다. 다음의 표는 두 가지 가족 생활 모델의 주요 특성을 제시한다.

(1) 지배적 가족관계

사람들은 자신들의 미충족 욕구를 드러내지 않은 채 배우자가 이를 충족시키도록 조정하고 통제를 한다. 그러나 문제는 상대편 배우자도 같은 시도를 하고 있다는 것이다. 누구의 욕구가 우선하는가 하는 경쟁이 일어난다. 극단적으로 사랑하는 사이가 생명의 위협도 가져올 수 있는 경쟁적 관계로 돌변하기도 한다. 이런 경쟁적 투쟁은 결혼 초기에 부부가 가지고 있었던 선의의 애정을 급격하게 잠식시킨다. 미충족 결속욕구에 대한 꿈이 깨어지면서 심한 배반감으로 대치될 수도 있다. 오랜 결혼생활을 거치면서 배우자에 대한 부정적 감정이 축적될 수도 있고 외적인 도움이 없어 이를 배출할 수 없는 이해력이나 기술을 가지고 있지 않은 부부들이 많다.

(2) 파트너십 가족관계

각기 충족되지 않은 욕구가 미해결된 채 남아 있음을 인정하고 서로에게 도움을 요청하는 방식으로 해결해 나가며, 관계 초기에 존재하고 있는 사랑과 성의의 결속을 보존 · 향상시키는 데 기여하는 협동적인 관계가 된다. 부부관계가 성숙하게 성장해 가며, 협동을 통해서 서로의 욕구를 충족시킨다. 부부관계의 목적이 하나라는 사실을 이해하게 된다면 배우자 간에 사랑과 친밀감이 깊어지게 된다.

2) 재화와 서비스의 교환

(1) 지배적 가족관계

재화와 서비스의 교환에 있어서 가족 내에서 가족 구성원을 지배하는 일차적 형태는 경제권이다. 배우자와 자녀에게 가족소득과 관련된 정보를 제공하지 않고, 경제적 의사결정을 배우자나 다른 가족과 의논하지 않고 일방적으로 결정한다. 배우자에게 동일 노동에 대한 동일임금이 주어지지 않는다고 하면 가사와 자녀양육에 있어서 평등한 분담을 타협할 만한 힘을 갖추지 못하게 된다. 이런 조건이 갖추어지지 않는 한 경제적 논의는 자칫 가사 및 양육 역할에 있어서 불평등한 분담을 정당화시키게 된다.

(2) 파트너십 가족관계

배우자 간에 가족 내에서 평등한 경제적 관계를 형성하는 분명한 합의점을 가지고 있다. 부부가 가사업무를 평등하게 분담하는 것뿐만 아니라 가사와 자녀양육을 위해 가정에 머무는 전업주부와 부분노동에 대한 가치를 인정하는 것을 의미한다. 파트너십 가족을 구축하는 핵심은 가정경제와 관련된 정보를 공유하는 것이다. 경제적 형성은 반드시 수립되어야 한다. 전체 가족소득에 대한 가족원 개개인의 기여도와 상관없이 가정경제에 대한 의사결정이 공유되어야 한다는 것을 의미한다고 본다. 평등한 가사분담과 형평성 있는 가족 차원의 할당에 대한 논의를 위한 정기적인 가족모임은 파트너십 가족의 구축에 기여를 한다.

3) 가족원의 보호

(1) 지배적 가족관계

여성을 통제하려 한다. 아동에게 공포를 주는 수단으로서 남성들은 폭력을 사용한다. 이런 가족은 가정폭력방지법과 아동학대예방법의 제정뿐만 아니라 효과적인 집행이 이루어질 때까지 쉽게 변하지 않는다. 남아에게 폭력충동을 완화할 수 있는 방법을 가르칠 수 있는 교육이 부모에게서 제공되어야 하는데 이것이 이루어지지 않는 것이다. 성인들에게도 감정을 해소하고 폭력이 남긴 상처를 치유하는 건강한 비폭력적 방법을 발견하는 도움이 제공되어야 한다.

(2) 파트너십 가족관계

파트너십 가족은 안전한 가족이어야 한다. 부부는 갈등을 비폭력적인 방법으로 해결하는 효과적인 방법을 배워 자녀에게 전수해 주어야 한다. 모든 갈등은 평화적으로 해결되어야 한다. 이런 반영 속에서 모든 사람들의 욕구가 배려되고 충족되어야 한다. 자녀들에게 미적인 원칙에 따라서 평화적인 삶을 영위할 수 있도록 돕는 기본적인 규칙이 있다.

- 공격적 충동에 차분하게 반응할 것
- 수치감을 느끼지 않도록 하는 한계를 설정할 것
- 독립된 자율적 인간이 되도록 지원할 것
- 일상적 좌절감, 질투심, 반항심을 건강한 방식으로 표현하는 방법을 가르칠 것
- 원하는 것을 직접적으로 요청하도록 격려할 것
- 아동에게 그들과 다른 사람 사이의 분쟁을 중재하겠다고 제의할 것
- 스스로 욕구를 규명하는 데 있어서 필요시 욕구를 충족하는 데 도움을 요청할 수 있도록 가르칠 것

4) 가족원에 대한 이름과 지위 부여

(1) 지배적 가족관계

아동의 이름과 지위를 부여하는 이슈는 배우자의 성적 행동을 통제하고 자녀를 위협하는 메커니즘으로 사용된다. 더 나아가 배우자의 다른 삶까지 통제하는 수단으로 사용한다. 혼외부모와 혼외자녀는 가족 내부 및 외부에서 신체적 · 정서적 · 성적 학대의 표적이 되기 쉽다.

(2) 파트너십 가족관계

양성평등의 실천은 법적 권리의 공유, 재산의 공동소유, 공동의 의사결정과 같은 가족구조적 영역까지 평등성을 확대하는 기반이 된다. 이를 토대로 부모

역할, 성적 관계, 일상적인 가사운영에 이르기까지 양성평등을 실천해 간다. 성을 문화적으로 결정하는 것으로부터 탈피해서 개인의 욕구를 토대로 결정하는 자유를 인정한다고 하면 개인의 건강한 자존감 발달에 기여할 수 있으며 문화적 다양성을 증진시킬 수 있다.

5) 가족원에 대한 기초적 보호의 제공

(1) 지배적 가족관계

과거 지배적 가족관계에 대한 내용은 다음과 같다. 가족원 보호, 특히 아동에 대한 보호 제공은 지배적인 구성원의 욕구를 채우는 기회로 악용되었다. 부모의 성적 · 사회적 · 경제적 · 신체적 욕구를 채우는 데 이용된다는 것이다. 아동 및 노인, 장애인에 대한 보호는 전형적으로 여성에게 할당되었다. 기초적 보호는 대체적으로 성별에 따라 결정되는 경향이 있었다. 아버지에게는 제공자의 역할이 부여되고 가정 밖에서의 사회적 지위, 사회보장 급여와 경제적 지원이 제공되는 지위에서 일을 했다. 반면에 어머니는 보호자 제공자의 역할에 할당되고 대체적으로 가족 내에서 사회적 지위, 경제적 지위가 제공되지 않는 요리나 세탁, 청소, 자녀양육의 과업을 수행해 왔다. 설사 여성이 경제활동에 참여한다 하더라도 동일 노동에서 남성보다 적은 급여가 주어지고 보호 제공 기능의 일차적 책임은 여전히 여성에게 주어졌던 적이 있었다.

(2) 파트너십 가족관계

인간중심적이고 아동중심적이다. 가족원들의 심리적 · 정서적 · 정신적 복지에 우선을 둔다. 이를 위해서 부모는 상호존중을 토대로 가족원에게 최적의 발달을 지원하는 가족을 구축한다. 노인 및 장애인까지 포함한 모든 가족원의 결속의 중요성을 인정한다. 구성원들이 욕구충족의 방법을 결정할 때 서로 상충되는 순간이 오면 서로 합의에 의한 의사결정방법을 사용한다. 각 가족원에게는 성별과 관련 없이 연령이나 능력, 관심에 따라 학습 또는 성장욕구를 토대로 책임을 부여한다. 부모는 가사의무, 부모역할, 가정유지와 금전관리와 같은 문제에 대해서 역할모델을 보여준다. 책임분담에 대한 갈등은 win-win 방식의 이야기를 통해서 개인의 발달을 촉진시키는 기회로 삼는다.

4. 가족생활교육

1) 가족생활교육의 정의 및 필요성

현대사회의 급격한 변동에 따른 가정문제는 가족 구성원이 해결하기에 많은 어려움을 안고 있으므로 사회적인 도움이 필요하다는 인식이 높아지고 있다. 이에 따라 지역사회 건강가정센터의 운영과 더불어 제도적 차원에서 교육기관이나 사회교육 및 성인교육의 차원에서 가정문제와 관련된 교육의 중요성이 활발하게 제시되고 있다. 또한 가족 및 개인의 발달은 현재 건강하고 안정된 가족이라 할지라도 위기에 직면할 수 있기 때문에 잠재력 개발과 예방차원에서 구체적이고 체계적인 가족생활교육이 필요하다.

가족생활교육은 지식, 기술, 태도를 습득시켜서 가족의 문제를 해결하고 예방할 수 있는 잠재력을 키울 수 있도록 고안된 의도적인 교육활동이며, 평생교육적인 특성을 갖는 사회교육의 한 영역이라고 할 수 있다.

현대사회에서는 과거 어느 때보다도 가족생활교육을 통하여 정보 활용과 문제해결능력, 스트레스 대처능력을 기르는 일과 감성관리와 도덕성, 창의성, 가족원 간의 적응과 협상, 의사소통, 융통성을 발달시키는 일이 거의 필수적으로 요청된다(Berardo, 1990).

따라서 가족생활교육(family life education)이란 유아에서 노인까지 개인과 가족의 전반적인 삶의 질을 높이고, 가족 및 사회에서 나타나는 다양한 문제해결을 돕기 위해 개인의 잠재력을 계발하고 강화시키는 평생교육으로 정의할 수 있다. 현대사회의 가족문제는 개인의 성장·발달에 많은 영향을 미칠 뿐만 아니라 사회의 안정과 유지에 중요한 영향요인이 되므로 가족문제 발생에 대한 대책이 시급한 실정이다. 가족생활교육은 가족문제를 미연에 방지한다는 예방 차원에서 개인의 성장·발달과 가족생활과 관련된 제반 기술과 지식을 교육하는 것을 말한다(정현숙 외, 2005).

가족생활교육의 궁극적인 목적은 가족을 강화시키는 것이며, 하위목적으로는 건설적이고 성취적인 개인생활과 가족생활을 발달시키도록 돕고, 발달을 극대화시키고, 대인관계를 개선하도록 하며 가족의 삶의 질을 개선하는 것이다(NCFR : National Council on Family Relation, 1970). 최근 국내외 여러 연구에서는 가족생활교육의 목적으로 개인과 가족의 복지를 증진시키며 가족을 강화하는 것, 가족의 문제를 예방하고 가족의 건전성 및 잠재력을 개발하여 건강한 가족을 육성하는 것으로 합의하였다.

2) 가족생활교육 프로그램 개발과정

(1) 프로그램 계획

- 욕구분석
- 교육 프로그램의 목표설정
- 교육 프로그램의 내용선정
- 교육 프로그램의 홍보

(2) 프로그램의 수행

① 교육방법

대부분의 교육은 집단학습 방법을 통해 이루어지며, 집단은 그 규모에 따라 소규모 및 대규모 집단으로 나눌 수 있다. 각 집단의 규모에 따라 특정 기법을 사용할 수 있으며, 일부 기법은 교육자 중심이지만 대부분은 학습자의 참여에 기초를 두고 있다. 유능한 교육자는 다양한 기법을 사용할 수 있고, 각 집단 구성원들의 참여를 유도해야 한다.

② 교육매체

교육방법에서 중요한 것은 교수·학습자료와 시청각 보조자료 등과 같은 수업자료 그리고 프로젝트 장치 등이다.

③ 프로그램의 실시

도입단계에서는 자발적인 활동을 통해 프로그램 참여에 대한 동기를 유발, 준비시키는 것이 중요한 단계이다. 강의 및 활동의 단계에서는 전체 프로그램의 계획에 따라 준비된 중점적인 내용들을 순서에 따라 진행한다. 이때 교육자는 프로그램의 목표달성을 위해 전략을 세우며 과제를 설정한다. 종결단계에서는 지금까지 실시한 내용을 종합적으로 정리하고, 개인적 · 가족적 · 사회적 · 심리적 경험을 상호교환하며, 이해하고 수용하는 적극적인 활동 단계이다.

(3) 가족생활교육 프로그램의 평가

- 프로그램 자체에 대한 평가
- 프로그램 효과에 대한 평가
- 교육자에 대한 평가

3) 효과적인 가족생활교육 프로그램

- 건강한 가족체계의 기능을 증진시킬 때
- 가족 안에 있는 독특한 사회적 · 문화적 맥락을 잘 포함하고, 이를 지지할 때
- 가족의 자발적인 노력을 강조할 때
- 내용적으로 가족생활주기와 다양한 인생경험을 포괄하고, 교육이 지속적으로 제공될 때
- 치료보다는 예방에 초점을 맞출 때
- 개인의 변화와 행동/ 태도 변화를 강조하는 학습과정이 계획되었을 때
- 계속적인 강화를 위해 교육시간이 15~18시간이 될 때
- 다양한 학습스타일을 위한 학습활동이 포괄적으로 포함되었을 때
- 연습을 통한 학습을 할 때
- 개인의 삶의 경험에 대한 정보를 이용하고, 즉각적으로 이용할 수 있도록 설명이 될 때

- 학습자의 경험, 문화와 개인의 가치지향을 존중할 때
- 기술에 대한 모델을 보여주고 토론과 의견을 낼 수 있는 환경을 제공해 줄 때
- 소규모 집단의 토론을 이용할 때
- 잘 계획되고, 최근의 데이터를 이용할 때
- 준비된 학습활동이나 토론 후에 짧은 강의가 포함될 때
- 집단의 요구도 조사에 기초하여 프로그램이 개발될 때

Chapter 07

가족스트레스와 가족치료

스트레스는 삶이고 삶은 스트레스라고 할 만큼 스트레스는 인간의 삶에 내재되어 있다. 이에 따라 인간사회의 가장 기본적인 단위인 가족 역시 스트레스를 피할 수 없다. 오늘날 기혼 취업여성의 증가, 평균수명의 연장, 신체적·정신적 환자에 대한 장기보호, 가족규모의 축소로 인한 보호책임 분담의 어려움 등 사회적 여건의 변화로 인하여 가족은 과거 어느 때보다 더 많은 책임을 수행하며 이에 따른 스트레스를 경험하고 있다.

1. 스트레스의 개념과 그 증상

스트레스란 무엇인가? 스트레스라는 용어는 신체질환 및 정신질환과 관련하여 많은 사람의 관심 대상이 되고 있다. 스트레스라는 단어는 영어권에서 15세기경부터 압력 또는 물리적 압박이라는 의미로 사용되기 시작했으며 17세기경에는 공학이나 건축 분야로부터 일반화되기 시작하여 역경 또는 곤란의 의미로 받아들여졌다. 그러다가 20세기에 들어 질병이나 정신질환의 원인으로 스트레스라는 개념이 사용되었다. 스트레스에 대한 개념규정 방식을 살펴보면, 반응으로서의 스트레스, 역동적 상호작용으로서의 스트레스, 그리고 자극으로서의 스트레스 등 세 가지로 나눌 수 있다(김윤재 외, 2012).

1) 반응으로서의 스트레스

반응으로서의 스트레스 개념은 생물학이나 의학에서 사용되는 것으로 초기의 스트레스에 대한 정의들은 주로 이 입장을 취해 왔다. 반응으로서의 스트레스는 신체 반응으로 정의하는 것으로서, 스트레스에 대한 연구는 스트레스 상태에서 이에 반응하는 유기체의 스트레스 경험으로 인한 고통을 의미하는 것으로 어떤 사건으로 인하여 항상성이 깨지면 신체는 스스로를 보호하기 위해 내적인 반응태세를 갖춘다고 보는 개인의 반응에 초점을 맞춘 이론이다. Selye는 매우 다양한 이질적인 상황이 스트레스 반응을 일으킬 수 있지만 그 반응은 항상 동일한 다음의 세 단계로 진행된다고 하였다.

첫째, 경보반응단계(alarm reaction stage)이다. 이 단계에서 신체는 교감신경계를 주로 활용해서 긴급한 상황에 대비할 수 있는 체제를 마련한다.

둘째, 저항단계(resistance stage)이다. 이 단계에서 유기체의 스트레스에 대하여 나름대로 적절한 반응을 보인다. 따라서 신체적으로 특별한 반응 상태를 보이지 않으며 겉으로 보기에는 잘 적응하고 있는 것처럼 보인다.

셋째, 소진단계(exhaustion stage)는 지속적으로 스트레스를 받으면 결국 적응에너지의 소진으로 귀결된다. 이 단계에서 비정상적으로 높은 수준의 교감신경 활성화를 보상하기 위해 비정상적으로 높은 수준의 부교감신경계 활성화가 일어난다. Selye는 이런 단계에서 신체의 자원이 새로 보충되지 않거나 추가로 스트레스원이 발생하면 질병이나 죽음에 이르게 된다고 보았다.

그러나 이 이론은 스트레스의 적용과 생리학, 해부학, 생리조직에 대한 이해를 증진시키는 공헌을 하였으나, 동일한 스트레스의 반응이라 하더라도 이 정의에 의하면, 요구에 응하는 거의 모든 신체적 반응이 스트레스가 되기 때문에 일상생활의 반응과 스트레스 반응을 구분하기가 모호하다는 한계점을 가지고 있다.

2) 역동적 상호작용으로서의 스트레스

스트레스를 역동적 상호작용으로 보는 입장은 개인은 환경의 자극요소에 의해 직선적으로 반응할 뿐 아니라 개인의 지각, 인지, 생리적 특징도 환경에 영향을 준다고 보아 역동적 상호작용으로 보는 입장이다. 즉, 이 입장에서는 인간을 환경에 대해 적극적으로 대처할 수 있는 능동적 존재로 본다. 그러므로 이들의 입장에 따르면, 상황은 끊임없이 변화되기 때문에, 모든 사람에게 스트레스를 일으키는 사건이란 있을 수 없으며, 동일한 사건에 대해서도 개인마다 느끼는 스트레스의 정도와 양상이 달라지게 된다.

3) 자극으로서의 스트레스

자극으로서의 스트레스 개념은 최근까지도 심리학자들에 의해 가장 보편적인 개념으로, 자극으로서의 스트레스는 스트레스 반응을 일으키는 상황을 의미한다. 이와 같은 자극으로서의 스트레스는 개인의 특성과는 무관하게 발생하며 주어진 기간 내에서 경험하는 객관적인 사건의 수가 스트레스 지수가 된다. 이와 같은 Lazarus와 Folkaman(1984)의 이론은 앞의 Selye의 이론이 생물학적 관점에서 스트레스를 반응으로 보고 있는 데 반해서 이 이론은 스트레스의 자극과 반응을 모두 아우르며 심리학적 관점을 강조하고 있다. Lazarus의 관점에서는 스트레스 사건 자체보다 그 사건에 대한 개인의 해석이 더욱 중요하다.

2. 가족갈등

1) 부부간의 갈등

부부의 갈등은 사소한 갈등에서부터 심각한 갈등까지 다양하지만 부부가 얼마나 큰 인내력을 갖고 가족체계 외부로부터 얼마나 많은 도움을 받을 수 있는가에 따라 갈등의 효과는 달라진다(고정자, 2001). 갈등이 부부관계에 미치는 영향은 긍정적인 면과 부정적인 면으로 나누어 볼 수 있다.

(1) 갈등의 긍정적 영향

- 갈등의 표현을 통하여 마음속에 두었던 감정과 긴장이 제거되어 건강과 치료를 가져온다.

- 분노의 감소로 그동안 표현되지 않았던 상대방에 대한 화나고 억울했던 감정이 해소된다.
- 갈등은 실제의 문제가 정확하게 무엇인지 인식하도록 도와준다.
- 갈등은 서로를 더 많이 이해하도록 하는 매우 긍정적인 이익을 제공해준다.
- 관계의 새로운 가치로서 새로운 평가를 하게 되면 부부는 친밀감을 느낄 수 있다.
- 부부간의 갈등은 상대방의 자아를 새로 발견하거나 유지하는 수단이 되며 타인과 비교하여 상대방의 가치, 요구, 목표를 깨닫도록 해준다.
- 자신과 배우자 간의 상호작용을 강화시켜 주기도 하고 그릇된 정보에 대하여 효과적인 의사소통을 가능하게 해준다.

(2) 갈등의 부정적 영향

- 해결되지 않은 갈등은 긴장으로 신체적 질병의 원인이 되며, 상대방에 대한 계속적인 공격으로 부정적 자아상을 가지며, 결국 부부 사이의 소원한 관계를 초래한다.
- 부부신뢰가 감소되어 심리적인 긍정적 관계변화에 실패하게 된다.
- 부부간에 생긴 갈등을 잘 해결하지 못하면 복잡하고 미묘한 감정의 변화가 일어나게 되는데, 갈등이 깊어질수록 결혼을 후회하거나 이혼에 이르게 된다. 부부간의 갈등은 당사자들로 끝나는 것이 아니라 가족 모두의 인격형성에 영향을 미친다.

부부갈등이 자녀들에게 미치는 영향은 다섯 가지로 설명할 수 있다.

- 자녀는 부모들이 배우자에게 얻지 못하는 욕구충족의 대치물이나 방패역이 된다.
- 자녀를 이미 정신적 위기에 놓인 결혼관계를 유지하기 위한 수단이나 인질로 삼거나, 계획적으로 이용하기도 한다.
- 적대적인 부부관계에서는 자녀가 한쪽 부모의 심복이나 부하 또는 서로의 비밀을 말하고 의지하는 동맹자의 역할을 강요받는 수가 있다.

- 자녀는 부모들의 가장된 평화, 냉전 또는 갑작스럽게 나타나는 난폭한 장면 등에 부딪힘으로써 항상 불안과 막연한 분위기에 휩싸이게 된다.
- 자녀는 부모들 간의 불화와 관심으로부터의 소외 때문에 사회성 발달이 늦거나 지나친 의존심이 생긴다.

2) 부모-자녀관계의 갈등

부모-자녀관계는 자녀의 연령에 따라서 달라지는데, 특히 자녀가 청소년기에 들어서면 이전 시기보다 많은 변화가 따르게 되는데, 부모들이 이에 대해 적절히 대처하지 못하는 경우 자녀와 갈등을 일으키기도 한다(박선환, 2006).

(1) 갈등의 원인

① 세대차 및 학업문제

대부분 부모와 자녀 간의 연령은 20~30년의 차이가 있다. 이러한 시간적 차이는 각기 다른 세대를 살아오면서 가치관, 사고방식, 행동양식, 생활패턴, 감정표현, 선호도, 언어 유형 등 다양한 영역을 달리 경험했다는 의미이다. 이로 인해 부모와 자녀 간에 마찰과 갈등이 생기지만 서로의 입장이 되어보고 이해하고 존중해 주는 역할이 필요하다. 흔히 청소년기의 부모-자녀갈등의 많은 예는 학업과 관련된 문제요인들이 많다. 자녀에게 기대하는 학업성적과 그에 따른 자녀의 학업 스트레스로 인한 갈등유형이 많다.

② 독립과 보호의 갈등

90세 노인이 60이 넘은 자식이 회사에 출근하는 것을 보고 찻길을 조심하라고 한 이야기는 부모에게 자식은 나이에 상관없이 언제까지나 자식이라는 의미를 보여준다. 그러나 이러한 마음이 지나치면 자녀를 과보호하게 되고, 자녀는 충분히 성장하지 못하며 심리적 독립을 얻지도 못한다. 자녀가 성장하면서 부모로부터 독립하여 세상 밖으로 나아가려는 것은 중요한 발달과업이므로 부모는 자녀를 적당한 거리에서 지원해 주고 자녀가 스스로 사회적 역할을 하도록 도와주는 것이 바람직하다. 자녀의 입장에서도 부모에게 의존하고 보호받는 것에 익숙해져 스스로 일을 처리하는 의지가 없다면, 이러한 태도는 자신의 삶에 큰 장애가 된다는 사실을 명심해야 한다.

③ 애정표현방식

자녀의 연령이 증가하면서 부모-자녀관계의 애정표현방식은 변화되어야 한다. 모든 부모는 자기 자녀에게 무조건적인 애정을 가진다. 어떤 부모는 지나치게 통제하고 보호하는 방식으로 표현하고, 어떤 부모는 자녀가 원하는 대로 허용함으로써 애정을 표현한다. 그러나 자녀 입장에서 상대적으로 사랑을 받지 못한다고 생각하는 불만을 가지고 있을 수도 있다. 이러한 불만이 때로는 문제행동으로 표출되고 부모로부터 꾸중을 듣게 된다. 그 결과 부모의 사랑을 받지 못한다는 느낌이 더욱 커지면서 부모-자녀 사이의 골은 더욱 깊어질 수 있다. 그러므로 부모들도 자녀의 발달단계에 맞는 애정표현방식을 개발하는 것이 필요하다.

④ 의사소통방식

많은 부모들이 자녀에게 명령, 충고, 회유, 심문, 관심 돌리기, 심리분석하기, 비판하기, 빈정대기, 도덕적 판단, 해결사 역할을 하면서 의사소통을 저해하는 방식을 사용하고 있다. 부모는 자녀의 생각과 감정을 무시하고 오직 그 상황만 통제하려는 데 초점이 맞추어져 있다. 이러한 대화는 역효과를 초래하기 쉽다. 하지만 부모들의 실수 중 하나는 자녀의 문제를 해결하려고 하는 것이다. 이러한 대화방식은 자녀와 부모 간의 대화의 통로를 단절하고 나아가 자녀가 다른 친구관계에서 유사한 의사소통을 하게 됨으로써 또래관계도 저하시킨다. 이러한 방식보다 부모가 온정적으로 경청해 주고, 지지해 주며, 격려하고, 자녀가 자신의 힘으로 효율적인 해결책을 찾도록 도와주어야 한다. 긍정적 의사소통방식을 사용하면, 자녀가 부모를 동반자나 상담자로 생각하고 보다 원활한 관계를 가지게 될 것이다.

⑤ 부모의 불화

부모 사이에는 종종 다툼이 있을 수 있다. 그러나 이러한 다툼의 빈도가 잦아지고 급기야 폭력사태까지 벌어지면 자녀에게는 그것만큼 고통스러운 것이 없다. 가정이 편안한 보금자리가 아니라 살벌한 전쟁터로 느껴질 수 있다. 따라서 자녀는 부모가 화목하기를 바라고 부모 사이를 중재하려는 생각을 하게 된다. 그러나 이러한 노력에도 불구하고 부모 사이가 화목해지지 않는다면 자녀는 부모에 대해서 분노의 감정을 갖게 되고 부정적 감정이 누적되어 부모의 불화가 부모-자녀의 불화로 이어지게 된다.

(2) 부모-자녀관계의 갈등해결방법

부모 교육자 중 가장 대표적인 학자인 Gordon은 부모-자녀관계에 갈등이 생겼을 때 다음과 같은 방법으로 해결하도록 제안하였다.

① 적극적인 경청

적극적 경청은 자녀가 문제를 갖고 있을 경우 부모가 자녀를 돕기 위해 사용하는 기술로, 침묵이나 조용히 듣는 수동적 경청과는 달리 자녀들로부터 들은 이야기 내용을 이해하고 피드백하는 진지한 대화의 방법이다. 적극적 경청은 여러 가지 장점을 지니고 있다.

첫째, 문제가 되는 감정의 정화작용을 촉진한다. 이는 부정적인 감정을 두려워하지 않도록 도와준다.

둘째, 부모와 자녀 사이의 온정적인 관계를 증진한다. 자녀 스스로가 문제를 해결할 수 있도록 격려하여 자녀가 부모의 생각과 견해를 더 잘 경청하도록 한다.

셋째, 자녀가 자신의 문제를 분석하고 해결책을 찾도록 격려하여 독립심을 길러준다.

② 나-전달법(I-message)

나-전달법은 자녀의 행동으로 인해 부모가 좌절이나 갈등이 생겨 문제가 될 때 부모가 느끼는 감정과 경험을 표현하는 의사소통방법이다. 즉, 자녀의 행동을 보고 부모가 기분이 나빠 자녀행동을 수용할 수 없을 때 부모의 생각이나 느낌을 진실되게 표현하는 의사소통기술로 부모-자녀관계 증진에 효과적이다. 부모가 나-전달법을 사용할 때에는 부모를 괴롭히는 자녀의 문제행동 상황과 그 행동의 결과에 대한 부모의 느낌과 부모에게 미치는 구체적 영향에 대해 간결하게 서술해 주어야 한다.

③ 무승부법

적극적 경청이나 나-전달법을 활용하고도 문제가 해결되지 않고 자녀가 자신의 방식대로 행동하려고 할 때 활용할 수 있는 방법으로 어느 한편이 지고 다른 한편이 이기는 문제해결방법이 아닌 양편이 함께 타협하거나 논의해서 문제를 해결할 수 있는 방안을 강구해 가는 방법이다. 즉, 제3의 방법인 무승부법은 부모와 자녀의 욕구가 동시에 만족될 수 있는 해결책으로서 다음과 같은 6단계로 구성되어 있다.

- **1단계 : 갈등확인 단계**
  부모와 자녀 간의 갈등요인이 무엇인지를 함께 확인하고 분명하게 밝힌다. 2단계로 옮기기 전에 모두가 문제의 정의를 같은 의미로 받아들였는지 확인한다.
- **2단계 : 해결책의 가능성 검토하기**
  확인된 문제를 어떻게 해결할 것인지 여러 각도에서 검토한다. 이때 자녀의 해결책에 대한 평가나 비판은 피하고 반영적 경청을 사용하며, 가능한 한 재검토를 위해 모든 해결책을 기록해 두는 것이 좋다.
- **3단계 : 가능성 있는 해결책 평가하기**
  가능성이 있는 여러 형태의 해결책을 평가한다. 이때 결함은 없는가, 실천 가능한가의 여부, 모두에게 공평한 해결책인가를 생각하는 단계이다.
- **4단계 : 최상의 해결책 경청하기**
  결정된 최상의 해결방법을 수행할 구체적인 방법을 결정한다. 나중에 부모가 동의했던 그 결정에 반대하여 오해가 생기는 것을 방지하기 위해 그 해결책을 적어놓는다.
- **5단계 : 결정된 해결책을 시행하기**
  결정된 해결방법을 어떻게 수행할 것인지 구체적인 방법을 결정한다. 누가, 언제, 무엇을, 어떻게 수행하는가 등의 이야기를 하는 것이 필요하다. 가장 바람직한 태도는 '만약 그 결정이 이행되지 않는다면' 하고 결과를 의심하기보다는 충실하게 수행할 것이라고 믿는 것이다. 그러나 만일 나중에 자녀가 합의된 것을 이행하지 못하면 나-메시지를 사용한다.

- **6단계 : 후속평가하기**
  선택되어 시행된 방법과 선택한 일이 올바른지 평가하는 단계로 문제점이 발견되면 합의하여 결정하는 과정을 반복한다.

3) 형제-자매관계의 갈등

형제-자매관계는 인생에서 가장 친밀하고 지속적인 관계이기는 하나, 갈등 요인은 잠재적으로 내재되어 있다. 만약 갈등해결이 원만히 진행되지 못한다면 가장 친밀해야 할 사이가 인생의 적대적인 관계로 발전할 수도 있다. 형제-자매 사이의 갈등의 요인은 다음과 같다.

(1) 형제간의 경쟁

형제-자매끼리는 서로 비교의식을 갖게 되는데, 만약 이때 열등한 형제-자매라면 질투하고 시기하게 된다. 형제-자매끼리 서로를 경쟁적인 관계로 의식하면 이것은 암초와 같은 것이다. 어떤 사이보다 가까워야 하지만 이로 인해서 갈등이 야기되면 차라리 남과 비교하는 것보다 오히려 더 심하게 왜곡될 수도 있다.

(2) 성격 및 능력의 차이

같은 부모에게서 같은 유전자를 받고 태어난 형제-자매라 할지라도 그 능력과 성격은 제각각이다. 어떤 형제는 능력 면에서 다른 형제보다 훌륭하거나 혹은 덜할 수 있으며, 성격 면에 있어서도 어떤 형제-자매는 조용하며 사색적인 경향이 짙은가 하면, 어떤 형제-자매는 다혈질이고 조급하며 직선적인 성격일 수 있다. 이렇듯 형제-자매 사이에는 성격과 능력 면에서 갈등이 초래될 수 있다.

(3) 역할기대의 차이

형제-자매 간의 서열에 따라 가족 내에서 기대되는 역할도 달라진다. 오늘날 한국사회는 갈수록 핵가족화되어 1인 혹은 2인의 자녀를 두고 있지만, 이 가운데에서도 부모는 큰아이에게 기대하는 바가 각별하다. 따라서 부모의 기대수준이 큰아이에게 치우쳐 있으므로 더 많은 주의와 야단을 치기도 해서 부모의 기대 수준에 부응시키고자 한다. 그런데 이 과정에서 동생은 부모가 자신에게 소원한 것에 대해 불만을 가질 수 있다.

4) 고부간의 갈등

(1) 고부간의 갈등원인

귀머거리 3년, 벙어리 3년, 장님 3년이라는 시집살이는 이제 과거의 유물이 되어가고 있다. 며느리를 구박하는 시어머니의 잔상은 옛날 드라마 속 신파의 이야기가 되어버렸다. 요즘 며느리 눈치를 보는 시어머니들이 부쩍 늘고 있다. 이른바 '며느리살이'가 새로운 고부관계로 등장하고 있다.

① 시어머니의 입장

과거에는 시어머니의 며느리에 대한 시집살이가 부부갈등의 주 원인이었다. 특히 일찍 남편을 잃고 어렵게 자식을 길렀거나 평소 성격이 너무나 꼼꼼하여 실수를 저지르는 것을 두려워했거나 고고하게 살아온 시어머니의 경우에는 며느리에 대한 오해, 섭섭함, 괘씸함, 증오감 등을 더 많이 느꼈다. 그러나 현대사회로 오면서 점점 그 양상이 변해가고 있다. 며느리와 시어머니가 함께 살지 않는 집이 늘어나는 가운데, 그 원인으로서 며느리의 60%가 '시어머니가 원치 않아서'라는 답변을 한 것이다. 이유는 며느리 대신 해야 할 가사, 육아 등에 대한 부담감 때문이었다(http://www.kyobo.co.kr). 과거 살림하는 것을 당연한 업으로 여기며 살아왔던 시어머니들과는 달리, 요즘 신세대 며느리들은 결혼을 해도 자신의 사회생활을 포기하지 않는다. 사회진출로 인해 경제적으로 자립하게 된 여성들과 상대적으로 위축된 남성들 사이에서 가족 내 권력은 시어머니에서 며느리로 옮겨가고 있다.

② 며느리의 입장

첫째, 자기중심적인 삶의 태도이다. 여권운동, 가정의 민주화, 인생을 즐기기 위한 결혼관 등이 만연한 사회 분위기 속에서 오늘날 대부분의 여성들이 자기를 희생한다든가 괴롭고 불편한 관계를 오래 참는다든가 하는 점이 점차 줄어들고 있다. 둘째, 경제적 낭비와도 관계가 있다. 많은 시어머니 세대들이 겪은 빈곤, 근검절약 정신과는 달리 오늘날 젊은 세대의 여성들은 풍요롭고 다양한 상품들의 유혹을 많이 받는다. 특히 아들, 즉 남편이 출타 시 또는 장기로 해외에 나가 있을 경우, 며느리가 가정을 지키고 자녀를 돌본다면 문제는 없을 것이다. 그러나 오늘날 많은 며느리들이 가정을 지키는 대신 각종 명목의 모임에 참석하거나 잦은 외출, 외박, 여행 등을 하는 경우가 적지 않음을 보게 된다. 이렇게 되면 고부간의 갈등이 오게 되고 마침내는 부부갈등과 이혼까지 초래한다.

(2) 고부간의 갈등해결방안

고부갈등의 해결을 위해서는 당사자뿐만 아니라 가족 모두의 노력, 더 나아가 사회의 노력이 필요하다.

① 시어머니 입장

시어머니는 자신이 수행하였던 며느리의 역할을 기대하지 말고 노인대학 등의 프로그램 참여를 통하여 변화해 가는 가치를 인식하고 스스로 재사회화하려는 노력이 필요하다. 또한 동거가족인 경우에는 자녀세대에게 지나치게 간섭이나 구속을 하지 말고 아들, 며느리의 독립된 생활영역을 인정해 주며 권위보다는 상황과 편의에 따라 역할을 분담하는 자세를 가져야 한다.

② 며느리 입장

며느리는 시어머니에 대한 부정적 선입관을 버리고 보다 긍정적인 인식과 태도를 가지도록 하며, 시가족과의 유대와 화합에도 관심을 기울일 수 있어야 한다. 더불어 시어머니의 경험을 존중하여 집안의 중요한 행사는 물론 일상생활에서도 의논하여 조언을 구하도록 한다. 또한 시어머니와 동거할 때는 시어머니의 생활습관을 존중하고 적절한 역할을 마련해 드릴 필요가 있고, 분가 시에는 자주 전화드려 연락을 취하도록 한다.

③ 아들(남편)입장

아들(남편)은 아내와 어머니 각각의 불만을 공감하고 위로하면서 융통성 있고 중립적인 입장을 견지하는 것이 중요하다. 평소 아내에게는 신뢰와 애정으로 결합된 동반자 역할을, 어머니에게는 존경심을 표현하여 배려하여야 한다. 가족 전체가 모일 수 있는 기회를 마련하여 가족 구성원 간의 화목을 도모하는 것도 좋다.

④ 가족적 해결방안

고부갈등은 모든 가족 구성원에게 영향을 끼치므로 전 가족 구성원 모두가 서로 이해하고 도우려는 인식이 필요하고, 가족 구성원 간의 협동과 의사소통 과정을 통하여 해결하도록 해야 할 것이다. 또한 융통성 있는 가족역할 배분이 이루어지도록 한다. 가사분담을 시간과 능력, 경험, 상황 등에 따라 적절하게 분류하고, 역할을 수행함에 있어서는 서로 관심은 가지되 간섭하지 않도록 하면서 상호협조 관계로 나아가야 한다.

⑤ 사회적 해결방안

사회도 고부갈등을 해소하기 위하여 다음과 같은 노력을 할 필요가 있다. 우선 시부모를 부양하는 서민층 며느리의 경제적 부담을 줄이기 위해서 노인 자신의 노후소득을 보장하는 제도를 확립할 필요가 있다. 또한 노후의 여가생활과 친목 및 평생교육적 차원에서의 교육을 활성화해야 한다. 한편 현대적 의미의 경로효친사상을 교육시키고, 대중매체 등에서도 건강한 고부관계의 모습을 제시해야 할 것이다.

3. 다양한 유형의 가족 스트레스

1) 실직자 가족

실업으로 가장 먼저 영향을 받는 것은 부부관계이다. 실직한 남편은 가장으로서의 자기역할을 제대로 못한다는 자괴감에 빠지게 되고, 이것이 심할 경우

가정폭력이 발생하여 가족관계를 위협하게 되며, 그 결과 가출, 별거, 이혼 등 가족위기에까지 이르게 된다(Larson, 1994). 또한 실업은 결혼 만족도를 저하시킨다. 이와 더불어 부모의 실직은 자녀와의 관계에도 영향을 준다. 부모로부터 영향을 받아 자녀들도 우울과 소외감의 증상을 보여 또래집단과의 관계에서 혼란을 보이며, 가족정체감의 상실을 가져온다(Dail, 1988). 그리고 실업률이 증가할수록 부모가 심리적인 스트레스를 경험하게 되면 처벌적이고 강압적인 양육태도를 가져 자녀를 다루는 방식에서 과잉반응을 하게 되며, 이것은 아동학대 및 방임으로 이어진다(Jones, 1990).

또한 대량실업이 있는 지역경제에서 재취업은 어려울 수 있고, 재취업이 불안정하고 실업이 반복되는 가족은 빈곤화될 수 있으며, 가족과 친구로부터의 지지망의 상실, 스트레스 관련 질병, 복지급여가 없는 파트타임, 불완전고용에의 전직 등 여러 스트레스 사건에 대해 취약성을 갖는다(McLeod & Kessler, 1990).

결국 한 가정에서 가장의 실직은 가정재정을 주요한 위기로 몰아넣을 수 있고 불안, 우울, 가족갈등을 포함하는 체계적인 반향을 가져온다. 그리고 실직에 의해 재조직되는 가족생활로부터의 스트레스 연쇄충격(stress pileup)은 만성적 가족 갈등 및 폭력, 가족 해체 및 별거, 무기력감, 약물남용, 스트레스와 관련된 각종 신체 및 정신적 질병 등 부적응적 가족패턴으로 이어질 수 있다(Vosler, 1996 ; 조흥식, 1998).

2) 암환우 가족

국내 암환자는 해마다 증가하는 추세이다. 2011년의 경우 우리나라 인구 10만명당 142.8명(통계청)이었으며, 이런 증가추세는 당분간 계속될 것으로 전망된다. 암환자들이 겪는 디스트레스의 3대 증상은 우울, 불안 및 불면이다. 기존의 연구조사에서는 암환자들이 일반인에 비해 매우 높은 비율로 우울, 불안 및 불면을 경험하고 있는 것으로 보고되고 있다. 암환자의 우울증 위험도는 일반인의 4배에 달하며, 약 20~40%는 심각한 디스트레스로 일상생활에 지장을 받고 있는 것으로 알려져 있다. 암환자 수의 증가는 곧 암환자를 돌보는 가족원의 부담 증가를 의미하며, 암환자 가족 구성원들은 많은 스트레스에 노출된다. 암환자에게 있어 가족은 일차적인 정신적 · 사회적 지지자일 뿐만 아니라, 수동적인 관찰자가 아닌 환자의 치료와 회복에 있어 절대적인 역할을 계속해야 하는 능동적인 참여자이다(홍민주 · 태영숙 · 노미영, 2012). 암환자의 치료에서부터 회복기까지 암환자 가족들의 역할이 매우 중요하다. 가족들의 경우 장기간의 간병으로 인한 피로와 임종을 앞두고 겪는 정신적 슬픔 등으로 인해 정서적 어려움을 겪는 경우가 많다. 이들 환자가족들에 대한 정신건강도 암환자의 치료에 간접적인 영향을 주는 매우 중요한 요소이다.

4. 가족치료의 발달사

1) 1940년대 이전

미국의 여러 지역에서 실시되어 오던 자선사업을 1877년에 Buffalo와 New York에서 자선조직사업 조직체를 구성하여 공식적으로 Case work 활동을 하면서, "가족과 함께 일한다"는 용어를 사용하기 시작하였고 빈곤자 장애인, 가족관계의 어려움이 있는 대상자를 서비스하면서 전체로서의 가족을 다루었다(Gunnan & Kniskern, 1981 : 6).

1908년 Mary Richmond는 『Real Story of Real Family』라는 책을 통해 한 미망인과 네 자녀와의 9년간의 가족치료에 관한 사례를 발표하기도 하였다.

2) 1940년대(태동기)

사회복지의 선구자인 Richmond는 가족 구성원을 따로 떼어내어 보기보다는 가족 전체를 보아야 할 것을 자신의 저서 『Social Diagnosis』에서 밝힌 바 있다. 그러나 이때까지만 해도 아직 가족의 형태에 대한 이해가 부족하였는데, 한 번에 여러 명의 가족 구성원들을 동시에 다루는 기술이 개발되지 않았기 때문이다. 또한 1920년대 정신분석이론의 강력한 영향으로 가족이 아닌 개인적 접근을 강조하게 되었다. 심리분석이론이 가족에 관하여 관심을 가지면서 실제에 적용되기 시작했는데, Freud가 1909년 오이디푸스 콤플렉스를 치료한 것이 가족치료의 시발점이 되고 있다. 1948년 사회사업가인 Charlotte Towel은 가족 구성원 간의 역동성이라는 시각에서 가족과 가족문제를 다루면서 온전한 치료를 위해 전체가족이 참여해야 한다고 주장하였다.

1938년에 Nathan Ackerman은 가족을 심리적이고 사회적인 단위로 보고 관찰하면서 치료는 개인, 가족, 지역사회 안에서 계속적으로 변화하고 역할관계에 초점을 두어야 한다고 하였다. 그는 의사소통에 관심을 두었고, 가족의 항상성을 개념화하였으며, 이 항상성이 깨질 때 가족 내에서 문제가 발생한다고 주장하였다(Bowen, 1985 : 286). 1940년대에 제2차 세계대전이 끝난 후 경제적인 문제와 더불어 심리적인 어려움으로 인해 많은 문제들이 가족 내에서 발생하였다. 따라서 정신의학이 전문분야가 되었고 의과대학에서 정식으로 정신분석이론을 다루게 되었다(Okun & Rappaport, 1980 : 286). 1949년까지는 심리분석, 정신의학, 사회사업 등에서 가족에 초점을 두기 시작하였고, 본격적인 가족치료에 대한 연구를 통해 세분화되고 전문화되면서 각 분야에 협의회나 조직체가 설립되기 시작하였다. 초기에는 정신분열증 가족 위주였으나 이후에는 정상가족에 관한 연구도 활발해졌다.

3) 1950년대(가족연구자 가족치료로 자리 잡음)

Bowen의 정신분열증 환자와 그 가족에 관한 연구가 가족치료이론 발전역사에 크게 기여하였는데, Bowen은 정신과의사로서 정신질환이 있는 아동과 그 가족관계에 관심을 두었고, 모-자녀의 공생관계에 특히 관심을 가졌다. 그는 활동을 통해 아동의 정서적 질환은 어머니 문제의 산물로 보았다. 그리고 Bowen의 연구팀은 가족이 표면상 기능을 잘하고 있지만 주관적인 감정과 객관적인 사고과정 사이를 구별하는 것이 어렵다는 것을 발견하였고 이것을 통해 자아분화와 융합, 삼각관계, 가족의 정서체계와 관련된 개념들을 발전시켰다. 환자의 질병을 이해하기 위해서는 전체 가족체계의 정서를 파악해야 한다고 주장하였다. 1957년경에 가족치료활동이 표면화되면서 상호 간의 정보교환이 시작되었다. 이들의 관심은 병원에 입원한 정신분열증 환자의 가족에게 있었고, 정신분열증은 병리적 가족, 즉 파괴적인 가족환경의 결과로 보았다 (Goldenberg & Goldenberg, 1991 : 76).

4) 1960년대(전문영역으로 자리매김)

1960년대 초는 가족치료에 대한 호기심이 고조되었던 시기로 정신장애의 원인과 치료방법을 모색하면서 전체 가족과 함께 작업을 하기 시작하였다. 이들은 변화되어야 할 것으로 역기능적인 가족 유형을 보았으며, 치료의 초점을 개인의 지각, 행동과 같은 것에 두지 않고 가족구조와 가족 구성원의 상호작용에 두면서 친밀한 사람관계의 행동 유형의 변화에 치료의 목표를 두었다. Ackerman은 가장 영향력이 있는 사람 중의 하나로 1940년대와 1950년대에 가족진단을 위해 저소득층, 중산층, 상류층 가족 모두를 포함하여 가정방문을 하였으며, 아동 개별 치료와 성인에 대한 정신분석에 관심을 가졌다. 이어서 정신분석학을 기초로 사회심리적 치료모델로 발전시켰다. 그리고 이 시기에 Minuchin은 도시 슬럼가에 대한 연구를 하였고, 이를 근거로 구조적 가족치료이론을 발달시켰다. 이것은 가족문제가 나타나고 유지되어 온 사회적 환경이나 맥락을 염두에 둔 실제적인 문제해결 지향적 접근법으로 경계의 개념과 가족 하위체계 간의 상호작용 개념을 신체적 증상으로 나타난 역기능 문제에 적용하였다. 이즈음에 Palo Alto의 MRI 단기가족치료센터에서는 정신분열증 환자보다는 역기능적 행동을 보이는 가족을 대상으로 치료를 확대하기 시작하였고, 가족치료자들은 다른 관련 영역들과도 적극적인 유대관계를 통하여 교육과 훈련을 하기 시작하였다.

5) 1970년대(가족치료기술의 혁신적 개발시기)

체계론적 이론의 도입으로 이론과 기술의 발달에 혁신적인 변화가 있었다.

이 시기에는 Jackson, Haley, Satir가 발전시킨 Bateson의 의사소통이론과 Bowen의 이론이 주를 이루었다. 그 이후에 전략적 치료와 구조적 가족치료 이론이 나왔는데, 전략적이고 단기의 체계적인 치료로 의사소통과 체계적 접근법을 혼합하여 사용하였다. 이들은 현재 나타난 증상에 초점을 두고 있으며, 문제의 범위를 좁게 규정하여 개입전략을 계획하는 방법을 사용하였다.

미국 부부상담협회(AAMC : American Association of Marriage Counselor)는 가족치료에 관심이 많아지면서 1970년에 미국 부부 및 가족상담협회(AAMFC : American Association of Marriage and Family Counselors)로 바꾸었다. 이후 1978년 미국 부부 및 가족치료협회(AAMFT : American Association of Marriage and Family Therapy)로 명칭을 바꾸었다. 1970년대 MRI에서는 분노, 우울증, 부부갈등, 성문제, 가족문제, 중독 등과 같은 임상적인 문제를 치료하기 위해 체계적 개념을 기초로 독창적인 기법들을 발달시켰다. Bateson, Jackson, Haley, Erickson 등이 발달시킨 것으로 가족들이 문제를 해결하고 증상을 경감시키기 위한 의사소통과 상호작용 이론 및 기법들을 적용하여 단기적인 치료를 적용하였다. 1978년에 설립된 밀워키 단기가족센터에서 Steve de Shazer와 lnsoo Kim Berg는 체계이론과 인간의 잠재능력을 중심으로 문제해결 중심의 단기가족치료의 전략과 기법을 발전시켰다. 1980년대에 이미 만들어놓은 체계적인 질문과 과제를 모든 내담자들에게 체계적이면서 융통성 있게 사용하기 시작하였다.

6) 1980년대(탈근대주의와 구성주의)

다양한 가족치료의 접근법들이 세계적으로 보급되면서 탈근대주의, 구성주의, 여권주의, 다문화주의의 영향을 받아 큰 변화를 만나게 되는데 그 내용을 살펴보면 다음과 같다.

(1) 탈근대주의

기존의 가족치료이론이 가지고 있던 편견, 한계점 등이 도전을 받기 시작하는 단계로 1980년대에는 회의주의와 재검토의 시기, 즉 탈근대주의 시기라고 부르는데 가족치료 역시 영향을 받게 된다. 가족치료의 선구자들은 기능적인 가족체계를 설정하고 그것을 근거로 도식화하고 진단과 평가를 하였다. 그 결과 내담자의 의견보다는 자신들의 지식과 기술을 더 신뢰하였다.

(2) 구성주의

자신의 현실에 대하여 의미를 구성하는 과정에 관심을 두었다. 즉, 현실을 개인의 내적인 구성물로 보고 개인들이 현실을 어떻게 구성하는가에 관심을 두었다. 그래서 사람들이 문제에 대하여 가지는 의미체계를 탐색하였으며, 사물에 관한 의미는 새로운 환경에 처하게 되면 신념과 의미가 변화할 수 있다고 보았다. 그래서 전통적인 치료자-내담자의 위계를 협동적인 관계형성을 기초로 하는 대화적 접근법을 구체화하였다.

7) 1990년대(사회구성주의, 여권주의, 다문화주의)

기존의 행동변화에서 의미변화에 초점을 두면서 발전하게 되었으며, 대표적 모델로는 해결중심치료와 이야기치료가 있다.

(1) 사회구성주의

이들은 의미를 구성하는 과정에서 상호작용의 영향력에 관심을 두었다. 사회구성주의의 주창자이기도 한 Kenneth Gergen은 사람들이 의미를 만들어 내는 데 사회적 상호작용이 영향을 미친다는 점을 강조하였다(Nichols & Schwartz, 1998 : 323-324).

사람들이 객관적인 현실을 지각하는 것은 불가능하다고 보았고, Gergen은 신념은 만들어지는 것이고 그 신념은 사회적 상황에서 발생하는 변화에 따라 변화할 수 있는 것이라고 믿었다. 그리고 사람들이 새로운 대화환경에 처하면 의미를 재구성할 수 있다고 보았다.

(2) 이야기치료와 해결중심치료

1990년대 관심을 일으킨 이야기치료(narrative therapy)는 사회구성주의 관점을 기초로 발전하였다. 자아를 사회적 구성체로 인식하고, 다른 사람과의 대화가 내적인 대화로 내재화되면서 자아가 발전한다고 보았다. 이 치료법은 자신의 경험에 대한 이야기를 조직하고 창조하는 과정에서 경험을 만드는 과정이다. 또 하나의 새 모델은 해결중심 치료로, Steve de Shazer와 lnsoo Kim Berg 등이 실용적인 방식으로 만들어 낸 이론으로 문제를 분석하고 원인을 규명하며 방안을 모색하는 것이 아니라 효과적인 문제의 해결을 도모하는 해결중심적인 대화로 발전시켜 나간다는 것이다.

(3) 여권주의자

여권주의자들은 그동안의 가족치료에 성차별적인 요소와 문화차별적인 요소가 있었음을 알게 하는 데 공헌을 하였다. 여권주의자들은 불평등한 지위와 역할로 인해 가족구조 내에서 가족 구성원들이 동등한 책임을 지고 있다고 느꼈기 때문에 어머니나 아내는 희생양이 되었다고 보면서 이로 인해 근친상간이나 폭력과 같은 범죄를 다룰 때에도 여성을 비난하고 그 책임을 물어온 것 등을 비판한다. 이들은 성별로 주어진 지위와 역할을 학습하고 가치기준으로 삼아온 것에 대하여 의식해야 한다고 주장한다. 그래서 남녀를 불문하고 불공평한 위치에서 벗어나는 것에 관심을 가지며, 고정된 지위와 역할로부터 벗어나 한 인간으로 볼 수 있어야 한다고 주장하였다.

(4) 다문화주의

1990년대에 큰 관심의 대상이 되었는데 이민과 상호교류의 증가와 세계로 나아가는 대중매체를 통해서 다른 관점과 생활방식을 접하게 되는데 이때에 서로 다른 문화를 하나로 만들어서 유사하게 하는 것이 아니라 그 차이를 인정하면서 공존하는 것이다. 이를 위해 가족치료자는 편견과 고정관념에서 벗어나야 하며, 다른 민족의 신념과 전통 등을 가족과 함께 찾아보고 이것이 가족에게 주는 영향을 평가하도록 노력해야 한다.

5. 가족치료과정

가족치료에 하나의 통일된 원리와 기법은 없다. 어떻게 해야 가족치료를 효과적으로 수행하고 어떤 절차를 따라야 하는가는 가족치료의 유형이나 가족치료하는 사람의 개인적 역량이나 스타일에 따라 다르다. 가족치료는 보통 가족과의 첫 접촉에서 시작하여 단계별로 진행된다. 대부분의 가족치료자들은 어떤 경우 어린이들을 제외시키기도 하지만 전체 가족 아니면 가능한 한 많은 가족을 참여시키려고 한다. 치료자는 도전자 또는 수용자로서 위험과 존중 요소들 간에 균형을 취해야 하며 가족의 문제해결방법에 도전하는 것이지 그들의 동기에 도전하는 것이 아니다. 치료자가 채택하는 기법은 첫째, 치료체계를 형성하는 것을 돕고, 가족이 '자아감'을 유지하는 것을 돕는 것이다. 둘째, 자아감에 도전하고, 체계를 불균형화시키며 변화를 조장하는 것에 모아진다.

1) 첫 면접

첫 면접을 실시하는 데에 일정한 방법은 없다. 미리 계획된 일련의 단계를 거치는가 하면(Haley, 1976) '지금 여기'를 강조하여 자발적인 대면과 자기개방이 일어나게도 한다(Kempler, 1973). Satir(1967), Franklin과 Prosky(1973)와 같은 치료자들은 첫 면접 때 가족력을 수집하는데, 이때 '지적된 환자'에게 일어난 과거의 중대한 사건들에 대한 가족 각자의 견해를 비교하는 일이 많다. 또 Zuk(1976)와 같은 치료자는 가족력에도 관심을 가지고 있지만 주로 현재의 가족기능과 활동에 중심을 둔다. Minuchin은 첫 단계에서의 치료자의 역할은 가족의 문화에 합류하여 그들을 있는 그대로 받아들이고 지지(maintenance)하는 가운데 문제를 추적(tracking)하는 것이라고 하였다.

2) 중간단계

가족치료의 중간단계는 치료과정에서 핵심을 이룬다. 첫 면접이나 몇 번의

간단한 면접을 바탕으로 치료자와 가족은 정기적으로 보통 일주일에 한 번 한 시간 반 정도 만나기로 약속한다. 가족치료의 중간단계에서 자기들의 관계가 수정되어야 하고 가족들끼리 파괴적인 동맹을 무너뜨려야 한다는 사실을 깨닫게 된다. 가족이 치료에 참여하여 성공을 거두려면 가족구조의 재조직이 이루어지기 시작해야 한다. 이 단계는 문제의 확인, 구조의 확인, 치료의 목적 설정과 계획수립 및 재구조화의 작업이 진행된다. 이 단계에서의 기법은 경계선 만들기, 실연(실제 연습), 재구조화, 강조, 균형 깨트리기 등이 있다.

가족이 치료에 참여하여 성공을 거두려면 가족구조의 재조직이 이루어지기 시작해야 한다. 가족 구성원들의 자주성이 증대되고 가정 내에서의 역할이 덜 경직되어야 하고 기존의 숨겨진 경험들을 서로 공유하고 인정해야 하며, 가족 구성원들이 피드백, 즉 자기행동에 대한 타인의 반응을 받아들여야 한다. 쓰이는 기법은 재구조화로서 적절한 구조의 소개와 강화, 결탁의 해제, 부모 하위체계의 강화 그리고 각 구성원들 간의 역기능적 배치의 교정 등이 포함된다. 일단 변화가 나타나기 시작하면 그것이 유지될 수 있도록 강화해 주어야 한다. 그렇지 않으면 예전의 유형으로 쉽게 돌아갈 수 있기 때문이다.

3) 종결단계

Bell(1975)은 경험 많은 가족치료자라면 대개 8회에서 20회 정도로 치료기간을 잡는다고 했다. 가족치료가 성공적이라면 가족은 대개 몇 개월 후에 종결시킬 준비를 갖추어 자기들의 문제를 집단으로 보다 잘 해결할 수 있고, 파괴적인 행동유형을 변화시킬 수 있게 된다. 치료가 종결될 때 가족 구성원 모두에게 문제가 사라지거나 가족 구성원 모두가 동일한 수준까지 개선되는 법은 없다. 그렇지만 가족과 치료자가 다 같이 이제 가족이 스스로 가정을 이끌어 갈 준비가 되어 있고, 또 치료가 종결되어 치료자의 도움이 없이도 당황하지 않고 독립적으로 기능하고자 한다는 점을 느낄 수 있다.

Chapter 08

가족치료의 이론과 실제

가족상담(가족치료) 상황에서 가장 중요한 것은 상담자의 태도라고 볼 수 있다. 상담자의 태도는 상담에 관한 지식과 기법 못지않게 내담자와 촉진적 관계를 형성하는 것이다(송정애 외, 2015). 가족치료는 가족에게서 발생하는 문제에 대한 임상적 접근으로, 다원화된 가치 속에서 살고 있는 현대의 가족에게는 가족문제의 양상 또한 다양하다. 그러므로 문제의 해결방법 역시 다양한 사회 · 문화 · 경제적인 부문의 영향을 받으며 오늘에 이르고 있다. 가족 구성원이 보이는 문제행동을 그 개인만의 문제로 보지 않고, 개인을 둘러싼 가족이라는 맥락 속에서 이해하려는 시도이다. 따라서 가족치료자는 문제행동 자체보다는 문제행동을 둘러싼 가족 상호작용에 관심을 가진다. 그러므로 가족치료자는 이와 같은 대인관계적 모형으로 문제를 바라보는 것이 무엇보다 중요하며, 이러한 관점은 치료를 용이하게 해준다.

1. 가족치료이론

1) 대상관계 가족치료이론

대상관계이론은 여러 사람들의 기여로 만들어졌으며, 이론은 Freud의 정신분석이론에 뿌리를 두었다. Freud와 입장을 달리한 많은 사람들의 생각들이 모여서 형성된 이론이다.

대상관계이론은 정신역동적 심리치료로서 영국정신분석연구소(the British Psychoanalytic Institute, Tavistock)를 중심으로 발달하였다. 대표적인 이론가로는 Klein, Fairbairn, Guntrip, Winnicott 등이 있다.

(1) 주요 개념

① **타자**(Object)

Freud 이론의 타자(object)는 자아의 욕구충족 수단에 의미가 있는 반면, 대상관계이론의 타자는 욕구충족의 수단 이상의 의미를 가진다. 대상은 정서적인 에너지(emotional energy : 사랑이나 미움, 혹은 사랑과 미움의 복합적인 감정)가 부여되는 사람이나 장소, 사물, 관념, 공상 또는 기억을 말한다.

② **관계**(Relations)

relationship은 객관적으로 볼 수 있는 관계(타인이 볼 수 있는 관계)이나, relations는 자신이 느끼는 관계이고 객관적인, 외적인 관계가 아니라 내면화된 관계, 관계에 대한 개인의 지각, 감정, 기억 등을 의미한다.

③ **자기표상**(Self-representation)**과 타인표상**(Other-representation)

자기표상이란 자아개념보다 포괄적 의미로 주요 타자들과의 대인관계 경험을 바탕으로 내면화된 자신에 대한 생각, 느낌, 감각, 기억, 의미를 말한다. 타인표상이란 주요 타자들과의 경험을 통해 내면화된 타인들에 대한 생각, 느낌, 감각, 기억, 의미를 말한다.

④ **대상항상성**(Object Constancy)

Mahler의 개념으로 유아가 대상이 자신의 곁에 없어도 어딘가에 존재한다는 사실을 받아들이는 상태를 의미한다.

⑤ **대상전이**(Transitional Object)

자아와 원래 나에게 의미 있는 대상(주요 타자)과 연결지어 주는 대상을 의미한다.

⑥ **분리**(Splitting)

나쁜 대상(bad object)과 좋은 대상(good object)을 한 대상 안에 통합시키지 못하는 것을 의미하며, 자신과 주요 타자에 관한 서로 이질적인 내면적인 요소들을 따로따로 나눈다. 분리(splitting)는 다른 쪽 감정을 완전히 차단시키는 것으로 좋은 대상의 상(good object image)을 가질 때는 나쁜 대상의 상(bad object image)

을 전혀 떠올릴 수 없는 것이다. 참자아(true self)와 거짓자아(false self)가 있다.

(2) 유아의 심리적 발달

분리와 개별화의 유아발달은 다음의 4단계를 통해서 이루어진다.

① **분화단계**(the Stage of Differentiation)

출생 후부터 10개월 정도이며, 출생 직후부터 수 주간을 신생아는 자폐 상태에서 살아가게 된다. 이때 신생아는 절대적으로 자기도취의 상태에 빠지게 되고 대부분 잠을 자는 활동을 하게 된다. 신생아는 외부의 환경으로부터 고립되어 있다. 신생아는 자신이 가지고 있는 욕구들만 인식하고 이를 충족하기 위한 활동만 한다. 유아는 자신을 돌보는 대상인 엄마와의 애착을 통해서 자신과 엄마를 하나로 지각하게 된다. 엄마를 하나의 사람으로 인식하기보다는 자신을 돌보는 일부의 기능을 가진 대상으로만 인식한다. 대상을 지각할 때 유아는 모두 나쁘거나 모두 좋다고 지각한다.

만족과 즐거움을 주는 대상은 모두 좋은 대상으로 지각하고 고통을 주는 대상은 모두 나쁜 대상으로 지각하게 된다. 그리고 이때 유아는 자신이 사랑하는 대상을 잃어버리는 두려움을 갖게 되어 낯선 사람에 대한 경계심과 불안이 생기게 된다. 엄마는 유아에게 가장 중요한 참조체제로 역할함으로써 유아가 언제든지 돌아올 수도 있고 떠날 수도 있게 한다. 이러한 과정을 통해서 유아는 엄마와 자신만의 세계에서 한 걸음 더 나아가 다른 여러 가지 대상들을 접할 수 있는 기회를 갖게 된다. 유아의 자아는 처음으로 엄마와 자신만의 세계에서 다른 외부의 세계로 확장하게 된다.

② **연습단계**(Practicing Stage)

출생 후 약 10개월에서 대략 16개월 사이이다. 이때 유아는 자신의 세계를 확장하는 즐거움을 갖게 되고 자신의 기술과 자율능력을 습득하는 데 초점을 맞추게 된다. 유아는 자신이 모든 것을 할 수 있을 것 같은 착각에 빠지게 된다. 유아의 자아는 전능의 환상을 갖게 된다. 한편으로 유아는 엄마를 잃어버리는 두려움에 사로잡히게 되어 엄마에게 더 달라붙는 행동을 한다.

③ **화해단계**(Rapprochement Stage)

출생 후 약 16개월에서 24개월 사이이다. 유아는 이 시기에 엄마에게 마치 퇴행하는 존재로 보이게 된다. 연습단계에서 그토록 자기주장을 강하게 하고 독립적으로 행동을 하던 유아가 이제는 의존적이고 세상을 향해서 나아가지 않으려는 행동을 하게 된다. 아이는 더욱 불안해하고 엄마에게 더 많은 것을 요구하는 행동을 하게 된다. 엄마는 이런 아이의 모습에 대해서 혼란을 느낀다. 아이가 뭔가 잘못되었다는 생각을 하여 아이를 야단치거나 적절한 지지와 공감을 보내지 못하면 아이는 더욱 어려움에 직면하게 된다. 이러한 위기는 아이로 하여금 스스로 자신의 자아를 확립하고자 하는 노력의 일환으로 생각된다. 따라서 엄마는 아이에게 적절한 공감과 사랑을 보여주고 서로 감정을 나누는 대상으로서 관계를 잘 유지하는 능력이 필요하다.

④ **대상항상성 단계**(the Stage of Object Constancy)

출생 후 약 24개월에서 36개월 사이이다. 자신과 관련을 맺고 있는 여러 다른 대상들에게 여러 가지 모습이 있다는 사실을 알게 된다. 유아는 이제 좋은 대상과 나쁜 대상을 통합할 수 있는 능력을 갖게 되고 이로 인해서 그 대상은 화를 내거나 자신을 아프게 하더라도 관계를 할 수 있는 존재라는 사실을 알게 된다.

2) 맥락적 가족치료이론

맥락적 가족치료 이론(contextual family therapy)은 Ivan Boszormenyi-Nagy에 의해 만들어진 이론으로 관계적인 맥락을 윤리적으로 재정의하는 데 초점을 맞춘다. 일반적으로 정신분석학은 사람의 바람직하지 못한 행위도 인간의 추동으로 설명함으로써 책임을 면제해 준다는 점에서 비난을 받아왔다. 그러나 맥락적 가족치료라고도 불리는 Boszormenyi-Nagy의 가족치료에서는 가족 내의 윤리적 책임을 강조하였다. 그는 가족 구성원이 서로에게 충성해야 한다고 믿었으며, 가족은 근원적 채무를 지고 있다고 보았다. 치료자의 역할은 현재의 증상에 연결된 부정의 연쇄고리를 찾아내는 것이 중요하다. 몇 세대에 걸친 채무관계를 파악하기 위해서는 치료과정에서 과거에 대한 자료를 사용한다. 이러한 과정을 통하여 가족에게 통찰할 수 있는 힘이 생기면 부정은 수정된다.

(1) 주요 원리

① 실존의 원리

- **유산**(Legacy) : 자녀들이 부모로부터 대화를 통해서 물려받게 되는 명령을 유산이라고 부른다. 심리명령에는 부정명령과 긍정명령이 있다. 부정명령은 자녀들이 부모로부터 떠안게 되는 빚이다. 긍정명령은 부모가 자녀에게 올바른 기대를 하면서 동시에 제대로 돌보고 살피는 행동을 하는 경우이다.
- **원장**(Ledger) : 부모로부터 주어진 유산과 자신이 살아가면서 얻은 것들을 기록해서 계산해 놓은 장부, 다른 사람들에게 얻고 있는 신용과 다른 사람들에게 갚아야 하는 빚이 기록되어 있는 종이를 말한다.
- **지명 후보자**(Nominate Candidates) : 부정적 유산을 집중적으로 물려받기 위해서 지명된 사람이다.

② 대화의 원리

대칭이란 두 사람이 서로 상호주의에 입각해서 주고받는 관계이고, 비대칭은 한 사람이 다른 사람을 돌보면 다른 사람은 그 사람에게 같은 방식으로 돌봄을 되돌려 줄 수 없는 관계이다. 모든 인간관계는 주고받는 특성을 가지고 있다. 자녀는 부모에 대한 신뢰와 사랑의 마음을 가짐으로써 부모에 대해서 효심이 생긴다. 인간의 자아는 자기묘사와 자기타당의 개념에 의해 자아형성이 이루어진다. 자기묘사는 다른 사람들과 관계하면서 획득하는 능력으로서 자신을 다른 사람들과 구분하고 자신의 개성을 찾아갈 수 있는 능력을 의미하며, 자기묘사에 의해서 인간은 자신만의 개성과 개별성을 형성한다. 자기타당은 다른 사람들로부터 인정을 받을 수 있는 능력을 말한다. 자기타당을 통해서 사람들은 자신들의 윤리적 가치를 발달시킨다.

③ 역기능의 가족관계

윤리의 맥락이 제대로 지켜지지 않을 때, 가족들은 역기능의 관계를 갖게 된다. 윤리의 맥락이란 곧 실존의 질서를 의미한다.

- **부모화 현상** : 부모가 자녀에게 부정유산을 물려줄 때 자녀가 다음 세대를 통해서 자신의 빚을 청산하고자 하는 노력을 하는 과정에서 부모화 현상이 발생한다. 부모가 자녀에게 비현실적 기대를 하거나 윤리의 맥락에 맞지 않는 방식으로 자녀를 대할 때 자녀는 충성심으로 인해서 부모의 기대대로 행동하려고 한다. 아이가 부모의 역할을 오랫동안 하는 현상을 부모화 현상이라고 한다.
- **분열된 충성심** : 자녀가 한 부모에 대한 충성심을 희생하면서 다른 부모에게 충성을 다할 때 생기는 현상으로 이러한 상황은 부부가 서로 갈등하는 상황에서 발생한다.
- **보이지 않는 충성심** : 눈에 보이지 않는 방법으로 부모에 대해서 반응하는 행동을 보이지 않는 충성심이라고 한다.

④ 회전판(Revolving Slate)

회전판의 행동들은 세대를 지나면서 반복적으로 나타난다. 회전판은 고정되어 일정하게 나타나는 행동양식을 의미한다.

(2) 치료기법

맥락 가족치료의 가장 중요한 치료의 방법은 여러 사람들이 배려와 관심을 골고루 받도록 하는 일이다.

① 자기타당(Self-validation)

치료자가 자녀들이 가지고 있는 충성심을 부각시키는 활동이다. 예를 들어, 어머니가 아들에 대해서 불평을 하고 나쁜 아이라고 말을 한다. 치료자는 아들에게 “지금까지 살면서 가족에게 했던 친사회적인 것에 대해서 말해보아라” 라고 말을 한다. 아들은 치료자의 말을 통해서 자신이 지금까지 가족에 대해서 했던 여러 가지를 말하게 된다. 치료자는 아들이 가지고 있는 친사회성을 충분히 부각시키고 인정하고 지지해 준다. 어머니가 아들의 말을 듣고 어떤 감정을 느끼는지 살펴보고 어머니로 하여금 아들의 충성심을 충분히 인정하고 받아들이도록 만든다. 만일 어머니가 아들의 충성심을 받아들이고 지지한다면 아들은 자존감이 높아질 것이다. 어머니로부터 받은 인정과 지지 그리고 치료자로부터 받은 인정과 지지를 통해서 아들은 자기타당에 의한 자아개념이 좋아질 것이다.

② **편파성**(Partiality)

치료자가 가족 구성원들 중 어느 한 사람에 대해서 특별한 배려와 관심을 갖는 활동을 편파성이라고 한다. 이 방법은 가족 구성원들이 가지고 있는 여러 가지 영역들 중에서 윤리의 맥락이 실현되지 않은 경우에 사용하는 기법이다.

③ **해방**(Exoneration)

치료자는 부모로부터 물려받은 회전판으로부터 자녀들을 해방시키도록 돕는다. 회전판은 부모로부터 물려받은 파괴적 행동양식으로서 자녀들에게 이 행동을 되풀이함으로써 역기능의 가족 속에서 살아가도록 한다. 회전판으로부터의 해방은 가족들로 하여금 단지 부정적 관계를 청산하는 치료의 의미에서 한 걸음 더 나아가 서로 관계를 돕고 배려하는 관계로 만들어 가도록 한다. 해방을 위해서 가족들은 먼저 자신들의 회전판과 부모들과의 관계를 이해하는 절차가 필요하다. 다음으로는 회전판에 얽혀 있는 여러 가지 복잡한 감정들을 다루는 시간이 필요하다. 마지막으로 부모들의 세대가 가지고 있었던 상황과 맥락을 이해하고 받아들이도록 한다. 자신들은 같은 방식으로 자녀들에게 되풀이하지 않도록 한다. 해방은 단지 이해만 하고 끝나는 수동적 의미의 개념이 아니라 헌신하고 노력하는 적극적 행동을 의미한다.

3) Bowen의 다세대가족치료

정신역동적인 접근법과 체계론적 관점을 연결시킨 이론으로 Bowen의 가족체계이론은 정신분석과 정신분열증과 관련된 개념들을 중심으로 발전하였다. 치료의 목표는 가족 개개인이 가족 전체를 묶는 정서적 융합에서 벗어나도록 돕는 데 있다.

(1) 주요 개념

① **자아분화**(Differentiation of Self)

자아분화는 Bowen의 다세대 가족치료의 핵심개념으로 이것이 바로 치료목표이자 성장목표가 된다. 자아분화가 잘 이루어진 사람은 자신의 감정으로부터 분화되어 있을 뿐만 아니라 가족체계의 정서로부터도 분화되어 있다. 반면 분화되지 않은 사람은 미분화된 가족자아(undifferentiated family ego self) 상태로 혼합된 감정상태에 있기 때문에 자율적인 정체감을 가지기 어렵다. Bowen은 자아분화 정도를 척도화하여 0~100이라는 연속선상에서 네 개의 범주로 나누었다. 자아분화척도는 감정적 · 지적 기능의 융합이나 분화의 정도에 따라 나누어진다. 실제로는 0인 사람도, 100인 사람도 없으며 모든 사람이 중간 어딘가에 속해 있다.

- **가장 낮은 자아분화**(0~25)
  가장 낮은 자아분화 수준에 있는 사람은 감정적 세계 속에서 살고 외부 반응에 지나치게 민감하여 의미 있고 지속적인 관계유지 능력이 결핍되어 있다.
- **낮은 자아분화**(25~50)
  융합 정도가 심하지 않으나 자아정체감이 분명하지 못하여 스트레스 상황에서는 영향을 받아 쉽게 변한다.
- **보통 자아분화**(50~75)
  스트레스가 발생해도 감정에 지배당하지 않을 만큼 사고가 충분히 발달해 있고 자율적이며 독립적으로 의사결정을 한다.
- **높은 자아분화**(75~100)
  사고와 감정이 분리되어 있으며, 높은 수준의 독립성을 가지고 거의 완전한 성숙수준에 이른 상태이다.

② **정서적 삼각관계**(Emotional Triangles)

삼각관계는 어떤 두 사람이 또 다른 한 사람을 자신의 정서적 문제에 끌어들이는 형태를 기술하는 개념으로 두 사람 사이의 관계가 본질적으로 긴장되거나 불안할 때 안정을 취하지 못하게 되고 자동적으로 의미 있는 세 번째 사람이나 일, 사물 등을 관계에 끌어들인다. 삼각관계의 일반적인 예는 부부가 그들의 문제를 해결하지 않은 채 자녀를 끌어들여 그에게 초점을 맞추면서 긴장을 완화시키는 것이다. 일반적으로 가족 내에서 삼각관계 형성은 가족원의 자아분화 수준이 낮을수록 그 가능성이 더 커지고 관계가 중요할수록 삼각관계 형태가 좀 더 강하다.

③ **핵가족 정서과정**(Nuclear Family Emotional Process)

핵가족 정서과정은 한 세대의 가족 내에서 보이는 정서적 기능을 설명한 것이다. 핵가족 정서과정은 정서적 거리, 부부갈등, 자녀에게 문제를 전이, 배우자의 역기능이라는 네 가지 심리 유형으로 나타난다.

- **정서적 거리**(Emotional Distance)
  정서적 거리는 사람들 사이에서 지속적으로 관련을 맺는 것으로 배우자 간의 불편한 관계를 줄이기 위한 것이지만 반대로 관계가 단절되는 위험을 초래하기도 한다. 정서적 거리는 배우자로부터 멀리 떨어져 만나는 시간을 줄이거나 혹은 배우자가 아닌 사람(외동)이나 사물(책, 컴퓨터 등)에 몰두하는 것으로 나타날 수 있다.

- **부부갈등**(Marital Conflict)
  가족의 긴장이 증가할수록 배우자들은 점점 더 불안해지고 그들의 불안을 결혼관계에서 표출하게 된다. 서로의 잘못에 초점을 맞추고 상대방을 지배하려 하고 상대방의 주도권을 거부하게 된다. 불평불만, 고집불통, 상대의 말에 귀를 기울이지 않음 등 여러 가지 형태로 나타난다.

- **자녀에게 문제를 전이**(Transmission of the Problem to a Child)
  부부갈등이 심각해지는 상황에서 부부는 자신들의 긴장을 한 명 혹은 그 이상의 자녀에게 초점을 맞춘다. 그러면 자녀는 부모의 갈등에 있어 한쪽 편을 들게 되고 그래서 어느 한편이 정서적 체계에 자녀를 끌어들임으로써 자녀에게 문제를 전가하는 형태를 보인다.

- **배우자의 역기능**(Dysfunction in One Spouse)
  이 유형은 한 배우자가 상대방에게 생각하고 행동하도록 압력을 행사하고 상대방은 압력에 대해 양보하도록 하는 것이다. 배우자들은 서로 조화로운 상태를 유지하지만 어느 한쪽이 더 희생적일 수 있다. 긴장이 발생하면 더 희생적인 배우자는 점점 더 상대방을 주도하게 되고 다른 배우자는 점점 더 자신을 포기하는 저기능의 상태에 이르게 된다.

④ 가족투사과정(Family Projection Process)

가족투사과정이란 부모에 의해 그들의 미성숙과 분화결핍이 자녀들에게 전달되는 과정을 말한다. 역기능적 부모는 그들 사이에 자녀를 끌어들여 밀착관계를 만들게 된다. 분화수준이 낮은 부모는 이러한 삼각관계를 통해 자녀에게 불안을 투사하고 자신은 회피하려 한다. 특히 어머니가 자녀에 대해 더 밀착관계를 나타내는 공생관계를 만들게 되고 자녀에 대해 긍정적이라면 어머니는 자녀에게 과도한 가치를 두고 과보호하게 되어 자녀는 기본적인 분화만 하게 되고 반대로 그 투사가 부정적이라면 과도하게 엄하거나 제재를 가하게 된다. 즉, 불안이 어머니에게 있음에도 불구하고 마치 자녀에게 있는 것처럼 행동하는 것이다.

⑤ 다세대 전수과정(Multigenerational Transmission Process)

이 개념은 다세대를 통해 가족의 정서과정이 전수되는 것을 설명한다. 가족의 투사과정은 세대에서 세대를 걸쳐 일어나게 되며 부모의 정서적 체계에 관여된 자녀는 부모보다 낮은 분화수준을 갖게 된다. 그리고 결혼할 때 비슷한 분화수준을 가진 사람과 결혼하여 부모세대보다 더 낮은 분화수준을 가진 가족을 이루게 된다. 이런 미분화의 세대적 계승이 여러 세대에 걸쳐 계속되면 정신분열증, 만성적인 알코올중독, 신체적 질병 등으로 표출된다.

⑥ 정서적 단절(Emotional Cutoff)

정서적 단절은 한 개인과 자신의 원가족 간의 미분화와 관련된 정서적 긴장을 설명하는 것으로 융합이 심한 사람이 원가족과의 정서적 접촉을 단절하거나 의무적인 방문과 같이 최대한으로 축소해서 문제를 해결하려는 것을 뜻한다. 융합이 심한 사람은 부모로부터 멀리 떠나거나 거리를 두거나 또는 같이 살면서도 부모에게서 격리되고 부모를 거부하며 대화를 피하거나 정서적으로 자신을 고립화시키고 부모가 중요시하는 것을 부인하거나 거부하는 등의 행동을 보인다.

⑦ **출생순위**(Sibling Position)

자녀의 위치는 부모들의 기대 수준과도 연관이 있는데 기대 수준이 높은 자녀 위치를 가지고 있는 자녀의 분화 수준은 낮아져 독립된 생각이나 행동을 하기 어렵게 되고 자신들의 감정을 솔직하게 말하지 못하는 습성에 익숙해진다. 반면에 그런 위치에 있지 않은 자녀는 독립적으로 생각하고 행동하게 됨으로써 높은 분화 수준을 보인다.

⑧ **사회정서적 과정**(Societal Emotional Process)

사회정서적 과정은 가족에 대한 기본 이론을 사회로 확대시키는 것이다. 자녀의 일탈, 부모의 달래기 혹은 억압 등의 악순환이 역기능 가정에서 반복되는 것처럼 사회도 마찬가지여서 같은 과정이 사회에서 발생한다.

(2) 치료기법

Bowen 가족체계 치료의 실제에 있어서 가장 많이 사용되는 7개의 기법들은 다음과 같다.

① **가계도**(Genogram)

Bowen은 초기부터 다세대 가족체계에 관한 자료를 수집하고 조직하기 위해 '가계도'를 사용하였다. 가계도를 도식화함으로써 한 세대에서 다음 세대로 어떻게 전승되는지를 알 수 있으며, 치료자로 하여금 그들을 변화시킬 전략을 설계할 수 있도록 돕는다.

② 치료 삼각관계(the Therapy Triangle)

이 기법은 치료자가 배우자와 너무 가깝거나 너무 소원하지 않은 관계, 즉 정서적으로 지나치게 관여하지 않으며 관계를 맺을 수 있는 능력과 부부의 문제를 치료할 수 있는 능력에 기초를 두고 있다. 그러므로 성공적인 치료를 위해서 치료자는 가족이 형성하는 삼각관계에 말려들지 않고 부부와 의미 있는 관계를 맺는 기술을 발휘해야 한다. 그러나 이처럼 균형을 유지할 수 있는 능력은 치료자 자신의 자아분화 정도와 밀접한 관계가 있다. 치료자는 중립적이고 객관적인 자세를 유지하는 노력을 해야 하고 이는 치료자가 부부의 상호작용의 부정적인 면과 긍정적인 면 양쪽을 볼 수 있어야 한다.

③ 관계성 실험(Relationship Experiments)

관계성 실험은 핵심적인 삼각관계를 구조적으로 변화시키기 위한 것이다. 궁극적인 목적은 가족 구성원들이 체계과정을 알도록 하며 체계과정에서 자신의 역할을 인식하도록 돕는 것이다. 이러한 관계성 실험은 정서적으로 가까워지기를 추구하는 사람과 냉담한 사람들을 치료하기 위해 만든 것이다.

④ 코칭(Coaching)

코칭은 사람에게 할 일을 말하는 것을 의미하지 않으며 내담자들에게 가족의 정서적 과정들과 그 안에서의 자신의 역할을 발견하도록 돕기 위해 고안된 질문을 하는 것을 의미한다. 치료자는 주로 내담자에게 반응하기보다는 문제들을 생각해 보도록 질문하고 문제가 있는 관계 속에서 자신의 역할을 어떻게 변화시킬 것인지를 질문한다.

⑤ '나-입장(the I-position)'

정서적 악순환을 깨는 가장 확실한 방법은 다른 사람이 행동하는 것에 관하여 말하는 것 대신에 현재 감정 상태를 표현하는 것으로 자신이 무엇을 느끼는가를 말하게 하는 것이다. 이 기법은 상대방에게 책임을 추궁하는 것이 아니고 자신의 현재 감정 상태를 표현하는 것이다.

⑥ **다중 가족치료**(Multiple Family Therapy)

이 방법에서 객관성을 증가시키는 방법으로는 초점을 바꾸는 것과 초점을 덜 개인적이고, 덜 위협적인 것으로 만드는 것이다. Bowen은 부부들에게 접근할 때 모든 참가자 개개인에게로 관심을 옮겨가는 방식을 통해서 그들 간의 상호작용을 최소화시킨다. 이렇게 하여 한 사람이 다른 사람을 관찰함으로써 자신의 정서에 몰입하지 않고 정서적 과정을 더 많이 배우게 된다.

⑦ **치환이야기**(Displacement Stories)

이 기법은 내담자가 논쟁이나 방어를 하지 않고 가족 속에서 자신의 역할과 기능을 인식하도록 돕는 것이다. 대부분의 부부들은 그들 자신의 희망과 달리 비생산적으로 논쟁하며 모든 책임을 상대에게 전가시키고 협상하는 대신에 공격하는 경향이다. 변화를 위해서는 이야기하고 경청하는 의지가 필요하며 다른 사람을 비난만 하는 대신에 과정 속에서 자신의 몫을 인식해야 하는데 이를 위해서 치환이야기 기법이 사용된다.

4) 구조적 가족치료이론

구조적 가족치료이론(structural family therapy)은 1960년대 필라델피아를 중심으로 발전되었다. Minuchin은 둘 이상의 비행 청소년을 가진 가정에 관한 연구를 통하여 비행 청소년 가정의 역동적 측면에 초점을 둔 구조적 가족치료이론을 발전시켰다. 구조적 가족치료이론은 세 가지 원리에 근거하고 있다.

첫째, 사회적 상황은 개인의 정신생활에 영향을 미친다. 또 개인이 사회상황에 영향을 미치기도 하고 영향을 받기도 하여 끊임없이 상호작용이 반복된다. 둘째, 가족구조를 변화시키면 체계성원의 정신 내적 과정과 행동을 변화시킬 수 있다. 셋째, 치료자가 환자나 환자가족과 일할 때, 그 행동은 사회적 상황의 일부가 된다. Minuchin은 가족을 하나의 체계로 보고 가족 내 하위체계 간의 경계가 불분명하고 체계 간의 상호관계가 적절히 조정되지 않을 때, 가족갈등이 야기된다고 보았다. 즉, 개인의 문제를 정신 내적 요인보다 체계와의 관련성에 두고 가족의 구조를 변화시킴으로써 체계 내의 가족의 경험이 변화되어 결국 개인에게 변화를 이끌 수 있다고 보는 것이다.

(1) 주요 개념

① **체계**(System)

가족 구성원들과 그들의 상호작용에 의해서 만들어진 일정한 형태를 의미한다. 이러한 체계는 가족의 구조라는 형태로 나타난다. 구조는 가족 구성원들의 상호작용을 통제하고 지배하는 규칙들과 그러한 규칙들에 의해서 나타나는 기능으로 이루어진다. 가족 구성원들이 행동을 하도록 만드는 가족의 규칙들을 묶어서 구조라고 부른다. 구조는 가족 전체의 행동을 통제하고 지배하는 규칙들과 가족 구성원들 중의 일부만 적용되는 규칙들을 갖는다. 가족은 상호의존적 하위체계 또는 커다란 체계 내에서 상호작용하는 조그만 체계들의 복합체로 구성되어 있는 하나의 살아 있는 체계이다. 하위체계는 전체로서의 하나의 세계 안에서 특정한 기능 및 과정을 수행하도록 배당된 부분들이다. 하위체계들은 다른 하위체계 그리고 하나의 전체로서 보다 큰 체계와 구분되는 경계(boundary)를 가지고 있다. Minuchin은 경계는 하위체계 구성들로 하여금 부당한 방해 없이 그들의 과제를 잘 수행할 수 있도록 하는 반면에 하위체계 그리고 그 밖의 사람들 사이의 접촉이 허용될 만큼 개방될 수 있도록 충분히 잘 정의되어야 한다고 주장했다.

- **부부 하위체계**(Spouse Subsystem)
  부부들에게만 적용되는 규칙을 갖는다. 상호 간에 여러 기능을 서로 지지하고 보완하여 소속감을 발전시켜야 하며 서로의 독립적 권리를 유지하면서 차이점 등에 대해 상호작용하는 것이 중요하다.

- **부모 하위체계**(Parental Subsystem)
  아버지와 어머니가 아이들과의 관계에서 갖는 체계이다. 부모의 중요한 기능은 자녀의 발달에 따른 자녀양육, 지도, 통솔이다. 부모는 가족의 규칙(rule)을 정하고 부모의 권위를 적절히 사용함으로써 이와 같은 기능을 발휘한다.

- **형제 하위체계**(Sibling Subsystem)

  가족의 아이들로 구성되는 체계이다. 아이들은 자신들 나름대로 일정한 규칙과 행동을 가지고 있다. 자녀들 간에 협동, 경쟁심을 배우고 동료관계를 배우는 체계이다. 자녀가 자율성과 권리를 갖고 부모의 개입 없이 형제간의 문제를 해결하는 것이 필요하다. 그리고 아이들 사이에 일정한 위계질서가 성립되고 이러한 위계질서에 따라서 행동한다. 이러한 위계질서는 대체로 부모에 의해서 지지되고 강화를 받는다.

② **경계선**(Boundary)

경계선은 체계의 안과 밖을 구분하는 선을 말한다. 가족의 경계선은 가족이라는 체계와 가족 밖이라는 외부를 구분하는 선이다. 이러한 선은 가족이 가지고 있는 규칙에 의해서 유지된다. 가족의 규칙은 가족의 외부와 내부를 구분하는 역할을 한다. 경계선은 다른 체계들과 상호작용을 활발하게 하기 위해서 유연하고 부드러워야 한다. 가족들은 유연하고 부드러운 경계선을 통해 외부의 자극에 대해서 쉽게 반응할 수 있으며 내부의 정보를 외부로 방출하는 행동을 한다.

- **명확한 경계선**(Clear Boundary)

  명확한 경계는 명확하면서도 융통성이 있다. 명확한 경계가 있는 곳에서 가족 구원들은 지지받고 건강하게 양육되며, 어느 정도의 자율이 허락된다. 명확한 경계선은 하위체계 간의 상호작용과 의사소통을 증진시키며 변화를 유발시키기 위하여 협상과 타협을 계속한다. 그리하여 가족의 안정성을 유지하는 것이다. 부모와 아동은 서로에게 포함되면서도 다른 한편으로는 개별적이고 독립적이다.

- **경직된 경계선**(Rigid Boundary)

  경계선이 너무 딱딱한 경우를 경직된(엄격한) 경계선이라고 부른다. 경직된 경계란 체계가 강하게 분리된 상태를 말한다. 가족원들은 체계 내에서 서로 고립되어 있으며, 지역사회 내의 지지체계로부터도 멀리 떨어져 있다. 분리된 개인과 가족은 비교적 자율적이나 고립되어 있다. 이것이 극단화되면 역기능적이 되는 것이다. 경직된 경계선의 상황에서는 아동은 스스로의 삶의 현장에서 혼자 싸우는 것을 배우고 부모의 관심이나 원조 없이 협상하며 스스로를 보호하는 것을 터득한다. 부모는 부모대로, 아동은 아동대로 서로 타협, 협상할 여지가 거의 없으며 하위체계 간의 경계도 지나치게 엄격하다.

- **산만한 경계선**(Diffused Boundary)

  경계선이 불분명한 경우이다. 산만한 경계선은 가족의 밀착된 관계에 기인한다. 이 경우 모든 사람은 모든 사람의 일에 관여하며, 필요하지 않은 경우에도 지지하는 등 극도의 혼란스러운 상태이다. 부모는 너무 허용적이며, 하위체계 간의 필요한 구분과 경계는 이미 실종되었다. 산만한 경계선을 가진 가족은 너무 많이 타협하고 적응한다. 그리고 아동과 부모, 양측은 모두 자립과 자율 그리고 실험성이 상실되었다. 배우자체계는 거의 부모체계의 기능에만 헌신적이고, 부모는 그들의 시간과 정력을 아동들에게 모두 바치고 있다. 결과적으로 아이들은 부모에게 너무 의존적이며 그들 자신의 능력을 개발하지 못한다. 이러한 아동들은 사회적 실험을 두려워하는 경향이 있으며, 결과적으로 성공과 실패를 매우 두려워한다.

③ 역기능적 가족관계

- **격리된 관계**(Disengaged Relationship)

  경직된 경계선을 가지고 있는 가족으로 가족들 간에 상호작용을 하지 못하게 한다. 가족의 구조는 일정한 틀이 있어서 여러 가지 환경의 변화에 따라서 유연하게 변화하지 못한다. 가족들은 서로 대화하기 힘들고, 자신들의 생각이나 감정을 공유하기 어렵다. 서로 지지하는 기능이 상실되고 보호하지 못한다.

- **밀착된 관계**(Enmeshed Relationship)

  산만한 경계를 가진 가족으로 가족들은 감정적으로 그리고 정서적으로 지나치게 서로에 대해서 예민하고 민감하다. 서로 지나치게 감정들이 얽혀 있어 가족들은 아주 사소한 의견의 차이에도 서로 개입하고 관여한다. 가족들은 자신들의 공간이나 여유를 갖기 힘들고 늘 다른 가족 구성원들의 행동이나 생각에 신경을 써야 하는 입장에 빠진다. 개인의 경계선이나 하위체계의 경계선들이 없거나 너무 약하기 때문에 서로에 대해 누가 무엇을 하고 가족이 어떤 방식으로 상호작용을 해야 하는지에 대해서 어려움을 겪는다. 다른 사람들의 경계선을 지나치게 침범하게 되거나 하위체계들 간에 위계질서가 거의 없게 된다.

④ 역기능의 종류

- **기능적 경계선의 침범**(Violation of Functional Boundary)
  부모화 현상을 경험하는 아이들이 대표적으로 겪는 역기능이다. 편부 또는 편모의 가족인 경우에 아이들 중 하나가 부모의 자리를 대신하여 부모의 역할을 하게 된다. 세대 간의 경계선이 너무 약하여 아이는 쉽게 부모의 기능을 할 수 있다.
- **안정된 연합**(Stable Coalition)
  부부간의 갈등이 심한 경우에 부모 중 한 사람은 가족 내의 다른 가족 구성원과 안정된 연합에 들어간다. 안정된 연합이란 가족 내 두 사람이 다른 한 사람을 배타적으로 밀어내면서 두 사람 사이에 밀착된 관계를 형성하는 현상을 말한다.
- **우회연합**(Detouring Coalition)
  가족 구성원들 간에 갈등이 생겼을 경우에 이를 피하기 위한 수단이다.

⑤ **삼각관계**(Triangulation)

서로 갈등하고 있는 두 사람이 똑같은 제3자를 통해서 상대방을 제압하려고 하는 연합의 관계이다.

⑥ **세대 간 안정연합**(Transgenerational Stable Coalition)

세대에 걸쳐서 연합이 일어나는 현상이다. 남편과 부인의 갈등이 심한 경우에 남편이나 부인 또는 둘 다 아이와 정서적 연합을 하려고 하는 것을 세대 간 연합이라고 한다(예 고부간의 갈등).

⑦ 역기능의 위계질서

부부갈등으로 인해 부부 중 한 사람이 아이와 연합하거나 가족 이외의 사람과 연합하는 경우에는 부부의 의사결정권에 영향을 미치게 된다.

⑧ 발달저해

연합에 참여하고 있는 아이들은 제대로 성장할 수 없다. 연합에 참여하는 아이들은 자신들의 발달과제를 다루기보다는 부모의 세계 또는 어른의 세계에 깊이 관여하게 된다. 첫째, 자신의 발달과제를 수행하는 데 방해하는 역할을 한다. 발달단계에 맞게 경험되어야 할 여러 가지 과제들에 대해서 경험할 수 있는 기회를 갖지 못하게 된다. 둘째, 어른들의 과제를 너무 일찍 접하게 됨으로써 어른들의 발달과제에 대해서 부정적이고 힘든 생각이나 느낌을 갖게 된다.

(2) 치료기술

구조주의 가족치료기술에는 크게 세 가지가 있다. 가족에게 합류하는 기술, 가족의 구조를 평가하는 기술, 그리고 재구조화를 가져오기 위한 기술 등이다.

① 가족에게 합류(joining)하기

합류란 그 가족의 분위기를 파악하여 동조하는 것이다. 만일 그 가족이 우울해한다면 치료자도 매우 슬픈 기색을 보이고 자신의 우울을 표현함으로써 가족들의 분위기에 동조하는 것이다. 치료자는 지도자적인 입장에서 가족에게 합류 혹은 동조(join)함으로써 치료체계를 형성하는 것이 첫째 임무이다. 그러기 위해서는 그 가족의 표정, 스타일, 화술 등을 그대로 사용함으로써 그 가족과 합류한다. 합류의 기법에는 유지하기(maintenance), 따라가기(tracking), 흉내내기(mimesis) 등이 있다.

② 가족구조를 평가하기

가족에게 합류한 다음에는 가족구조를 측정하고 상호작용 패턴(transactional

pattern), 권위체계, 경계가 유지되고 있는 형태, 융통성의 정도를 파악해야 한다. 이러한 측정이 끝나면 치료자는 가족구조에 대한 진단을 하고 치료의 목표가 설정된다. 예를 들어, 경계가 불분명한 가족은 경계를 강화시킨다는 것이다.

③ 변화를 초래하기 위한 방법

가족구조에 변화를 초래하고 증상을 호전시키기 위해 구조적 가족 치료자들이 개발한 방법은 다음과 같다.

- **재현방법** : 가족의 상호작용 패턴, 의사소통 채널, 하위체계끼리의 거리감들을 회기 중에 재현하는 것이다. 특히 문제되고 있는 역기능적인 패턴이 치료자와의 관계에서 재현되는 것이며 전통적인 정신분석치료에서 개인치료를 하는 동안 과거에 경험한 인간관계나 느낌, 소망감 같은 것이 치료 회기 중에 전이되는 것과 같은 현상이다. 재현의 기법으로서 Tarantzis는 가족에게 커다란 종이와 크레용을 주고 함께 그림을 그리도록 하였는데, 그 결과 가족의 구조에 대한 중요한 정보를 얻게 되고 그들의 상호작용 패턴이 회기 중에 그대로 노출되었다.
- **문제의 크기를 줄이기** : 치료자는 가족이 그들의 역기능적 문제를 해결 가능한 차원에서 보도록 돕는다. 예를 들어, 치료자는 "수진이가 미처 깨닫지 못한 것이 아니고, 다만 늦게 들어오는 습관을 깨도록 가족의 도움이 필요할 뿐이지요"라고 말해준다. 일단 문제를 무능력보다는 능력 발휘의 차원에서 보도록 돌려놓기만 하면 가족이 능력을 발휘할 수 있도록 유도하기가 쉬워진다. 아이가 도저히 다룰 수 없을 지경으로 미처 깨닫지 못한 것 같다고 믿는 부모에게 가족치료를 통해 뭔가 효과가 있을 것임을 제시하는 것이다. 즉, '다루어 볼 만한 현실적 문제'로 보게 하는 방법이다. 아이를 변화시키고자 하는 작업은 실제로 부모의 유능성을 높여주며 치료자는 미처 깨닫지 못한 아이를 고치는 '기적의 치료자'가 아니라 부모를 도와주는 '의논 대상자'가 되는 것이다.

5) Satir의 의사소통 가족치료

의사소통이란 언어적 · 비언어적 메시지의 전달방법, 과정 그리고 그 내용 모두를 말하는 것인데 그러한 의사소통을 주고받는 유형이 곧 그 가족의 상호작용의 양상이 된다고 할 수 있다. 의사소통의 형태는 크게는 이중구속적인 메시지를 주고받는 형태, 그리고 언어적 표현과 비언어적이고 내면적인 감정이나 신체의 자세가 일치하는 형태의 수평적 의사소통이 있다. 기능적인 가족은 어렵기는 하지만 후자인 수평적 의사소통방법을 쓰려고 노력하는 사람들에 의해 성취될 수 있는 반면, 역기능적인 가족은 흔히 서로를 속이거나 구속하는 이중적인 메시지에 의한 게임이 이루어지는 가족이다.

(1) 의사소통 유형

Satir는 사람들이 스트레스 상황에서 대처하는 공통적 방법을 발견하게 되었다. Satir는 그것을 역기능적 의사소통 유형으로 분류하고 회유형, 비난형, 산만형, 초이성형, 일치형의 개념을 발견하였다.

① **회유형**(Placating) : '다 나의 잘못이야', '나는 너를 행복하기 위해 존재해', '니가 없으면 나는 아무것도 아니야.'

표면적으로는 약하고 의존적이다. 상대방의 기분을 맞추려 하며 무조건 동의하고, 희생적이다. 쉽게 사과하고 반대하지 않으며, 비위 맞추는 말을 많이 한다. 자신의 요구를 분명히 표현하지 못하며 상대방에게 무엇을 요청하는 것은 생각도 못하고 자신은 힘이 없고 가치 없는 존재라고 생각하며 우는 소리를 한다.

② **비난형**(Blaming) : '모든 것은 너 잘못이야', '너는 제대로 하는 게 없구나'

자기주장이 강하고 독선적이며 명령적이고 지시적이다. 잘못을 남의 탓으로 돌리고 참을성이 없으며 다른 사람의 충성과 복종을 요구하며, 다른 사람을 무시한다. 내면적으로는 외롭고 성취감이나 성공적인 감정을 갖고 있지 못하고, 자신이 가치가 없다고 생각한다. 어떤 일에 대해 알고 싶은 것보다 자신의 중요성을 나타내는 데에 관심이 있다. 따라서 비난을 함으로써 다른 사람이 복종하게 되면 자신이 중요한 사람이 되었다고 생각한다.

③ **산만형**(Distractor) : '그냥 놔둬', '여기는 내게 적절한 곳이 아니야'

다른 사람의 말이나 행동에는 상관없는 말과 행동을 한다. 적절하게 반응하지 못하고, 말에 요점이 없고, 다른 사람의 질문을 무시한다. 상황에 맞지 않는 말을 하며 비합리적이고, 무책임한 말을 하며 내용이 산만하다. 내면적으로 고독감을 가지고 있으며 자신의 무가치함을 느낀다.

④ **초이성형**(Computer) : '사람은 어떤 희생이 있어도 냉정하고, 조용하고, 침착해야 한다'

다른 사람들과 대화할 때 바른 말들만 하며 말의 속도는 대단히 느리다. 말 속에는 감정이 거의 들어 있지 않다. 지나치게 이성적이며 세심하다. 어떤 감정도 나타내지 않으려 하고, 매우 정확하고 실수하지 않으려 하며 주로 부정적인 측면으로 비판, 분석, 평가한다. 뜻이 확실하지 않아도 되도록 길게 말하고, 지식인처럼 말한다.

⑤ **일치형**(Leveler) : 건강한 의사소통 방법, 나 · 너 상황을 배려하는 유형

언어와 행동이 일치되어 있으며 다른 사람들과 감정적으로 잘 연결되어 있다. 기능적, 원만함, 책임감, 정직성, 친근감, 창의력 그리고 현실문제를 해결할 수 있는 능력을 가지고 있다. 자기 자신의 유일성을 존중하고, 개인적이고 상호작용적인 에너지를 가지고 있다. 자존감과 효과적인 의사소통은 서로 관련이 있다. Satir는 자존감과 효과적인 의사소통 능력은 비례한다고 강조하였다.

☑ 사티어 의사소통 유형 체크리스트

〈1〉 다음 5개 중에 나의 의사소통 유형 한 개를 고르시오.

1. 나는 상대방이 불편하게 보이면 비위를 맞추려고 노력한다.
2. 나는 일이 잘못되었을 때 자주 상대방의 탓으로 돌린다.
3. 나는 무슨 일이든 조목조목 따지는 편이다.
4. 나는 생각이 자주 바뀌고 동시에 여러 가지 행동을 하는 편이다.
5. 나는 타인의 평가에 구애받지 않고 내 의견을 말한다.

〈2〉 다음 5개 중에 나의 의사소통 유형 한 개를 고르시오.
1. 나는 관계나 일이 잘못되었을 때 자주 내 탓으로 돌린다.
2. 나는 다른 사람들의 의견을 무시하고 내 의견을 주장하는 편이다.
3. 나는 이성적이고 차분하게 냉정하게 생각한다.
4. 나는 다른 사람들로부터 정신이 없거나 산만하다는 소리를 듣는다.
5. 나는 부정적인 감정도 솔직하게 표현한다.

〈3〉 다음 5개 중에 나의 의사소통 유형 한 개를 고르시오.
1. 나는 지나치게 남을 의식해서 나의 생각이나 감정을 표현하는 것을 두려워한다.
2. 나는 내 의견이 받아들여지지 않으면 화가 나서 언성을 높인다.
3. 나는 나의 견해를 분명하게 표현하기 위해 객관적인 자료를 자주 인용한다.
4. 나는 상황에 적절하지 못한 말이나 행동을 자주 하고 딴전을 피우는 편이다.
5. 나는 다른 사람이 내게 부탁을 할 때 내가 원하지 않으면 거절한다.

〈4〉 다음 5개 중에 나의 의사소통 유형 한 개를 고르시오.
1. 나는 다른 사람들의 얼굴표정, 감정, 말투에 신경을 많이 쓴다.
2. 나는 타인의 결점이나 잘못을 잘 찾아내어 비판한다.
3. 나는 실수하지 않으려고 애를 쓰는 편이다.
4. 나는 곤란하거나 난처할 때는 농담이나 유머로 그 상황을 바꾸려 하는 편이다.
5. 나는 나 자신에 대해 편안하게 느낀다.

〈5〉 다음 5개 중에 나의 의사소통 유형 한 개를 고르시오.
1. 나는 타인을 배려하고 잘 돌보아주는 편이다.
2. 나는 명령적이고 지시적인 말투로 상대가 공격받았다는 느낌을 줄 때가 있다.
3. 나는 불편한 상황을 그대로 넘기지 못하고 시시비비를 따지는 편이다.
4. 나는 불편한 상황에서 안절부절못하거나 가만히 있지를 못한다.
5. 나는 모험하는 것을 두려워하지 않는다.

〈6〉 다음 5개 중에 나의 의사소통 유형 한 개를 고르시오.
1. 나는 다른 사람들이 나를 싫어할까 봐 두려워서 위축되거나 불안을 느낄 때가 많다.
2. 나는 사소한 일에도 잘 흥분하거나 화를 낸다.
3. 나는 현명하고 침착하지만 냉정하다는 말을 자주 듣는다.
4. 나는 한 주제에 집중하기보다는 화제를 자주 바꾼다.
5. 나는 다양한 경험에 개방적이다.

〈7〉 다음 5개 중에 나의 의사소통 유형 한 개를 고르시오.
1. 나는 타인의 요청을 거절하지 못하는 편이다.
2. 나는 자주 근육이 긴장되고 목이 뻣뻣하고 혈압이 오르는 것을 느끼곤 한다.
3. 나는 나의 감정을 표현하는 것이 힘들고 혼자인 느낌이 들 때가 많다.
4. 나는 분위기가 침체되거나 지루해지면 분위기를 바꾸려 한다.
5. 나는 나만의 독특한 개성을 존중한다.

〈8〉 다음 5개 중에 나의 의사소통 유형 한 개를 고르시오.

1. 나는 나 자신이 가치가 없는 것 같아 우울하게 느껴질 때가 많다.
2. 나는 타인으로부터 비판적이거나 융통성이 없다는 말을 듣기도 한다.
3. 나는 목소리가 단조롭고 무표정하며 경직된 자세를 취하는 편이다.
4. 나는 불안하면 호흡이 고르지 못하고 머리가 어지러운 경험을 하기도 한다.
5. 나는 누가 나의 의견에 반대하여도 감정이 상하지 않는다 .

출처: Banmen & Maki-Banmen(2002)

각 단락에서 가장 많은 문항이 자신의 의사소통형이 됨

- 1번 제일 많은 사람 : 회유형
- 2번 제일 많은 사람 : 비난형
- 3번 제일 많은 사람 : 초이성형
- 4번 제일 많은 사람 : 산만형
- 5번 제일 많은 사람 : 일치형

(2) 치료방법

치료적 개입과 과정을 이해하기 위한 개념적 틀의 세 가지는 다음과 같다.

① 인간의 위상에 대한 철학적 관점인 일명 종자모델에 의하면, 인간은 근본적으로 잘 되려는 잠재력과 생명력을 갖고 태어나므로 적절하게 양육된다면 어린이는 한 그루의 나무처럼 건강한 성인으로 도달할 수 있다.

② 개인의 성장에 대한 관점으로, 개인이 받은 유전적 영향, 장기적 영향 그리고 신체와 정신의 연속적 영향을 말한다.

③ 학습과 변화에 대한 신념에 의하면, 바람직하며 장점인 면이 강조됨으로써 약점이 소멸되는, 이른바 '변형과 쇠퇴'의 첨가적 과정을 통해서 학습이 일어난다.

(3) 치료적 기법

① **가족조각**(Family Sculpting)

가족조각기법은 과거의 어느 시점에 가족이 경험한 감정, 느낌을 동작과 공간을 이용하여 비언어적으로 표현하는 기법이다.

특정사건을 기억하여 재경험하고, 그 속에서 느낀 자신의 감정을 표현하기 위해 가족들을 공간에 배치하고 개개인의 동작과 표정을 지시하는 조각(sculpting)을 말한다, 즉, 자신이 사건을 통해 경험한 다양한 감정을 현재 시간에 존재하는 공간에 재구성하여 표현하도록 만든다.

② **원가족 도표**(Family of Origin Map)

원가족 도표는 자신의 기억이나 경험 그리고 가족의 역사를 잘 아는 식구와의 면담을 기초로 작성하게 된다. 구체적으로 이 도표를 통해 가족원의 성격, 자존감, 의사소통 유형, 가족규칙, 가족의 역동성, 세대 간의 유사성과 차이점, 사회와의 연계성 수준을 파악할 수 있으며 가족의 역동성과 대인관계를 이해하고 평가할 수 있다. 이 도표는 주로 가족의 재구조화를 위해 사용된다. 원가족 도표는 현재의 가족, 아버지의 원가족, 어머니의 원가족 이렇게 전체 세 장을 작성해야 한다. 원가족 도표를 그리는 방법은 다음과 같다.

치료에서 남성은 □, 여성은 ○으로 나타내며 진한 선(**—**)은 밀착관계, 물결선(ᐱᐱ)은 갈등관계, 점선(··········)은 냉담하고 소원한 관계를 나타내며, 정상적인 관계는 보통 실선(—)으로 나타낸다.

③ **역할극**(Role Play)

Satir는 역할극을 여러 사람 앞에서 자주 사용하였다. 역할극은 가족 구성원에게 다른 사람의 역할을 해볼 수 있는 기회를 제공한다. 가족 역할극에서 사람들은 새로운 시각으로 자신을 바라보며 그들만이 갖는 신념과 차이를 이해하며 무관심의 현존성에 대해 서로 나눌 수 있는 기회를 제공한다. 이러한 경험은 Satir에게 어린 시절의 고통스러웠던 감정을 이완시키고 새롭고 기능적인 가족 연대감을 이루며 구태의연한 결정에서 새롭고 역동적인 결정을 하게 한다. 그리고 미해결 과제의 완성과 낮은 자존감을 증진시키며 참여자에게도 똑같은 목표성취의 기회를 제공한다.

④ **만다라**

만다라에서는 중심에 대한 관계가 강조된다. 이 중심은 '자아'를 상징하는 데 자아는 개인의 의식상황이나 심리적 발달 정도에 따라 다른 모습을 할 수 있다. 심리통합에 대한 종합적인 입장을 가장 잘 나타내고 가장 적절하게 상징하는 것이 만다라이다. Satir는 만다라를 이용, 신체와 정신 간의 상호작용을 보여주었다. 구성요소로는 신체, 지성, 정서, 감각, 상호작용, 영양분, 환경, 영성 등으로 구성되어 있다.

⑤ **가족재구성**(Family Reconstruction)

가족재구성 치료는 내담자 원가족의 역사적·상황적·심리적 맥락을 재현시켜서 내담자가 과거에 구성했던 지각과 감정 그리고 이루지 못한 기대와 열망을 다루어 줌으로써 내담자가 원가족에게도 역사적·심리적으로 재통합하는 기법이다. 즉, 역기능적 체계를 건강한 기능체계로 바꾸는 것이다. 이것은 표면에 나타난 가족규칙이나 가족신화를 깨는 일이다. 융통성이 없고 비합리적이며 비인간적인 규칙을 변경시킴으로써, 규칙의 기본 교훈을 하나의 지침으로 재형성해 볼 수 있다.

6) 해결중심 단기가족치료

단기상담 모델 중의 하나가 해결중심 단기치료(solution focused brief therapy) 모델이다. 해결중심 단기치료는 시간적 의미, 상담의 효과성 그리고 효율성이라는 세 가지 측면을 모두 강조하는 모델이므로 현대인의 속성에 적합한 모델로서 평가받고 있기 때문이다(송성자·김정택, 1994). 해결중심 단기치료는 내담자가 이미 자신들의 문제에 대한 해결책을 가지고 있다는 생각을 기본 전제로 하기 때문에, 문제의 원인보다는 내담자가 원하는 해결이 무엇인가에 초점을 두어 단기간 내에 해결할 수 있는 치료모델이다. 따라서 해결중심 단기치료는 구체적이고 체계적인 면접방법 및 단기간에 문제를 해결한다는 장점(de Shazer, 1985) 등으로 인하여 현재 미국의 사회사업계나 가족치료학계에서 많은 관심을 받고 있다.

이 모델은 1970년대 Palo Alto의 MRI 단기가족 치료센터에서 함께 일하던 Steve de Shazer와 그의 부인인 Insoo Kim Berg에 의해 개발된 것이다. de

Shazer는 연구와 이론화 작업 및 저술활동에 많은 노력을 기울여 왔고, 그의 부인인 Insoo Kim Berg는 치료자들을 교육하고 훈련시키는 데 헌신하고 있다. 해결중심적 단기가족치료는 문제의 원인을 규명하기보다는 내담자의 자원을 활용하면서 문제해결방법에 중점을 둠으로써 치료목적을 성취하는 치료모델이다. 이 모델은 다른 전통적인 가족치료나 심리치료와는 달리 치료 기간이 짧으면서 치료효과가 높고, 전체 가족이 치료에 참석하지 않아도 적용할 수 있어 일반 임상현장에서 폭넓게 사용될 수 있다. 이 모임은 공동 연구와 협의 그리고 가족치료 서비스를 통해 보다 효과적으로 가족문제를 해결하는 데 도움을 주며 궁극적으로는 한국의 실정에 맞는 가족치료의 모델 설정에 기여하고자 한다.

(1) 주요 이론

해결중심치료의 기본 원리와 중심철학은 내담자가 이미 문제해결을 위한 자원을 가지고 있으며, 문제를 해결할 수 있는 능력을 가지고 있다고 하는 것을 기본 전제로 하고 있다. 이러한 원리와 철학은 모든 전략과 기술의 기초가 되고 있다. 아래 제시하는 원리와 철학은 접근을 위한 구체적이고 실제적인 원리와 철학이다. 인간은 능력이 있다고 긍정적으로 생각하며 현재중심이다.

① 정신건강에 대한 강조, 병리적인 것 대신 건강한 것에 초점

내담자가 자신의 문제를 다루는 데 있어서 성공했던 경험에 일차적인 초점을 두는 것으로 내담자의 장점과 자원 그리고 능력에 초점을 두며 결함이나 장애는 가능한 한 다루지 않는다. 이 모델은 무엇이 잘못되었는지보다는 무엇이 잘 되었고 그것을 어떻게 활용하는가에 관심을 갖는다. 어떤 증상이나 불평을 일으키는 패턴에는 항상 예외가 있기 마련이다.

② 내담자의 강점, 자원, 건강한 특성 활용

이 원리는 내담자의 강점, 자원, 건강한 특성들을 도출해 냄으로써 제시된 문제를 해결하려는 것이다. 잘못이나 과거의 실패를 고치려고 노력하는 것보다는 과거의 성공이나 장점을 찾아내어 그것을 확대시키는 것이 수월하다.

즉, 내담자가 바라는 결과를 성취하기 위해 내담자가 이미 가지고 있는 자원, 지식, 믿음, 행동, 증상, 사회 관계망, 환경, 개인적 특성 등을 활용하는 것이다.

③ 탈이론적 · 비규범적 · 내담자 견해 중시

이 모델은 내담자가 경험하는 문제에 대한 어떠한 가정도 하지 않는다. 대신에 내담자가 호소하는 독특한 불평에 기초하여 개별화된 해결책을 발견하고자 한다. 따라서 내담자의 견해는 액면 그대로 수용되어 진정한 내담자 중심의 치료접근이 가능하다.

④ 간략화 – 단순하고 가장 솔직한 의미 추구

복잡한 문제라고 하여 반드시 그 해결방법이 복잡할 것이라는 가정은 잘못된 것이다. 작은 변화가 또 다른 변화를 가져오며 더 나아가서는 큰 변화를 가져올 수 있다. 그러므로 목표는 내담자가 달성할 수 있는 작은 것으로 세우는 것이 중요하다. 치료는 파급효과를 가져온다고 믿기 때문에 치료개입은 가장 단순한 것에서부터 시작한다.

⑤ 변화의 불가피성

인간의 삶 속에서 변화는 끊임없이 일어나고 있기 때문에 종종 치료는 자연스럽게 일어나는 변화를 확인하고 그 변화를 해결책으로 활용하는 작업이 된다. 따라서 치료자의 역할은 긍정적인 변화가 일어나도록 돕고 이를 해결책의 구축으로 이어지게 하는 것이다.

⑥ 현재와 미래지향성

해결중심적 단기가족치료는 과거를 깊이 연구하기보다는 내담자로 하여금 현재와 미래의 상황에 적응하도록 돕는 데 일차적인 관심을 갖는다. 그러므로 치료면담의 과정은 내담자로 하여금 과거와 문제로부터 멀어지게 하고 미래와 해결책을 지향하도록 한다.

⑦ 내담자의 자율적 협력

이 모델은 해결방안을 발견하고 구축하는 치료과정 중 내담자의 협력을 중시한다. 또한 진정한 협력적인 치료관계는 내담자가 치료자에게 협력할 때

뿐만 아니라 치료자도 내담자에게 협력할 때 이루어진다고 믿기 때문에 치료자는 내담자가 치료에 협력하도록 노력한다.

⑧ 중심철학

㉠ 내담자가 문제 삼지 않는 것은 건드리지 말라.

㉡ 일단 무엇이 효과가 있는지를 안다면 그것을 더 많이 하라.

㉢ 그것이 효과가 없다면 다시는 그것을 하지 말고 그것과는 다른 어떤 것을 행하라.

(2) 질문기법

해결중심적 단기가족치료의 과정은 치료자의 질문에서 시작하여 질문으로 끝난다고 해도 과언이 아닐 정도로 질문이 중요하기 때문에 어떻게 질문하느냐가 치료효과의 성패를 좌우한다고 볼 수 있다. 해결중심적 단기가족치료에서 중점적으로 사용하고 있는 다섯 가지의 질문은 치료면담 전 변화에 관한 질문, 예외를 찾기 위한 질문, 기적에 관한 질문, 척도를 통한 질문, 대처방법에 관한 질문이다.

① **치료면담 전 변화에 관한 질문**(Pre-session Question)

많은 내담자들은 문제의 심각도가 가장 높을 때 주변 사람이나 전문가에게 도움을 청하게 된다. 따라서 며칠 후의 치료 약속을 하고 치료를 받으러 왔을 때에는 문제의 심각도나 긴장 및 불안이 감소하는 경향을 보게 되는데 치료 이전의 변화를 매우 관심 있게 관찰하고 이것을 근거로 내담자의 잠재능력을 발견하고 내담자 자신이 의식하고 있지 못하는 해결방안을 찾아내는 데 활용할 수 있다.

② **예외를 찾기 위한 질문**(Exception Question)

치료자는 어떻게 그러한 것이 내담자에게 도움이 된다는 것을 알았는가를 질문하여 내담자에게 자신의 강점을 발견하게 하고 자신도 잘 할 수 있다는 자신감을 갖게 한다. 또한 그러한 예외상황일 경우에 내담자의 주변 사람들은 어떻게 변화되었는가에 대하여 질문함으로써 그들 사이의 관계성을 인식하게 한다.

③ **기적에 관한 질문**(Miracle Question)

기적질문기법은 내담자와 치료자의 해결구축과정에서 목표형성이 뚜렷하게 되지 않을 경우에 이용되며 내담자 자신과 그와 관련된 사람들 간의 관계성을 좀 더 인식하도록 돕는다. 기적질문기법은 문제를 제거시키거나 감소시키지 않은 상태에서 문제와 분리하여 해결을 상상하게 하는 것이다. 이는 치료를 통하여 변화하기 원하는 것을 설명하게 함으로써 문제에 대한 집착으로부터 벗어나게 한다. 이러한 질문은 내담자에게 강력하고 새로운 경험이 되고 희망과 가능성을 주어 새로운 꿈을 갖게 한다.

④ **척도를 통한 질문**(Scaling Question)

척도질문기법은 다른 질문기법과 마찬가지로 내담자가 해결방안 구축과 관련된 정보를 제공해 주고, 변화에 대한 동기를 강화하며, 다음 단계로 발전하기 위해 무엇을 해야 할지 탐색하게 하기 위해서 만들어진 질문이다. 척도질문은 문제의 심각 정도를 사정하는 데 사용되고, 치료목표를 성취한 정도를 측정하는 데 사용되며, 사정평가 및 결과평가에 있어 매우 유용한 질문이다.

⑤ **대처방안에 관한 질문**(Coping Question)

대처방안에 관한 질문은 어려운 상황에서 견디어 내고 더 나빠지지 않는 것을 강조하고 위기에서 살아남기 위해 대처해 온 것을 발견하여 그것을 인식하고 강화시키고 확대하기 위한 근거로 활용하는 것이다. 대처질문은 내담자가 그러한 어려움 속에서도 어떻게 대처해 왔는가에 대해 이야기할 수 있는 질문을 치료자가 하는 것이다. 자신의 대처능력이나 성공적인 경험에 관해 인정하거나 깨닫지 못하는 것을 간접적으로 꾸짖는 것이다(Insoo Berg & Miller, 1992).

(3) 내담자와 치료자의 관계유형

de Shazer와 Insoo Kim Berg는 오랜 동안의 경험에서 치료자와 내담자의 관계를 불평형, 방문형, 고객형의 세 개의 범주로 분류하고 있다(de Shazer, 1988 ; Insoo Berg, 1992 ; Insoo Berg & Miller, 1992).

① **불평형 관계**(Complainant Type Relationship)

불평이 많고 문제 유형과 상황을 자세히 설명하며, 자신을 희생자로 인지하여 문제해결에 대한 기대를 가지고 있지만 문제해결을 위해 치료자가 제안하는 것에 대한 적극적인 동기는 가지고 있지 못하다.

② **방문형 관계**(Visitor Type Relationship)

방문형 내담자는 고민과 갈등을 가지고 있지만 문제해결 동기가 약한 사람들이다. 일반적으로 법원, 직업훈련, 보호관찰소, 학교, 가족, 고용주의 명령 등 비자발적인 참여로 치료를 받으러 온 사람들에게서 발견할 수 있다. 문제해결의 동기가 약하고 가능한 한 치료자와의 관계가 종결되기를 바란다.

③ **고객형 관계**(Customer Type Relationship)

고객형 내담자는 문제를 해결하기 위하여 어떠한 것이든 시도하려는 동기가 있는 상태로 문제를 시인하고 문제해결을 위한 도움을 요청하고 변화를 위해 무엇인가를 할 준비가 되어 있다.

7) 이야기치료(Narrative Family Therapy)

1990년대에 발전하기 시작한 이야기 가족치료의 발전역사는 가족치료이론 가운데 가장 짧다. 그러나 세계적으로 관심과 높은 평가를 받고 있는 이야기 치료(narrative family therapy)는 전체적인 가족치료의 발전역사에 있어 중요한 위치를 차지하고 있다. 이야기 가족치료는 자기 자신에 대한 새로운 개념을 강하게 요구하는 접근법이며, 사람들이 사건을 중심으로 하는 이야기에서 관점과 견해를 재검토할 수 있도록 도와주는 과정이다(이영실 외, 2010).

(1) 주요 개념

이야기 가족치료의 주요 개념은 크게 사회구성주의, 포스트모더니즘의 철학적 전제인 이야기 모호성, 이야기를 만드는 주체로서의 인간 경험에 대한 해석 등이 있다.

① 사회구성주의

이야기 가족치료의 목적은 인간 자신의 삶의 주인공이 되는 길을 함께 찾는 데 있다(White & Epsaton, 1990). 이야기 가족치료에서는 클라이언트가 현실을 깨닫게 되는 것은 그 클라이언트를 둘러싸고 있는 문화적 힘의 역동에서 나오고 있음을 강조하고 있다.

② 이야기 모호성

이야기치료의 기본 전제는 포스트모더니즘의 특징을 기반으로 개인의 경험을 통해, 인간의 경험을 통해 나타나는 이야기의 세계는 근본적으로 모호성을 지니고 있다는 것이다.

③ 인간 경험 해석

이야기치료에서는 역사적 진실에 관심하는 인간이 아니라 이야기적 진실에 관심하는 인간에 의미를 두기 때문에 그 사실을 어떻게 해석하느냐가 중요하다.

④ 문제의 외재화(Externalizing Conversation)

화이트(White, 1990)는 이야기 가족치료에서 관심을 두는 치료개입은 클라이언트 안에 존재하였던 문제를 끄집어내 클라이언트와 분리해서 문제를 풀어나가는 작업인데 이를 '문제의 외재화'라고 했다. 즉, 클라이언트의 문제는 더 이상 클라이언트 안에 존재하는 실체가 아니라 클라이언트의 관계를 통해 이야기 속에만 존재하게 하는 것이다.

⑤ 독특한 결과(Unique Outcome)

독특한 결과는 예외적 경험을 가리키는 것으로 이는 숨겨져 있는 이야기를 찾는 데 사용하기에 유용한 질문이다. 사람들이 자신의 이야기에서 빠진 부분을 찾아내거나 다른 관점에서 자신의 경험을 볼 수 있도록 돕는 데 사용된다.

⑥ 인정예식(Definitional Ceremony)

이야기 가족치료에서 클라이언트 자신의 정체성에 관하여 재정의를 하는 과정으로 이 예식은 클라이언트의 생활, 정체성, 인간관계 등에 대하여 좀 더 구체적으로 서술하는 상황으로 치료적인 장을 만드는 것이다. 인정예식을 위한 대화의 과정단계로는 1단계는 대화(telling), 2단계는 대화한 것에 대하여 다시 대화하는 것(first telling), 3단계는 다시 대화한 것에 대하여 다시 대화하는 것(second telling), 4단계는 다시 대화한 것에 대하여 다시 대화하고 다시 또 대화하는 것(third telling)이다. 인정예식은 그냥 대화가 아니라 자기 자신에 대한 긍정적 정체성에 관한 결론을 이끌어 내는 과정을 거치는 이야기이다.

⑦ **재저작 대화**(Re-authoring Conversation)

재저작 대화는 새로 찾아진 독특한 결과들을 가지고 이야기를 만들어 가는 과정으로 새로운 의미를 형성하는 과정이며 치료의 후반기에는 이러한 재저작 대화의 과정으로 이루어진다. 이야기 가족치료는 재저작 대화를 위한 탐구와 대안적 이야기를 연출해 가는 과정이라고 할 수 있다.

(2) 치료기법

① **문제의 외재화**(Externalizing Conversation)

문제의 외재화란 문제를 외부로 추출해 낸다는 의미를 가진다. 이것은 문제에 의해 지배되는 이야기로부터 해방되기 위해 문제를 외부로 표출시키는 의인화 기법이다. 즉, 클라이언트의 문제를 외재화한다는 것은 내면화된 증상을 인격화는 것이다(양유성, 2004). 이때 치료자는 문제의 외재화를 통하여 클라이언트로 하여금 문제, 문제의 원인, 영향이라는 점을 충분히 거리를 두고 바라볼 수 있도록 도와야 한다.

② **독특한 결과 찾아내기**

이야기적 접근을 원하는 상담자는 문제의 이야기들을 해체시킬 수 있는 귀를 가지고 있어야 한다. 과거 이야기와 분리되기 위해서 내담자는 무엇이 정말로 일어나기를 바라는지, 무엇을 하고 싶어 하고, 좋아하는지를 찾고 생각해야 한다. 그리고 상담자는 예외적인 사건을 토대로 클라이언트가 이야기를 만들도록 하기 위해서 상담자는 클라이언트로 하여금 최근에 있었던 일들 가운데 독특한 성과를 찾아내도록 돕는 것이 중요하다(고미영, 2002).

③ 재저작 : 전체 이야기를 다시 쓰기

이야기 가족치료자는 구성원이 가족에게 새로운 이야기를 말하는 것과 다시 이야기하는 힘을 점차적으로 기를 수 있도록 한다. 이야기를 각자 다시 말하는 것은 감정을 더욱 풍부하게 하고 점차적으로 생동감 있고 진실되게 한다. 진술과 재진술, 재진술에 대한 재진술을 통하여 구성원에게 긍정적인 자아정체감을 가질 수 있도록 돕는다.

④ 클라이언트 자신의 목소리 찾기

클라이언트가 자신과 환경 가운데서 자신의 목소리로 자신의 경험을 이야기한다는 것이 중요하다. 클라이언트가 자신의 목소리를 찾도록 하기 위해서는 치료자는 먼저 신뢰성을 회복하며 지배적인 목소리에 저항할 수 있는 힘을 실어 준다.

⑤ 새로운 이야기 강화하기

이야기 가족치료에서는 클라이언트들을 위한 새로운 이야기를 형성하는데 그들의 문제를 지지하는 청중을 발견하도록 돕는 것을 중요시한다. 따라서 치료자는 클라이언트가 자아정체감을 강화할 수 있도록 청중이나 집단을 찾기도 하고 때로는 새로운 이야기를 강화하기 위한 편지를 쓰기도 한다. 그리고 새로운 이야기를 끌어내기 위해 작은 변화에 대해 질문하는 것에서 시작한다.

⑥ 재진술을 통한 이야기의 풍부화

이야기 가족치료자는 구성원이 기를 수 있도록 한다. 가족에게 새로운 이야기를 말하는 것과 다시 이야기하는 힘을 점차적으로 기를 수 있도록 한다. 그래서 진술과 재진술, 재진술에 대한 재진술을 통하여 구성원에게 긍정적인 자아정체감을 가질 수 있도록 돕는다.

2. 가족치료의 실제

알코올 중독자의 가족으로 산다는 것, 그 고통과 회복에 대한 대안으로 중독 가족치료의 실제에 관한 내용이며, 중독을 이해하기 위한 놀이 및 활동은 다음과 같다(김민화 외, 2019 : 207-244).

> **자전거 타기(4세 이상)**
>
> 이 활동은 상상력을 자극할 뿐만 아니라 중독의 실체를 직접 경험할 수 있도록 한다. 아이들은 가상의 자전거를 타면서 점점 통제 불가능한 상황에 빠지고 이를 통해 중독이 진행되는 과정을 이해할 수 있다. 자전거를 타면서 즐거워하는 것과 동시에 중독이라는 질병에 대해서도 자연스럽게 배울 수 있다

① 자전거 타기 질문

- 자전거 타기를 통해 무엇을 느꼈나요?
- 자전거 타기가 중독과 어떻게 비슷한가요?
- 자신의 집에서 경험한 것과 무엇이 비슷한가요?
- 모든 사람들이 영향을 받았나요?
- 넘어졌을 때, 제일 먼저 누구를 도와야 할까요?
- 알코올 중독자가 자전거를 타기를 원하고 언덕을 계속 내려가려고 한다면 무엇을 할 건가요?
- 중독은 누구의 잘못인가요?
- 어디에서 도움을 얻을 수 있을까요?

② 긍정의 말

- "우리한테 도움을 요청해도 돼"
- "안전하게 있고 싶으면 너 자신에게 유리한 선택을 할 수 있어."
- "네 잘못이 아니야, 너는 더 이상 혼자가 아니야."

③ 의 견

- 이 활동을 통해 감정들에 대해 이야기함으로써 질병을 현실적으로

받아들이게 된다.

- 질병은 아이들의 잘못 때문이 아니라는 것을 배우고, 자기 자신을 돌볼 수 있는 방법을 자유롭게 이야기할 수 있는 기회가 된다.

④ 준비물

- 자전거 타기 이야기
- 의자

PART 03

가족복지의 실천 분야

Chapter 09

한부모가족 / 미혼모가족

가족주의가 강하고 이에 따라 혼인을 기반으로 한 자녀의 출산만을 중요시 여겨왔던 우리 사회에서는 한부모를 바라보는 사회적인 시선이 매우 우호적이지 않았다. 하지만 최근 들어 한부모가정에 대한 인식에 변화가 일어나고 있고, 드라마나 영화와 같은 대중문화 속에서는 사회적인 오명과 함께 당당히 맞서면서 한부모의 길을 선택하는 결단을 내리는 모습을 종종 볼 수 있다(이원숙, 2016 : 391). 이러한 변화는 날이 갈수록 증가하여 아동이나 청소년 문제의 원인으로 작용할 수 있으므로 한부모가족에 대한 사회적인 배려와 체계적 지원정책의 구축이 필요하다. 따라서 본 장에서는 한부모가족이 겪고 있는 당면 문제와 그 대응방안을 살펴보기로 한다.

1. 한부모가족의 이해

1) 한부모가족의 개념

오늘날 현대사회에는 다양한 형태의 가족이 존재한다. 이들 다양한 가족형태를 크게 전통적 가족, 맞벌이가족, 계부모가족, 한부모가족 등으로 나눌 수 있다. 이 중 한부모가족은 부모 중 한쪽이 부재하기 때문에 사회복지의 일차적 관심대상이 되고 있다. 현재 한부모가족은 편부모가정과 편부모가족, 편부모가구 등 각기 다른 명칭으로 혼용되고 있는 실정인데, 일반적으로 가족복지의 관점에서는 한부모가족으로, 모자복지법에 근거한 행정적인 관점에서는 편부모가정으로, 인구주택총조사(통계청)에서는 조사단위를 편부모가구로 쓰고 있다. 최근 민간단체에서는 결손, 결핍의 의미가 강한 편부모가족이라는 용어 대신에 한부모가족이라는 용어를 사용함으로써 부정적인 의미보다는 단지 한

부모만이 있는 정상적인 가족의 범주로 보기 위한 명칭의 개명이 이루어졌다.

1989년에 제정된 모자복지법에 의한 모자가정의 정의를 살펴보면 모(母)는 배우자와 사별 또는 이혼하거나 배우자로부터 유기된 여성, 정신 또는 신체장애로 인하여 장기간 근로를 상실한 배우자를 가진 여성, 미혼여성(사실혼관계는 제외), 또는 위 사항에 준하는 여성으로서 보건복지부령이 정하는 여성을 말하며 이 법에서의 모자가정(母子家政)이라 함은 모(母)가 세대주(세대주가 아니더라도 사실상 세대원을 부양하는 자를 포함)인 가정을 말하며, 아동(兒童)이라 함은 위 항에 해당하는 모(母)에 의하여 양육되는 18세 미만(다만, 취학 시는 22세 미만)의 자를 의미하였다. 부자가정은 법조항에는 구체적으로 명시되어 있지는 않았지만 모자복지법에 의한 모자가정에 준하여 정의되었다. 현재 대한민국 법령에 의한 한부모가족의 정의는 다음과 같다.

한부모가족의 정의

한부모가족이란 모자(母子)가족 또는 부자(父子)가족을 말한다(한부모가족지원법 제4조 제2호).

※ **모자가족이란** 모(母)가 세대주(세대주가 아니더라도 세대원을 사실상 부양하는 사람 포함)인 가족을 말한다(한부모가족지원법 제4조 제3호).

※ **부자가족이란** 부(父)가 세대주(세대주가 아니더라도 세대원을 사실상 부양하는 사람 포함)인 가족을 말한다(한부모가족지원법 제4조 제4호).

모(母) 또는 부(父)란 다음의 어느 하나에 해당하는 사람으로서 아동[18세(취학 중인 경우 22세) 미만]인 자녀를 양육하는 사람을 말한다(한부모가족지원법 제4조 제1호, 한부모가족지원법 제4조 제5호 및 한부모가족지원법 시행규칙 제2조).

- 배우자와 사별(死別) 또는 이혼(離婚)하거나 배우자로부터 유기(遺棄)된 사람
- 정신이나 신체의 장애로 장기간 노동능력을 상실한 배우자를 가진 사람
- 교정시설 · 치료감호시설에 입소한 배우자 또는 병역복무 중인 배우자를 가진 사람
- 미혼자[사실혼(事實婚) 관계에 있는 사람 제외]
- 배우자의 생사가 분명하지 아니한 사람
- 배우자 또는 배우자 가족과의 불화 등으로 가출한 사람

우리나라의 경우 한부모가족은 거의 편모가족으로 구성되어 있으며, 이러한 편모가족은 우리나라 전체 가구의 약 8.6%에 달한다(통계청, 2010). 이와 같

이 한부모가족은 부나 모 중의 한 사람이 단독으로 부모의 역할을 수행하는 가족으로, 특히 부모 중 한쪽이 부재하기 때문에 그로 인한 복합적인 문제에 처할 가능성이 높아 사회복지의 일차적 관심대상이 되고 있다. 이러한 한부모가족은 현대사회에만 존재하는 것은 아니다. 전통사회에서도 한부모가족이 존재하였지만 확대가족이 지배적이었기 때문에 친족들의 보호와 부양으로 인해 한부모가족은 큰 어려움을 피할 수 있었다. 전통사회에서는 조부모는 물론 형제, 친척 간에 왕래가 잦고 확대가족 내에 어떠한 문제가 발생하였을 경우는 모든 가족과 친척들이 물질적 · 정신적으로 상호협조하는 체제를 가지고 있었다. 즉, 전통사회에서 친족은 가족 구성원의 생활을 통제하고 가족 내의 갈등과 분쟁을 해결함으로써 가족의 해체를 억제시켜 왔다. 그러나 산업화됨에 따라 가족구조에도 변화가 일어나면서 가족의 기능과 친족관계의 성격에 영향을 미치게 되었는데, 특히 핵가족의 보편화는 가족관계를 부부중심으로 전환시키고 친족의 역할을 축소시켰다. 이러한 핵가족화로 인한 친족의 역할 축소로 한부모가족에게 사회적으로 복지서비스를 제공할 필요성이 대두되었다. 현대사회에서 한부모가정의 아동은 대개 다음과 같은 사유에 의해서 발생한다(한성심 · 송주미, 2009 ; 김윤재 외, 2012).

① 부와 모의 사망에 의한 한부모가족의 아동

예전에는 전쟁에 의해서 부모의 어느 한쪽이 사망한 경우로 한부모가족이 되었으나, 현대에 와서는 전쟁보다는 질병과 사고에 의하여 한쪽 부모의 사망이 증가하고 있다.

② 이혼에 의한 한부모가족의 아동

이혼은 생존하고 있는 배우자 간에 그들의 협의에 의하여 또는 재판상의 절차를 거쳐서 혼인관계를 해소하는 것을 말한다. 이혼은 부부 중 어느 일방의 사망에 의한 혼인관계 해소와 달리 부부관계에서 일어나는 여러 가지 문제로부터 탈피하기 위한 하나의 방법으로 인위적으로 부부관계를 소멸하는 법률상으로 인정하는 제도이다. 자녀가 있는 경우 이혼은 결과적으로 부모 일방과 자녀로 구성된 한부모가족의 형성을 초래하며 자녀의 양육권은 법에 의해 또한 당사자의 협의에 의해 한쪽 부모에게 넘겨진다. 연령에 따른 부모의 이혼에 대한 자녀의 반응은 다음과 같다.

〈표 9-1〉 부모의 이혼에 대한 자녀의 반응

연 령	반응 특징
2.5~6세	• 부모의 이혼에 매우 놀라고 혼란스러워하며 자신의 잘못으로 생각한다. • 성인과의 많은 신체적 접촉이 요구된다. • 이 시기의 아동은 자신이 유기되거나 다른 곳으로 보내질 것을 두려워한다.
7~8세	• 슬픔, 두려움, 불안정성, 상실감을 나타낸다. • 거부당했거나 유기되었다고 느끼나, 자신을 비난하지는 않는다. • 부모에게 자신의 분노를 표현하는 데 어려움을 느끼며 부모의 재결합에 대한 열망을 가지게 된다.
9~10세	• 이혼에 대해 좀 더 현실적으로 이해하며 자신의 감정이나 강력한 분노를 잘 표현할 수 있다. • 이혼에 대해 책임감을 더 이상 느끼지는 않으나 두 부모의 사랑 사이에서 갈등을 느낀다. • 부모로부터 자신들이 거부되었다는 사실에 분노한다.
15~18세	• 부모의 이혼으로 인해 청소년은 부모를 한 사람의 인간으로 인식하게 된다. • 부모 각자와의 관계에 대해 새롭게 평가한다. • 훌륭한 결혼생활에 대한 자신들의 가치나 개념을 재평가한다.

출처 : 박성석 외(2010). 아동복지론, p. 158.

③ 유기에 의한 한부모가족의 아동

배우자 유기에 의한 한부모가족은 부부가 별거하고 있는 상태에서 부부 중의 한쪽이 자녀를 양육하면서 가족생활을 영위하는 경우를 말한다. 여기에서 부부란 법적으로 혼인관계에 있는 부부와 미혼의 부부를 모두 포함한다.

④ 미혼에 의한 한부모가족의 아동

미혼에 의한 한부모가족은 법적으로 혼인을 하지 않은 상태에서 아이를 갖게 되어 아이를 낳게 됨으로써 발생하는 가족의 형태이다. 통상 법적 요건을 갖추어 한 번도 결혼한 적이 없는 상태로 부모가 된 미혼부모를 말하며 엄격하게 따지면 자신의 배우자 이외의 사람과 관계를 맺어 부모가 된 기혼부모까지도 포함한다.

2. 한부모가족 지원정책

우리나라의 한부모가족정책은 한국전쟁 이후 전쟁미망인의 보호·지원을 위한 모자보호시설 설치로부터 시작된다고 할 수 있으며, 현재 한부모가족을 위한 지원은 한부모가족지원법, 국민기초생활보장법, 사회보험법 등을 통해 이루어지고 있다. 한부모가족지원법은 1989년 모자복지법 제정을 통해 저소득 여성 한부모가족을 중심으로 본격적인 지원이 이루어지기 시작하였으며, 2002년에는 모·부자복지법으로, 2007년에는 한부모가족지원법으로 재개정되었고 대상자도 점차 확대되어 2008년부터 미혼모·부를 포함하는 남녀 한부모가족뿐만 아니라 조손가족도 포함되었다. 한부모가족지원법에 따른 지원정책을 시기별로 살펴보면, 1989년 모자복지법 제정을 통해 모자복지위원회를 설치하고 아동교육비, 아동부양비 등 복지급여 지급과 복지자금 대여를 시작하였다. 1992년에는 저소득 여성 한부모가족의 중학생 및 실업고교생 자녀에 대한 학비 및 6세 미만 아동에 대한 양육비 지원이 추가로 이루어졌다. 1995년에는 자녀지원이 남성 한부모가족까지 확대되었고, 저소득 한부모가족의 생업기반 조성을 위한 장기저리 복지자금 대출사업이 실시되었다. 1998년에는 모자복지위원회가 폐지되었다. 2000년에는 고교생의 학비지원이 실업계에서 인문계까지 확대되었으며, 2004년에는 무상교육 확대로 인하여 중학생 자녀의 학비지원은 중단되었다. 2007년 한부모가족지원법으로 개정하면서 아동의 정의 중에서 취학 중인 경우를 20세 미만에서 22세 미만으로 보호기간을 연장하였다. 2008년에는 아동양육비 지원대상을 6세 미만에서 8세 미만으로 확대하였고, 2009년에는 10세 미만으로 재확대하였다.

한편 한부모가족지원법 제12조에 근거하여 한부모가족 중 모 또는 부의 연령이 만 24세 이하(1987년 1월 1일 이후 출생자)이고 소득인정액이 최저생계비의 150% 이하인 청소년 한부모가족(최장 5년간 지원)도 지원대상에 포함되었다. 지원내용을 보면 아동양육비로 소득인정액 기준 최저생계비 150% 이하(기초수급자 제외) 청소년 한부모가구의 아동 1인당 월 15만 원을 지원하고 있다. 또 한부모청소년에게는 검정고시 학습비로 소득인정액 기준 최저생계비 150% 이하(기초수급자 포함) 청소년 한부모가구의 부 또는 모가 검정고시 학습 시 연 154만 원 이내에서 지원하고 있다. 뿐만 아니라 고교생 학비로 소득인정액 기준 최저생계비 150% 이하(기초수급자 제외) 청소년 한부모가구의 부 또는 모가 정규 고교과정 이수 시 입학금 · 수업료 실비지원을 하고 있는 한편, 자립지원 촉진수당 명목으로 만 24개월 이하의 아동을 키우는 기초수급자인 청소년 한부모가구의 부 또는 모가 학업이나 취업 등 자립활동 시 월 10만 원을 지원하고 있다(보건복지부). 또한 한부모가족지원법은 2012년도에 한부모의 정의항목을 더 추가하였는데, 그것은 교정시설, 치료감호시설에 입소한 배우자 또는 병역복무 중인 배우자를 가진 사람이다.

1) 사회복지서비스

한부모가족지원법에 따르면, 한부모가족은 한부모가족복지시설과 한부모가족복지상담소를 통해서 사회복지서비스를 받을 수 있다. 한부모가족복지시설은 모자가족복지시설, 부자가족복지시설, 미혼모자가족복지시설, 일시지원복지시설, 한부모가족복지상담소 등으로 구분된다. 이 외에도 민간 차원에서 한부모가족에게 다양한 프로그램이 제공되고 있다. 전국의 지역사회복지관에서 한부모가족을 위해 제공하는 프로그램은 경제적 지원과 심리 · 사회적 지원으로 구분할 수 있는데 심리 · 사회적 지원은 상담서비스, 지역사회 연계 서비스, 교육서비스, 보육서비스, 사례관리 등을 들 수 있다(조흥식 외, 2009).

2) 한부모가족 지원 관련법

한부모가정의 경우 모자가정이 전체 137만 가구 중 약 79%(108만 가구)를 차지 하고 있지만 부자가정의 경우도 빠르게 증가하고 있어, 기존의 모자복지법(1989년 제정)이 2003년 모 · 부자복지법으로 개정되었다. 이는 다시 2007년 한부모가족지원법으로 개정되어 2008년부터 시행되고 있다. 개정된 한부모가족지원법은 기존의 한부모가정에 부모의 사망이나 정신 및 신체적 장애 등을 이유로 조부 또는 조모와 함께 살고 있는 가정을 포함시키고, 취학아동을 18세 미만에서 22세 미만으로 확대하였으며, 고용촉진을 위해 부모의 취업지원 사업을 추진하는 내용을 포함하였다. 또한 2012년도에는 한부모가족에 대한 실태조사의 실시, 국가나 지방자치단체의 한부모가족에 대한 생계비 등 복지급여 지급 의무화, 청소년 한부모에 대한 교육지원 및 한부모가족복지시설의 기능 재분류 등을 내용으로 한부모가족지원법이 개정되었다(법률 제10582호, 2011.4.12. 공포, 2012.1.1. 시행).

(1) 사회보험

사회보험의 경우 배우자의 사망으로 인한 한부모가정일 경우 국민연금법, 공무원연금법, 사립학교교직원연금법, 산업재해보상보험법 등을 통해 경제적 지원을 받을 수 있으나, 이혼으로 인한 한부모가정일 경우, 한부모가 보험의 직접적 당사자가 아닌 경우에는 해당 사항이 없다(한국여성복지연구회, 2005). 따라서 배우자의 사망에 의한 한부모가 아닌 경우 사회보험으로부터 소득보장을 위한 지원은 매우 제한적이라 할 수 있다.

(2) 공공부조

한부모가정을 위한 국가의 공공부조는 저소득층일 경우 국민기초생활보장법에 의해 '생계지원'과 '자활 및 고용지원'이 해당된다. 공공부조의 대상은 그 대상이 극빈층에 국한되어 있으며 경제적으로 매우 어려운 한부모가정의 경제적 어려움을 해결하기에는 부족한 실정이라 할 수 있다.

(3) 한부모가족지원법

한부모가족지원법은 1989년 모자복지법 제정을 통해 저소득 여성 한부모가족을 중심으로 본격적인 지원이 이루어지기 시작하였으며, 2002년에는 모·부자복지법으로, 2007년에는 한부모가족지원법으로 재개정되었고 대상자도 점차 확대되어 2008년부터 미혼모·부를 포함하는 남녀 한부모가족뿐만 아니라 조손가족도 포함되었다. 한부모가족지원법령에 의한 저소득 한부모가정의 지원내용은 복지급여, 복지자금대여, 복지자금융자, 한부모가족복지시설 지원, 고용촉진, 국민주택의 분양 및 임대, 보호시설 입소, 가족지원서비스, 자녀양육비 이행확보, 무료법률구조 등이 있다.

(4) 아동복지법

1997년 IMF 이후 가족해체 및 기능의 약화로 정상적 아동보육이 행해지지 않는 실직가정 및 저소득가정, 한부모가정 아동들을 위한 방과 후 아동보육서비스의 한 형태로 공부방 사업이 진행되었다. 이후 2003년 12월 아동복지법 재개정 이후 공부방은 아동복지법 제16조 제11항에 의거 '지역아동센터', '아동복지시설'로 확정되었다.

(5) 건강가정기본법

건강가정기본법에 따라 '제1차 건강가정 기본계획(2006~2010)'을 수립하고 주요 정책과제 중 하나로 다양한 가족에 대한 지원을 설정하여 한부모가정에 대한 포괄적 지원체계 구축을 추진해 가고 있다.

3) 한부모가족 지원사업

모·부자가정 지원사업은 1989년 모자복지법이 제정됨에 따라 모자복지사업으로 시작되었다. 이후 정부는 저소득 부자가정의 경우도 모자가정 못지않은 어려움이 발생되는 현실을 인정하여 이들의 자립생활을 지원하기 위하여 모자복지법에 의해 모자가정과 동일한 기준으로 부자가정을 지원해 왔다. 2002년 개정 전 모자복지법일 때에는 여성복지적인 색채가 더 강했지만 남성이 세대주인 부자가정에 대해서도 지원하도록 하기 위해서 2002년 모·부자복지법으로 변경되었고, 보호대상자 자녀가 취학 중인 때에는 22세 미만까지 지원을 확대하였다. 그리고 65세의 고령자들과 손자녀로 구성되어 있는 조손가족도 이 법에 따라 보호하기 위하여 2007년 한부모가족지원법으로 개정하였다. 지원대상은 저소득 한부모가족 지원사업의 대상은 세대주인 모 또는 부와 그들에 의해 양육되는 18세 미만의 자녀(취학 시 22세 미만)로 이루어진 가정(세대)으로서 선정기준은 한부모가족지원법에 따른다. 지원내용은 〈표 9-2〉와 같다.

〈표 9-2〉 한부모가족 지원내용

분 류		사회보험	국민기초생활보장법	모자복지법	기 타
경제적 지원	소득 보장	• 국민연금 [유족연금, 유족일시금, 배우자 (이혼)연금]	• 생계급여 • 긴급급여 : 임시 생계 급여	• 시설거주자에 한하여 생계비 지원 • 시설거주자 퇴소 시 자립정착금 지원 • 시설거주자 창업준비 복지자금 융자	
	주거 지원		• 주거급여 : 주거안정 지원비나 전세자금 대여	• 일정 기간 시설보호 (모자보호시설, 모자자립시설) • 영구임대아파트 입주우선권	
	고용 지원		• 자활급여 : 직업훈련 및 알선, 자활 후견 기관 및 자활 공동체, 공동 작업장 등 다양한 방안 모색 • 생활자금 융자	• 직업 훈련 및 취업 알선 : 직업 훈련 기간 중 가계 보조수당 • 공공시설의 각종 매점/ 시설 운영권 우선적으로 허가	• 직업 훈련과 알선을 위한 상담소 설치
건강 및 보건		• 건강보험 저소득층 의료보험 제도(매우 제한적)	• 별도의 법에 의하여 의료급여(1종 수급권자 전액 지원, 2종 수급권자 20% 본인부담)		
보호 및 양육			• 교육급여 : 입학금과 수업료 지원 • 해산급여 : 출산 시 • 장제급여	• 아동 양육비 지원 : 보조비 • 학자금 지원 • 시설거주자는 방과후 지도와 아동 급식비 추가지원 받음	• 보육비용 차등 지원 • 재녀학습지도 및 방과 후 프로그램 지원
심리 정서적 지원				• 한부모가족 사회적 기능 강화 위해 홍보, 상담, 교육, 결연사업 추진	• 여성단체, 자원봉사 단체 중심 활동지원

출처 : 한부모가족연구소(http://www.hanbumo.org).

4) 드림스타트(Dream Start)

이 프로그램은 빈곤층 아동에게 교육, 복지적 측면에서 공정하고 확실한 출발선(start)을 마련해 주어 성인이 될 때 가난에서 벗어날 수 있게 하는 것이 기본 정신으로, 가난의 대물림을 예방하는 공공복지 프로그램이다. 우리나라는 민간 차원에서 2004년 5월 우리 사회 모두(We)가 빈곤층 아동의 출발(Start)

을 도와주자는 시민운동 형태로 'We Start'가 먼저 시작되었고, 2007년에 비로소 정부에서 공공 차원으로 빈곤의 대물림을 끊어주겠다는 취지로 'Dream Start' 사업을 실시하게 되었다. 드림스타트 사업은 소득양극화에 따른 정보격차 및 학습격차 심화로 빈곤의 세습화와 저소득층의 사회적 배제 현상이 가중됨에 따라 지역사회 보건복지협력 파트너십 구축 · 활용을 통해 빈곤아동의 문제를 조기 진단 · 치료하여 빈곤의 대물림을 방지하고자 실시하는 사전 · 예방적 차원의 아동복지사업이다.

5) 한부모가족의 문제

(1) 모자가족의 문제

① 경제적 문제

- 모자가족이 직면하는 가장 큰 어려움은 경제적 문제로 특별히 재산과 저축이 풍족한 경우를 제외하고는 모자가족은 대부분의 경우 경제적 문제로 어려움을 겪고 있다.
- 모자가족은 주 부양자이던 남편의 소득 상실로 인해 부자가족보다 경제적 곤란을 더 심각하게 초래하게 된다.
- 모자가족이 심각한 경제적 어려움을 겪는 원인을 보면
  첫째, 여성 한부모는 여성이라는 이유로 노동시장에서 취업 기회의 제한과 임금차별을 경험하고
  둘째, 비양육모의 양육비 지원에 대한 법적 규정이 미비하고 반면 국가의 특별한 지원이 없는 상태에서 보육료를 포함한 과중한 양육을 혼자서 떠맡게 된다는 것이다.
- 전문직을 가진 소수를 제외하고는 저임금의 불안정한 일자리가 대부분이고, 자녀가 어릴 경우 보육료로 더욱 어려움을 겪게 된다.
- 모자가족은 절대소득이 낮음에도 친인척의 도움을 받는 경우가 거의 없으므로, 건강이나 생존전략에 따라서 빈곤가족으로 전락할 소지를 갖고 있다.

- 주택의 문제도 심각해져서 모자가족의 주거형태 중 가장 높은 비율을 차지하는 것이 월세, 그 다음이 전세로 나타나고 있다.

(2) 심리사회적 문제

① 역할갈등

한부모가족의 부모나 자녀 모두 역할에 대한 혼란감을 경험하게 된다. 자녀는 성장과정에서 부모의 부재로 동일시 대상이 없어짐으로써 발달장애 또는 역할동일시에 대한 학습결핍 등이 발생한다.

② 자녀의 부적응

한부모가족 중 이혼한 가족의 자녀는 공격적 · 일탈적 행동이 많이 나타난다. 모자가족에서 부의 부재는 부가 자녀에게 행사해 오던 행동에 대한 통제력과 감독권이 갑자기 사라지므로 자녀는 자기 자신에 대한 통제력을 상실할 수 있다. 부자가족의 자녀는 모의 부재로 인해 감정이나 애정을 표현하는 등의 표현적 경험을 가질 기회가 박탈되어 가족 구성원을 비롯한 타인과 긴밀한 관계를 형성하는 데 어려움을 겪는다.

③ 상실감과 소외감

한부모가족은 변화된 가족생활로 인해서 정서적 · 심리적으로 어려움을 호소하고 있다. 이들은 절망감, 책임감, 슬픔, 스트레스 등의 부정적 정서반응이 지배적으로 나타난다. 한부모가족의 정서적 문제는 사회적 지지체계의 부족에서도 비롯된다. 한부모가족은 실제로 친족 간의 지원이 감소하고 있으며, 특히 부자가족의 경우 배우자의 친족과 멀어지는 경향을 나타내고 있다.

(3) 한부모가족아동의 문제

일반적으로 한부모가족의 문제는 가족 안에서 중요한 역할을 수행했던 모나 부의 부재에서 생기는데 모자가족의 문제와 부자가족의 문제를 구분하여 살펴보기로 한다(김혜경 외, 2012 ; 박성석 외, 2009 ; 조흥식 외, 2009).

① 모자가족이 아동에게 미치는 영향

모자가족이 겪는 문제는 첫째, 소득의 감소와 주택문제 등의 경제적 문제이다. 대부분의 모자가족은 부의 상실과 함께 소득이 감소되거나 상실되어 모가 취업전선에 나서게 된다. 그러나 문제는 이들 모자가족의 모가 취업할 수 있는 직업이 주로 저소득 영역이라는 점이다. 모자가족이 겪는 경제적 어려움뿐만 아니라 만약 질병에 걸렸을 경우에는 자녀에게 영향을 준다. 둘째, 모자가족이 겪는 또 다른 문제는 심리적 문제이다. 모자가족은 부의 부재로 인한 가족 내에서의 역할과 지위의 변화에 적응해야 하는데 이 과정에서 스트레스와 갈등을 겪게 된다. 또한 생계를 위해 취업을 해야 하는 경우 자녀양육에 영향을 미치게 된다. 셋째, 사회적 편견과 차별로 인해 자녀가 겪는 어려움이다. 양부모와 함께 한 가족만이 정상가족으로 인정되고 있는 우리 사회에서 한쪽 부모와 자녀로 구성된 가족은 비정상적 혹은 결손으로 낙인받으며 살아간다. 특히 최근에는 이혼의 급격한 증가로 한부모가족이 증가하면서 이혼에 대한 이중 낙인 및 차별을 자녀가 경험하고 있다. 넷째, 부의 공백 상태에서 모자가정이 겪는 또 다른 심리사회적 문제는 자녀의 부적응에 따른 가족 내 긴장과 갈등이다. 즉, 자녀들, 특히 아들은 부의 부재로 말미암아 동일시 대상의 상실 그리고 사회적 통념으로 빚어지는 갈등과 열등감을 경험하게 된다.

② 부자가족이 아동에게 미치는 영향

부자가족이 겪는 문제는 크게 가사관리의 문제, 자녀양육의 문제, 심리적 문제로 구분할 수 있다. 첫째, 가사관리의 문제이다. 한국사회는 가부장적 가치의 만연으로 인해 남녀의 성역할이 분리되어 있기 때문에 이에 대한 부의 스트레스는 더욱 가중된다고 할 수 있다. 특히 가사관리 문제를 잘 조절하지 못할 경우 심지어는 직장이동과 전환을 가져올 수 있어 이것이 다시 경제적 문제로 이어지는 악순환을 경험하게 한다. 둘째, 자녀양육의 문제이다. 부자가족의 자녀양육에 대한 부담과 부적절한 대처는 자녀의 정서적 불안과 학교생활의 부적응, 방임과 학대 등 다양한 문제를 불러일으킬 수 있다. 특히 부가 딸을 양육하는 경우는 동일시할 수 있는 모가 부재하기 때문에 더 많은 어려움에 처할 수 있다. 셋째, 부자가족의 심리적 위축이다. 부자가족의 부도 모자가족의 모와 마찬가지로 배우자의 상실로 인해 역할의 재구조화 및 재설정의 문제에 직면하고 자녀양육에 대한 강한 부담, 생계부양에 대한 부담, 주변의 차별 섞인 시선 등으로 인해 많은 스트레스를 받게 된다. 부자가족이 처하는 이러한 상황은 결과적으로 자녀에게 타인과의 관계에서 위축되고 사회의 왜곡된 인식 및 낙인에 대한 두려움을 경험하게 만든다.

(4) 부자가족의 문제

① 경제적 문제

- 정의의 차이가 있지만 부자가족도 모자가족과 마찬가지로 경제적 문제로 어려움을 겪는다.
- 부자가족의 부의 경우 자녀양육에 많은 시간을 할애해야 하므로 업무상 중요한 활동
  (예 근무시간 외 활동, 지방 출장, 퇴근 후 비공식적 음주, 야간 이동 등)에 시간을 할애할 수 없게 되어 고용주들이 부자가족 부의 승진을 꺼리게 되는 불이익을 당하게 된다.
- 또한 부가 알코올중독과 건강상의 이유로 경제력을 상실한 경우도 적지 않다.
- 모가 담당했던 가사 및 육아를 유급의 타인이나 기관으로 이전함으로써 새로운 가계지출로 경제적 비용이 많아져 빈곤으로 빠지기 쉽다.

② 가사 및 자녀양육문제

- 부자가족이 겪는 가장 큰 어려움은 자녀양육과 가사문제로 부가 일차적으로 직면하는 어려움이며, 모자가족보다 훨씬 문제를 많이 겪는 측면이다.
- 그동안 모가 담당했던 가사 및 자녀양육 역할까지 부가 수행해야 하므로 이로 인한 역할갈등을 겪거나 역할 과중으로 어려움을 겪는다.

③ 심리사회적 문제

- 부자가족의 경우 부도 배우자가 없음으로 인해 외로움을 느끼게 되나 그보다 더 큰 심리사회적 문제는 자녀와 부의 부적응으로 인한 가족관

계상의 문제이다.

- 부자가족의 자녀는 모의 부재로 감정이나 애정을 표현하는 등 표현적 경험을 가질 기회가 박탈되어 가족원 및 타인과의 긴밀한 관계를 형성하는 데 어려움을 가진다.
- 부의 취업으로 아동에 대한 보호와 감독이 소홀해져 자녀를 방치하게 되고, 이러한 방치로 인해 자녀의 비행을 조장하기도 한다.

3. 한부모가족을 위한 복지대책

1) 국민기초생활보장제도

현실을 반영한 지원이 되기 위해서는 법의 정비가 필요하다. 먼저 장애 및 만성질환자를 보호하고 있는 저소득 한부모가족에 대한 의료급여를 제공하여 의료비 지출을 줄이고 경제활동참여율을 높여야 한다. 또한 공공부조와 관련한 국민기초생활보장법과 한부모가족지원법 및 기타 법을 정비하여 국민기초생활보장법을 통해 많은 수의 저소득 모자가족이 대상자로 포함되고 있으나 최저생계비 이상의 차상위계층이 빈곤으로 떨어지지 않도록 포함시켜야 한다. 또한 지금의 한부모가족지원법 안에서 저소득 모자가족의 특수성을 반영한 구체적 보호와 급여기준을 새롭게 하여 지원할 필요가 있다.

2) 이혼 시 비양육부모의 자녀양육비부담 의무화

현행법에서는 이혼이나 별거 시 양육부모가 비양육부모로부터 양육비를 보장받는 데 법적 한계가 있다. 따라서 경제적 안정을 확보할 수 있는 최소한의 조치로 이혼 시 양육비 문제에 관하여 협의이혼, 재판이혼 모두 합의를 의무화하고, 양육비 지급을 이행하지 않을 때 양육비 확보를 위한 법적 · 제도적 장치가 국가적 차원에서 마련되어야 한다.

3) 아동수당제도의 도입

아동수당제도 - 태어나면서부터 국가 지원 시작

'한 아이를 키우려면 온 마을이 필요하다'라는 나이지리아의 속담이 있다. 미래 주역인 아동을 잘 성장시키려면 담장 너머에서도 힘을 보태줘야 한다. 이렇게 국가의 책임성이 강조되고 있고. 아이가 훌륭한 인재로 성장하면 그 혜택은 사회 전체가 받는데, 키울 때 부담은 양육 가구에 집중되기에 그 무게를 나눠서 져야 한다.

사각지대에 서 있는 아동이 없도록 제도를 정비했다. 보건복지부는 2020년에 관계 부처와 협의해 출생신고가 어려운 미혼부 자녀에 대해 출생신고 전이라도 친자녀 증명을 할 수 있는 유전자 검사 결과와 법원 소장을 제출하면 현장 확인을 거쳐 아동수당을 지급하고 있다.

코로나19가 유행한 2020년에는 아동에 대한 지원을 더욱 늘렸다.

4) 주거 · 의료보장체계 강화

첫째, 주거문제는 저소득 한부모가족의 자립을 저해하는 중요한 요인으로 시설보호와 재가보호 측면에서 모두 강화되어야 할 필요가 있다. 시설보호의 경우 보다 전문적인 서비스를 제공할 수 있도록 하고, 재가보호의 경우 주거문제를 해결할 수 있도록 전세금 융자 등 경제적 지원을 확대함과 동시에 재가 한부모가족이 필요로 하는 다양한 서비스를 사회복지전문요원, 여성복지상담원, 지역사회복지관의 사회복지사 등이 협력하여 통합적으로 관리지원할 수 있는 서비스 전달모델을 개발할 필요가 있다. 둘째, 의료보장체계 강화이다. 의료보험은 전 국민에게 적용되며 시설보호가족이 전액 무료이고, 생활등급 6등급인 자활보호대상 가족이 일부 본인부담하는 형식이다. 그러나 지역의료보험에 의존하는 생활등급 7등급과 그 이하의 저소득 한부모가족에 대한 의료서비스의 무료지원이 확대되어야 한다. 저소득 한부모가족은 건강문제를 안고 있으며 힘든 일을 하기 어려운 상황임에도 제대로 치료받지 못하고 있는 실정이다. 질병을 예방하고 조기에 치료를 받을 수 있도록 정기건강검진과 치료비 지원이 필요하다(이영실 외, 2010).

5) 자립지원 강화

한부모가족의 역량강화 및 자립지원을 위한 투자를 강화해야 한다. 한부모가족의 규모는 다문화가족에 비하여 10배 이상 많음에도 불구하고 예산투입이 매우 인색하게 이루어지고 있음을 엿볼 수 있다. 많은 예산이 자녀양육 및 교육비에 투입되고 있음에도 현실적으로 여전히 부족한 실정이다(김승권 2010).

4. 미혼모가족의 이해

1) 미혼모가족의 개념

미혼모란 그 개념상 미혼 상태에서 혼전 임신 및 출산, 인공임신중절과 별거, 이혼, 사별 상태에서 혼전 임신 및 출산, 인공임신중절과 별거, 이혼, 사별 상태에서 배우자와 관계없는 아이를 가진 경우를 의미하는 것으로 사전에서의 정의를 보면 합법적이고 정당한 결혼 절차 없이 아기를 임신 중이거나 출산한 여성이다. 법적인 측면에서는 첫째, 혼인하지 않은 상태에서 아이를 임신하여 분만을 한 여성, 둘째, 이미 혼인한 기혼녀가 이혼, 과부 등의 상태에서 법적 배우자가 아닌 남자와의 관계에서 임신했을 경우, 셋째, 혼외의 경우인 독신녀가 인공수정한 경우를 말한다.

2) 미혼모가족의 발생원인

(1) 정신분석학적 접근

미혼모 발생을 그 개인의 잠재의식 속에 깊이 뿌리박고 있는 갈등에 의한 것으로 보는 관점이다.

(2) 심리학적 접근

충동성, 초자아 발달의 결함, 성에 대한 불안, 가족 간의 의사소통 장애에 의한 것이다.

(3) 사회문화적 접근

사회문화적 상황이 미혼모 발생을 조장하는 것으로써 산업화, 도시화에 따른 사회적 변화가 미혼모 발생에 영향을 미친다는 관점이다.

(4) 성 행태적 접근

누구라도 혼전 성행위를 할 수 있다는 가정에 근거한다. 즉, 성 지식과 성 태도, 성욕이 영향을 미친다는 입장이다.

3) 미혼모가족의 문제

10대 미혼모는 학교 중퇴, 저임금 업종에 종사, 건강, 인지문제 등에 있어서 다른 또래나 20대 이후 미혼모에 비해서 매우 열악한 환경에 놓이게 되고, 이러한 입장에 있는 미혼모의 가장 큰 문제는 자녀양육 의사의 여부, 경제적 문제, 부모와의 관계, 결혼 의사의 여부 등의 문제가 있다.

미혼모가 아기를 출산하기 전의 문제를 살펴보면 대부분의 10대 미혼모는 임신 중기 이후부터 학업을 포기하게 되면서부터 가출하였거나, 재학 중의 임신으로 정신적으로, 경제적으로 부모로서의 역할을 수행하기가 불가능한 상태에 이르게 된다. 더욱이 안타까운 사실은 미혼모가 혼자서 자녀를 출산, 양육하게 되는 경우가 많다는 것이다. 이들은 가정과의 결별, 기본적 생활 유지, 산전 및 산후관리, 자녀 출산 및 자녀 양육, 사회에서의 고립 등의 복합적 문제를 안고 있으며, 미혼모의 자녀 출산 후 문제는 미혼모 자녀에게 미치는 영향과 미혼모 자신에게 미치는 영향, 미혼모의 부모가 받는 영향, 미혼부가 받는 영향으로 나눌 수 있다.

(1) 미혼모 자녀에게 미치는 영향

미혼모의 자녀들은 사생아라는 오명을 들으면서 자라게 되어 좋은 성장을 기대하기 매우 어려운 경우가 발생한다. 또한 어려운 가정형편으로 학업성취도가 비교적 낮고, 이로 인해 비행청소년이 될 우려가 있다.

(2) 미혼모의 부모가 받는 영향

자녀의 임신으로 인한 실망과 충격을 느끼며, 손자의 양육문제에 대해 여러 가지 정신적 스트레스를 받는다.

(3) 미혼모에게 미치는 영향

가족으로부터의 소외감, 자녀에 대한 죄책감을 가지게 되고, 또한 경제적으로나 정신적으로 매우 불안정한 상태에서 자녀를 키우게 된다. 자녀를 입양시키게 되는 경우 친권 포기 이후의 상실감과 심리적 고통을 경험하게 되는 친모증후군의 증세를 보이기도 한다.

4) 미혼모(부)가족을 위한 서비스

(1) 미혼모(부)가족을 위한 서비스

① 우리나라의 미혼모(부)가족 관련법

우리나라의 경우 현재 미혼모(부)와 관련된 조항들은 헌법, 민법, 사회복지법, 아동복지법, 한부모가족지원법, 국민기초생활보장법, 의료보호법, 입양특례법, 모자보건법, 청소년기본법 등이 있다.

② 우리나라 미혼모(부)가족복지서비스

예방적 차원에서의 성교육과 상담실 운영, 사후적 서비스로서 미혼모(부)시설보호서비스로 나누어 볼 수 있는데 미혼모(부) 발생 예방을 위하여 중 · 고등학교의 정규 교과목 과정 중에서 또는 가족계획협회 등과의 연결을 통하여 성교육을 실시하고 있으며, 상담서비스로는 혼전에 성관계를 가졌거나, 임신으로 도움이 필요한 사람은 전국 청소년종합상담소, 여성복지상담소, 성폭력피해상담소, 미혼모(부)시설, 입양알선기관, 국내입양지정기관 등의 상담소에서 도움을 받을 수 있고, '여성 1366'을 통해 서비스를 받을 수 있다.

5. 미혼모(부)가족을 위한 복지대책

미혼모(부)가족을 위한 복지대책의 내용을 자세히 살펴보면 다음과 같다(권신영 외, 2018 : 197-199).

① 미혼한부모만을 위한 제도가 필요하다

미혼한부모 지원이 통합적으로 이루어지고 있으나, 미혼한부모가족의 특성은 일반 한부모가족과 다르며, 더 다양한 위험에 직면할 수 있기 때문에 특성에 맞는 프로그램이 개발되고 제도화되어야 한다.

② 미혼한부모가족 지원정책은 시설 중심에서 지역사회 통합지원서비스로 전환되어야 한다

시설 위주의 지원정책은 미혼한부모들의 현실적응력을 떨어뜨릴 수 있고, 외부와의 단절로 인해 시설에 입소해 있는 동안 자립하기 힘들기 때문에 대부분 기간이 종료되면 준비되지 않은 채로 퇴소하게 된다. 따라서 지역사회 내 단체, 기관, 기업과의 협력관계를 통해 미혼한부모가족의 자립생활이 가능하도록 지원해야 하며, 생계비지원의 현실화, 자녀양육지원 강화, 주거시설 확충, 비양육부모 양육비지급의 효율성 강화, 그리고 원가족과의 관계회복 등을 내용으로 한 지역사회 중심의 통합서비스가 이루어져야 한다.

③ 미혼한부모의 학습권을 보장한다

청소년 미혼한부모의 양육 결정 과정에서 나타난 공통된 특징 중 하나는 학업중단 현상이다. 미혼모는 임신 자체 때문에, 미혼부는 양육을 위한 근로를 위해 학업을 중단하게 되므로 빈곤의 대물림과 가족해체를 막기 위해서는 미혼모나 미혼부의 학습권을 보장하기 위한 대책 마련이 시급하다.

④ 원가족과의 관계회복을 위한 지원이 필요하다

가족들과 좋은 관계를 유지하는 것은 임신, 출산, 입양, 양육이라는 큰 사건을 경험하면서 심각한 스트레스를 받는 미혼부들에게 심리적 물질적 차원에서 중요한 지지원이 될 수 있다. 따라서 미혼모 관련 시설에서는 임신, 출산, 입양, 양육과정에서 미혼모 본인과 원가족과의 관계향상과 상호 간의 원활한 의사소통을 위한 적극적인 노력과 가족상담이 필요하다.

Chapter 10

입양 및 위탁가정

1. 입양가족

1) 입양가족복지사업의 의의

입양(adoption)은 생물학적인 과정을 통해서가 아니라 법적 · 사회적 관계에 의해서 친자관계를 맺게 하는 것이다(Kadushin, 1980). 즉, 입양이란 친부모로부터 아동의 현재와 미래에 대한 모든 권리와 의무가 소멸되고, 행정적 · 법적 권한에 의해 혈연관계가 없는 타인에게 양육의 권리와 의무가 이양되는 것을 말한다(이소희 · 이경희 · 방은령, 1996). 미국의 사회사업사전에서도 입양을 법률에 의해 부모-자녀관계를 맺는 것으로 아동과 친생부모 사이에 존재하는 책임과 권리가 양부모와 아동으로 이동하는 것이라 하였다. 입양가족은 입양부모와 입양된 자녀로 구성된 가족이라고 할 수 있다.

입양은 친자녀를 입양 보내야 하는 친생부모, 출생한 가정에서 성장하지 못하고 사회적 보호를 필요로 하는 입양아동, 자녀를 원하는 입양부모 등 삼자를 위한 아동 · 가족복지사업이라고 할 수 있다. 입양의 주된 목적은 입양되는 아동의 복지이지만, 입양이 성공적으로 성립되기 위해서는 입양아동, 친생부모, 입양부모 등 3자의 이익이 함께 고려되어야 한다. 다시 말하면, 입양사업은 입양아동뿐만 아니라 친생부모, 입양부모 모두에게 있어서 아동 · 가족복지적 의의를 갖는다고 할 수 있다(이소희 외, 1999). 그런데 입양아동, 친생부모, 입양부모 모두를 위한 입양사업은 다음과 같은 원리를 지침으로 하여 제공되어야 한다.

첫째, 아동은 자신의 가족, 지역사회, 국가에서 양육되는 것이 최우선이고 가장 바람직하다. 따라서 입양을 고려하기 전에 아동의 원가족을 유지시키고자 모든 노력을 기울여야 한다. 원가족을 유지시키고자 하는 노력에도 불구하고, 원가족이 아동을 건전하게 성장·발달할 권리를 보장하지 못할 때 입양이 고려되어야 한다. 둘째, 입양아동을 위한 대리가정인 입양가정은 우선적으로 아동 자신이 소속해 있는 인종집단, 국가, 문화, 종교집단에서 찾아야 한다. 만약 이것이 불가능할 때 아동이 소속한 사회 밖에서 입양가정을 찾는 노력이 시도되어야 한다. 셋째, 입양의 일차적인 목적은 친생부모에 의해 양육될 수 없는 아동에게 영구적인 가족을 제공하는 것이다. 따라서 입양사업은 아동을 위해 입양부모와 입양가정을 선택하여야 하며, 입양부모나 입양가정을 위해 입양아동이 선택되어서는 안 된다. 마지막으로 입양은 영구적인 대리보호가 필요한 아동에게 가장 바람직한 보호방법이다. 즉, 입양은 가정위탁보호나 시설보호보다 안정된 영구적인 대리보호의 형태이다. 왜냐하면 입양은 가정위탁보호나 시설보호보다 동일한 부모가 아동에게 필요한 장기적 안정과 애정 있고 친밀한 보호를 제공해 줄 수 있는 가능성이 있기 때문이다. 또한 아동의 복지를 위해서는 영구적 대리보호의 필요성 여부에 대한 결정이 가능한 한 빨리 이루어져야 하고, 입양의 완결도 가능하면 빨리 달성되어야 한다. 물론 모든 일은 여러 저항요인들을 충분히 고려한 상태에서 이루어져야 한다(Kadushin, 1980).

2) 국내 입양기관 운영비 및 입양아동에 대한 지원

(1) 입양아동가족지원 사업

- 사업대상
  - 「입양특례법」상 입양기관을 통해 입양한 국내 입양아동 및 입양가정
  - 장애등록 또는 선천적 요인의 장애 또는 질환 있는 입양아동
- **지원내용** : 입양아동 양육수당, 장애입양아동 양육보조금·의료비, 입양비용, 숙려기간 모자지원, 입양축하금 지원

구분	지원내용
입양아동 양육수당(인상)	• 양육수당(월/인), 20만원(만 18세 이하)
장애입양아동양육보조금	• 양육보조금(월/인) : 경증 월 551천 원, 중증 월 627천 원 • 의료비 연 260만 원 한도
입양비용지원	• 입양비용 지원 – 입양알선비용 지원 : 270만 원(복지부허가기관), 100만원(시 · 도 허가기관) 정액 지원 – 입양철회비용 지원 : 15만 원~73만 원
입양숙려기간 모자지원	• 지원대상 : 출산(예정) 후 미혼 · 이혼 한부모로서로 지원기간 동안 입양(동의) 사실이 없을 것 • 지원내용 : 미혼·이혼 한부모가 선택하는 서비스 이용지원 – 가정 내 보호지원 : 350,000원~500,000원 – 미혼모자 가족복지시설 내 입소자 지원(1주) : 400,000원 – 산후조리원 보호지원(1주) : 최대 700,000원
입양축하금(신규)	• 입양축하금 지원(200만 원, 입양확정일이 2022.1.1. 이후인 입양아동)

(2) 입양기관 운영지원

기관	업무	기관명	주소	전화번호	비고
입양기관	국내 외 입양기관	홀트아동복지회	서울시 마포구 양화로 19	331-7000	
		동방사회복지회	서울시 서대문구 연희로 26	332-3941	
		대한사회복지회	서울시 강남구 논현로 86길21	552-1015	
	국내 입양기관	성가정입양원	서울시 성북구 선잠로 2길 242	764-4741	

3) 입양의 유형

입양은 입양아동과 입양부모 사이의 가족관계 유무에 따라 친족입양과 비친족입양으로, 입양을 기관을 통해 이루어지는지, 아니면 개인적으로 이루어지는지에 따라 기관입양과 독립입양으로, 입양사실의 공개 여부와 친생부모와의 접촉 유무에 따라 비밀입양과 개방입양으로 분류할 수 있다.

첫째, 친족입양은 입양아동이 계부, 계모, 큰아버지 등 혈연관계 또는 부 또는 모의 재혼으로 인해 가족관계를 이루고 있는 사람에 의해 입양되는 경우를 말하며, 비친족입양은 아동이 전혀 가족관계를 갖고 있지 않은 입양부모에 의해 입양되는 경우를 말한다.

둘째, 기관입양은 국가가 인정하는 입양기관을 통해 입양이 성립되는 것이고, 독립입양(independent adoption)은 기관을 통하지 않고, 개인과 개인이 합의하여 입양하는 것을 말한다. 독립입양은 입양에 대한 전문적인 지식이 없는 개인에 의해 입양되는 것으로 입양아동, 친부모, 양부모, 사회에까지 위험을 초래할 수 있다.

마지막으로, 비밀입양은 입양 사실을 입양아동은 물론 주변의 모든 사람들에게 비밀로 하며, 마치 입양아동을 출산한 것처럼 가장하며 비밀을 계속 유지하는 것을 말한다. 물론 친생부모와의 관계도 완전히 단절된다. 반면에 개방입양은 입양사실을 입양아동은 물론이고 주변의 사람들에게 공개하며, 친생부모와도 관계를 이어나간다. 개방입양은 친생부모와의 접촉 시 입양기관의 중재 여부에 따라 반개방입양과 완전개방입양으로 구분된다. 먼저 직접적인 접촉 없이 입양기관을 통해 생부모와 연락하는 형태는 반개방입양이라고 하고, 입양기관의 중재 없이 입양아동, 입양부모, 친생자녀가 지속적인 관계를 유지하는 것은 완전개방이라고 한다. 완전개방입양을 통해 입양아동은 입양에 관한 이야기를 자유로이 할 수 있고, 그럼으로써 친생부모에 대한 호기심과 질문을 하는 것이 입양부모에 대한 충성심이나 사랑의 부족이 아님을 알게 된다. 즉, 입양아동은 죄의식을 느끼지 않고, 친생부모와 입양부모 두 세트의 부모를 생각할 수 있으므로, 완전개방입양은 입양아동의 건전한 성장과 발달에 기여한다. 또한 친생부모로부터 아동을 빼앗길 수도 있다는 두려움에서 벗어나게 함으로써 입양부모의 정신건강에도 도움을 준다(배태순, 1996 ; Tommie & Pauline, 2001).

4) 입양가족복지사업의 구성요소

(1) 입양대상 아동

입양대상 아동은 사생아, 고아, 유기아, 친권 상실 아동, 부모로부터 심한 학대를 받은 아동과 해체가정의 아동 등으로 아동복지법에 따른 입양대상 아동의 법적 자격은 다음과 같다. 먼저 아동복지법에 의하여 양자가 될 자는 보호를 필요로 하는 아동이어야 한다. 구체적으로 보호자로부터 이탈된 자로서 특별시장·광역시장·도지사 또는 시장·군수·구청장이 부양의무자를 확인할 수 없어 국민기초생활보장법에 의한 보장시설에 보호의뢰한 자, 부모 또는 부모가 사망 기타 사유로 동의할 수 없는 경우에는 다른 직계존속 또는 후견인이 입양을 동의하여 보장시설 또는 입양기관에 보호의뢰한 자, 법원에 의하여 친권상실의 선고를 받은 자의 자로서 시·도지사 또는 시장·군수·구청장이 보장시설에 보호의뢰한 자, 기타 부양의무자를 알 수 없는 경우로서 시·도지사 또는 시장·군수·구청장이 보장시설에 보호의뢰한 자 등이다.

(2) 친생부모

입양대상 아동의 친부모는 아동에 대한 친권포기를 자발적 또는 비자발적으로 할 수 있다. 친부모가 친자녀의 입양을 위해 자발적으로 친권을 포기하는 원인은 경제적 빈곤, 이혼·별거로 인한 가족해체·결손가정, 미혼모, 사망 등이며, 친권이 박탈당하는 경우는 아동을 심각하게 학대, 유기하는 경우이다.

(3) 입양부모

아동을 입양하고자 하는 부모는 입양동기에 따라 두 가지의 유형으로 분류된다. 첫째, 불임 또는 전통적인 입양부모로 생물학적인 방법으로 가질 수 없는 아동을 입양을 통해 얻고자 하는 부모이다. 이들은 사회적 또는 인도주의적인 이유보다는 개인적인 이유로 입양하고 대체로 건강한 아동을 원하는 경향이 있다. 둘째, 선택적 입양부모로 아이를 낳을 수는 있으나 가족원을 입양을 통해 늘리고자 선택하는 부모이다. 이들은 일반적으로 개인적이기보다는 아동복지적 또는 인도주의적인 동기를 가지고 입양한다. 또한 이 부모들은 자신들과 다른 인종집단의 아동, 연장 아동 또는 정서적인 문제를 갖고 있는 아동과 같은 특수한 욕구를 가진 아동을 양육하는 데 관심을 갖는 경향이 있다(Kadushin, A., & Martin, J., 1988). 입양기관에서는 입양부모가 입양신청을 하게 되면 신체적 안정성, 정서적 안정성, 경제적 안정성과 결혼관계의 안정성 등을 평가한다. 입양특례법에 의한 입양부모의 법적 기준은 다음과 같다. 첫째,

양자를 부양함에 충분한 재산이 있을 것, 둘째, 양자에 대하여 종교의 자유를 인정하고 사회의 일원으로서 그에 상응한 양육과 교육을 할 수 있을 것, 셋째, 아동학대 · 가족폭력 · 성폭력 · 마약 등의 범죄나 알코올 등 약물중독의 경력이 없을 것, 넷째, 양친이 될 자가 대한민국 국민이 아닌 경우 해당 국가의 법에 따라 양친이 될 수 있는 자격이 있을 것, 다섯째, 기타 양자로 될 자의 복지를 위하여 보건복지부령이 정하는 필요한 요건을 갖출 것, 또한 양친은 양자를 복리에 반하는 직업, 기타 인권침해의 우려가 있는 직업에 종사하지 아니하도록 하고 있다.

5) 입양절차

국내가정에서 보호가 필요한 아동을 양육시키기 위한 국내입양사업은 아동보호를 위한 최선의 방법으로 인식되어 꾸준히 추진되어 왔다. 최근 들어 국내입양이 조금씩 늘어나고 있으나 선진국에서와 같은 아동복지 차원의 입양문화는 아직 정착되지 못하고 있다.

(1) 입양 상담

- **입양아동의 발견** : 입양기관 또는 보호시설의 장은 시 · 군 · 구청장에게 수용보호를 의뢰 → 입양기관 또는 보호시설의 장은 시 · 군 · 구청장에게 입양아동에 대한 후견인 지정을 신청 → 후견인으로 결정된 보호시설의 장이 보호시설의 소재지를 관할하는 시장 · 군수 · 구청장에게 부양의 무자 확인 · 공고를 의뢰(미혼모를 포함한 친권자 또는 후견인의 입양에 동의한 아동은 제외, 기아인 경우 성, 본을 창설하고 양자로 될 자의 거주지를 관할하는 시 · 군 · 구청장이 발급하는 입양대상 아동확인서 발급을 의뢰)
- **친생부모 상담** : 친자녀의 입양을 원하는 친부모 및 친권포기와 필요한 서류 작성을 위해 상담
- **입양부모 상담**

① 입양부모 상담

입양을 원하는 부모를 대상으로 초기 면접 시 입양에 관한 관심과 동기, 아이가 없음, 불임에 관한 태도, 아동에 대한 이해 및 경험, 결혼기간, 교육 정도, 사회적 참여의 형태, 가족들의 폭넓은 이해, 미혼모가 낳은 아이에 대한 태도, 입양하게 될 때의 문제해결능력, 입양기관과 함께 발맞추는 태도 등에 대한 내용이 주가 된다.

② 입양가정 조사

부부 개별면접(결혼 전 가족배경 및 생활태도, 결혼관계, 불임 여부, 건강, 경제 상태, 종교의 유무 및 신앙태도, 입양의 동기 및 태도, 원하는 아동 및 장래계획 등 파악), 공동면접(내외 간 관계 관찰, 아동에 관한 이야기, 이견이 있을 시 조정), 가정방문(부부면접 시의 미흡한 점 보충, 가족관계, 가정의 분위기 등을 파악) → 최초 면접의 내용 구체화, 명확한 입양태도, 가정의 안정도 및 성숙도 파악

(2) 입양의 성립

입양기관은 입양대상 아동에 관해 수집한 모든 자료(신체검사, 사회적 조사, 생활습관 등)를 알려주고, 결연계획을 세우고 결연과 함께 입양이 이루어지는데, 입양대상 아동이 입양에 대해 법적으로 자유롭기 위해서 필수적으로 '친부모의 동의를 필한 친권의 법적 종료'가 요구된다. 부모가 입양대상 아동을 면접을 통해 결정하면, 입양기관은 입양아동을 입양부모에게 인계, 입양부모는 「가족관계의 등록 등에 관한 법률」과 입양특례법이 정하는 절차에 따라 신고하면 입양이 성립된다. 입양신청을 한 후 입양이 성립되기까지는 보통 6개월에서 1년 정도의 기간이 소요된다.

(3) 사후조사

입양성립 후에 입양가정 방문을 실시하여 아동의 적응도를 조사함으로써 입양의 실질적 성립을 분석, 평가한다. 그리고 입양특례법에 의해 입양기관의 장은 입양성립 후 6개월까지 양친과 양자의 상호적응 상태에 대하여 보건복지부령이 정하는 사후관리를 하여야 한다.

6) 입양가족의 특성

입양은 한 아동이 자신이 태어난 친가정을 떠나서 다른 가정의 자녀가 되는 것이며, 입양부모에게는 출산의 과정을 거치지 않고 자녀를 가질 수 있게 해 주는 것이다. 따라서 입양가족은 그 형성과정에 있어서 혈연에 의해서가 아니라 약속에 의해서 가족관계가 형성되는 것이다(Schaffer & Lindstrom, 1990, 배태순, 1998 재인용).

따라서 입양가족이 겪는 문제는 일반가족의 문제와 다를 수 있다. 즉, 양부모는 친부모의 경우 가질 수 있는 지지나 규제력을 갖지 못할 수 있으며, 입양아는 새로운 양육환경에 노출됨으로써 어떤 스트레스에 직면할 수 있다. 그리고 입양가족 자체는 변화로 인한 새로운 역동성에 직면하게 된다(Downs et al., 1996). 따라서 이러한 입양가족의 특수한 문제들이 어떻게 해결되는가가 성공적 입양의 관건이 된다. 〈표 10-1〉은 입양가족이 생애주기마다 직면할 수 있는 과업을 제시한 것이다. 각 단계별 과업수행이 제대로 이루어짐으로써 입양가족의 적응과 통합력은 높아진다(성정현 외, 2009).

〈표 10-1〉 생애주기에 따른 입양가족의 과업

기 간	입양부모	입양아동
입양 전	• 불임의 문제에 대처하기 • 입양 결정하기 • 결연과정과 관련된 걱정과 불확실성에 대처하기 • 입양과 관련된 사회적 낙인에 대처하기 • 입양결정을 위해 가족과 사회적 지지 개발하기	
영아기	• 입양부모로서의 인식에 착수하기 • 입양에 관한 적절한 역할모델과 현실적 기대 찾기 • 아동과 적응하고 애착 형성하기	
유아기	• 아동의 친가족에 대한 감정과 생각을 시작하기	
학령 전	• 입양에 대해서 말하는 과정을 시작하기 • 입양에 대해 말하는 것에 대한 걱정과 불확실성에 대해 대처하기 • 개방적 의사소통을 위한 가족분위기 만들기	• 자신의 입양 이야기 알기 • 입양에 대해 부모에게 묻기

기 간	입양부모	입양아동
아동 중기	• 아동이 입양의 의미를 알게 도와주기 • 아동이 상실에 대처하도록 도와주기 • 아동의 두 부모의 관계에 대한 합법성 설명하기 • 아동의 친가족에 대한 긍정적 사고 키우기 • 입양에 대해 개방적 의사소통 유지하기	• 입양의 의미 알기 • 상실에 대처하기 • 친생부모와 친권포기에 대한 감정과 생각을 탐색하기 • 입양과 관련된 낙인 다루기 • 입양에 대해 부모와 개방적 의사소통 유지하기 • 자신의 두 부모의 관계 이해하기
청소 년기	• 계속되는 상실의 문제에 대처하도록 도와주기 • 친가족에 대한 긍정적 관점 키우기 • 10대의 관심과 계획을 지지하기 • 부모찾기에 대한 현실적 기대를 개발하도록 도와주기 • 입양에 대해 개방적 의사소통 유지하기	• 입양에서 안정된 정체성 조정하기 • 입양의 상실 대처하기 • 친생부모에 대한 감정과 생각을 다루기 • 부모찾기의 과정에 대해 탐색하기 • 부모와 입양에 대해 개방적 의사소통 유지하기

출처 : 성정현 외(2009). 가족복지론, pp. 225-226.

7) 입양가족의 현황

(1) 입양 관련 제도

2020년에는 코로나19 영향으로 국내외 입양 모두 크게 감소하였고, 2020년까지 총 249,220명 입양한 것으로 나타났다(보건복지부, 2021b).

① 국내법

입양 및 국외입양에 관련된 국내법으로 헌법, 민법, 형법, 「가족관계의 등록 등에 관한 법률」, 아동복지법, 입양특례법 등이 있다(이배근, 2001). 입양에 관한 민법 관련규정을 살펴보면 민법 제913조는 아동에 대한 친권자의 보호, 교양의 의무와 책임, 민법 제924조는 아동양육능력이 없거나 부적절한 부모에 의한 친권상실선고, 민법 제866조는 입양을 할 능력, 민법 제870조는 입양의 동의, 민법 제871조는 미성년자 입양의 동의, 민법 제869조는 13세 미만인 자의 입양은 아동을 대신하여 부모 또는 후견인의 동의로 입양 승락 관련 규정을 담고 있다. 한편 2008년부터 민법에 의한 친양자 제도가 시행되었다. 이 법에 의하면 친양자 입양을 신청할 경우 반드시 가정법원의 친양자입양 재판을 거치도록 하고 있다. 「입양촉진 및 절차에 관한 특례법」 제1장 총칙 제3조에서 모든 아동은 그가 태어난 가정에서 건전하게 양육되어야 하며 가정양육이 곤란한 경우에는 국가와 지방자치단체가 책임을 질 것과 모든 국민은 입양아동의 건전 양육에 협력할 것을 규정하였다. 또한 제2장 입양의 요건, 제3장 입양의 절차, 제4장 입양기관, 제5장 입양아동에 대한 복지시책, 제6장 보칙, 제7장 벌칙 등에 관해 규정하였다. 국내입양을 활성화하기 위해서 1999년 「입양촉진 및 절차에 관한 특례법」 시행령, 시행규칙을 개정하였다.

한편 2004년 3월 「입양촉진 및 절차에 관한 특례법」 제23조 제1항 중 '의료비 등'을 '양육수당 · 의료비 · 그 밖에 필요한'으로 개정함에 따라 기존 양육 보조금의 지급, 의료비의 범위에 상담, 재활치료비에 관한 필요사항 등을 추가하여 현행규정의 일부 미비점을 개선 · 보완하고자 하였다. 2005년에는 「입양촉진 및 절차에 관한 특례법」 시행령, 시행규칙을 일부개정하여 국내 입양 상담전문가 교육지원과 입양 후 아동의 장애발생 시 필요한 조치를 취하고 지원하도록 하였다. 한편 현행 입양특례법(2012)에 의하면, 입양기관을 통해 입양이 성립되면 입양부모가 가족관계의 등록 등에 관한 법률이 정하는 바에 따라 신고만 하면 법적 효력이 발생한다.

② 입양 관련 국제협약

입양에 관련된 국제협약으로 「아동의 권리에 관한 국제협약」과 「국가 간 입양에 관한 아동보호와 협력에 관한 헤이그협약」이 있다(이배근, 2001).

㉠ 아동의 권리에 관한 국제협약

제20조와 제21조는 입양아동의 권리에 관한 조항으로, 입양은 아동의 이익을 최우선적으로 고려할 것을 보장해야 하며 국외입양은 어떠한 적절한 방법으로도 국내에서 양육될 수 없을 경우에만 그 대체수단으로 고려되어야 함을 명시하고 있다. 또한 국외입양에 관계되는 아동은 국내입양의 경우와 대등한 보장장치와 기준을 향유하도록 하여야 하며, 국외입양은 이의 관련자들이 부당한 재정적 이익의 결과를 갖지 않도록 조치되어야 함을 강조하고 있다.

㉡ 국가 간 입양에 관한 아동보호와 협력에 관한 헤이그협약

1993년 5월 10일자 국제사법에 관한 제17차 헤이그회의 최종 결의안인

「국가 간 입양에 관한 아동보호와 협력에 관한 헤이그협약」은 전문 48개조 조항으로 되어 있으며, 국외입양과 관련하여 가장 구속력을 갖는 국제협약이다. 이 협약에 의하면, 국외입양은 아동 출신국의 국내입양이 우선적으로 고려된 뒤에 이루어져야 하며, 입양당사국은 아동의 신원확인, 배경, 사회적 환경, 가족사 등과 같은 아동 관련 보고서 작성을 의무화하고 적절한 법적 절차에 의해 아동이 국외로 이송된 후에도 양부모의 위탁이 아동의 최선의 이익에 위배되거나 최종적으로 아동의 이익에 불필요하다고 판정된 경우 아동의 출신국으로 되돌려 보내기 위한 조치를 취해야 할 것을 규정하고 있다.

(2) 2012년부터 개정된 입양특례법 시행에 따라 달라진 입양제도

2012년 8월 5일부터 개정된 입양특례법이 시행됨에 따라 입양숙려제가 시작되고 아동복지시설이나 입양기관을 통해 입양되는 요보호아동의 국·내외 입양이 가정법원의 허가를 필요로 하게 되는 등 원가정 보호가 강조되고, 입양 절차 전반에서 아동의 권익이 보장될 수 있도록 국가의 관리·감독의무가 강화되었다. 또한 요보호아동의 권익보호를 위해 입양 전 상담을 강화하고 친생부모의 입양동의를 아동출생 후 1주일이 경과한 후에만 가능하도록 하였다. 그리고 법원의 허가를 받아 입양된 아동에게는 민법상 친양자와 동일한 법적 지위가 부여되어 입양아동의 법적 지위가 강화된다. 국내입양 우선추진제(입양기관에서 국외입양 절차 시작 이전 일정 기간 동안 국내입양을 우선해야 함)의 법적 근거가 신설되며, 입양가정 사후관리기간이 6개월에서 1년으로 연장되고, 입양인의 뿌리 찾기 지원을 위해 입양정보공개청구권이 법적으로 보장받는다.

개정된 입양특례법 주요 변경내용

- 추진배경 : 요보호아동의 **원가정 보호**를 **강조**하고, 입양절차 전반에 **아동**의 **권익**이 **보장**될 수 있도록 **국가의 관리 · 감독의무 강화 필요**
- 주요 내용
  ① 아동의 원가정 보호를 위해 친생부모가 출산 후 7일이 지나 입양동의를 할 수 있는 **'입양숙려제'** 도입
  ② 가정법원허가제, 양부모 자격심사 강화, 입양아동에 친양자 지위 부여, 사후관리 강화 등 **입양절차 전반에 입양아동의 권익을 강화**하는 제도 도입
- 시행일 : 2012년 8월 5일(2011년 8월 4일 전부개정)

8) 서비스 질 제고 및 접근성 강화를 위한 방안

서비스 질 제고 및 접근성 강화를 위한 방안의 내용은 다음과 같다(육아정책연구소, 2017 : 343-345).

(1) 가족생활주기에 따른 부모교육 구성 및 확대

입양 전에는 현재 8시간 교육에 입양대상아동이나 예비입양부모의 특성에 맞게 차별화된 내용을 추가로 교육받도록 하는 예비입양부모교육을 강화하여야 한다.

(2) 사후서비스 프로그램의 지속성 및 접근성 강화

사후서비스 프로그램에 대한 접근성 강화를 위해 시 · 군 · 구에 위치한 육아종합지원센터 혹은 건강가정지원센터 등의 지역사회자원을 이용하여 프로그램이 제공되어야 한다.

(3) 특별한 요구를 지닌 아동에 대한 전문적 개입

연장입양아동의 적응을 위해서는 입양 후 초기 개입이 아주 중요하므로, 입양 초기 2~3년간 입양기관 실무자가 직접 혹은 상담 전문가와 연계하여 부모에게 도움을 제공할 수 있는 제도 마련이 필요하다.

2. 위탁가정

1) 가정위탁보호사업의 필요성

(1) 요보호아동의 발생 유형 · 원인에 따른 전문적인 개입

가정위탁보호는 일시적으로 대리보호가 필요한 아동들에게 대리가정을 제공하며, 보호가 필요한 아동들을 포함한 해체가정 아동들의 시설입소를 예방하고 그들이 안정된 가정에서 건전하게 성장할 수 있도록 도와준다. 그리고 미숙한 부모나 아동학대가 심각한 부모로부터 일정 기간 아동을 분리하는 대책으로 매우 적절한 프로그램으로 인식되고 있다. 기아, 미아, 미혼모 아동, 비행 가출·부랑아, 빈곤, 실직, 학대 등의 다양한 보호가 필요한 아동 발생 유형과 질병, 가출, 사망 등의 원인을 가지고 있는 보호가 필요한 아동들에게 개별적이고 전문적인 서비스가 제공되어야 한다.

위탁되는 아동들은 친가정에서 겪은 어려움과 아픈 기억으로 인하여 잘못된 습관과 생각을 가지고 있는 경우가 대부분이다. 또한 위탁가정 내에서도 낯선 아이를 받아들여 함께 생활한다는 것은 예상치 못한 친자녀와 위탁아동 간의 문제, 친자녀와 부모의 문제, 위탁부모와 위탁아동 간의 문제 등을 야기할 수도 있다. 따라서 위탁아동이 가지고 있는 문제(보호가 필요한 아동의 발생 원인)와 위탁가정이 가지고 있는 문제에 개별화되고, 다양한 서비스가 전문가에 의해서 적절하게 제공되어야 한다.

(2) 가정에서 보호되어야 할 아동권리와 시설보호의 한계

아동이 최선의 발달을 할 수 있는 것은 친가정과 친부모에 의해서일 것이다. 그러나 가정 내·외의 여러 사정이나 아동 자신의 조건 때문에 자신이 태어난 가정과 친부모로부터 일정 기간 동안 분리되어야 할 경우가 있다. 이러한 아동에 대하여 그동안 차선책인 시설보호서비스가 주로 제공되어 왔는데, 이는 모성의 박탈, 집단생활로 인해 소위 시설병이라는 현상이 나타나는 등 결국에는 아동의 인권을 심각하게 침해하는 결과를 초래하는 경우가 빈번하였다.

이에 정부는 1970년부터 가정위탁사업을 권장하였으나, 활성화되지 못하였다. 2000년도부터 2002년까지 3개년 동안 정부에서는 아동건전육성사업의 일환으로 가정위탁보호를 활성화하기로 하고, 이를 아동복지사업지침에 명시함으로써 비로소 가정위탁사업이 체계적으로 시행될 수 있는 기본 방향을 제시하였다. 시설보호 아동과 위탁가정보호 아동의 신체발달을 비교한 연구(김경희·반정호, 2005)에 따르면, 출생 당시 발육상태가 상대적으로 좋은 아동이 시설로 보내졌음에도 불구하고 이후의 발육지수는 위탁가정에서 보호받은 아동보다 낮아졌다. 이 연구결과는 양육환경이 아동의 신체발육에 영향을 미치는 주요한 요인임을 보여주는 것으로, 위탁가정보호가 아동의 발달적 측면에서 더 적절하다고 볼 수 있다.

(3) 소년소녀가정보호의 한계

소년·소녀가정이 가정 속에서 성장할 수 있도록 생계, 교육, 의료보호를 실시하고 자립능력을 배양토록 하여 건전한 사회인으로 육성한다는 지원사업의 목적에도 불구하고, 정부나 민간기관의 지원사업은 경제적 지원이라는 단순구호와 보호 차원에 머물러 소년소녀가정 아동의 자립능력과 대처능력을 키우기 위한 전문적인 프로그램 시행은 미흡한 실정이다. 즉, 지금까지 소년소녀가정 아동에 대한 지원시책이 많은 긍정적인 효과가 있었음에도 불구하고, 소년소녀가정 아동이 겪는 문제의 종류와 필요로 하는 욕구에 기초한 적절한 서비스(특히 정서적 서비스 등)를 제공할 수 있는 준비가 미흡하고, 전달체계가 마련되지 않았다는 것이다.

(4) 가정위탁보호 아동의 전문적 서비스 지원

위기아동 가정보호사업은 학대로 인해 원가정에서 분리된 0~6세(미취학) 아동을 가정과 같은 환경에서 안전하게 전문적으로 보호하기 위해 도입된 사업이다(일시 보호).

- 보호가정 신청, 접수는 어떻게 하나요?
  - (신청기간) 연중
  - (온라인신청) 아동권리보장원 홈페이지 www.ncrc.or.kr
  - (전화 및 내방) 가정위탁지원센터(1577-1406)
  - (세부사항) 교육 및 숙박 지원 예정, 일정 및 세부내용 등은 신청접수 후 3일 내 가정위탁지원센터에서 개별 안내 예정

신청하기 ▶ 보호가정 신청 및 아동보호과정

|그림 10-1| 보호가정 신청 및 아동보호과정

또한 봉사정신과 종교적인 동기로 아동을 양육하고 있는 일반인의 경우에도 실제 생활에서 겪게 되는 문제에 개입할 수 있는 체계적이고 전문적인 기관이 없어 개인적인 관계에 의존하여 문제를 해결하고 있어 아동의 건전한 성장과 발달에 지장을 초래하고 있는 것으로 나타났다. 따라서 가정위탁지원센터를 통한 위탁아동뿐만 아니라 위탁가정에 적절한 개입을 통해 체계적이고 전문적인 서비스를 제공하고, 행정기관 및 관련 기관들과의 협력체계 구축이 시급하다.

2) 가정위탁보호사업의 과정

(1) 보호가정 자격요건

위탁부모는 신문, 책자 및 각종 방송매체를 통하여 모집할 수 있다. 가정위탁보호를 위한 홍보방법은 과거에는 위탁을 알선하는 기관의 기관자와 방문객을 대상으로 한 기관 안내였으나 최근에는 기관의 홈페이지, 실제 위탁양육을 하고 있는 사람들의 개인 홈페이지를 통한 방법을 이용하기도 한다(이소희, 2005).

① **기본 요건**(친인척 및 일반인 공통)

- 위탁받고자 하는 자 및 그 가족에게 범죄, 가정폭력, 아동학대, 알코올·약물중독 등의 전력이 없을 것
- 위탁가정 적합 여부를 가정조사 시 이웃 등을 통해 확인
- 가정위탁에 필요한 교육을 이수할 것. 다만, 대리양육 가정 및 친인척에 의한 위탁가정의 경우에는 가정위탁 후 6개월 이내에 교육이수

② **일반인에 의한 위탁보호**

- 위탁아동을 부양함에 충분한 재산이 있을 것
- 위탁아동에 대하여 종교의 자유를 인정하고 사회의 일원으로서 그에 상응한 양육과 교육을 할 수 있을 것
- 가정이 화목하고 정신적·신체적으로 위탁아동을 양육함에 현저한 장애가 없을 것
- 공립아동상담소 또는 이웃주민 2인 이상의 추천을 받을 것
- 위탁부모의 나이가 25세 이상일 것
- 위탁가정의 아동은 자신의 자녀를 포함하여 4인을 넘지 않을 것
- 자녀를 양육해 본 경험이 있을 것

(2) 위탁아동의 선정

위탁아동은 친부모 또는 아동복지 관련 기관으로부터 의뢰되며, 대개 방임, 유기된 아동이다. 위탁보호가 의뢰되면 아동과 친부모에 대한 심리적·환경적 특성을 파악해야 하며, 이때 개별면접 및 집단면접 방법을 적용할 수 있으며, 가족 이외의 친척과 보호 및 교육기관으로부터도 정보를 입수하여 활용하게 된다. 현재 우리나라에서는 시·도 및 시·군·구 등 행정기관이 위탁대상 아동이 발생하면 기초생활수급자로 책정하고 해당 가정위탁지원센터로 통보하여 적합한 위탁가정을 연계하도록 하고 있다.

(3) 위탁아동의 배치

위탁아동에게 적절한 위탁가정에 아동을 배치하기 위해서는 능숙한 사회사업실천 방법을 활용해야 하며, 경험 있는 전문 사회복지사를 통해서 수행되어야 한다. 위탁아동을 위탁가정에 배치할 때 가장 중요한 일은 아동에게 행복의 기회를 갖도록 할 수 있는 가정에 위탁해 주는 것이다. 따라서 적절한 위탁가정을 발견하는 일에 세심한 주의를 기울여야 한다. 이를 위하여 우선 바람직한 가정을 찾아 명단에 올려 평가해 가면서 기관의 필요에 따라 선택되는 과정을 거쳐야 한다. 올바른 위탁가정의 발굴은 위탁보호 성공의 기본이 된다.

부적절한 배치는 위탁아동의 가출, 거짓말, 도벽, 행동이상 등의 문제행동을 야기할 수도 있고, 아동의 건전한 인격성장에도 많은 장애를 초래할 수 있다. 결론적으로 아동의 안전과 안정의 욕구를 잘 충족시켜 주는 위탁가정과 이러한 욕구를 충족시켜 주기 위한 충분한 자격을 지닌 위탁부모에게 위탁아동과 친부모 및 가정환경적 특성을 고려하여 배치하여야 한다. 이때 위탁모의 자격을 심사한 후, 위탁가정 구성원 모두의 동의를 받는다. 왜냐하면 위탁보호가 성공적으로 이루어지기 위해서는 위탁가정 전체의 이해와 협조가 필요하기 때문이다. 동의가 끝나면 배치를 한다.

(4) 사후관리

아동이 위탁되어 있는 동안 위탁담당 사회복지사는 위탁된 아동의 양육상황을 조사, 점검하고 위탁아동, 친부모, 위탁부모 모두를 사후관리해야 한다. 동시에 친부모에게도 당면한 문제를 해결할 수 있도록 적절한 도움을 주어야 한다. 현재 위탁가정에 대한 사후관리는 아동복지지도원, 관련 공무원 및 가정위탁지원센터 직원이 담당하고 있다. 먼저 일반 위탁 및 신규 대리양육가정으로 결정된 가정에 대해서는 위탁보호 초기 3~6개월 이내에는 매월 위탁가정을 방문하도록 하고, 이후 분기별 1회 이상 방문 또는 전화연결 등을 통하여 아동의 적응상태 및 양육상태 등을 파악하도록 하고 있다. 특히 친인척 또는 일반인에 의한 위탁가정에서 보호 중인 아동에 대한 생계급여를 국민기초생활보장법 제10조의 규정에 의하여 당해 가정에서 위탁 · 실시하는 경우에는 읍 · 면 · 동 사회복지전담공무원과 협조하여 수급 여부를 확인하도록 하고 있다.

(5) 위탁의 종결

대부분 계획된 위탁기간이 끝나면 위탁보호를 종결한다. 그러나 경우에 따라서 위탁기간이 축소되거나 연장되어 종결할 수도 있다. 또 위탁보호를 종결하면서 먼저 원가정과의 재결합을 고려하여야 하며, 원가정과의 재결합이 어려울 경우는 다시 위탁보호를 제공하거나, 영구적 계획이 필요한 경우에는 입양과 시설보호를 고려하여야 한다.

3) 가정위탁보호제도 관련법

2000년 아동복지법이 개정되면서 정부는 소년소녀가정을 대리양육이나 친인척 가정위탁으로 전환하여 지원하기 시작하였으며, 2003년부터 각 시 · 도에 가정위탁지원센터를 증설하고 2004년에는 중앙가정위탁지원센터를 설립하여 이 사업 정착 및 발전을 위해 노력하고 있다(허남순, 2009). 2005년 개정된 아동복지법에서는 가정위탁을 보다 강조하여 단순히 보호를 필요로 하는 아동의 보호를 '위탁'하는 것에서 '가정위탁'하는 것으로 보다 구체적으로 수정하였다. 이 밖에 친가정 복귀의사가 없는 부모에 대한 조치와 아동의 영구배

치방안, 위탁아동의 후견인 제도 및 자립 지원방안 등에 대한 구체적인 내용이 규정되어 있지 않아 아동을 보호하고 가정위탁보호제도의 수행을 원활하게 하는 데 장애가 되고 있다.

4) 가정위탁보호의 유형

우리나라 가정위탁은 크게 세 가지로 구분된다. 첫째, 대리양육 가정위탁은 부양의무자인 친조부모, 외조부모에 의한 양육을 의미하며, 둘째, 친인척 가정위탁은 친조부모 혹은 외조부모를 제외한 친인척, 즉 이모, 고모, 외삼촌, 삼촌 등에 의한 양육을 의미한다. 셋째, 일반 가정위탁은 아동과 친인척관계가 없는 일반인으로서 가정위탁의 조건을 충족하는 일반인에 의한 것이다.

(1) 일반아동의 경우

대부분의 부모들은 다양한 어려움을 겪더라도 자신의 자녀들을 양육할 수 있지만 간혹 부모의 가출, 질병, 실직 또는 심각한 경제적 어려움, 수감 또는 이혼 등의 이유로 자녀를 양육할 수 없는 상황이 발생한다. 경우에 따라서는 일시적으로 다른 가정에서 안전하게 아동을 돌봐준다면, 자신의 문제를 수습하고 다시 부모 기능의 회복이 가능한 가정의 아동인 경우이다.

(2) 아동학대 및 방임의 경우

친부모가 원하지 않아도 법적으로 아동을 친부모로부터 격리한다. 친부모가 아동의 건전한 성장과 발달에 치명적인 피해를 주고 있다고 판단된 경우에는 가능한 한 신속하게 아동을 친부모로부터 격리하고 아동과 친부모에게 적절한 조치를 취할 필요가 있는 가정의 아동인 경우이다.

(3) 소년소녀가정의 경우

현재 친부모가 양육할 수 없으나 시설에 입소되지 않고 독립적인 가구를 구성하면서 생활하고 있는 아동들이다. 이들은 아직 미성숙하여 경제적인 능력이 없고 성인보호자들의 보호가 필요한 아동의 경우이다.

(4) 시설아동의 경우

시설생활 부적응아동이나 가정위탁을 희망하는 아동을 위탁가정에서 보호하면서 큰 변화로 인한 후유증을 줄이고, 심리적인 안정을 되찾을 수 있는 아동의 경우이다.

5) 위탁가정의 현황

(1) 위탁아동의 현황[1)]

가정위탁 보호는 원가정이 가족해체, 부모의 학대, 방임 등으로 아동에게 적절한 보호를 제공할 수 없는 경우[2)], 아동을 보호하기에 적합하며 보호·양육하기를 희망하는 가정에 위탁함으로써 아동이 가정적인 분위기에서 건전한 사회인으로 자랄 수 있도록 지원하는 데 목적이 있다.[3)]

- 가정위탁사업은 1990년 시범사업으로 시작하여 2005년 아동복지법의 개정으로 가정위탁보호의 법적근거를 마련하였으며, 최근에는 위탁가정 보호 유형을 규정하고 부모교육 우선 이수에 대해 요건화하였다.
- 가정위탁사업은 아동이 건전한 사회인으로 자랄 수 있도록 위탁아동 및 위탁부모에 대한 경제적·사회적 지원을 확대한다는 방향을 가지고 있으며, 주요 지원사업으로는 양육보조금 지원, 아동용품구입비, 생계비 지원, 보험료 지원, 심리치료비 지원, 위탁아동 자립정착금 및 대학진학자금 지원 등이 있다.

가정위탁 현황에 따르면, 2021년도 위탁아동은 9,541명이며, 위탁가정 수

1) 육아정책연구소 일반과제인 「취약·위기가정 양육역량 지원 방안 연구(Ⅰ): 위탁가정 양육역량 지원 방안(배윤진·이정림·김아름·이혜민·양성은·장혜림·차유림, 2022)」에 기초하여 작성됨.
2) 가정위탁의 대상인 보호대상아동이란 18세 미만의 아동으로서 보호자가 없거나 보호자로부터 이탈된 아동, 학대 등 보호자가 아동을 양육하기에 적당하지 않거나 능력이 없는 경우의 아동을 일컬음(아동복지법 제3조).
3) 보건복지부(2023). 아동분야 사업안내[1].

는 7,830세대이다.[4)]

- 위탁가정 7,830세대 중에서 일반(친인척)위탁이 88.5%, 일반(친인척 외)위탁은 9.9%이며, 2021년도부터 시행된 전문가정위탁과 일시가정위탁은 각각 0.8%, 0.4%이다.
- 일반위탁에는 모든 연령대의 아동이 골고루 분포되어 있으나 그중 친인척위탁에는 14세 이상의 아동이 주로 분포되어 있고, 전문위탁과 일시위탁에서는 그 유형 특성상 주로 어린 연령의 아동이 많이 포함되어 있다.

가정위탁은 적절한 환경을 갖추고 아동을 양육하기를 희망하는 가정을 발굴하여 아동과 연계함으로써, 아동이 가정이라는 울타리에서 건실하게 성장할 수 있도록 돕는다는 점에서 의의를 지닌다.[5)]

- 보호대상아동 발생 시 시설보다는 가정에서의 보호를 우선 조치하고 있으며, 특히 2세 미만 영아는 가정보호를 우선시하고 있으나 보호대상아동 발생 수에 비해 위탁가정의 수는 부족한 실정이다.
- 위탁가정은 보호대상아동에게 친가정과 같은 성장 환경을 제공하므로 더욱 활성화되어야 하며, 보호대상아동의 보호·양육을 담당하는 위탁부모의 양육역량을 위한 지원은 확대될 필요가 있다.

(2) 가정위탁 관련 기관 현황

① 가정위탁지원센터

중앙가정위탁지원센터와 17개 지역 가정위탁지원센터가 설치·운영되고 있다. 가정위탁지원센터의 소장은 아동복지법 시행령에 근거하여 아동복지시설 시설장의 자격기준과 동일하다. 가정위탁지원센터의 상담원의 자격기준은 사회복지사 1급 자격을 가진 자 또는 대학에서 심리학(복지심리학을 포함한다)을 전공하였거나 보건복지부령이 정하는 아동복지 또는 사회복지 관련 교과목을 이수한 자이다.

4) 보건복지부·아동권리보장원(2022). 2021 가정위탁보호 현황보고서.
5) 초록우산 어린이재단 서울가정위탁지원센터(2017). 2016 서울가정위탁지원센터 사업보고서

② 한국수양부모협회

한국수양부모협회(http://www.ngopower.net)는 가정에서 수양딸, 수양아들을 키우던 한국의 역사와 전통을 이어가자는 목적으로 1998년 4월 4일 설립되어 현재까지 약 700여 명의 보호가 필요한 아동이 위탁가정에서 양육되는 것을 지원해 왔다.

(3) 가정위탁아동을 위한 복지서비스 현황

① 지원내용

- 양육보조금 및 국민기초생활보장법에 의한 생계비 등 지원
  - 양육보조금 지원 : 아동 1인당 월 12만 원 이상(지방이양)
  - 국민기초생활수급자 책정 · 지원
- 가정위탁아동 상해보험료 지원
  - 보험담보 : 위탁아동 후유장해, 입원 · 통원 의료비 등 지원
  - 보험료 : 1인당 연 7만 원 이내
- 대리양육 · 친인척 위탁가정 전세자금 지원(국토교통부)
  - 대출대상 주택 : 임차전용면적 $85m^2$ 이하인 주택
  - 일반주택 전세자금 및 공공임대주택 임대보증금 지원

② 아동급식지원

아동급식지원사업은 아동이 가정빈곤, 가족해체, 가정위탁, 소년소녀가정, 부모 보호자의 실직, 질병과 가출 및 직업적 특성, 아동학대, 방임, 유기, 부양기피 및 거부, 그 밖에 여러 가지 사유로 인해 제대로 보살핌을 받지 못해 끼니를 거르거나 먹는다 해도 필요한 영양을 충분히 공급받지 못하는 경우에 아동의 건강한 성장을 위하여 식사를 제공하거나 식사를 할 수 있도록 관련 식품 등을 지원하는 사업이다. 아동급식지원사업의 목적은 빈곤아동 또는 기능결손가정의 아동으로 결식하거나 결식할 우려가 있는 아동에게 식사를 제공함으로써 건전육성을 도모하는 데 있다. 이 사업은 2000년에 시작한 사업으로, 처음에는 석식사업만 실시하다가 2001년부터 조식도 추가로 지원하고

2004년부터는 방학, 토요일, 공휴일에도 제공하고 있으며, 취학아동 중식지원도 실시하고 있다.

③ 디딤씨앗통장

'디딤씨앗통장'은 저소득층 아동의 사회자립을 지원하기 위해 실시 중인 아동발달지원계좌사업(CDA : Children Development Accounts)을 국민들이 쉽게 이해할 수 있도록 하기 위한 용어로 2007년도부터 시작되어 아동이 보호자, 후원자의 후원으로 월 3만 원 이내의 금액을 저축하면 국가(지방자치단체)에서 만 17세까지 같은 액수(1 : 1 매칭펀드)를 지원하여 만 18세 이후 사회진출 시 학자금, 전세금, 창업자금 등으로 사용하도록 하는 제도이다. 아동 형편에 따라 최대 월 50만 원 내에서 자율저축이 가능하다.

(4) 서비스 전달체계 현황

우리나라 가정위탁보호제도의 전달체계는 중앙정부(보건복지부)와 지방정부(시 · 도, 시 · 군 · 구 포함), 중앙가정위탁지원센터, 지역가정위탁지원센터 등으로 구성되어 있다. 아동을 양육하기 원하는 위탁부모는 시 · 군 · 구의 아동복지 담당자나 각 시 · 도에 있는 가정위탁지원센터에 위탁부모 신청을 접수하여야 한다. 가정위탁지원센터는 신청자를 교육하고 가정조사를 하게 되며 위탁가정으로서 적합한가를 조사하여 시 · 군 · 구에 위탁가정 승인을 요청한다. 시 · 군 · 구의 단체장은 가정위탁지원센터에서 조사한 가정조사서를 검토 후 적합 여부를 결정하여 가정위탁지원센터에 통보하게 된다.

6) 가정위탁 활성화 대책

위탁가정제도의 활성화를 위해서는 다음과 같은 대책들이 필요하다(신혜경 외, 2012 ; 노충래, 2011 ; 곽형식 외, 2011).

(1) 자립지원 프로그램의 활용

가정위탁보호 아동의 현황을 보면 대리양육위탁 아동의 비율이 지속적으로 증가하고 있으며, 위탁아동의 연령도 중·고등학교에 해당하는 고연령 아동이 많다는 점(전체의 67.7%)에서 이들의 자립을 촉진시킬 수 있는 자립지원 프로그램의 적극적 활용이 요구된다. 이는 현재 우리나라 아동복지시설의 퇴소아동을 위한 '아동자립지원단'의 자립지원 프로그램을 가정위탁보호제도에서도 적극 활용할 방안을 모색할 필요가 있다. 다만, 가정위탁보호를 받고 있는 아동은 개별 위탁가정에 의해 양육되기 때문에 지리적으로 분산되어 있어 지역가정위탁센터의 상담원이 개별 가정을 방문하여 해당 아동을 만나 일정 시간, 반복적으로 자립 프로그램을 실시해야 한다는 어려움이 존재한다. 따라서 지역가정위탁센터에서는 상담원이 담당하고 있는 사례 가운데 고연령 아동을 대상으로 자립지원 프로그램을 운영할 수 있는 시간을 확보해야 한다는 점에서 상담원 대비 적정사례 수를 고려한 업무변화가 요구된다.

(2) 장기위탁보호의 해소

가정위탁보호제도는 '보호대상 아동의 보호를 위하여 아동을 보호하기에 적합한 가정에 일정 기간 위탁하는 것'을 의미한다. 현재 아동 분야 사업안내나 가정위탁지원센터 통합업무매뉴얼에는 가정위탁보호 기간을 정해놓은 규정이 없다. 2011년 가정위탁 현황을 볼 때 대리양육 및 친인척 위탁가정에 의해 보호를 받고 있는 아동들뿐 아니라 일반위탁가정의 위탁아동들도 평균 4년 이상 장기위탁보호를 받고 있으며, 6년 이상 위탁보호를 받고 있는 아동의 비율도 26.9%에 이른다는 점에서 위탁아동의 보호기간을 단축할 수 있는 방안을 모색할 필요가 있다. 이는 대리양육 및 친인척 가정위탁과 일반 가정위탁의 아동 특성, 친부모 생존 여부 및 자립 가능성 등에 대한 종합적인 사정과 이에 적절한 개별적인 사례개입 계획이 요구된다고 할 수 있다. 또한 친부모의 사망으로 인해 친가정으로의 복귀가 어려운 가정에 대해서는 아동이 신뢰할 수 있는 성인과 지속적인 관계를 구축하여 위탁아동에게 인생의 훌륭한 가이드 역할을 할 수 있는 영구계획 수립이 필수적이라 할 수 있다. 이를 위해서는 개별 아동과의 긴밀한 상담과정을 통해 현재뿐 아니라 미래에 있어서 아동이 지속적으로 관계를 유지할 수 있는 성인을 발굴할 수 있도록 지원해야 하며, 상담원들이 이러한 업무를 충실히 이행할 수 있도록 업무량의 변화가 촉구된다.

(3) 대리양육 및 친인척 위탁가정에 대한 지원 및 서비스

많은 위탁아동들이 이미 취약한 가정환경에서 성장할 가능성이 높고, 대리양육 및 친인척 위탁가정에 의해 지속적으로 양육될 가능성이 높다는 점에서 빈곤아동 및 빈곤가족을 대상으로 한 아동 및 가족복지 측면의 정책과 서비스가 마련될 필요성이 제기된다. 특히 대리양육 및 친인척 위탁부모의 경우 고연령, 불안정한 직업 및 소득, 낮은 학력 등으로 인해 위탁아동의 적절한 보호가 매우 미흡한 상황이어서 아동 발달 및 보호에 부정적인 영향을 줄 가능성이 높은 반면, 이들을 위한 가정위탁지원센터의 확대 및 상담원 수 확대는 매우 미흡한 상황이어서 가정위탁보호제도의 실효성을 거두기에는 많은 한계가 있다. 따라서 지역별 사례 수와 지리적 여건 등을 고려하여 지역가정위탁지원센터를 확충해 나갈 필요가 있다.

(4) 지역가정위탁지원센터의 공무원 교육 및 협력관계 강화

우리나라 가정위탁보호제도는 위탁아동의 지정권한을 지방자치단체의 시·군·구를 대표하는 사회복지전담공무원이 맡고 있다. 실제 업무에 있어 일선 현장에 있는 두 체계 간의 협력은 업무수행에 있어 매우 필수적이라 할 수 있다. 특히 일부 지방자치단체에서는 이러한 협력이 잘 이루어지고 있는 반면, 일부 지역에서는 협력이 미비한 경우도 많다. 따라서 의뢰 및 인테이크-사정-가정위탁 보호 결정 및 배치-서비스 계획 및 제공-모니터링-종결 및 사후관리 전 과정에 있어 상호존중을 바탕으로 두 체계 간의 긴밀한 의사소통을 통해 위탁아동을 건강하게 보호, 육성하고자 하는 가정위탁보호제도의 근본 목적을 성취할 수 있어야 할 것이다.

Chapter 11

다문화가족

우리 사회를 특징짓는 것 가운데 하나는 다문화이다. 우리는 이제 어디를 가도 더이상 단일민족이 아닌 다문화사회에 살고 있음을 충분히 느끼며 살아가고 있다. 그럼에도 불구하고 우리 사회는 아직까지 이들과 어울려 살 준비가 충분히 되어 있지 못한 상태이다. 끊임없이 문제가 일어나고 있으며, 이들 문제는 다문화가족을 포함한 우리 사회 전체의 아픔으로 고통을 수반하고 있으며, 이에 따라 다문화가족을 지원하는 각종 대책이 절실히 요구되는 실정이다.

1. 다문화가족의 이해

1) 다문화가족의 개념

국회는 다문화가족지원법을 제정하여 정부가 다문화가족정책을 추진할 수 있는 법률적 근거를 마련했다. 다문화가족지원법에 의하면, 다문화가족이란 '결혼이민자와 한국인으로 이루어진 가족'과 '국적법에 의해 귀화허가를 받은 자와 한국인으로 이루어진 가족'으로 정의하고 있다.

또한 다문화가족지원법상 다문화가족이란 다음 각 목의 어느 하나에 해당하는 가족을 말한다. 첫째, 재한외국인 처우 기본법 제2조 제3호의 결혼이민자와 국적법 제2조부터 제4조까지의 규정에 따라 대한민국 국적을 취득한 자로 이루어진 가족이나 국적법 제3조 및 제4조에 따라 대한민국 국적을 취득한 자와 같은 법 제2조부터 제4조까지의 규정에 따라 대한민국 국적을 취득한 자로 이루어진 가족을 말한다. '결혼이민자 등'이란 다문화가족의 구성원으로서 다음 각 목의 어느 하나에 해당하는 자를 말하는 것으로 재한외국인 처우 기본법 제2조 제3호의 결혼이민자와 국적법 제4조에 따라 귀화허가를 받은 자를 의미한다.

2) 한국 다문화가족정책의 형성과정

한국사회는 단일한 민족배경하에서 주요 이민수용국인 프랑스, 독일, 미국 등과 비교할 때, 이들 나라에서 50~150년간 걸쳐 일어났던 외국인 유입으로 인한 변화를 불과 10~15년 사이에 겪고 있으며, 그 압축적인 변화과정을 겪는 상황에서 합법적 영주를 전제로 하는 '결혼이민자'를 주요 정책대상으로 제한하고 있는 실정이다. 한국사회의 공적 차원에서 거주외국인 관련 정책이 주요 이슈로 등장한 것은 2006년부터이다. 한국의 다문화가족지원사업은 2006년 4월 대통령 자문기구인 빈부격차 · 차별시정위원회와 여성가족부 등 12개 부처가 공동으로 「여성결혼이민자 가족의 사회통합지원」 대책을 마련한 것을 시작으로 본격적으로 실시되었다. 특히 2006년에는 다문화가족지원사업의 서비스 전달기구로서 다문화가족지원센터(구 결혼이민자가족지원센터) 21개가 시 · 군 · 구에 처음으로 설치되었고, 2008. 3. 21. 다문화가족지원법이 제정되면서 법적 · 제도적 기반을 갖추게 되었다. 이후 다문화가족의 수가 증가하고 사회적 관심이 높아지자 정부는 2009년 다문화가족지원사업의 총괄 · 조정을 위하여 국무총리실에 다문화가족정책위원회를 설치하였고, 2010년 5월 국무총리실과 관계부처가 합동으로 「다문화가족지원정책 기본계획」을 수립하여 2010년부터 2012년까지의 다문화가족지원사업 기본 방향을 마련하여 2011년 3월 기본계획이 심의 · 확정되어 추진되었다.

〈표 11-1〉 2021년 외국인정책 시행계획(요약)

구 분	2021년 외국인정책 시행계획(요약)
수립 배경	• 「제3차 외국인정책 기본계획(2018~2022)」에 따라 2021년 외국인정책 시행계획 수립 필요 (재한외국인 처우 기본법 제6조) • 제3차 외국인정책 기본계획(2018~2022) 비전 : 국민 공감! 인권과 다양성이 존중되는 안전한 대한민국 정책목표 ① [개방] 국민이 공감하는 질서있는 개방, ② [통합] 이민자의 자립과 참여로 통합되는 사회, ③ [안전] 국민과 이민자가 함께 만들어가는 안전한 사회, ④ [인권] 인권과 다양성이 존중되는 정의로운 사회, ⑤ [협력] 협력에 바탕한 미래 지향적 거버넌스
과제 수 및 예산	• (과제) 1,215개(중앙부처 170개, 지방자치단체 1,045개) • (예산) 5,519억원(중앙부처 3,061억원, 지방자치단체 2,458억원) ※ 2020년도 과제 수 1,221개 대비 0.5%(6개 과제) 감소, 예산 5,281억원 대비 4.5%(238억 원) 증가
정책 목표별 주요 과제	• (개방) 적극적 외국인 지원체계 구축 및 관광객 · 투자자 유치 등을 통한 경제활성화 지원 – 전문인력에 대한 체계적 안내 시스템 구축 및 정주 관련 맞춤형 지원을 제공하기 위해 글로벌 헬프 데스크(GHD) 운영 – 우수인재가 근무하는 곳을 직접 찾아가는 복수국적제도 설명회 개최 – MICE · 웰니스 관광, 크루즈 등 고부가가치 관광산업 지속 육성, 외국인 기술창업자 국내 창업활동 지원, 환승관광 활성화, 외국인 환자 유치 및 재외공관 비자신청센터* 확대 • (통합) 이민단계별 정착지원 및 사회통합 촉진, 복지지원 내실화 – 범부처 협업으로 교육지원 자료를 제작 · 배포하여 중도입국 외국인자녀의 공교육 진입 확대 – 결혼이민자 및 자녀 등이 직업능력개발 훈련과정을 수강할 수 있는 국민내일배움카드* 발급 * 국민내일배움카드 : 취 · 창업 등을 위해 직업훈련이 필요한 구직자 등의 직업능력을 개발할 수 있도록 훈련비의 일부와 훈련장려금을 지원하는 제도 • (안전) 안전하고 신속한 국경관리 및 체류외국인 관리 체계 선진화 – 우범외국인의 국내 입국을 차단하는 탑승자 사전확인시스템 및 외국인 정보를 사전에 수집 · 분석하는 전자여행허가 제도* 시스템 구축 * 전자여행허가제도(Electronic Travel Authorization) : 외국인이 무비자로 입국하고자 할 때 사전에 온라인으로 개인정보 · 여행정보를 입력, 해당 국가의 여행허가를 받는 제도 – 출입국사범 수사에 스마트폰 · SNS를 이용한 디지털포렌식 기법 도입 • (인권) 체계적 인권보호 제도 마련 및 문화다양성 증진 · 이해 제고 – 이민자 차별 유형 및 구제 수단 등에 대한 구체적 제도 마련, 인권침해 · 차별 · 역차별 조사 및 상담 등 업무를 수행하는 외국인 권익 옴부즈만 제도 활성화 – 교과과정과 연계하여 모든 학생 대상 다문화 이해교육을 실시하는 다문화교육정책학교 운영 및 세계시민교육 인식 제고 • (협력) 이민 관련 협력 증진 및 이민정책 추진 관련 인프라 구축 – 중앙부처와 지자체의 외국인정책 협력 강화를 위한 정례 회의 개최 – 고용허가제 송출국의 귀환체계 강화 및 국제 이민 거버넌스 참여 활성화 – 각종 이민행정 통계 및 정책기초정보를 제공할 수 있는 빅데이터 기반 통계분석시스템 구축

출처 : 보건복지부(2021b). '제25차 외국인정책위원회' 보도자료(2021.3.31.).

2. 건강가정 · 다문화가족지원센터 통합서비스

1) 2021년 달라지는 주요 내용

〈표 11-2〉 2021년 달라지는 주요 내용

구 분		2020년도	2021년도
센터 개요	개소수	통합센터 2020년 196개소	통합센터 2021년 203개소
예산지원	센터의 예산	• 유형별 단가 - 가형 438,700천 원 - 나형 400,300천 원 - 다형 336,600천 원 - 라형 298,200천 원 - 마형 251,300천 원	• 유형별 단가 - 가형 441,400천 원 - 나형 402,700천 원 - 다형 338,600천 원 - 라형 299,900천 원 - 마형 252,300천 원
영역별 수행사업	가족과 함께하는 지역 공동체	-	'다(多)함께 프로그램' 추가

출처 : 여성가족부(2021b). 2021년 가족사업안내_1권, p. 67.

2) 통합서비스 사업개요

(1) 사업목적

① 가족의 유형별로 이원화되어 있는 가족지원서비스를 가족의 유형에 상관없이 다양한 가족에 대한 보편적이고 포괄적인 서비스를 제공한다.

- 수혜자 중심의 서비스 확대 및 접근성 제고
- 지역 여건 및 정책 수요자 특성에 맞는 맞춤형 서비스 강화
- 모든 가족에 대한 안정성 강화 및 가족관계 증진에 기여

② 다문화가족의 안정적인 정착과 가족생활을 지원하기 위해 가족 및 자녀 교육 · 상담, 통 · 번역 및 정보제공, 역량강화 지원 등 종합적인 서비스를 제공하여 다문화가족의 한국사회 조기적응 및 사회 · 경제적 자립지원을 도모한다.

- 다문화가족의 정착단계 및 생애주기에 따른 맞춤형 서비스 제공
- 다문화가족 대상 통합교육 및 부모교육, 사회참여 지원 확대
- 다문화가족 자녀의 건강한 성장지원 및 글로벌 인재 육성
- 결혼이민자 맞춤형 일자리 참여 확대 등 사회경제적 자립 지원

(2) 법적 근거

① 건강가정기본법

- 법 제21조(가정에 대한 지원)
- 법 제35조(건강가정지원센터의 설치) 국가 및 지방자치단체는 가정문제의 예방 · 상담 및 치료, 건강가정의 유지를 위한 프로그램의 개발, 가족문화운동의 전개, 가정관련 정보 및 자료제공 등을 위하여 건강가정지원센터(이하 "센터"라 한다)를 설치 · 운영하여야 한다.

② 다문화가족지원법

- 법 제6조(생활정보 제공 및 교육 지원)
- 법 제12조(다문화가족지원센터의 설치 · 운영 등) 국가와 지방자치단체는 다문화가족지원센터(이하 "지원센터"라 한다)를 설치 · 운영할 수 있다.

3) 다문화가족지원 사업

(1) 2021년 달라지는 주요 내용

〈표 11-3〉 2021년 달라지는 주요 내용

구 분	내 용	변경 전(2020년)	변경 후(2021년)
센터 운영	센터 현황	• 건가 · 다가 통합서비스 운영기관 다문화가족지원센터(확대형) : 195개소 • 다문화가족지원센터(일반형) : 32개소	• 건가 · 다가 통합서비스 운영기관 다문화가족지원센터(확대형) : 203개소 • 다문화가족지원센터(일반형) : 25개소
	예산 지원	• 센터 기본운영비(국비+지방비) : 가형 189,700천 원, 나형 151,300천 원	• 센터 기본운영비(국비+지방비) : 가형 191,000천원, 나형 152,300천원
센터 사업	가족	• 사업 「참고자료」 다문화가족 자녀성장지원사업 프로그램 매뉴얼 외 19종	• 사업 「참고자료」 수정
	성평등 · 인권	• 사업 「참고자료」 다문화가족지원센터 성평등 프로그램 매뉴얼 외 3종	• 사업 「참고자료」 수정
센터 사업	사회 통합	• 사업 「참고자료」 다문화가족지원센터 사회통합 프로그램 매뉴얼 외 10종	• 사업 「참고자료」 수정
	상담	• 사업 「참고자료」 상담 프로그램 매뉴얼 외 6종	• 사업 「참고자료」 수정

출처 : 여성가족부(2021b). 2021년 가족사업안내_1권, p. 143.

(2) 사업추진체계

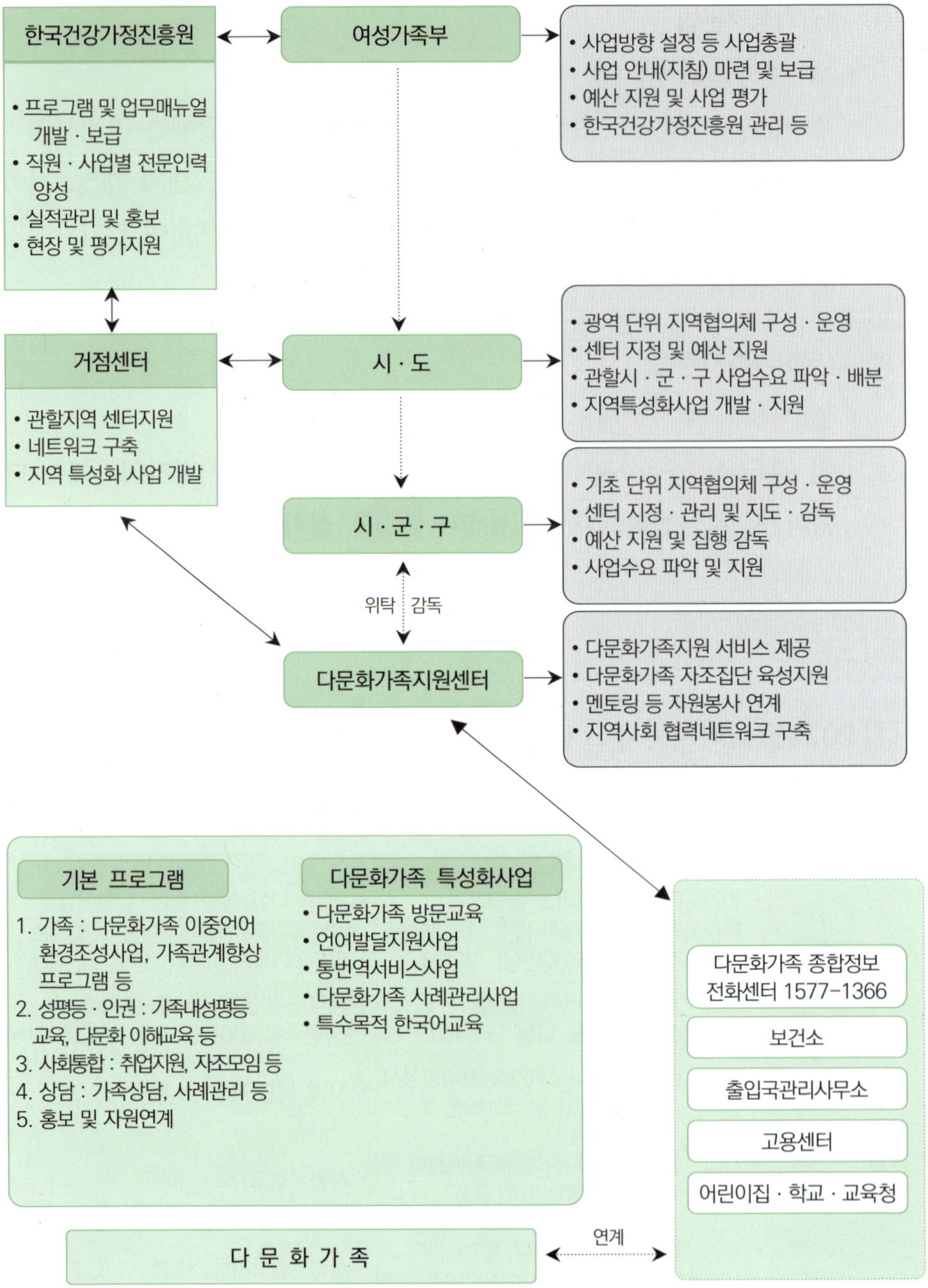

|그림 11-1| 사업 추진체계도

출처 : 여성가족부(2021b). 2021년 가족사업안내_1권, p. 149.

(3) 다문화가족지원 사업개요

다문화가족지원법 제12조(다문화가족지원센터의 설치 · 운영 등)에 근거를 두며, 다문화가족의 안정적인 정착과 가족생활을 지원하기 위해 가족 및 자녀교육 · 상담, 통 · 번역 및 정보제공, 역량강화 지원 등 종합적인 서비스를 제공하여 다문화가족의 한국사회 조기적응 및 사회 · 경제적 자립지원을 도모한다.

(4) 센터 설치현황

- 센터 수 : 총 228개소가 설치되어 있다.

(5) 다문화가족지원센터의 사업

① 가족 일회성 또는 행사성 사업을 지양하고 학생관련 프로그램은 교육청 사업과 중복하여 실시되지 않도록 주의하여야 한다.

〈표 11-4〉 가족

구 분	공통필수	선택(예시)	비 고
가족	• 다문화가족 이중언어 환경조성프로그램 (연간 10시간) • 다문화가족 학령기 자녀 입학 및 입시 정보 제공(부모 대상, 연간 4시간) ※ 상 · 하반기 각 1회	• 가족의사소통프로그램 • 가족관계향상 프로그램 • 결혼과 가족의 이해 • 가족의 의미와 역할 • 아버지교육 • 부모-자녀관계 및 자긍심향상 프로그램 • 자녀교육프로그램 • 부모역할교육, 자녀건강지도 • 자녀생활지도 • 자녀성장지원사업 등	연간 필수 14시간, 선택 26시간 이상 (이중언어코치 배치 센터는 공통필수 중 이중언어환경조성 프로그램 160시간 이상)

출처 : 여성가족부(2021b). 2021년 가족사업안내_1권, p. 165.

② 성평등과 인권

〈표 11-5〉 성평등과 인권

구 분	공통필수	선택(예시)	비 고
성평등 · 인권	• 가족 내 성평등 교육 • 다문화이해교육 • 인권감수성 향상교육 • 이주여성과 한국인 배우자 · 부모 대상 프로그램(多함께 프로그램) 등(2시간) • 폭력피해 대처 및 예방교육	• 이주여성 대상 프로그램 • 다문화가족 관련법과 제도 • 이주민과 인권 • 찾아가는 폭력예방교육	20시간 이상 실시

출처 : 여성가족부(2021b). 2021년 가족사업안내_1권, p. 165.

③ 사회통합

〈표 11-6〉 사회통합

구 분	공통필수	선택(예시)	비 고
사회통합	• 취업기초소양교육 • 구직자 발굴 시 e새일시스템과 연계된 워크넷 등록 및 새일센터로 적극 연계 • 새일센터의 결혼이민자 대상 직업교육훈련 개설 시 적극 협조(교육과정 설계 · 모집 등)	-	e새일시스템과 연계된 워크넷 등록 및 새일센터 연계(10건 이상)
	• 다문화가족 나눔봉사단 소양교육(4시간 이상) • 다문화가족 나눔봉사단 활동	• 한국사회적응교육 • 소비자 · 경제교육 • 학업지원반 운영 및 연계 • 다문화가족 자조모임 • 다문화인식개선 • 결혼이민자 멘토링프로그램 • 결혼이민자 정착단계별 지원 패키지프로그램(=결혼이민자 자립지원 패키지 프로그램) 등 - (미래찾기, 길찾기 등 미래설계 프로그램 중 선택) * 건가 · 다가 통합서비스 운영 기관은 공통 필수 사업으로 실시 • 재난안전교육 • 다문화가족 교류 · 소통 공간 • 선거교육	15시간 이상 실시(봉사자 소양교육 필수 4시간 포함)

출처 : 여성가족부(2021b). 2021년 가족사업안내_1권, p. 166.

④ 상담

〈표 11-7〉 상담

구 분	공통필수	선택(예시)	비 고
상담	가족상담	• 개인상담 • 집단상담 • 사례관리 • 위기가족 긴급지원 • 외부상담기관 연계 등	연간 80회기 이상

출처 : 여성가족부(2021b). 2021년 가족사업안내_1권, p. 166.

⑤ 홍보 및 자원연계

〈표 11-8〉 홍보 및 자원연계

구 분	세부프로그램 영역	비 고
홍보 및 자원연계	• 지역사회 홍보 • 지역사회네트워크 • 찾아가는 결혼이주여성 다이음 • 홈페이지 운영 등	센터 홈페이지 프로그램 안내 게시판에 익월 프로그램에 대한 안내글 게시(매월 30일까지)

출처 : 여성가족부(2021b). 2021년 가족사업안내_1권, p. 167.

4) 다문화가정 여성의 문제

(1) 국제결혼 중개업의 인신매매성 광고 현수막

매매혼적 결혼을 단적으로 보여주는 것은 국제결혼중개업체들이 내건 현수막이나 결혼중개 사이트와 맞선과정의 문제다. 예를 들어, 베트남 여성과의 결혼 현수막은 국제결혼 문제를 그대로 노출하고 있다. 처음에는 '베트남 여성과 아름다운 인연맺기'라는 문구로 시작했는데, 시간이 지나면서 '초·재혼 상관없음/ 나이 상관없음/ 장애인 가능' 등으로 항목이 하나씩 늘어났으며, 항목이 늘수록 문제가 더 노출되고 있다.

(2) 가부장적 여성이미지의 상업화

한국 남성에게 국제결혼을 장려하기 위하여 국제결혼중개업체는 아시아의 여성을 가부장적으로 상업화한다. 이 현상은 국제결혼정보회사가 내건 사이트에 여실히 드러나 있다. 예를 들어, 베트남 여성의 경우는 '순종적이며, 모성애가 강하고 나이 차이에 구애받지 않고 순결하다'고 소개하고, 몽골 여성의 경우 '모성애가 강하고 부모님 모시기 좋아한다'고 소개한다.

(3) 인신매매성 결혼중개과정

국제결혼중개업 알선에 의한 국제결혼은 그 과정 자체가 매매혼적 과정을 드러내고 있다. 한국 중개업 파트너 형식으로 현지의 결혼 브로커들이 현지 지역에서 결혼희망자를 대도시에 모아 집단거주를 시키고 있다. 모집과정에서 현지 가족에게 계약금으로 돈을 지급하기도 하고 혹은 결혼 성립 후 일정 금액을 약속하기도 한다. 또한 국제결혼에서 배우자를 선택하는 결정권은 전적으로 한국남성에게 있다. 선택되기를 기다리던 여성은 기다리는 기간이 길면 길수록 초조해지고 비용이 들기 때문에 결혼상대를 자세히 알아보지도 않고 웬만하면 결혼에 응하게 된다. 그리고 국제결혼 중개업체가 내건 인신매매성 현수막의 광고와 결혼중개업의 중개과정은 한국인들 뇌리에 국제결혼 이주여성을 '돈 주고 사온 여성'이라는 이미지로 고착화시키고 있으며, 이주여성과 결혼한 한국남성 당사자들도 "내가 돈을 들여 데리고 왔으니 내 마음대로 해도 된다"라는 생각으로 이주여성을 동등한 배우자로서가 아닌 함부로 해도 되는 존재로 여기는 경우가 많다.

5) 다문화가정 아동의 문제

최근 다문화가정의 급증으로 다문화가정 아동의 수가 증가하고 있는 추세인데 다문화가정 아동들은 가족관계, 교육 및 학교생활 문제, 사회적 편견, 심리사회적 문제 등으로 어려움을 겪고 있다.

(1) 가족관계

다문화가정의 자녀들은 한국어에 미숙한 부모 간 서로 다른 풍습과 문화의 차이 등으로 혼란을 경험할 수 있다. 따라서 가족 내 이중문화의 존재로 인해 갈등이 빚어지게 되며, 이러한 고통과 긴장, 경제적 어려움으로 인해 발생하는 스트레스 등으로 인하여 가정 자체를 불안정하게 만드는 복합적인 상황이 존재하게 된다(권오의, 2006 ; 정하서 외, 2008). 다문화가정의 대다수가 외국인 어머니와 자녀로 이루어진 경우가 많다. 유아기와 아동기의 발달 특성상 부모와의 활발한 의사소통과 상호작용이 필요한 시기이다. 그러나 한국어에 미숙한 부모 간 서로 다른 풍습과 문화의 차이 등은 아동에게 혼란을 경험하게 할 수 있다. 또한 전통적으로 자녀양육에 있어서 아버지의 참여가 거의 이루어지지 않는 우리 사회의 특성상 자녀에 대한 교육은 주로 어머니에 의해 이루어지게 되는데, 한국말이 서투르고 한국의 풍습에 익숙하지 못한 어머니들은 자녀교육을 하는 데 어려움을 경험하게 되고, 자녀들에게 자신의 정체성과 가치관 정립을 위한 도움을 제공하기 힘들다. 한편 다문화가정의 형성에 있어서 대부분이 중개업자를 통해 형식적인 맞선 이후 결혼하거나 경제적으로 차이가 있는 국가 출신 간의 결합 등으로 인해 가정폭력과 불화 등의 문제가 발생하기도 한다. 특히 농촌지역은 외국인 아내와의 이혼이 70% 이상을 차지할 정도로 농촌지역의 다문화가정의 가족관계 문제는 매우 심각하다(이지애, 2007). 뿐만 아니라 한국인 배우자가 재혼일 경우, 그 이전의 결혼에서 태어난 자녀와 외국인 모와의 관계, 외국인 모가 이전 결혼에서 출산한 자녀와 동거하지 못하는 데서 오는 어려움 등을 경험하기도 한다(설동훈 외, 2006).

(2) 취학아동들의 교육 및 학교생활

초등학생 자녀가 있는 결혼이민자를 대상으로 이들의 교육상 가장 어려운 점에 대해 질문한 결과 대부분의 결혼이민자(83.5%)가 어려움이 있는 것으로 나타났다. 결혼이민자가 초등학생 자녀를 교육하는 데 가장 어려운 점으로는 학원비 마련(27.4%)으로 사교육비의 부담을 지적한 비율이 가장 높았다. 그 다음으로는 예습 · 복습의 학습지도(23.2%)와 숙제지도(19.8%) 등의 순으로 높은 비율을 보였다. 또한 배타적인 한국사회의 특성과 경제적으로 낙후된 국가 출신에 대한 편견으로 인해 일부 학교의 경우 외국인 자녀 입학을 기피하거나 통합교육을 거부하는 등의 문제가 발생하기도 한다(교육인적자원부, 2006). 또한 이런 상황은 새터민가족의 아동들에게도 동일하다. 이들은 남한학교에서의 수업내용을 이해하기 힘들고 중 · 고등학교에 가서는 학력차이가 더 심각해진다(강란혜, 2010). 이는 결혼이민자들이 한국어에 능통하지 못해 나타나는 결과로 보여지며, 따라서 이들의 한국어 교육을 위한 실질적인 지원이 이루어져야 함을 시사하고 있다(여성가족부, 2009).

(3) 사회적 편견

폐쇄적 순혈주의를 주장하는 우리 사회는 외국인 여성에 대해 한국의 가부장적인 가치관, 자녀양육관 등을 따르도록 강요하며(이수자, 2004) 피부나 생김새가 다른 다문화가정 아동에 대해 혼혈인이라 부르며 배타적인 태도를 보이기도 한다. 이들은 순수혈통을 중시하는 태도로 인해 비하 · 멸시의 대상이 되는데, 다문화가정의 아동이라 할지라도 부모의 출신 나라에 따라 인식의 차이가 있음을 알 수 있다. 즉, 다문화가정 아동의 부모가 사회 · 경제적 하층에 속한 경우 한국인으로 수용하려는 경향이 높다는 것이다. 실제 다문화가정 아동들은 주위의 편견과 차별, 소외감을 호소하고 있으며, 이는 아동들의 심리적인 적응에도 영향을 미치는 것으로 나타났다(청소년희망재단, 2009). 일반가정 아동들의 다문화가정 아동에 대한 인식은 지역적으로 다문화가정 아동을 접할 기회가 높은 농촌지역의 아동, 남학생보다는 여학생이 긍정적인 태도를 보이고 있다(박정원, 2007).

(4) 심리사회적 반응

다문화가정 아동의 심리사회적 적응을 살펴보면, 일부 아동의 경우 언어발달 지체 및 문화부적응으로 인해 지나치게 소극적이거나 반대로 폭력성 또는 과잉행동장애와 같은 정서장애를 보이기도 한다(보건복지부, 2005). 다문화가정 아동은 고학년이 될수록 심리사회적 적응에 어려움을 경험하며, 특히 어머니의 국적이 베트남, 중국, 필리핀과 같은 아시아계 가정 아동의 심리사회적 부적응이 상대적으로 높은 것으로 나타났다(이영주, 2007). 다문화가정 아동들은 부모의 불안한 신분상태, 잦은 직장이동, 고국문화에의 낮은 접근성, 전문상담 기회의 부재 등으로 자기 정체성 확립에 어려움을 경험한다. 또한 부모들이 한국적응을 위해 '공부만 강요한다' 또는 '용돈이 부족'하거나 '내 생각을 무시한다', '돈 버느라 함께 대화한 적이 없다' 등에 대한 불만을 갖기도 한다(최현미 외, 2008).

3. 정부부처별 다문화가족정책

1) 여성가족부

여성가족부의 주요 업무는 첫째, 여성정책의 기획이나 종합 및 여성의 사회참여를 확대하고, 둘째, 정책의 성별 영향을 분석 및 평가하는 것이며, 셋째, 여성인력을 개발하고 활용한다. 넷째, 청소년 정책을 협의 및 조정하고, 다섯째, 청소년 활동 진흥 및 역량을 개발하며, 여섯째, 유해환경으로부터 청소년을 보호한다. 또한 일곱째, 위기청소년 등을 보호하고 지원하며, 여덟째, 가족 및 다문화가족정책을 기획하고 종합하며, 아홉째, 양육과 부양 등의 가족기능을 지원하고, 열 번째, 다문화가족의 사회통합을 지향하는 등 다양한 활동을 하고 있다(곽미정 외, 2021).

(1) 다문화가족 생애주기별 맞춤형 서비스

① 1단계 : 입국 전 결혼준비기

- 국제결혼과정의 인권보호와 교육 프로그램
  - 「결혼중개업의 관리에 관한 법률」 제·개정 시행
- 국제결혼중개업 등록제 시행(2008년)
- 결혼중개업 표준약관 제정, 중개업자의 신상정보 사전제공 의무화 추진(2010년)
- 18세 미만 및 집단맞선 소개 금지, 국제결혼중개업 등록 시 자본금 요건(1억 원 이상) 도입(2012년)
  - 결혼중개업자 전문지식 및 윤리의식 향상교육 실시 : 결혼중개업 제도, 인권보호, 소비자보호, 상담실무 등을 교육한다.
  - 결혼이민(예정)자 현지사전교육 운영의 내실화 : 베트남, 몽골, 필리핀 현지에서 표준교재(한국문화, 한국어 등)를 활용한 한국입국 전 정보제공(3개국 5개소 실시)한다.

② 2단계 : 입국 초 가족관계 형성기

- 결혼이민자의 조기적응 및 안정적 생활 지원
  - 한국어교육, 다문화가족통합교육, 다문화가족 취업연계 및 교육지원, 개인·가족상담 등 종합 서비스를 제공한다.
  - 다국어판 생활·정책정보 매거진(Rainbow+, 연 4회, 10개 언어, 회당 7만 부), 한국생활 가이드북, 다문화가족 포털 '다누리' 운영 등 한국생활 정보를 제공한다.
  - 의사소통 지원을 위한 통·번역 서비스를 제공한다.
- 한국어가 유창한 결혼이민자(282명, 12개 언어)가 다문화가족지원센터에서 직접 통·번역 서비스를 제공한다.
- 다양한 매체를 통한 한국어교육
  - 집합교육 : 수준별로 세분화된 교육 프로그램을 실시한다.

    ※ 전국 204개 다문화가족지원센터에서 1~4단계, 특별반(5개반) 실시한다.
  - 방문교육 : 다문화가족지원센터에서 '찾아가는 서비스'를 실시한다.

    ※ '11년 한국어교육지도사 1,787명, 10,864 가정 지원한다.
  - 온라인교육 : 한국디지털대학교 '다문화가정 e-배움 캠페인'을 진행한다.
  - 방송교육 : EBS 방송교육을 진행한다.
- 위기개입 및 가족통합교육 실시
  - 가정폭력 피해상담·보호를 위해 이주여성 긴급전화 및 전용쉼터, 법률구조기관 등 관련 기관 간 연계를 강화한다.

    ※ 이주여성긴급지원센터(1577-1366) 9개 언어 24시간 지원, 이주여성쉼터 18개소 운영을 한다.
  - 다문화가족의 생활 적응과정에서 발생하는 각종 고충상담 및 생활정보 제공을 위해 다누리콜센터를 2011년 6월부터 운영한다.

    ※ 다누리콜센터(1577-5432) 9개 언어, 9:00~18:00
  - 다문화가족(이혼가족 포함)의 개인·가족 상담을 실시한다.
  - 다문화가족 구성원 간 가족 내 역할 및 가족문화에 대한 이해향상을 위한 가족통합교육을 추진한다.

③ 3단계 : 자녀양육 및 정착기

- 다문화가족 자녀의 양육 · 교육 지원
  - 부모의 자녀양육 능력 향상을 위해 부모교육서비스를 실시한다.
  - 학업성취가 낮고 자아 · 정서 · 사회성 발달에서 어려움을 겪고 있는 다문화가족 자녀에게 자녀생활서비스를 실시한다.
  - 다문화가족 자녀 언어발달을 지원한다.
- 언어발달 진단, 교육 프로그램을 제공(언어발달지도사 200여 명)한다.
- 센터 내 다문화 언어교실 개설 및 보육시설 파견서비스를 제공한다.
  - 보육시설에서 사회정서 증진 프로그램 등 다문화 프로그램을 실시한다.
  - 엄마(아빠)나라 언어습득 지원을 위한 언어영재교실을 운영한다.
- 어릴 때부터 이중언어 사용을 통해 글로벌 인재를 육성한다.

④ 4단계 : 역량 강화기

- 다문화가족의 경제 · 사회적 자립을 지원한다.
  - 다문화가족 취업연계 및 취업기초소양교육을 실시한다.
  - 통번역 요원 및 다문화강사 등 결혼이민자 적합 직종을 개발한다.
- 다문화강사를 양성해 지역 내 보육시설 및 초등학교 등에서의 활동과 연계 지원-원어민 외국어강사를 양성해 지역교육청과 연계하여 보조강사로 활동할 수 있도록 지원한다.
- 통 · 번역사 등 이민자 적합 직종을 개발한다.
  - 국가별 결혼이민자 자조모임을 지원한다.

⑤ 전 단계 : 다문화역량 강화

- 대국민 인식개선 및 홍보
  - 다문화가족 모니터링단 운영
  - 다문화가족 포털사이트 '다누리' 운영
  - 다문화 인식 개선을 위한 콘텐츠 개발 및 보급
- 다문화가족 실태조사 실시(다문화가족지원법 제4조)
- 전국 규모의 다문화가족 실태를 조사 · 분석해 정책수립에 필요한 기초

통계자료 확보 및 맞춤형 서비스 개발

- 조사항목(다문화가족지원법 시행규칙 제2조 제3항)
  - 성별, 연령, 학력, 취업 상태 등 가족 구성원의 일반 특성에 관한 사항
  - 소득, 지출, 자산 등 가족의 경제 상태에 관한 사항
  - 자녀양육, 가족부양 등 가족행태 및 가족관계에 관한 사항
  - 의식주, 소비, 여가, 정보이용 등 생활양식에 관한 사항
  - 가족갈등 등 가족문제에 관한 사항
  - 다문화가족 지원 관련 교육·상담 등 서비스 수요에 관한 사항
  - 그 밖에 다문화가족의 현황 및 실태파악에 필요한 사항

(2) 다문화가족센터를 통한 지원

① 방문교육사업

경제적 어려움 및 지리적 접근성의 문제로 집합교육에 참석하기 어려운 결혼이민자 및 그 가족을 대상으로 전문지도사를 양성, 가정으로 파견

- 한국어지도사 혹은 아동양육지도사가 대상가정을 주 2회 2시간씩 방문, 지원

② 결혼이민자 통·번역서비스 사업

결혼이민자를 통·번역 전문인력으로 채용하여 의사소통이 어려운 결혼이민자에게 통·번역서비스를 제공한다.

- 사업내용
  - 가족생활 및 국가 간 문화차이 등 입국 초기 상담
  - 결혼이민자 정착지원 및 국적·체류 관련 정보제공 및 사업 안내
  - 임신·출산·양육 등 생활정보 안내·상담 및 교육과정 통역
  - 가족 간 의사소통 통역
  - 행정·사법기관, 병원, 학교 등 기관 이용 시 통·번역
  - 위기상황 시 긴급지원, 전화 및 이메일 통·번역 업무처리

- 서비스 이용방법 : 해당 다문화가족지원센터 방문 및 전화·이메일 신청 (※ 2012년 전국 282명의 통·번역 전담인력 활동)

③ 다문화가족 자녀 언어발달지원사업

다문화가족의 자녀에 대한 체계적이고 전문적인 언어발달 지원을 통해 이들이 건강한 사회 구성원, 나아가 글로벌 인재로 성장할 수 있도록 지원한다.

- 사업내용 : 다문화가족의 만 12세 이하 자녀에 대한 언어발달 진단 및 교육 실시
  - 센터에 언어발달지도사를 배치, 센터 내 자체 프로그램 운영 및 인근 보육시설(어린이집, 유치원 등)에 파견해 건강한 성장을 지원(※ 2012년 언어발달지도사 200명 활동)한다.

④ 언어영재교실 사업

다문화가족 자녀 대상의 결혼이민자 주요 출신국 언어수업을 통해 다문화 감수성을 지닌 글로벌인재로 성장할 수 있도록 지원한다.

- 사업내용 : 다문화가족 자녀(만 3세~초등학교 재학생)를 주요 대상으로 하되 비다문화가족자녀, 다문화가족도 참여 가능하다.
- 결혼이민자 주요 출신국 언어 및 문화교육을 실시한다(※ 2012년 이중언어 강사 121명 활동).

2) 교육부

2012년 7월에 교육부장관과 법무부장관은 서울다솜학교에서 학생과 학교 관계자 등이 참석한 가운데 다문화가정 자녀의 공교육 진입을 강화하기 위한 업무협약(MOU)을 체결하였다. 외국에서 출생하여 성장하다가 부모와 함께 입국한 중도입국자녀의 경우 10대 중반 전후인 경우가 많아 학교적응에 어려움을 보이고 있고, 특히 고등학교 재학률이 15.8%에 불과하여 이들의 공교육 진입을 위한 법무처적 협력이 그 어느 때보다 필요하였다. 이번 업무협약을 통해 교육부의 다문화 전담 코디네이터가 법무부의 해피스타트 프로그램에

참여하여 다문화가정을 위해 학교 전·입학 절차를 안내하는 등 정규학교로의 진입을 돕는다. 법무부에서는 다솜학교나 예비학교 등 다문화학생이 많은 학교를 대상으로 찾아가는 이동출입국사무소를 운영함으로써 다문화학생이 학업에 전념할 수 있도록 돕는다.

3) 보건복지부

한국국적을 취득하지 않은 결혼이민자에게도 한국인과 똑같은 복지급여를 실시하고 있다. 2009년 외국인 특례조항에 의하여 건강보험대상자로 지정한 데 이어, 2011년에는 미성년자의 자녀를 양육하고 있을 경우에는 국민기초생활보장법상의 급여를 지원하고 있다. 2012년에는 장애인복지서비스를 내국인과 같이 지원한다. 뿐만 아니라 국내 거주 외국인 진료코디네이터를 양성하고 있다. 보건복지부는 국제진료 의료관광코디네이터 국가기술자격을 도입할 수 있도록 추진 중이다.

4) 법무부

법무부는 결혼이민자와 외국적 동포, 유학생, 체류 외국인, 난민 등을 대상으로 사회통합 프로그램 이수제를 운영하고 있다. 사회통합교육과정은 한국어 5개 과정과 한국사회 이해과정으로 구성되어 있다. 사회통합기관으로 지정된 기관에서 교육을 받은 사람은 귀화 필기시험 및 면접심사를 면제하고, 국적취득을 심사하는 기간을 단축하고 있다. 또 다문화 사회지도사를 육성하여 한국사회 이해과정의 강사로 활동하게 하고 있다. 이들은 다문화사회 이해 등 120시간의 교육을 수료한 후 현장에서 활동한다. 아울러 전국 14개 출입국관리사무소에서 한국에 입국하는 신규 결혼이민자를 대상으로 외국인 등록 시 한국사회 적응에 필요한 기초정보를 제공하는 '행복드림(Happy Start)' 프로그램을 운영하고 있다.

행복드림 프로그램은 매월 넷째 주 목요일을 '결혼이민자 지원의 날'로 지정하여 운영 중이다. 뿐만 아니라 법무부는 국제결혼 안내 프로그램을 운영하고 있는데, 이 프로그램은 결혼이민자가 많은 7개국(중국, 베트남, 필리핀, 캄보디아, 몽골, 우즈벡, 태국)에서 외국인 배우자를 찾고 있거나, 이미 국제결혼한 상태에서 외국인 배우자를 초청하고자 하는 사람을 대상으로 하고 있다.

외국인 근로자에 대해서는 대부분 근무처 이동을 제한하고 있으나, 우수인재의 경우 근무처를 이동할 수 있는 자유를 확대하고 있다. 뿐만 아니라 법무부는 동포체류지원센터를 지정하여 중국 등 국내 체류동포들에 대한 취업과 주거, 의료 등 생활정보를 제공하는 것은 물론 출입국 관련제도를 안내하는 업무를 위탁하고 있다. 아울러 전문직에 종사하는 외국인이 근무처를 변경할 때 사전허가를 받도록 한 것을 사후신고로 바꾸고, 난민심사 중인 외국인은 강제퇴거를 유보할 수 있다. 또 지역대학에 다니고 있는 외국인 유학생의 취업지원 확대를 위해 채용박람회를 서울과 부산에서 각각 한차례 개최한다. 아울러 국립국제교육원과 대학별 유학생 전담반과 협조하여 상시 취업지원을 활성화하고 있다.

5) 농림축산식품부

농촌인구의 대부분이 65세 이상으로 생산인구의 세대교체가 급격히 진행될 것으로 예측된다. 앞으로 농촌은 노인들의 빈자리에 결혼이민자 여성들과 그 가족이 농촌을 이끌어 가는 주도적인 계층이 될 것이다. 이에 따라 농림축산식품부는 영농의지가 강한 이민자 여성을 대상으로 기초 영농교육을 실시하고 있다. 이 교육은 정착 초기 농촌 결혼 이민여성을 대상으로 농업 전반에 대한 이론과 농기계 사용법과 영농 현장체험 등의 프로그램으로 구성된다. 또 농업에 종사하기를 희망하는 여성 이민자에게 전문 여성 농업인을 후견인으로 연결시켜 주고 1대 1 맞춤형 영농교육을 실시한다. 뿐만 아니라 농촌정착 지원과정에서는 다문화가족 단위의 교육으로 가족 구성원 이해도를 제고시키면서 농촌정착을 돕고 있다. 영농교육 참여자는 대부분 영세하고 소규모 농가인 데다가 양육과 가사로 인해 영농교육에 지속적으로 참여하기는 쉽지 않으나, 참여의지는 매우 높다. 이 사업은 2011년도에 총 14억 원을 지원하고 2천 3백 명이 참여했다.

6) 고용노동부

(1) 안정적인 정착을 위해 생활편익 제공

고용노동부는 2010년부터는 미용사, 2011년 제과·제빵 기능사에 대하여 베트남어와 중국어로 필기시험과 실기시험을 도입했다. 그동안 결혼이주여성 등 외국인은 주민등록번호가 없어 인터넷 사이트 회원가입에 제한이 있었으나, 앞으로는 외국인등록번호를 통해서도 공공기관과 민간 인터넷 홈페이지에 회원가입을 할 수 있다. 특히 2011년부터는 결혼이민자가 국적취득 후에도 주민등록등본에 기존 외국인등록번호를 기재하여 고용보험과 실업급여가 연계되도록 제도를 개선했다. 또 29종 민원에 대해 7개 국어(영어, 일본어, 중국, 베트남, 태국, 인도네시아, 몽골어)로 안내하고 있으며 번역 서비스를 실시하고 있다. 뿐만 아니라 민원서류를 해당 기업에 직접 제출할 수 있다.

(2) 사회적 기업 육성으로 경제적 활동 지원

고용노동부는 결혼이민자에게 적합한 직종을 발굴하며 유관기관에 전파하고 공공부문 및 사회적 일자리를 제공하고 있다. 고용노동부로부터 사회적 기업 인증을 받으려면 첫째, 민법상 법인이나 조합, 상법상 회사 또는 비영리 민간단체 등 대통령령이 정하는 조직형태를 갖추어야 한다. 둘째, 유급근로자를 고용해 재화나 서비스를 생산하거나 판매하는 등 영업활동을 해야 한다. 셋째, 취약계층에게 일자리 또는 사회서비스를 제공하거나 지역사회에 공헌함으로써 지역주민의 삶의 질을 높이는 등 사회적 목적 실현에 조직의 존립가치를 두어야 한다.

(3) 외국인력지원센터를 통해 10개 언어로 상담

고용노동부는 거점 외국인력지원센터 외에 29개 소지역 외국인력지원센터에도 상담서비스를 확대하여 노동문제 등에 대하여 상담을 지원하고 있다. 또 고용노동부와 한국산업인력관리공단은 2011년 안산에 외국인력상담센터(1577-0071)의 문을 열었다. 전국 각지에서 1577-0071로 전화하면 10개 언어로 상담이 가능하다. 50명이 각국의 언어로 문화적 차이와 언어문제, 체불임금, 구직 등으로 어려움을 겪는 외국인 근로자와 이들을 고용하는 사업주들의 고민을 전화 한 통화로 신속하게 상담한다. 방문 시 심층상담도 가능하다.

(4) 외국인 근로자를 위한 편의제공

외국인 근로자들은 2009년에만 해도 특근수당을 받기 위해 토요일 근무를 원했으나 지금은 토요일은 쉬고 싶어 한다. 고용주도 외국인 근로자의 마음을 사기 위해 더 나은 조건을 제시하고 있다. 또 직계존·비속과 배우자가 사망할 경우에도 고용주가 휴가를 제공하도록 하여 외국인 근로자가 재입국 걱정 없이 일시 출국할 수 있도록 지원하였다. 그동안 사업주는 외국인 근로자를 고용하기 위해 고용지원센터를 직접 방문하여 고용허가를 신청하거나 대행수수료를 지불하고 고용노동부가 지정한 업종별 대행기관에 대행을 의뢰하였다.

그러나 2010년 7월부터 고용허가제(EPS) 전산시스템을 개편하여 사업주가 인터넷으로 고용허가제 홈페이지(www.eps.go.kr)에 접속하여 사무실이나 집에서 각종 신청을 할 수 있다. 외국인 근로자가 귀국 전 고용노동부 고용지원센터에 민원을 신청하면 한국에서 근무했던 사업장명, 직종, 사업장 연락처, 근무기간 등이 기록된 영문경력증명서를 무료로 발급받게 된다. 또 귀국 후 본국에서도 경력증명서를 발급받을 수 있다.

7) 행정자치부

행정자치부는 결혼이민자의 소외감을 해소하기 위해 친정부모를 초청하는 행사를 추진하고 있다. 2007년부터 2011년까지 초청된 친정부모는 181가정 355명으로 이들이 한국에 도착하면 가족상봉은 물론, 관광과 한국문화도 소개한다. 또 전국 363개 정보화마을 홈페이지를 이용하여 상시적으로 화상 상봉 서비스를 제공하고 있다. 특히 2011년 6월에는 베트남, 필리핀, 캄보디아, 몽골 등에 구축된 정보접근센터를 활용하여 해외 화상거점 등을 마련하였다. 또 '외국인 주민지원표준조례'를 시달하여 지방자치단체가 조례를 제정하였다.

집단 거주지 환경개선사업 등을 위하여 생활정착 지원 민관협의체 구성 등 유기적 네트워크를 구축하고 있으며, 특히 2011년에 조선족 밀집지역인 서울 영등포구 대림동, 동남아시아 이주 노동자 밀집지역인 안산 원곡동 등 11개 시 · 군 · 구에 생활환경개선사업으로 31억 7천만 원을 지원했다. 그리고 지방자치단체의 총액 인건비와 보통교부세 산정수요에 외국인 주민 수 반영을 확대하고 있다. 아울러 지역공공기관과 민간단체 등이 참여하는 민관협의체를 구성하여 외국인 주민에 대한 지원을 강화하고 있다. 특히 계약직으로 임용된 결혼이민자를 일반직으로 특별임용할 수 있도록 지방공무원법에 특별임용 요건을 추가하여 시행령을 개정 중이다. 아울러 외국인 주민 통장 · 반장은 2011년 5월 서울 구로구, 부산 사상구 등 총 17명이 활동하고 있으며 통 · 반은 지속적인 감소추세를 보이고 있다.

4. 각국의 다문화정책

1) 미 국

다문화교육의 추진주체는 크게 연방정부와 지방정부로 나누어 살펴볼 수 있다. 연방정부는 주로 입법화를 통해 다문화교육정책을 위한 법적 근거를 마련하고 이를 토대로 기금을 조성하여 학교와 유관기관을 재정적으로 지원한다. 주 정부나 위원회는 실질적인 운영을 담당한다(장인실, 2006). 즉, 다문화교육정책의 실행과 추진 과정에서 연방정부는 큰 틀에서 입법과 재정적 지원을 후원하고, 각 주 정부는 다양한 주변 실정에 맞는 다문화교육과정의 운영과 프로그램을 실행하고 있다. 연방 및 주 정부 차원의 다문화교육정책은 초기의 인종중심 교육에서 점차 문화적 다양성 중심의 교육으로 변화해 왔다(Johnson, 2003).

1954년 브라운 판결 이후 연방정부는 교육정책에서 인종적 · 문화적 다양성에 관심을 가지기 시작하였다. 1960년대와 1970년대의 교육정책은 흑인과 백인의 통합교육과 적극적 차별 수정 정책에 의한 유색학생의 고등교육 지원에 초점을 맞추었고 1970~1980년대에는 보상교육, 이중언어교육, 장애학생을 위한 학습지원에 중점을 두었다. 현재 미국사회의 다문화교육정책은 부시 행정부가 지난 2002년 입법한 NCLB법(No Child Left Behind)의 근거하에 이루어지고 있다. NCLB법은 보편적으로 생활수준이 낮고, 낮은 교육성취도를 보이는 소외계층의 학생, 소수민족 학생, 영어에 능숙하지 못한 이민자 학생들을 포함한 모든 학생들이 각 주에서 정한 학업성취 기준을 달성하도록 함으로써 빈부의 차이에 의한 학력격차를 줄이는 데 근본 목적이 있다.

2) 호주

호주의 다문화정책의 종류는 이민정책, 정착지원정책, 다문화공공정책으로 구분할 수 있으며 이 중에서 가장 핵심적인 것은 이민정책이다. 다문화정책의 추진주체는 연방정부와 주 정부 그리고 시민사회와 비정부기구로 주로 이루어지며 연방정부와 지역단체와의 연계를 통한 협력 프로젝트가 많이 진행되고 있다. 호주의 다문화정책을 총괄하는 부서는 연방정부의 이민 · 시민권부(Department of Immigration and Citizenship)이다. 이민 · 시민권부 이외에 호주 다문화연구소와 이민, 다문화, 인구 연구국과 같은 연구소가 관련 정책의 조사 연구를 담당하고 있으며 국영방송인 ABC와 특별방송인 SBS는 연방정부의 권한으로 다문화주의를 제도적으로 지원하고 있다.

호주 다문화정책의 네 가지 기본 원칙은 시민적 의무, 상호존중, 상호공평성, 공동 이익 추구이며 이를 위한 실천전략으로 조화로운 삶(Living in Harmony), 정부서비스의 접근성과 평등성, 지역사회, 지방정부와의 긴밀한 연계, 다양한 문화공존을 위한 국가행동계획(NAP)의 수립을 강조하고 있다. 연방정부의 주요 다문화정책은 조화로운 삶 프로그램, 파트너십 프로그램, 공동체 지원 프로그램, 국가행동계획(NAP) 프로그램 등이 있다. 대부분의 호주 도시들은 일년에 한 번씩 지역적 특성에 맞는 다문화 축제를 개최하고 있으며 이러한 행사를 통해 주로 소수민족 공동체들이 한 자리에 모여 음식, 공연, 강연 등의 행사에 참여함으로써 다양한 시민들을 포괄하여 사회적 응집력을 강화하는 기회로 활용된다.

3) 캐나다

캐나다 정부는 다양한 민족의 사회통합을 위해 문화유산부의 주도 아래 20여 개의 산하단체와 25개의 지역본부를 통해 조직적으로 다문화주의 정책을 펼치고 있다.

(1) 원주민정책

유럽인들이 캐나다에 도착했을 때 캐나다에는 55개의 부족이 거주하고 있었다. 그러나 발전된 기술과 수적 우세를 앞세운 백인 이주민들에 의하여 이들은 자신의 땅에서 소외되고 밀려났다. 1876년 제정된 인디언법(the Indian Act)으로 인해 원주민은 연방정부의 관할대상이 됨과 동시에 특별보호지역에 거주하게 되었으며, 협정자격을 지닌 부족과 무자격 인디언(non-status indian), 원주민과 백인 사이의 혼혈인인 메티스(Metis)로 분류되었다. 최근까지 유자격 인디언은 아버지가 인디언일 경우에만 인정되었다. 이러한 인디언법이 개정된 것은 1985년에 이르러 인권헌장에 발맞춰 성차별 제거를 위해 법안 C-31이 통과된 이후였다.

(2) 캐나다의 이중언어정책

캐나다의 언어정책은 캐나다의 다문화정책의 역사를 일괄할 수 있는 시금석이라 할 수 있다. 캐나다에서의 다언어교육은 네 가지 유형이 있다. ① 토착어-영어 이중언어교육, ② 이민자들의 모어와 영어를 위한 이중언어교육, ③ 불어사용지역의 불어-영어 이중언어교육, ④ 다수민을 위한 첨가적 이중언어교육이 그것이다(박영순, 1981). 2001년 66%의 캐나다인이 하나의 언어만을 사용하고 두 개를 사용할 줄 아는 사람은 28%, 세 개는 5%, 네 개는 1%였다. 유럽은 이에 비해 53%가 두 개 이상의 언어를 사용할 줄 안다. 이러한 이중언어정책은 문화콘텐츠 분야가 고부가가치 창출산업이 되고, 소통이 화두가 되는 지식정보화·세계화 시대를 맞아 새로운 문화적·경제적 의미를 획득하였다.

(3) 신규 이민자 정착지원정책

캐나다 이민자 정착지원체계의 특징은 연방정부가 이민자 정착지원정책에 관한 확고한 방향을 가지고 있으며, 그에 따른 실제 서비스 제공은 대부분 지역사회를 기반으로 한 이민자 정착지원 서비스 기관들을 통하여 이루어진다는 점이다. 지금까지 누구나 이민을 신청할 수 있고 접수 순서대로 심사하여 왔으나 이러한 수동적 심사방식을 변경하여 캐나다가 실제 필요로 하는 노동인력을 적시에 공급하기 위하여 이민후보로 적합하여 초청할 경우에만 이민신청이 가능한 새로운 이민자 선발방식을 2015년부터 적용하고 있다.

이러한 배려는 초기 이주민에게는 안정감과 빠른 적응을, 기존 이민자들에게는 직업의 제공과 자신의 고유언어와 문화의 유지에 큰 도움을 주는 훌륭한 다문화주의 정책이라 할 수 있다. 이 외에도 2007년 제정된 학교정착지원사(SWIS : Settlement Workers in Schools) 제도를 들 수 있다. 이 서비스는 이민자의 언어를 구사할 수 있는 종사자들이 같은 인종 및 언어권의 학생들을 담당하는 형태로 이루어진다(최순영, 2009).

4) 일 본

일본에서 다문화정책이 등장한 것은 1990년대 이후로 볼 수 있다. 그 전까지 외국인과 관련한 정책은 출입국이나 국적 등과 관련한 법제 외에 뚜렷한 실체가 존재하지 않았다. 사실상 다문화정책의 기초가 되었던 것은 일련의 국제화정책으로 볼 수 있다. 일본의 외국인에 대한 관점은 '외국인등록법'을 통해 살펴볼 수 있다. '외국인등록법'은 원래 구식민지 출신국의 올드커머들을 본국으로 돌려보내거나 일본인으로 완전히 귀화시키기 위한 목적으로 제정된 것으로 외국인과 일본국민과의 차별을 정당화시켰다. 1980년대 이후 뉴커머의 이주가 늘어나게 되자 일본은 '입관법'으로 외국인 노동자를 관리하였다. 국내의 부족한 노동자를 외국인 노동력으로 대체하였지만, 재외일본인 2, 3세에게는 정주자격을 부여한 반면, 비일본계 외국인들에게는 엄격한 취업제한 및 체류기한을 적용하였다(전재호, 2007).

일본의 다문화정책을 대표하는 용어는 바로 '다문화공생'이다. 다문화공생정책의 목표는 중앙수준과 지방수준으로 나누어 볼 수 있다(이태주, 2007 : 170-180). 일본의 중앙정부는 다문화정책에 있어서 지방에 비해 소극적이었다. 2006년 총무성에서 제시한 다문화공생정책은 크게 커뮤니케이션 지원, 생활지원, 다문화공생지역 만들기로 요약할 수 있다. 커뮤니케이션 지원정책은 외국인의 일본어 및 일본사회 학습을 지원하고 행정정보를 다중언어로 제공하는 것 등이다. 지방은 중앙정부에 비해 다문화공생정책을 보다 적극적으로 추진해 왔다.

5. 다문화가족을 위한 복지대책

다문화가족을 위한 복지대책의 내용을 살펴보면 다음과 같다(최선화 외, 2018 : 260-264). 첫째, 경제적 지원의 확대를 통한 생계 안정 및 보장을 위한 정책적 지원이 필요하다. 다문화가족의 경제적 소득 수준을 조사한 결과, 절대 빈곤 문제가 매우 심각한 것으로 나타나 매우 열악한 상태를 보고하였고, 다문화가정 가구소득이 최저생계비 50% 이하의 수준에 있는 경우도 절반에 가까운 것으로 보고되어 다문화가족의 경제적 취약성은 심각한 문제로 볼 수 있다. 둘째, 다문화가족의 자녀 양육 및 학교생활 적응 지원 방안이 필요하다. 결혼이민 여성의 경우 우리말이 서툴고 연령적으로 우리말이 능숙해진 자녀들과는 기본적인 의사소통의 문제가 발생하고 또한 복잡한 학교 숙제를 도와주는 데 한계가 있으므로 다문화가정의 부모에게 다국어로 된 보육과 양육 관련 자료를 제공하며, 부모 중심의 자조 모임을 통한 자녀 양육 정보 교환 등의 방안이 될 수 있다. 또한 계속해서 자녀가 성장함에 따라서 상급 학교 진학 및 군 입대, 사회 진출에 적합한 맞춤형 지원 시스템을 개발할 필요가 있다. 셋째, 다문화가족을 위한 사회적 지원과 적절한 상담 서비스가 필요하다. 결혼이민 여성은 문화적 이질감이나 생활 습관의 차이로 가족관계 및 일상생활에 어려움을 겪게 되므로 이러한 차이를 해소하고 자국민과 차등 없는 사회적 문화적 권리를 향유하며 그에 따른 사회복지 서비스 시스템을 구축하여 적절한 교육이나 정보를 제공할 수 있어야 한다. 넷째, 다문화가족에 대한 법적·제도적 정비가 필요하다. 다문화의 사회·문화적 개념을 바탕으로 법적 정의를 다시 할 필요가 제기되는데, 즉 다문화가족의 구성원을 반드시 한국의 국적자로 한정하지 말고 보다 넓은 개념으로 재조정하며, 가정 정책 서비스 제공에 있어서 다문화가족을 별도로 취급하기보다는 '다양한 가족'으로 함께 다루는 것이 바람직하다.

Chapter 12

위기가족(1)

우리나라는 광역정신건강복지센터를 설치하여 위기가족의 정신건강을 지원하고 있다. 광역정신건강복지센터의 사업목적은 응급의료기관 실태를 파악하고, 24시간 핫라인 상담을 통한 출동서비스 등 고위험군에 대한 응급위기대응 체계 구축 및 조정이다. 또한 상담전화 설치 및 운영체계를 구축하여 위기가족에게 맞춤식 서비스를 제공하고 있다. 본 장에서는 위기가족의 종류 및 내용에 관해 살펴보고자 한다(보건복지부, 2021 : 57).

1. 장애아동가족

1) 장애아동의 개념과 유형

장애아동이란 보건복지부와 관련된 장애인 복지법, 교육과학기술부와 관련된 장애인에 대한 특수교육법 등 각종 장애관련법의 장애인으로 규정된 아동을 의미한다. 또한 장애영유아 · 아동복지서비스는 장애를 지닌 영유아 및 아동이 발달에 필요한 서비스를 받을 수 있도록 지원하는 것을 의미한다. 보건복지부에서는 장애아동 양육수당을 신설하여 어린이집을 이용하지 않는 만 5세 이하 장애아동에 대해 소득수준에 관계없이 양육수당을 지원하고 있고, 만 12세 미만의 장애아동을 대상으로 장애아 무상보육료 지원 사업을 하고 있다(김용환 외, 2019 : 392). 장애유형은 장애인복지법에서 일상생활 또는 사회생활의 활동을 기준으로 장애인의 개념을 정의하고 있다.

2) 장애인 가족의 문제

장애인 가족은 장애를 가진 가족을 쉼 없이 돌보아야 하기 때문에 신체적 고단함과 함께 장애 가족의 미래에 대한 걱정, 장애인에 대한 주변의 편견과 불편한 시선 등을 감당해야 하는 심리적 어려움, 장애로 인한 많은 의료비와 가족의 경제생활 제한 등으로 인한 경제적 어려움 등을 경험하게 된다. 이에 장애인복지정책이 확대 실시되고 있고, 장애인 복지관에서는 장애인뿐 아니라 장애인 가족을 위한 다양한 프로그램이 개발되고 시행되어 장애인 가족이 겪는 여러 부담을 줄여주고 삶의 질을 향상시키기 위한 노력을 지속적으로 하고 있다.

3) 장애아동가족지원 사업

양육자의 상시적인 돌봄부담으로 비장애 형제자매 등 다른 가족원에게 필요한 가족 기능이 제대로 수행되지 못하는 데 따른 가족갈등 등 문제발생가족이 생기고, 기존 장애인 정책이 장애 당사자의 자립, 생활안정, 사회활동지원을 중심으로 하고 있어 장애아 가족을 위한 지원강화 필요에 의해 장애아동가족지원 사업이 진행되었다.

(1) 사업 개요

장애아동 가족의 일상적인 양육부담을 경감하고 보호자의 사회활동을 돕기 위하여 돌봄 및 일시적 휴식지원 서비스 제공이 목적이고, 추진배경은 장애아동복지지원법 제24조(돌봄 및 일시적 휴식지원 서비스지원) 제1항 "국가와 지방자치단체는 장애아동 가족의 일상적인 양육부담을 경감하고 보호자의 정상적인 사회활동을 돕기 위하여 돌봄 및 일시적 휴식지원 서비스를 제공할 수 있다." 이며, 실제로 돌봄이 필요한 장애아동에게 적기에 돌봄 서비스가 제공되도록 지원하고, 장애아 가정에 대해 실질적인 휴식지원 제공이 추진방향이며, 주요 내용은 다음과 같다.

〈표 12-1〉 사업 개요

구분	주요 내용
소득기준	• 기준 중위소득 120% 이하 - 연 1,080시간 이내 본인부담 없음, 초과 시 전액 본인부담 - 맞벌이 가구의 경우, 맞벌이 합산 소득의 25% 감경 적용 • 기준중위소득 120% 초과 - 연 1,080시간 이내 본인부담 이용료의 40%부담, 초과 시 전액 본인부담 * 농어촌 등 지역적 특성에 따라 취업 증명 및 소득 증빙이 어려운 경우 지자체별 증명완화 기준 마련 가능 * 단, 감액된 소득액이 부부소득 중 낮은 소득액보다 많은 경우는 낮은 소득액 만큼만 감액하여 가구소득 계산 예 부 소득 330만원, 모 소득 70만원일 경우, 합산소득의 25% 감액시 100만원 감액이나, 그러나 실제적용은 낮은 소득액 70만원만 감함.
지원시간	• 1아동당 연 1,080시간 범위 내 지원 * 1,080시간 초과 시 전액 본인부담으로 이용 가능 * 월 160시간 이내 원칙(법정전염병 등 관련 보호자 격리, 재활 등 보호자 부재, 휴교·휴원 등 돌봄공백시 월 160시간 한도 초과 사용 가능)
위탁기관	• 공모를 통해 기관 위탁, 위탁 기간은 2년으로 위탁 종료시 공모선정
사업대상	• 18세 미만 장애정도가 심한 장애아동과 생계·주거를 같이하는 가정 * 신규 대상 선정시 6세 미만 중증 장애아동 우선 선정
선정방식	• 읍·면·동에 신청서 접수(방문 및 온라인(복지로)) 후 시·군·구에서 소득조사 결과 및 기타 자격요건 조사·확인 후 대상자 선정
돌보미 관리	• 돌보미 급여 : 급여 지급시 법정 최저임금 준수 및 수당 지급 * 법정수당(주휴수당, 연차수당, 휴일·야간근로수당) 퇴직금, 4대보험, 교통비 지급 ** 명절수당 연 2회(설, 추석) 각 10만원씩 별도지급 • 교육시간 : 40시간(우대자는 20시간 감면 또는 면제) * 우대자 : 특수교사, 사회복지사, 보육교사, 요양보호사, 재활·장애인복지 관련 전공자, 유사경력자(최근 1년간 장애인활동지원사, 아이돌보미로 참여한 경력이 있는 자) • 보수교육 : 돌보미 별 연 8시간 이상 보수교육에 의무 참석하되, 신규활동돌보미는 활동 후 6개월 후부터 보수교육대상자로 봄 * 돌보미 자격유지 조건 : 의무교육 8시간 이수
인력운영	• 인원 : 전담인력 1명 이상, 보조인력(선택사항) • 인건비 - 전담인력 : 사업시행기관 종사자 인건비 기준(4대보험·퇴직금 포함, 기관 부담금 별도) - 보조인력 : 인원수, 금액은 사업관리비 범위 내에서 지급(4대보험·퇴직금포함)
휴식지원 프로그램	• 돌봄서비스 받는 가정을 우선 지원 * 가급적 돌봄서비스 대상가정 50% 이상에 휴식지원프로그램 제공 • 가족캠프, 자조모임, 가족재활·상담, 부모교육, 휴식 박람회, 비장애 형제·자매 참여 프로그램 등 전문 프로그램을 포함하여 구성(비대면 프로그램 포함 가능)
사업평가	• 사업평가 결과, 2년 이상 최하순위 기관은 재위탁 제한(단, 지자체에 기존 위탁기관 이외에 사업을 수행할 수 있는 능력이 있는 기관이 없는 등의 부득이한 경우에 한해 재위탁 가능) - 사업운영 및 관리(인력, 정보, 예산 등 관리), 돌봄서비스 및 휴식지원프로그램 서비스 제공 및 관리, 장애아돌보미 인력관리 등

출처 : 보건복지부(2024a). 2024년 장애아동 가족지원 사업안내.

(2) 사업추진체계

추진주체		기 능
보건복지부	장애인서비스과	• 사업총괄 – 사업기본계획 수립 및 사업지침 시달 – 기타 장애아가족 양육지원사업에 관한 관리 · 감독 – 장애아가족 양육지원사업 예산
시 · 도	사업 담당자	• 시 · 도 총괄 – 자체 사업추진 계획 수립 – 매칭 비율에 맞도록 지방비 확보(사업 확대를 위해 지방비를 추가하여 물량을 늘릴 수 있음) – 사업시행기관 선정, 위탁계약 체결 – 시 · 군 · 구 공무원에 대한 교육실시 및 지원물량 배정 가구 수 배정 – 사업시행기관 관리 · 감독 및 예산집행(정기 및 수시 지도 · 점검 실시)
시 · 군 · 구 (읍 · 면 · 동)	장애인복지담당	• 돌보미사업 대상자 선정 및 통보 – 신청 접수 (행복e음) – 소득조사를 통한 대상자 선정 – 대상자 선정결과 통보 – 자격상실(중지) 통보(시 · 군 · 구 → 보호자, 사업시행기관)
사업시행 기관	위탁기관	• 서비스 제공 및 인력 관리 – 장애아돌보미 모집 및 교육 등 돌보미 관리 – 돌봄서비스 연계 및 대상가정 관리 – 휴식지원프로그램 운영 및 상담서비스 제공 – 사업실적 보고 및 사업 집행
사업지원 기관	중앙장애아동 발달장애인 지원센터	• 사업 운영 지원 및 기관 관리 – 매뉴얼 및 교재 개발 · 보급 – 사업담당자 교육 및 관리 – 사업실적 평가 및 홍보 등

|그림 12-1| 사업추진체계

출처 : 보건복지부(2024a). 2021년 장애아동 가족지원 사업안내.

(3) 사업 추진체계도

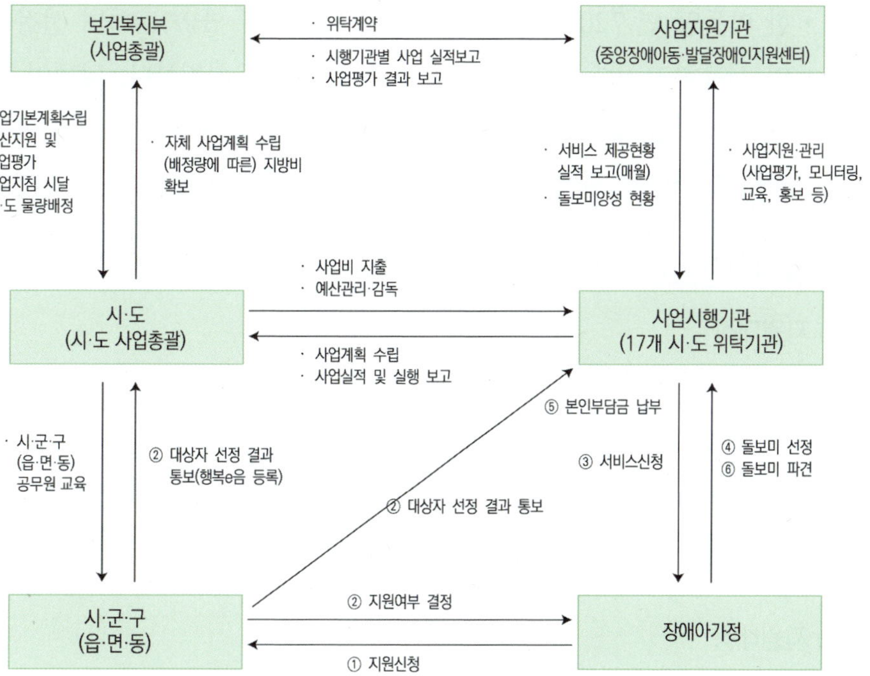

|그림 12-2| 사업 추진체계도

출처 : 보건복지부(2024a). 2021년 장애아동 가족지원 사업안내, p. 344.

4) 지원대상 및 지원내용

(1) 돌봄서비스

① 지원대상

- 만 18세 미만의 「장애인복지법」상 등록 장애정도가 심한 장애아와 생계 · 주거를 같이하는 기준 중위소득 120% 이하 가정이다.

  * 신규 대상 선정 시 만 6세 미만 중증 장애아동 우선 선정을 고려한다.

② 지원내용

- 양육자의 질병, 사회활동 등 일시적 돌봄서비스 필요시 일정한 교육과정을 수료한 돌보미를 파견하여 장애아동 보호 및 휴식지원을 한다.

- 아동의 가정 또는 돌보미 가정 등에서 돌봄서비스를 제공한다.
- 한 아동당 연 720시간 범위 내 지원(특별한 경우 연장가능)하며 선정 가정이 사용하지 않은 잔여시간은 추가 선정하여 지원한다. 맞벌이 가정, 양육자 질병 및 사고로 인한 입원 가정 등 지자체별 다양하게 적용 가능하고, 서비스제공은 월 120시간 이내 원칙을 준수한다.

(2) 휴식지원프로그램

① 지원대상

- 소득기준 상관없이 만 18세 미만의 모든 장애아 가족으로 돌봄서비스를 받지 않는 가정도 참여 가능하다.
- 돌봄서비스를 받는 가정을 우선 지원하고, 가급적 돌봄서비스 대상 가정 50% 이상에 휴식지원프로그램을 제공한다.

② 지원내용

- 가족관계 회복 및 돌봄노동 분담을 위해 장애아가족 문화 · 교육프로그램, 휴식 박람회, 가족 캠프 등 휴식지원 프로그램 운영(비대면 프로그램 포함)한다.
- 돌보미를 통한 장애아가족 상담서비스, 생활지도 등 제공 및 자조모임 결성지원 등을 통해 양육의 어려움을 경감시키고, 정보 등을 공유한다.
- 가족휴식지원 및 가족역량강화 프로그램 확대 : 가족상담(치료) 프로그램, 가족교육프로그램(부모교육, 비장애형제자매교육, 가족관계개선 등)이 있다.

③ 신청방법

- 17개 시 · 도별 장애아가족 양육지원 사업시행기관별 문의 및 신청을 한다.

5) 돌봄서비스 대상자 선정

(1) 휴식지원프로그램

① 선정기준

- 연령기준 : 만 18세 미만 장애아동(신규 대상 선정 시 만 6세 미만 우선 선정 고려)을 대상으로 한다.
- 대상자로 선정된 후 사업기간 중 만 18세 도래 시에는 당해연도 12월 말까지 자격을 유지한다.
- 소득기준 : 기준 중위소득 120% 이하이다.
- 장애등급 : 「장애인복지법」상 장애 정도가 심한 장애인으로 한다.

(2) 선정절차

구 분	주 체	내 용
신 청	본인 및 가족	• 신청서 및 관련 서류 제출
↓ 상담 및 조사	장애인복지담당 (시 · 군 · 구 또는 읍 · 면 · 동)	• 소득조사를 통한 대상자 조사 • 조사결과를 행복e음에 입력 · 등록
↓ 대상자 선정 및 통지	장애인복지담당 (시 · 군 · 구)	• 선정 및 결과 통지 (보호자, 사업시행기관)

|그림 12-3| 사업 추진체계도

출처 : 보건복지부(2021a). 2021년 장애아동 가족지원 사업안내, p. 351.

① 신청방법

- 서비스를 필요로 하는 본인, 부모 또는 가구원, 대리인이 신청 가능하다.
- 복지담당공무원이 직권으로 신청 가능하다.
- 신청장소 : 주민등록상 주소지 관할 읍 · 면 · 동 또는 시 · 군 · 구
- 신청기간 : 연중 신청(1~2월 집중 신청)

- 신청서류
  - 사회보장급여 신청(변경)서[서식 1호]
  - 개인정보 제공 및 활용 동의서[서식 1-2호]
  - 서비스 대상자가 등재된 건강보험증 사본(등재된 가구원 확인용)
  - 기타 소득 증명 자료
- 기존 대상자는 소득재조사를 통해 대상 여부만 재판정(매년 반기별)한다.
- 기준 중위소득 120% 이하 가정을 건강보험료 본인부담금에 의해 판정한다.
- 행복e음을 통한 건강보험료 본인부담금을 확인하고, 변동되는 경우는 추가증명자료를 제출한다.
- 맞벌이 가구의 부부 각각의 소득이 확인되는 경우 합산소득의 25% 감액 적용한다.
- 주 부양자 조사 : 주거를 달리하는 주부양자의 소득을 조사한다.
  - 행복e음 시스템으로 건강보험료 부과금액이 연계되어 확인되는 자료를 원칙적으로 적용하고, 오류사항이나 시차발생 사유 등으로 인해 본인이 금액이 다르다고 주장하는 경우에만 추가로 전월 건강보험료 납부 확인서(또는 근로소득 원천징수부나 월급명세서), 전월 건강보험료 고지서 사본이 필요하고, 기존 대상자 소득 조사 : 전년도 대상자 소득재조사(매년 : 반기별)를 실시한다.
  - 매년 전년도 대상자에 대한 소득재조사를 통해 등급 및 대상 여부를 재판정한다.
- 단, 건강보험료 고지액 기준을 초과한 경우라도 국민기초생활수급자, 아래 차상위 계층조사에 의해 기 확인된 자는 지원 가능하다.
- 지원대상은 최종 선정 및 통보한다.
- 시 · 군 · 구청장은 시 · 군 · 구 또는 읍 · 면 · 동 담당자가 취합한 소득조사 결과 등을 적용하여 대상자를 선정하고 행복e음을 통해 선정 결과 통보(읍 · 면 · 동에서 통보 가능)한다.
- 시 · 군 · 구청장은 신청인 및 사업시행기관에 대상자 선정을 통보하고,

신청인에게는 제공기관에서 즉시지원자 및 대기자로 구분하여 추가로 안내할 예정임을 알려준다.

- 시 · 군 · 구는 연초에 최대한 신청을 받아 대상자로 선정하고 수시로 신청하는 경우에도 소득조사를 통해 대상자 선정 후 민원인 및 사업시행기관에 통보한다.

② **서비스 즉시지원자 결정**(사업시행기관)

- 사업시행기관은 아래 기준을 기초로 하여 선정대상자 중에서 즉시지원자 및 대기자를 구분하여 결정하고 관리서비스를 중지한다.

③ **대상자 선정 자격상실**

- 소득기준 및 장애정도 변경, 연령초과(단, 만 18세 도래 시 해당연도 12월 말까지 자격유지), 유사가정서비스(장애인활동지원, 아이돌봄서비스 등) 대상을 통보한다.
  - 서비스 이용자가 서비스 포기의사를 명시적으로 밝힌 경우이다.
  - 돌보미, 사업시행기관과의 담합으로 보조금 부정사용 중지시기이다.
  - 자격상실 후 즉시 중지한다.
  - 시 · 군 · 구는 자격중지 즉시 시 · 도 및 시 · 도별 사업시행기관에 통보한다.

④ 신청방법

〈표 12-2〉 2024년 장애아가족 양육지원사업 시행기관 현황

지역	기관·단체명	주 소	연락처
서울	(사)서울시장애인부모회	서울특별시 동대문구 장한로26길 37, 208호	02-356-4889
부산	부산광역시장애인종합복지관	부산광역시 연제구 월드컵대로 121, 씨에스프라자 9층 부산광역시장애인종합복지관(분관)	051-790-6125
대구	(사)대구광역시장애인부모회	대구광역시 남구 중앙대로 228, 봉화빌딩 4층	053-621-2600
인천	(사)인천광역시장애인부모회	인천광역시 남동구 용천로 208, 605호	032-818-2096
광주	광주광역시동구장애인복지관	광주광역시 동구 백서로198번길 7	062-229-9701
대전	(사)대전광역시장애인부모회	대전광역시 중구 보문로 246, 704호	042-488-9457
울산	울산광역시장애인종합복지관	울산광역시 중구 백양로 160	052-242-1780
세종	사회복지법인 세종중앙	세종특별자치시 조치원읍 장안길 97-7, 1층	044-866-0180
경기	(사)한국장애인부모회 경기지회	경기도 수원시 권선구 서수원로 130, 305호	031-239-6393
강원	강원특별자치도장애인종합복지관	강원특별자치도 춘천시 사우로 27	033-255-2491
충북	(사)한국장애인부모회 충북지회	충청북도 청주시 청원구 밀레니엄1로 55, 305호	043-237-8304
충남	(사)충청남도장애인부모회	충청남도 예산군 삽교읍 청사로 225, 엔젤스타워 2차 201호	041-338-1762
전북	(사)장애인인권연대	전북특별자치도 전주시 완산구 용산마을길 164, 3층	063-901-1131
전남	순천시장애인종합복지관	전라남도 순천시 서면 청소년수련원길 2	061-755-4523
	(사)목포YWCA	전라남도 목포시 영산로 139	061-244-1366
경북	(사)가경사회서비스지원센터	경상북도 경주시 동문로 50, 3층	054-701-0420
경남	(사)경상남도장애인부모연대	경상남도 창원시 의창구 서상로12번길 67, 1층	070-7725-3967
제주	(사)제주특별자치도장애인부모회	제주특별자치도 제주시 서광로27길 16, 혼디누림터 405호	064-725-1372

출처 : 보건복지부(2024a). 2021년 장애아동 가족지원 사업안내.

6) 장애인가족을 위한 복지대책

장애인가족을 위한 복지대책의 내용을 살펴보면 다음과 같다.

첫째, 장애인가족 지원법의 개정 및 활성화가 필요하다. 한국에서는 장애인 복지법, 건강가정기본법, 「장애인 등에 대한 특수교육법」, 영유아보육법, 아동복지법, 등에서 장애아동에 대한 지원을 명시하고 있지만, 대부분 1~2개의 조항을 통해 장애아동에 대한 지원을 언급하고 있을 뿐, 그 내용이 충분하지도 않고 장애자녀를 둔 가족의 보호부담을 덜어 줄 수 있는 법적 근거를 갖추었다고 보기 어렵다는 한계를 가지고 있으므로 장애인가족을 지원할 수 있는 장애인가족 지원법을 활성화시켜 이들의 부양부담에 대한 인정과 이를 공식적으로 지원하는 서비스 개선책이 마련되어야 하고 또한 장애부모의 비장애 자녀가 경험하는 다양한 생애주기별 욕구에 대해 공식적 자원의 투입이 필요하다(김용환 외, 2019 : 395).

둘째, 일상생활지원 강화가 필요하다. 중증장애인의 일상생활을 지원하기 위해 정부가 실시하는 장기요양 사업처럼 장애인을 위한 지원사업도 적극적으로 개입해야 할 필요성이 있다. 이로 인해 가족의 부양부담을 덜어 주어 장애인가족의 삶의 질을 개선해야 할 것이다.

셋째, 경제적 자립의 강화가 필요하다. 장애인들은 취업이 인간다운 삶을 영위하기 위한 수단이 될 수 있다. 따라서 장애인 고용촉진을 활성화시키는 정부의 정책이 꾸준히 진행되어 왔으나 보다 적극적인 정부의 개입을 필요로 하므로 기업과 유기적인 협력체계를 구축해야 할 필요가 있다.

넷째, 사회생활에 관한 여건 조성을 마련한다. 사회생활을 위한 여건을 조성하기 위해서는 우선적으로 장애인들에 대한 사회적 인식개선이 선행되어야 한다. 따라서 장애인들에 대한 이해도를 증진시키기 위한 노력으로 학교 교과과정이나 자원봉사활동의 내용 등 장애인과 관련된 교육의 내용을 편성하여 인식개선을 하려는 노력이 필요하다.

2. 맞벌이가족

1) 맞벌이가족의 개념

맞벌이 부부는 결혼한 부부가 모두 직업을 가진 경우를 말하며 산업사회 이후 여성의 사회진출이 증가하면서 생긴 가족형태의 하나이다. 더 나아가 자아실현의 욕구를 충족시키고 사회적 직위를 갖게 되며 가정경제에 기여함으로써 자아만족과 행복감을 경험하는 새로운 가족형태이다. 맞벌이가족은 부부가 함께 경제활동을 한다는 기능적 측면이나 가족관계 측면에서 가족 내부적인 규범적 변화, 즉 가족의 역할 분담이나 가족 이데올로기의 변화까지 포함한다는 점에서 중요하다. 남편은 도구적 역할을 하고 아내는 표현적 역할을 하는 기존의 가족 형태에서 역기능적 가족문제가 지적되면서 과거의 상이하고 분담적인 부부역할 수행보다는 역할의 공유, 동등한 의사결정, 평등한 동반자적 관계를 유지하고자 하는 욕구에 부응할 수 있는 점을 가지고 있다.

2) 맞벌이 부부의 증가 원인

(1) 출현 원인

전통적으로 남성은 생계 유지를 위한 노동, 여성은 가사 노동을 전담하였으나 산업화, 도시화가 가속화되면서 일터와 가정이 분리되고 더불어 여성의 경제 활동이 증가하는 동시에 맞벌이 가정이 출현하였다. 현대사회에 와서는 역동적인 사회 변화에 따라 경제적인 필요성, 양성의 평등의식과 자아실현에 대한 여성의 욕구 등 다양한 요인들이 작용하여 맞벌이 가정이 형성되고 있다.

(2) 개인적 원인

가사노동 이외의 일을 통한 사회적인 지위 획득과 자아실현에 대한 욕구를 충족하며 생활수준 향상을 위한 지속적인 경제 활동의 필요성이 지금의 시대에는 더욱 대두되었기 때문이다.

(3) 사회적 원인

여성취업을 제한하던 부정적 요인 감소로 인한 사회적 인식이 긍정적으로 변화 되었으며 핵가족화되면서부터 자녀의 양육기간이 짧아지고 기술발전으로 가사노동의 단순화, 편리화로 인한 가사노동의 노동량이 크게 감소한 것도 영향을 주고 있다.

3) 맞벌이가족의 특성과 장단점

(1) 맞벌이가족의 특성

개인중심적 산업화 사회에서 여성 개인의 경제적 욕구 충족이 사회적 인력 수요와 맞물려 점증 추세에 있는 맞벌이가족은 전통적 확대가족이나 기존의 핵가족과는 다른 몇 가지 특성을 나타낸다. 이러한 특성은 다음과 같다.

① 가족구조

맞벌이가족은 구조적으로 확대가족이나 핵가족형태를 보이는 것이 일반적이었다. 그러나 자녀양육이나 가사노동의 편의를 위하여 확대가족 비율이 약간 높게 나타나고 있다. 핵가족구조를 보이는 경우에도 친인척들이 근거리에 거주하여 상호부조가 쉬운 수정핵가족 내지 수정확대가족형태를 보이는 경우가 많다. 즉, 맞벌이가족은 홀벌이가족의 경우보다 주변의 지원이 더욱 필요하며 시댁이나 친정 혹은 그 밖의 친인척을 통한 지원체계를 확보하는 가족구조를 보인다.

② 취업 이유와 양상

기혼 여성의 취업 이유는 생계비 보조 등의 경제적 이유가 가장 많고 다음으로 저축, 자녀교육비 순이다. 그러나 여성의 자아실현이나 사회적 공헌 등은 상대적으로 낮아서 기혼 여성의 취업 동기가 극히 가족중심적 · 경제적 이득으로 국한되어 있음을 알 수 있다. 취업 양상을 보면 기혼 여성의 취업 직종은 지역에 따른 산업구조의 차이에 따라 다르게 나타난다. 농촌에서는 대부분 농업 관련직이고 도시에서는 판매직과 서비스직이 대부분을 차지하며 다음으로 생산직이다. 취업 직종의 분포는 기혼 여성의 교육수준과도 높은 상관관계가 있는데 농업 관련직은 저학력, 판매 · 서비스직은 중간 수준 그리고 전문 기술직, 사무직에는 고학력층이 편중되어 있다.

③ 부부역할 분담 및 권력관계

여성의 취업이 과연 평등하고 민주적 부부관계를 정립하는 데 기여하는가 하는 점에 대하여 선행 연구들의 결과가 일치하지 않는다. 일반적으로 맞벌이가족에서 여성은 재정권 강화로 가정 내 역할 분담이나 권력관계에서 비교적 대등한 위치를 차지한다. 이러한 현상은 특히 저소득층이나 노동계층에서 더욱 뚜렷하게 나타나고 있다. 그러나 우리 사회는 전통적인 남성 중심의 가부장적 이데올로기와 경직된 사회적 규범 때문에 자신의 경제적 지원을 권력 분배를 위한 협상에 사용하려고 시도하지는 않는다. 부부의 성 역할 태도 역시 여성의 취업 여부와 관련이 있다. 부부가 함께 근대적 성 역할 태도를 가진 경우 맞벌이가족 형태를 취할 가능성이 매우 높으며 또한 부인의 취업을 통하여 남편의 성 역할 태도가 근대적으로 바뀔 수도 있다. 그러나 부부의 성 역할 태도와 취업과의 상관관계가 반드시 기혼 취업 여성의 생활의 질을 높여준다고 할 수는 없다.

④ 부부적응 및 가족갈등

맞벌이가족에서 부부 간의 적응 양상은 '남편-직업/ 부인-가정'의 홀벌이가족과 큰 차이는 없다. 여성의 취업은 자신의 다중역할 간의 갈등을 증가시키기는 하지만 이로 말미암아 배우자와의 적응도가 낮아지기보다는 오히려 자신의 직업을 통하여 만족을 얻음으로써 전반적인 결혼만족도에는 좋은 영향을 미친다. 그 이유는 여성의 취업 여부 자체보다 취업에 대한 여성의 만족도가 부부의 적응 양상에 큰 영향을 미치기 때문이다. 한편 여성의 직업만족도가 높을수록 배우자와의 적응도가 높다. 이와 동시에 남편이 부인의 취업을 인정하는 경우에는 그렇지 않은 경우보다 적응도가 높다. 여성의 취업 선택 여부도 부부적응에 영향을 미치는데 부인이 선택에 의하여 노동시장에 참여하는 경우가 필요에 의해서 참여하는 경우보다 부부적응도가 높다.

즉, 자발적 취업 여성의 생활만족도는 비자발적 취업 여성이나 비자발적 비취업 여성보다 높은 것이다. 맞벌이가족의 가족갈등 중에 가장 중요한 것은 자녀와의 관계이다. 취업 여성의 자녀관계는 사회적 계층, 직종, 자녀의 연령과 성별 등의 복합 요인에 따라 상호작용을 하게 된다. 일반적으로 자녀양육 대행자는 시댁·친정부모나 가정부, 파출부인데 전자의 경우 과잉보호에 대한 갈등, 후자의 경우 애정 없는 양육에 대한 우려가 문제이다. 그리고 형제끼리 방임하는 경우에는 자녀에 대한 죄의식 등으로 대부분의 취업 여성들은 자녀와의 관계에서 심각한 갈등을 느낄 수 있다.

(2) 맞벌이가족의 장단점

① 전문직 맞벌이의 긍정적 측면

여성의 경우 경제적인 것과 자기표현 측면에서 남편과의 원활한 대화와 높은 자존감과 지적 동질감, 남편과 자녀로부터 독립된 자아감을 가지며 전문적인 자아를 발달시키고, 욕구 만족에 따른 정신적, 신체적인 건강이 필요하다. 남성의 경우 전통적인 가족 부양의 책임의 완화가 필요하고, 부모역할의 직접 참여를 통한 자녀양육 욕구 충족이 필요하며, 의미 있는 부부관계를 위해 노력한다. 그러므로 가족원의 이익은 늘어난 수입을 통한 보다 많은 선택의 기회가 생기고, 가족원의 가사노동에 참여 기회의 증가되며, 자녀의 책임감과 독립심이 형성된다.

② 전문직 맞벌이의 부정적 측면

아내의 일에 대한 남편의 생각이 부정적일 경우 심하고, 과다한 역할과중에 대한 부담이 되며, 자유시간의 감소와 자녀양육에 대한 책임감, 죄책감이 생기고, 부부관계의 부정적 영향을 미치게 된다.

또한 부부관계의 부정적 영향과 아내의 성공에 대한 남편의 정체감과 자존감이 위협을 받게 되며, 과다한 역할과중에 대한 부담이 생기고, 자유시간의 감소와 자녀양육에 대한 책임감, 죄책감이 생기게 된다.

4) 맞벌이가족의 유형

우리나라 맞벌이가족의 실태에 관한 정확한 통계자료는 별로 많지 않다. 그러나 계속 늘어나고 있는 맞벌이가족에 대한 사회적 인식이 확산되면서 많은 사람들의 사회적 관심이 집중되고 있다. 맞벌이가족에 대한 실태 분석에 따르면 취업 여성의 취업 동기나 직종 차이, 사회계층 차이, 취업 여성의 인생주기, 도시와 농촌 간의 지역적 요인 등에 따라 서로 다른 결과가 나타난다. 여성의 취업 동기에 따라 맞벌이가족의 형태는 다음과 같이 생계유지형, 내조형, 자아실현형, 여가활용형 등으로 분류할 수 있다.

(1) 생계유지형 맞벌이가족

가족의 경제적 필요성에 의하여 기혼 여성이 자발적 혹은 비자발적으로 취업을 하는 형태이다. 학력이 낮을수록 많고 연령층이 40대 이상일 경우 특히 많다.

(2) 내조형 맞벌이가족

생계 위협을 받지는 않지만 가족의 더 나은 경제적 여유를 위하여 취업을 하는 경우와 남편의 학업이나 출세를 위하여 여성이 생계를 전적으로 담당함으로써 파생되는 형태이다. 취업은 하였지만 여성의 성 역할 태도는 매우 보수적이며 남편에 종속된 위치를 수용한다. 도시가 농촌보다 많고 학력수준이 낮을수록 이 유형에 속한다.

(3) 자아실현형 맞벌이가족

중산층 이상 고학력의 여성이 가사노동의 사회적 불안정 속에서 취업을 통하여 자아를 실현하고 근대적인 성 역할 태도에 입각하여 평등한 부부관계를 정립하려는 형태이다. 이들은 주로 도시에 많으며 학력수준은 대졸 이상이 가장 많고 젊은 연령층이 이 형태의 대부분을 차지한다.

(4) 여가활용형 맞벌이가족

주로 중산층을 중심으로 경제적 이유, 내조 또는 자아실현 등을 크게 의식하지 않고 자신의 취미를 살리면서 여가를 활용하기 위하여 직업을 가지고자 하는 형태이다. 그러나 다른 유형의 맞벌이가족에 비해 여가활용형의 취업 동기는 적은 편이다. 맞벌이가족을 분류할 때, 우리나라 취업 여성의 상당수는 생계유지형에 해당하며, 나머지 세 유형의 비율은 그다지 높지 않다. 그러나 후기 산업사회로 접어들어 정보화 사회가 진전되면서 여성 인력의 요구가 더욱 높아지게 될 것이다. 이에 따라 우리나라도 점차적으로 높아지리라 전망된다.

5) 맞벌이가족의 문제

(1) 자녀양육의 문제

① 취학 전 아동의 경우

보육시설의 부족과 탁아를 담당하는 기관의 시설, 프로그램 운영상의 제반 문제점으로 인해 맞벌이 부부들이 어려움을 겪고 있다. 한편 빈민 지역의 기혼여성들은 아이들의 양육을 포기하고 생계전선에 나가거나 아니면 일을 포기하고 더 심한 가난의 굴레를 감수할 수밖에 없는 상황이라고 한다. 따라서 생계를 위해 취업했을 때 자녀를 방치할 수밖에 없으며 이처럼 열악한 여건이 사회적인 문제를 발생시키기도 한다.

② 취학한 아동을 둔 맞벌이 부부의 경우

자녀양육은 아동의 방과 후 문제가 나타난다. 대부분 맞벌이 부부의 취학 아동 등은 사교육 기관에서 시간을 보내거나 방치되는 경우가 대부분이다. 그래서 맞벌이 부부들은 방과 후에 아동을 사교육 기관에 맡기는 경우가 많은데 사교육에 드는 비용이 부담이 되며 방치상태에 두게 되는 자녀에 대한 불안감, 죄책감 등을 느끼게 된다.

(2) 가사노동과 가사 관리의 문제

대부분의 남성들은 직업을 가지면서 가사노동에 대한 책임을 느끼지 않는 반면 여성에게 취업을 하였다는 사실은 여성이 이중, 삼중의 역할을 담당하게 되는 결과를 초래하게 된다. 취업 여성들은 주부, 며느리, 어머니, 직장인이라는 다중 역할 속에서 역할 과중, 역할 갈등, 긴장을 느끼게 되고 많은 스트레스를 경험하고 있다. 보통 가정에서의 가사는 대부분 취업 여성 자신이 담당하며 남편이나 자녀의 지지나 도움은 아주 미미한 실정이다. 맞벌이 부부에서 발생하는 가사노동과 가사관리의 문제는 가족 구성원들의 역할 분담과 가사관리의 책임이 가족 구성원 모두에게 있다는 의식의 전환이 필요하다.

(3) 취업여성의 직업상 문제

여성취업의 경우 대부분 미숙련 저임금 업종으로 교육과 훈련의 기회를 거의 갖지 못하고 단기 고용에 머물고 있다. 또 남성과 비슷한 일을 하고 경력이 같아도 여성은 남성보다 낮은 임금을 받기도 한다. 또 기혼여성을 위한 사업장에서 시행해야 할 법적 규정이 제대로 지켜지지 못하고 있는 것이 현실이다.

(4) 저출산 문제

근본적인 원인은 여성이 출산과 육아를 동시에 책임져야 한다는 사회적 고정관념 때문이며 기타 여성의 학력 상승, 사회진출, 양육비와 교육비의 부담, 세대에 따른 결혼관과 가치관 변화 등에 의해 출산율이 낮아지고 있다.

6) 맞벌이가족의 영향

(1) 가계경제에 미치는 영향

한 가정에서 기혼 여성의 취업은 금전적 수입증가를 가져온다. 그러나 주부의 수입, 주부 자신이 인지하는 재산 형성기여도, 가정생활을 위한 제반 지출 경비 분담 정도 등을 고려할 때 여성은 자신이 돈을 버는 일보다 쓰는 일을 더 많이 맡고 있다. 즉, 생산 기능의 역할 인식보다 소비 기능 역할 인식이 높으며 재산 증식 기여도를 낮게 평가하는 경향이 있다. 주부의 취업이 가정경제에 미치는 영향은 크게 두 가지로 나누어 생각해 볼 수 있다. 첫째, 주부의 취업으로 인한 가정의 생활 패턴 변화가 야기되는 영향이다. 주부의 취업은 그 상태를 유지하기 위한 비용을 요구하며 취업 주부의 시간 부족으로 인한 가계 소비 행태의 변화를 가져온다. 주부가 취업 상태를 유지하기 위해서는 출퇴근을 위한 교통비, 자녀가 있는 경우 탁아비용 등의 지출을 필요로 한다. 또한 취업 주부는 제한된 시간으로 직장노동과 가사노동을 병행해야 하는 경우가 많으므로 가정의 생활양식이 시간을 절약할 수 있고 노동량을 감소시킬 수 있는 편의 위주로 바뀌게 된다. 둘째, 추가소득에 힘입은 가정의 구매력 증대 효과이다. 주부의 취업은 가계 소득 증가를 통해 구매력 증대로 연결된다. 주부 취업에 따라 추가된 소득은 열등재가 아닌 한 모든 지출 항목의 증가를 가져오지만 증가의 폭은 소득 탄력성에 따라 다르게 나타날 것이다.

(2) 부부관계에 미치는 영향

현대 가정의 이상적 부부관계는 평등성 지향이다. 전통적 가정에서 부권은 남녀관계를 종속적 관계로 유지시키는 중요한 기제이다. 그러나 향상된 교육수준과 여성 취업률에 의해 배우자 선택에서부터 남녀의 종속관계는 탈피되고 있으며 가족형태에서 두드러지게 증가하고 있는 맞벌이가족의 가족기능 수행 변화는 전통적 부권 위주의 관계를 불가능하게 한다. 부부관계 불평등성에 초점을 맞추는 이유는 가정 안의 불평등이 곧 가정 밖의 남녀 불평등을 야기하는 직접적 이유가 되기 때문이다. 여성이 가족 내에서 평등을 누리는 삶을 살 수 있다는 것은 남성과 공히 가정과 직장에서 의무와 책임을 훌륭히 해내면서 인간화된 삶을 살 수 있는 전제 조건이다. 결혼으로 어느 한쪽의 잠재력 개발이 중단된다면 그 결혼은 잘못된 것이라는 의견에 대부분의 여성이 동의하고 있다. 전체적으로 결혼은 남녀 모두의 잠재력 개발과 자기완성이 이루어져야 하고 여성에게만 피해를 강요하는 것은 잘못되었다는 생각이 지배적이다.

(3) 자녀양육에 미치는 영향

자녀는 부부관계에 많은 변화를 가져오게 하는 요인이다. 자녀 출생으로 가족구조 면에서 부부 간의 양자 관계는 부모와 자녀라는 삼자 관계로 바뀌게 되며 부부 상호작용 형태가 부모역할 부상으로 재편성되면서 부부역할에도 변화가 일어난다. 자녀는 부부관계에 긍정적 영향과 부정적 영향을 동시에 준다. 자녀는 부모에게 역할 수행을 요구하게 되는데 그 결과 부부는 공동 역할에 대한 인식이 높아지면서 더욱 상호 의존성이 강화되고 인간적으로 성숙된다. 그러나 취업 주부들이 많은 부담을 안게 되어 그들의 삶의 질에 가장 큰 영향을 미치는 요인으로 인식되고 있다. 취업 주부는 전업 주부에 비해 자녀양육에 더 어려움을 겪으며 자녀의 대리양육문제로 더 많은 스트레스를 받고 있다.

7) 맞벌이 부부의 문제해결 및 복지 대책

(1) 가족 환경의 변화

① 맞벌이 부부의 의식 변화

기혼 취업여성의 가정과 직장의 이중 역할에서 겪게 되는 역할 긴장을 완화하기 위해서는 가정에서 여성의 역할에 대한 전통적인 고정관념에서 벗어나야 한다. 맞벌이 부부의 역할분담을 효율적으로 하기 위해서는 개방적인 의사소통을 통해서 가족 내 부부가 담당하는 역할-자녀양육, 가사분담, 가족 대소사 참여, 친 · 인척 관계유지 등 공유와 분담의 정도를 결정하고 서로 협력하여 융통성 있게 수행하도록 해야 한다.

② 가사노동의 사회화

가사노동의 적절한 남녀의 분담은 효과적인 가사노동 수행방안임을 깨닫고 이를 적극적으로 수용하도록 하기 위해서 국가적 차원의 전략이 필요하다.

- 취업 부모가 안심하고 맡길 수 있는 보육시설이 마련되어야 한다.
- 자녀들을 위한 방과 후 프로그램은 확대 보급하는 것이 필요하다.
- 취업주부의 시간부족 문제를 해결하기 위해서 직장 근무시간의 탄력적인 조정뿐만 아니라 다양한 지원 방안이 필요하다.

(2) 사회환경의 변화

① 법 제도의 강화

남녀고용평등법을 통해서 취업여성이 직장에서 차별받지 않도록 고용기회의 균등, 취업여성의 근로조건 개선, 기혼 취업여성을 위한 출산과 육아휴직제 등을 실시하도록 제정되어 있어 맞벌이 부모의 문제해결에 도움을 줄 수 있다. 제정된 법적 장치가 제 역할을 할 수 있도록 규제를 강화해야 하는 것도 필요하며 또 새롭게 실시되는 기혼남성의 자녀양육 참여를 위한 출산 육아휴직제를 지원해야 한다. 취업 부모의 자녀 돌보기 지원과 관련된 법적 규정을 확대 적용하여야 하고 저소득층 보육 대상자뿐만 아니라 중산층의 보육 욕구도 고려해야 한다.

② 직장 내 성차별 극복

기혼 취업여성은 일과 가정에서 가정을 우선시하는 사회적 기대로 인해서 직업상 자신의 역할수행에 어려움을 겪고 승진, 직무배치, 업무 등에서 불이익을 받고 있는 것이 현실이다. 따라서 직장에서 남녀 간의 근무 여건과 관행의 인식이 변화되어야 하며 남성도 육아휴직을 사용하거나 가사를 분담할 수 있는 제도를 갖추어 충실한 부모 역할과 남편 역할을 하게 함으로써 맞벌이 부부의 어려움을 줄일 수 있도록 해야 한다.

③ 사회적 지지체계 마련

지역사회나 사회단체의 가족상담소나 상담전화 등의 시설과 프로그램을 마련하여 지원하고 가정복지사를 정책적으로 양성해야 할 필요성이 있다. 또 가족생활 교육을 통해서 미혼 남녀에게 맞벌이 부부 생활과 역할 분담이나 의사소통 기법 등을 교육시킴으로써 맞벌이 부부에 대한 올바른 인식과 대처 방안을 습득하도록 한다.

3. 외둥이가족

1) 외둥이가족의 개념

외둥이(Only child)의 사전적인 의미는 교육학대사전에서 "부부 사이에 단 하나밖에 없는 어린이"를 말하는 것으로, 물론 외아들일 수도 외딸일 수도 있다. 한국어사전 편찬회(1976)에 따르면, 형제·자매가 없이 외동딸과 외아들 이 모두를 외둥이라 부른다. 본 서에서는 한 가정 내에 형제나 자매가 없이 지내는 외동딸과 외동아들 모두를 지칭하는 것으로 볼 수 있으며 최근에는 저출산의 영향으로 아동이 하나뿐인 가정이 점차 증가함에 따라서 외둥이란 용어를 자주 사용하는 추세이다.

보편적으로 외둥이는 형제나 자매가 없이 부모에게 과잉보호를 받으며 의존적이고 자기중심적이어서 인내심이 없으며, 오만한 성격에 인성의 결함이 많을 것이라는 편견을 갖게 된다. 학자들의 외둥이에 대한 내용을 구체적으로 살펴보면 다음과 같다. 형제가 있는 아동들은 개인의 발달에 결정적 학습경험의 기회를 제공받을 수 있는 반면, 외둥이들은 형제·자매의 부재로 학습경험의 기회를 제공받을 수 없으므로 발달상의 결함을 초래할 수 있다고 주장하였다(Falbo와 Polit, 1986). 또한 외둥이들은 형제가 없어 모방할 수 있는 대상이 없으므로 생활과 정서적인 경험들이 부족하여 성격발달에도 영향을 미칠 수 있고, 형제·자매의 부재에 따라 외둥이의 문제점 중 어머니의 양육 태도가 중요한데 매우 과보호적이기 때문에 외둥이들은 능동적인 생활을 하지 못하게 되고 인내심이 부족한 퇴행적 성격을 형성하게 되는 것으로 보고하였다(이상로, 1986).

이상에서 살펴볼 때 외둥이들을 양육하는 부모의 양육태도가 아이의 발달에 결정적인 역할을 할 것이며 애정과 사랑이 담긴 부모의 양육태도는 형제·자매의 부재가 주는 부정적인 영향을 보완할 수 있을 것이다.

2) 외둥이가족의 발생 원인

외둥이가족의 발생 원인을 산업화로 인한 인구 억제정책, 시대에 따른 가치관의 변화와 여성의 사회진출(저출산 원인) 증가, 산업화에 따른 경제적 발전으로 인한 자녀양육비 증가를 들 수 있으며 그 내용을 살펴보면 다음과 같다.

(1) 산업화로 인한 인구 억제정책

한국은 전쟁 직후 경제적 어려움 속에서도 아이들을 많이 낳게 되었지만 산업화의 영향으로 1952년부터 우리나라의 경제개발 5개년 계획 그리고 가족계획 사업을 중심으로 인구의 억제 정책을 시행하게 되었다. 다시 말해, 당시 한국의 사정이 많은 수의 인구를 먹여 살리기에 역부족이라 생각했고, 인구가 증가하면 경제성장을 해도 소용이 없기 때문에 빠른 경제성장을 위해서 국가적인 차원에서 우리나라에서는 '아들 딸 구별 말고 둘만 낳아 잘 기르자'는 슬로건을 세워 인구 억제정책을 시행함으로써 사람들은 자녀를 예전보다 적게 낳았고, 이로 인해 외둥이가족들이 증가하게 되었다.

(2) 시대에 따른 가치관의 변화와 여성의 사회진출 증가

예전에는 여자가 집안에서 아이를 낳아 기르고 집안일을 하는 것으로 인식되어 왔지만 시간이 흐름에 따라 여성의 사회적 지위상승과 더불어 남, 여에 대한 가치관이 변화되었기 때문에 외둥이가족이 발생하고 증가하였다는 것이다. 여성의 사회진출이 활발해지고 각자 직업을 가지게 됨으로써 자녀 양육에 대한 문제가 발생하여 예전보다 더 적은 자녀를 두고 있는 가족이 증가하게 되었다는 것이다.

(3) 산업화에 따른 경제적 발전으로 인한 자녀양육비 증가

산업화가 되면서 경제는 고도로 발전하게 되고 물가도 높아지게 되면서 자녀양육비의 증가로 인하여 외둥이가족이 발생하고 증가하였다는 것이다. 양육비의 증가로 인하여 예전에 남성만이 사회에서 일자리를 가지고 가정을 책임지게 되었던 것과는 다르게 이제는 여성도 남성과 같이 맞벌이를 하게 되면서 자녀양육의 문제가 발생하게 됨에 따라 한 가정 내의 자녀가 감소하게 되었다는 것이다.

3) 외둥이가족 아동의 장단점과 문제

(1) 외둥이가족의 아동의 장점

Hurlock(1964)는 형제가 있는 것이 반드시 좋은 것만은 아니라는 점을 지적하고, 형제간에 자신의 위치를 차지하기 위해서 일어날 수 있는 경쟁심이나 질투에 의해 성격이 비뚤어질 가능성이 적다는 장점도 있다고 언급하였으며, 이성진과 이기우(1986)의 조사에서는 외둥이의 일반적인 특성 중에서 지적 특성과 사회적 특성이 또래집단의 평균과 비교해 볼 때 더 우수한 것으로 나타났다고 주장하였다. 그 밖에도 독립심이 강하고, 삶에 대한 긍정적인 시각과 리더십이 있으며 진취적인 사람으로 성장할 가능성이 높은 점 그리고 자아개념과 지적호기심이 강한 점과 형제들과 경쟁이 없어 정서적으로 안정된 상태, 언어능력이 높은 점을 외둥이가족 아동의 장점으로 들 수 있다.

(2) 외둥이가족의 아동의 단점

Zajonc와 Markus(1975)는 손위형제는 교사로서의 역할을 하고 있어서 지적인 성장에 도움을 주는데 외둥이는 가르쳐 줄 형제가 없기 때문에 지적 불연속성을 갖게 된다고 설명하였다. 또한 외둥이는 동생을 가르칠 기회도 없기 때문에 연령이 증가함에 따라 맏이에 비해 지능이 떨어지게 된다고도 하였다(Zajonc, 1976).

유영주(1986)는 외둥이는 형제가 없기 때문에 사회성이나 인간적 발달이 느리고 가정에서 무엇이든지 마음대로 이루어 보았으므로 자기중심적이 되기 쉽다고 하였다. 김숙경(1989)은 외둥이와 형제아를 비교해 볼 때 형제의 존재는 분배, 협동과 같은 긍정적인 면과 공격성과 경쟁심과 같은 부정적인 면을 모두 경험하게 되지만, 형제의 부재는 부정적인 성향만을 갖게 된다고 하였다.

송성옥(1998)은 외둥이 어머니는 지나친 애정과 과보호로 유아 스스로의 능동적인 역할을 학습할 기회를 박탈하기 때문에 유아에게 의존성이나 이기심 같은 부정적인 결과를 야기시킨다고 하였다.

(3) 외둥이가족의 문제

백화점이나 길거리에서 흔히 볼 수 있는 장면이 있다. 자신의 요구가 관철될 때까지 떼를 쓰며 바닥에서 이리저리 뒹구는 아이들의 모습이 바로 그것이다. 이런 상황에 놓이게 되면 부모들은 당황할 수 밖에 없다. 다른 사람의 눈을 의식하여 일단 그 위기상황을 넘겨 놓고 보자고 생각한 나머지, 결국 아동의 요구를 들어 주게 되는 부모가 많다. 그러므로 아동의 문제행동은 부모를 비롯한 성인들의 그릇된 반응으로 더 나빠지게 마련이다.

외둥이는 부모의 과잉보호적 양육태도와 불안의 요소가 있기 때문에 이기적이거나 의존적인 행동 특성을 야기하는 사회정서발달에 문제가 있다고 여기나 최근에 와서는 외둥이와 형제아 사이에 사회정서발달은 차이가 없다는 결과들이 나타나고 있으며 형제의 존재 혹은 부재가 아동의 사회정서에 영향을 미친다고 하더라도 그 자체가 결정적인 것이 될 수 없으며, 중요한 것은 외둥이들의 부모 양육태도에 좌우된다는 주장이 제기되고 있다.

4) 외둥이 발달에 영향을 끼치는 요인

외둥이 발달에 영향을 끼치는 요인을 살펴보면 다음과 같다.

(1) 부모의 특성

사별이나 이혼 등에 의한 결손가정에서 외둥이가 더 많이 발생하고, 형제아에 비하여 외둥이는 한부모일 가능성이 높은데 이것이 외둥이의 발달적 결과에 크게 영향을 미칠 수 있으며, 부모-자녀관계의 성질 또한 외둥이의 발달에 영향을 미칠 수도 있다(김혜경 외, 2006 : 153). 아버지의 부재로 인해 외둥이의 행동발달이 저하되기도 하며 이것은 외둥이가 발생하게 되는 배경 변인으로 볼 수 있다. 즉, 부모가 형제아를 계획하기도 전에 이혼 또는 사별하게 되어 외둥이는 한쪽 부모를 선택하게 되고, 수행능력이나 행동발달 측면에서 부정적인 영향을 받으며 발달한다는 것이다.

또한 대부분 낮은 권위를 갖고 있는 부모가 아동과 더 많이 상호작용을 하고 있고, 아동에게 매우 긍정적 영향을 보여주며 내적 통제성도 우수하고, 성취동기적 측면이나 호기심을 발달시키면서 탐색활동이 원활할 수 있도록 격려한다. 즉, 지위가 높은 계층의 부모의 경우 외부활동이 많아 아동에게 신경을 많이 못 쓰는 반면, 낮은 계층의 부모의 경우에는 항상 자녀와 함께하면서 격려와 위로가 가능한 위치에 있어서 어려운 환경을 극복하고 성공하려는 의지가 남다르기 때문에 호기심과 성취도가 우수하게 나타나는 것으로 볼 수 있다. 그러나 일부 높은 계층에 있는 부모는 부모처럼 성공하기를 바라면서 매우 수용적이고 자녀의 교육에 관심을 갖고 있으므로 자녀가 더욱 우수해질 수 있도록 지지한다는 견해도 있다.

(2) 외둥이의 특성

외둥이의 성별에서도 서로의 주장이 엇갈리는 연구 결과가 존재하는데 그 하나는 여자 외둥이의 경우 남자 외둥이보다도 높은 성취도와 호기심 그리고 사회성의 발달이 이루어진다는 견해가 있다. 그 밖에도 외둥이의 사회성 발달의 차이가 형제자매의 부재나 부모의 양육태도나 사회계층 등의 영향을 받는 것으로 연구되어 왔다.

5) 외둥이가족을 위한 복지대책

외둥이가족을 위한 복지대책의 내용을 자세히 살펴보면 다음과 같다.

(1) 외둥이가족을 위한 보육서비스

아동에게 있어 가장 중요한 영향 요인이 부모의 양육태도인 점을 고려하여 외둥이 가족을 위한 교육프로그램으로 부모의 부담감을 덜어주고 협동하는 태도를 생성시키며, 일관된 양육태도 및 예절교육이 적절히 이루어져야 할 필요가 있다.

(2) 외둥이를 위한 프로그램 개발

우리나라는 남아선호사상의 잔재가 아직도 존재하고 있다. 따라서 여아의 심리적인 불편감과 결혼과정의 어려움 등을 사전에 미리 반영하여 이를 위한 교육이 교육기관에서 또래와의 상호작용에 반영되어야 한다.

(3) 외둥이가족을 위한 제도적 지원

국가적인 차원에서 자녀양육의 지원을 강화시키고, 가족책임 복지에 있어서 가족의 복지를 목표로 하는 가족정책의 필요성이 대두되고 있다. 따라서 외둥이 가족을 위한 제도적 지원 차원에서 먼저 가족 내 양육 기능의 강화가 필요하다. 가족수당제도의 도입을 통한 양육부담을 경감시키고, 육아휴업법의 강화를 통하여 임신이나 출산 등에 관한 법률적인 보호와 출산 이후에도 소득을 보장받을 수 있는 권리를 보장해주는 것이 필요하다. 다음으로 보완적 서비스인 보육서비스의 확충이 필요하다. 가족상담사업의 지원을 통하여 부모의 양육불안이나 스트레스를 감소시키기 위한 지원방안이 필요하다. 마지막으로 관련법의 정비가 필요하다. 외둥이에 관한 가족양육지원강화 사업의 실효성을 위한 법률적인 보완과 통합적 법률적인 기준의 마련이 필요하고, 가족복지의 재정 확보와 가족에 관한 통합적, 전문적 지원체계의 마련이 필요하며, 이를 위한 아동 및 가족문제와 욕구 파악을 위해 지역사회의 조사 실시가 필요하다.

Chapter 13

위기가족(2)

1. 폭력가족

1) 가정폭력의 개념

일반적으로 폭력이란 공격 행동의 한 형태로 분류되지만, 개념 규정상으로는 공격행위와 구별된다. 공격행위는 '타인에게 의도적으로 상처를 입히는 것'으로 정의되며, 폭력은 특히 그 정도가 심한 경우를 말한다. 또한 공격행위는 가치중립적으로 긍정적 혹은 부정적 측면을 모두 포함하고 있으나, 폭력은 언제나 부정적 의미를 내포하고 있다.

가정폭력이란 "가족 구성원 중의 한 사람이 타인에게 의도적으로 물리적 힘을 사용하거나 정신적 학대를 통하여 고통을 주는 행위"(Gelles & Straus, 1979)로 정의한다. 단순히 물리적 · 신체적 손상을 주는 행위뿐만 아니라 자아존중감을 해치는 언어적 학대, 성적 학대의 경우도 포함되는 포괄적 의미의 폭력행위이다. 가정폭력에 대한 구체적 개념은 「가정폭력범죄의 처벌 등에 관한 특례법」에 정의되어 있다. 이에 의하면, '가정폭력'이라 함은 '가정 구성원 사이의 신체적 · 정신적 또는 재산상 피해를 수반하는 행위'를 말한다. 여기서 가정 구성원은 배우자, 배우자 관계에 있었던 자, 자기 또는 배우자와 직계존비속 관계에 있거나 있었던 자, 계부모와 자의 관계 또는 적모와 서자의 관계에 있는 자, 동거하는 친족관계에 있는 자로 정의된다.

2) 가정폭력의 특성

① 가정폭력은 반복적이다.

② 시간이 갈수록 폭력의 유형이 다양해지고 그 정도가 심화된다.

③ 아내에 대한 폭력은 자녀 혹은 처가식구에 대한 폭력으로 이어진다.
④ 지속적인 가정폭력으로 신체적 손상뿐 아니라 외상 후 스트레스 장애 등 정신질환에 시달리게 된다.
⑤ 폭력에 대한 공포와 학습된 무력감에 젖어 가정폭력으로부터 탈출하는 것이 불가능하다고 믿게 된다.
⑥ 자신의 존엄성이 약해지기 때문에 독립할 정신적 능력이 부족하게 되어 폭력적인 가정에 안주하게 된다.
⑦ 가정폭력의 피해자는 폭력으로 받은 정신적 스트레스를 없애지 못하고 다른 범죄로 문제를 해결하려는 경향을 보인다.

3) 가정폭력의 이론

가정 내의 폭력 현상을 설명하는 다양한 이론들이 있으며, 영향을 미치는 변수들이 대단히 많을 뿐만 아니라 가족이 처한 환경(경제적, 사회문화적, 그리고 생태학적 환경)에 따라 다르게 작용할 수 있기 때문에 정확한 원인을 규명하기란 쉬운 일이 아니다. 여기서는 크게 네 가지 관점을 소개하고자 한다(김윤재, 2012 : 148-149).

(1) 개인병리적 관점

가정폭력을 개인의 정신병리학적 산물이거나 알코올 혹은 약물중독에 따른 비정상적 행동, 또는 가학적 행동의 결과로 본다. 즉, 배우자는 상대편이 지적하는 잔소리나 자극이 자신의 가학적 충동이나 심리적 불안정과 더불어 자아통제성을 상실하여 주체할 수 없는 폭력을 행사하게 된다는 것이다.

(2) 사회심리적 관점

사회심리적 관점의 대표적 이론으로 사회학습이론(social learning theory)을 들 수 있는데 사회학습이론에 의하면, 가정폭력은 인간의 다른 행동과 마찬가지로 학습된다는 것이다. 폭력에 대한 태도는 자신의 원가족, 사회적 가치관,

문화적 영향에 좌우되고, 실제로 이러한 관찰학습의 중요성은 여러 선행 연구에서 실증적으로 확인된 바 있으며, 또한 폭력행위는 단순한 관찰학습뿐만 아니라 자신이 직접 경험한 폭력으로부터도 학습될 수 있는데, 성장기 폭력 경험의 빈도가 높을수록 피해자는 폭력적인 배우자나 부모가 될 확률이 높다는 결과가 나왔다.

(3) 생태학적 관점

생태학적 관점에서는 대표적으로 체계이론을 들 수 있다. 체계이론에 의하면, 폭력은 개인적 병리나 학습의 결과가 아니라 체계의 산물이다. 각각의 하부체계(부모, 자녀, 남편, 부인 등)가 주변의 환경이나 다른 체계와 조화를 이루지 못하면서 발생되는 갈등 현상이다.

(4) 페미니즘적 관점

기존의 이론이나 관점들과는 달리, 페미니즘 이론에서 가정폭력은 성차별적 사회구조에서 기인되는 것으로 보고 있는데, 다시 말하자면 가정폭력은 단순히 개인적 성향이나 학습행위에서 야기될 뿐만 아니라, 폭력을 허용하는 사회문화적 규범, 가부장적 이데올로기에 근거를 둔 남성의 권위적 태도 및 우월성으로 가득 찬 구조화된 사회적 틀 속에서 발생하는 행위로 본다. 즉, 남성중심적 사회문화구조를 바꾸지 않는 한 여성의 억압 형태를 나타내는 가정폭력을 근본적으로 해결할 수 없다는 관점이다.

4) 폭력의 요인

(1) 부부폭력의 요인

① 개인적 요인

가해자는 알코올중독이나 정신병환자일 것이라는 선입견이 있지만 대다수의 가해자는 정상적인 생활을 하는 사람들이다. 즉, 가정폭력의 가해자를 하나의 특성으로 규정할 수 없다.

② 사회적 요인

폭력을 허용하는 사회구조적인 문제와 폭력에 대한 모방, 가부장적 가정 분위기 등이 포함된다.

③ 부부폭력 피해자의 특성

폭력을 경험한 후 자존감이 낮아지고 정신적으로 큰 상처를 입게 된다. 폭력을 당했다는 것에 대한 수치심, 남편에 대한 분노, 구타에 대한 공포와 이 상태를 벗어날 수 없다는 절망감, 무기력 등의 정신적 · 신체적 증상이 나타나고, 폭력이 지속적으로 반복되면 자존감에 상처가 깊어져 주체성의 상실, 자아의 파괴로 정신건강에 문제가 발생하기도 한다.

④ 부부폭력 가해자의 특성

가해자의 대부분은 반사회적 성격, 충동조절이 힘들고, 자기중심적이며 이기적인 관심과 기대로 결정을 내린다는 도덕적 규칙을 갖고 있으며 닥치는 대로 트집을 잡아 구타하거나 배우자의 품행을 탓하는 부정망상 증세, 자신의 외도에 대한 이해를 강요하며, 폭력을 행사한다.

(2) 아동폭력의 요인

① 개인적 요인

학대 부모의 특징은 대부분 어린 시절의 성장과 경험, 즉 적대, 비난, 처벌, 거부, 무시, 복종, 과잉기대 등으로 비정상적인 정서적 · 성격적 특징을 형성하게 되었을 것이다. 낮은 자존감, 의존성, 좌절, 정서적 박탈, 충동성, 고독감, 고립, 엄격성, 아동에 대한 비현실적 기대, 부모의 아동기 때의 학대경험, 부적절한 양육기술, 아동에 대한 비합리적인 기대, 알코올 중독 등이 있다.

② 가족적 요인

가족의 역동성이 아동학대를 유발하는 요인이 되고, 한부모가족에서 부 또는 모가 부모의 기능을 수행할 때, 부모의 책임을 다할 수 없을 때 스트레스를 받아 아동학대를 하게 되며, 미성년 부모는 책임감이 약하고 충동성이 강하기 때문에 학대의 위험성이 크고 자신이 달성하지 못했던 성취감을 자녀에게 기대하게 된다. 또한 원가족의 부모의 자녀관, 교육관, 양육태도, 부부관계, 부모-자녀관계, 가정의 분위기 등이 자녀양육 시 아동학대에 영향을 미친다.

③ 사회 · 심리적 요인

사회계층, 인종, 성별, 고용 상태, 연령 그리고 이를 둘러싼 사회의 구조와 문화적인 측면이 관련되고, 가정의 사회경제적 수준, 부모의 교육 수준, 부모가 받았던 양육방식, 체벌에 대한 문화적 태도 등이 있으며, 혼인 갈등, 많은 자녀, 실업, 사회적 고립, 원치 않는 아이의 출생, 문제 아이 등이 있다.

④ 문화적 요인

폭력, 체벌에 대한 사회의 태도와 폭력을 허용하는 사회에서 아동학대가 많고, 대다수 아동학대 사건은 아이의 잘못에 대한 징계조치가 있었으며, 훈육방법으로 체벌이 심한 나라에서 아동을 부모의 소유물로 인식하는 경우, 학대가 자주 발생한다.

⑤ 아동 요인

아동의 신체적인 특징(미숙아, 만성질환, 영구적 신체장애 등)이나 아동의 심리적 특성(기질, 과잉행동 등)으로 양육자에게 끊임없는 양육의 어려움과 부담을 주기 때문이며, 이러한 피학대 아동의 문제점은 성장기 자녀의 경우, 부모에게 폭력을 당하게 되면 신체적, 심리 · 정서적, 행동적 차원 등 다양한 차원에서 장 · 단기에 걸쳐 부정적인 영향을 받게 된다. 또한 학대를 받으면서 성장한 아동은 신체장애, 정서장애가 나타나며, 행동장애가 심해지면 절도, 공격적 행동 등 반사회적 행동을 보일 수 있고, 신체적 학대와 언어적 학대를 자주 당할수록 비행을 저지를 확률이 높다.

(3) 노인폭력의 요인

① 스트레스

가족의 스트레스는 노인을 학대 또는 방임하는 주요 원인 중 하나이다. 부양자의 과중한 역할, 부양자의 배우자 상실 또는 빈곤, 육체적 장애, 알코올

남용, 감정적 문제 등 부양자가 가진 문제가 스트레스로 작용하여 노인학대가 발생한다.

② 고립

사회적 고립과 지역적 고립이 노인학대를 유발하기도 한다. 지역적 고립의 경우 노인이 인적 및 물적 자원에 얼마나 접근할 수 있느냐가 중요하다. 또한 사회적 고립의 경우 서로 얼마만큼 떨어져 있느냐 혹은 동거하는 사람은 몇 명인지 등으로 측정하는 것이 아니라, 그들 사이에 공통 견해가 있는지의 정도가 중요하다. 이러한 사회적 고립은 노인의 욕구가 적절히 충족되지 못할 가능성이 있어 학대에서 벗어나기 힘들게 하는 요인 중 하나로 볼 수 있다.

③ 의존성

노인의 의존성과 학대는 비례한다. 즉, 노인의 의존성이 클수록 학대 가능성이 크다.

④ 개인 내적 요인

가해자의 정신질환이나 알코올 중독 등의 문제가 학대 원인이 되기도 한다. 실제로 노인을 학대하는 사람 중 정신적 문제를 가진 사람들이 많다.

⑤ 세대 간 전수

다른 유형의 가정폭력과 마찬가지로 폭력 가정에서 성장한 사람들이 이후 노인학대의 가해자가 되기도 하고, 폭력의 세대 간 전수가 이어진다.

5) 가정폭력 피해자들이 갖게 되는 징후들

일반적으로 가정폭력 피해여성의 심리 · 사회적 특성을 고립감, 낮은 자아존중감, 학습된 무기력으로 설명한다(여성가족부, 2005).

(1) 고립감

많은 경우 가정폭력 피해여성들은 사회적으로 고립되어 있다. 그것은 여성비하적인 사회 분위기로 인해 아내들에게 폭력의 책임을 물어 왔기 때문에 가정폭력 피해여성들은 자신이 구타당한 것을 부끄럽게 여기며 스스로를 고립시킨다. 구타남편은 가정폭력 피해여성들이 완전히 자신의 통제하에 있다는 것을 느끼게 하기 위해 가정폭력 피해여성들을 친정, 친구, 이웃과 교류하지 못하게 한다. 이렇게 고립된 상태에서 아내들은 적절한 시기에 사회적 지원을 얻지 못하고 자신의 문제는 혼자 해결할 수밖에 없다고 생각하며 이웃의 무관심에 좌절하고 절망하게 된다. 사회와 고립되는 과정에서 가정폭력 피해여성들은 자신을 객관적으로 보지 못하게 되며, 폭력의 순환고리에서 빠져나올 수 있는 가능성을 완전히 잃어버리게 되어 사회적 지원체계를 전혀 이용할 수 없게 된다.

(2) 낮은 자아존중감

가정폭력 피해여성들은 오랜 기간 남편의 구타로 인해 자존감에 커다란 손상을 입었기 때문에 자신은 아무 것도 할 수 없다고 생각하고 자신의 능력을 과소평가하는 신념을 갖게 된다. 가정폭력 피해여성들은 자신에게 발생하는 폭력의 본질을 통찰하지 않고 구타상황에 머물러 있는 자신을 비난하게 되므로 오랜 기간 구타당한 아내들은 자신감을 상실하게 되고 어떠한 이유로든 계속되는 구타로 인해 판단력을 잃는다. 낮은 자존감으로 아내는 사회적 지원체계가 있다 하더라도 이용할 수 없게 되며 다른 선택대안을 찾는 데 커다란 어려움을 갖는다.

(3) 학습된 무기력

계속적이고 반복적인 폭력의 직접적인 희생자인 가정폭력 피해여성은 무력감이나 덫에 걸린 느낌뿐만 아니라 존엄성, 통제력, 안정의 상실을 경험한다. 가정폭력 피해여성에게 적절한 개입을 하기 위해서는 그들의 심리사회적 경험을 사전평가하여야 한다.

6) 가정폭력에 대한 복지서비스 개선점

현재 실시되는 가정폭력에 대한 복지서비스는 대부분 아내학대에 초점을 맞추고 있으며 아동과 노인 학대에 대해서는 복지서비스 제도가 제대로 갖추어지지 못하고 있다. 아내학대의 경우 모든 서비스가 가족 전체가 아닌 피해자인 아내에게만 초점을 두고, 예방적 측면보다는 임시보호소인 쉼터를 중심으로 문제발생 시 피해자를 단순보호하는 것에만 중점을 두기 때문에 보다 체계적이며 효과적인 개입방법의 효과성이 대두되고 있다.

(1) 사회적 서비스와 치료 프로그램

폭력 및 학대 가족을 위한 대표적인 서비스 프로그램으로는 가정폭력 피해자 보호시설, 가정폭력 피해자 치료보호, 가정폭력상담소 등을 들 수 있으며, 그 외에도 여성 및 사회 단체를 통한 계몽과 지역사회복지관을 통한 치료 프로그램 등이 있다.

(2) 쉼터의 사후 서비스 강화

쉼터에 왔던 여성들은 폭력관계였던 남편이 있는 가정으로 복귀하거나, 별거나 이혼을 통해 남편의 폭력관계를 해결하는 경우로 나누어 볼 수 있다. 그러나 이 두 경우 모두 남편의 폭력 가능성으로 인해 불안을 경험하며, 가정으로 복귀한 여성이건 홀로서기를 하는 여성이건 간에 쉼터 이후에도 여성들은 남편의 폭력과 자녀문제는 물론 직업문제, 자녀교육문제, 사회부적응 등 다양한 문제를 경험하고 있다.

따라서 쉼터 이후의 사후보호 서비스가 지속적으로 이루어져야 한다. 다시 말해서 쉼터를 떠난 후 주기적인 전화상담과 정기적인 재가방문을 통해서 가족들의 생활변화를 파악하고 위기상황에서 보호할 수 있도록 해야 한다. 또 쉼터의 전문인력 확보가 시급한 실정이다. 현재 쉼터의 실무진으로는 사후서비스를 충분히 제공하는 데는 절대적으로 부족할 뿐만 아니라 실무자들의 전문적 수준도 차이가 많은 문제점을 안고 있기 때문에 인력보충과 전문적인 교육을 강화하는 것이 필요하다.

(3) 가해자와 피해자 양측에 대한 동시적 접근

현재 가정폭력의 복지서비스는 피해자 여성이나 아동을 중심으로 치료하는 접근에만 치중하고 있지만 현실적으로 이들이 일시보호소에서 가정으로 돌아가게 될 경우 폭력을 다시 경험할 위험에 처하게 된다. 그러므로 장기적인 안목에서 볼 때 가정폭력을 예방하며 동시에 개선하는 방안으로 가해자와 피해자에 대한 치료적 접근도 이루어져야 한다.

(4) 가정폭력방지법과 가정폭력 예방을 위한 교육

가정폭력방지법이 제정 · 실행되고 있다는 것에 대해서는 보편적으로 높은 인지도를 보이고 있으나, 전 국민이 이 법을 인지할 수 있도록 교육과 홍보가 필요하다. 정보전달이 늦은 비도시 지역이나 자칫 사회적 환경에 소홀하기 쉬운 주부, 연령대가 높은 사람들, 부부문제에 비교적 관심이 적은 학생층 등을 고려하여 교육할 필요가 있다. 특히 지역에서 가정폭력이 발생하는 가정을 발견해 내는 것은 다소 어렵지만 무엇보다도 이런 가정의 남편에게 적극적으로 법을 홍보하고 교육해야 한다.

(5) 경찰 · 검찰의 확실한 업무수행과 법집행 의지

법집행의 1차 기관인 경찰이 법에 준해 자신의 역할을 얼마나 정확히 수행하며, 통념을 벗어나 사건을 처리하는가는 가정폭력을 감소시키며 신고 등 법 의존도를 높이는 데 영향을 미칠 수 있다. 따라서 경찰이 업무수행을 확실히 할 수 있도록 경찰 내부의 가정폭력 관련 지침이 만들어져야 할 것이다. 경찰의 집행의지 역시 매우 중요한데, 가정폭력 문제를 사소한 부부싸움으로 보지 않고 공적으로 법을 집행하는 태도가 필요하다.

경찰의 업무는 시민과의 대면접촉을 통해 이루어지므로 시민의 압력이 효과가 있을 것이다(김혜선, 1996). 경찰이 자신의 업무를 확실히 수행할 수 있도록 전 시민이 모니터링해야 한다. 경찰과 마찬가지로 검찰도 가정폭력에 대한 인식제고와 집행의지를 가져야만 법이 정착되어 가정폭력에 대한 검찰의 역할 부재에 대한 피해자들의 불만이 해소될 수 있다.

(6) 적절하고 강력한 법원의 판결

법이 집행될 때 누구보다도 가정폭력 피해자의 입장이 우선 고려되어야 한다. 법이 잘 집행되기 위해서는 법원의 판결이 적절하며 강력해야 한다. 아무리 법에 호소를 하더라도 법원의 판결이 범죄의 심각성에 적절하지 않다면 범죄는 근절되지 않을 것이다. 법적 처분의 편의성이나 처분방식에 대한 몰이해, 가정폭력에 대한 편견 등으로 법원의 판결이 적절치 못한 사례들이 가정폭력방지법 실행 불만센터 등에 접수되는 것 등으로 볼 때 판사들에게 가정폭력에 대한 교육이 필수적으로 실행되어야 할 것이다.

(7) 가정폭력 피해자에 대한 사회적 지원

가정폭력 피해자들이 직접 법에 의존하여 폭력남편, 폭력부모를 신고하는 것은 매우 어려운 결심을 필요로 하며 심리적으로 혼란에 빠지기도 한다. 그 결과 법집행과정에 심경변화를 일으키기도 하며 폭력의 악순환에 빠지기도 한다. 또한 법집행과정에 대한 지식의 부족으로 제대로 대응하지 못하기도 한다. 따라서 가정폭력 관련 기관의 의사소통 채널을 조직하고 확대해야 한다. 개인상담이나 집단상담 수준으로 끝나지 않고 지역사회의 자원을 동원하여 이들에게 필요한 서비스를 제공해야 하기 때문에 지역사회의 관련 기관과의 의사소통을 시도하고 조직해야 한다. 이를 위해서는 제도적 장치 마련이 선행되어야 하며 이는 결국 지역사회의 중심적 서비스를 제공하는 기반이 될 수 있다. 이러한 과정을 통해서 피해자들이 현재 실시되는 법을 활용할 수 있도록 심리적·사회적 지원체계를 연계해 줄 수 있다.

2. 노인가족

1) 노인가족의 개념

우리나라의 노인복지법에서는 노인의 범위를 달력상의 연령으로 65세 이상으로 정하고 있으며, 생활보호법에서도 보호노인 대상자를 65세 이상으로 규정하고 있다. 노인가구는 노인 혼자 생활하는 단독가구 노인, 노인들로만 구성된 노인가족을 포함하는데 노인 혼자서 가정을 형성하고 있는 노인단독가구를 노인가족의 범주에 포함시키는지의 여부에는 논란이 있다. 일반적으로 복지적 관점에서 노인가족이란 65세 이상, 노인 2인 이상으로 구성된 가족이라 할 수 있으며, 그 형태는 노부부 가족과 또는 인척관계에 있는 노인들로 구성된 가족을 의미한다.

전 세계적으로 광범위하게 이루어지는 고령화는 이 지구를 그 어떤 시대나 사회보다 훨씬 늙은 사회로 탈바꿈시킬 것이고, 노인인구의 폭발적인 증가는 근로인구에게 엄청난 경제적 부담을 안겨줄 것이며, 인류의 고령화는 수명이 늘어나면서 나타나는 현상이므로 노인들 중에서도 후기노인(85세 이상 노인)의 수는 젊은 노인(65~74세까지의 노인)인구보다 훨씬 빠른 속도로 증가할 것이다. 따라서 노인가족을 위한 지원정책을 논하는 것은 노인과 노인가족 구성원의 삶의 질 향상 측면에서 중요한 일이라 할 수 있다.

2) 인구고령의 문제

경제성장의 둔화와 노동시장의 변화를 예상할 수 있다. 고령 인구의 증가와 경제활동인구의 감소는 노동력 부족으로 이어진다. 이러한 노동력을 보충하기 위해서 유휴 여성 인력이나 노동력이 있는 퇴직 연령층을 다시 경제활동인구로 흡수하는 것이 필요하게 되어 경제활동인구가 고령화될 것이다. 또한 노인층은 유소년층과는 달리 투표권과 단체결성권을 갖기 때문에 정치적 권리를 발휘할 수 있다. 따라서 노인이 자신의 이익을 위해 집단을 결성하여 정치

세력화되어 영향력을 갖게 되고 고령 인구의 증가는 오래 사는 사람이 많다는 것인 만큼 생산력이 떨어지고 수입원이 적어진 상황에서 살아가는 기간이 연장되었기 때문에 빈곤한 노인층이 많아질 것을 예측해 볼 수 있다.

3) 노인가족의 욕구와 문제

(1) 노인가족의 욕구

일반적으로 노인이 당면하고 있는 문제는 건강문제로 노화로 인한 신체 및 운동 능력의 저하, 질병으로 인한 신체적 문제와 사회적 유용감의 상실, 가족으로부터의 소외 등으로 인한 심리적 문제, 소득원의 상실로 인한 경제적 문제를 들 수 있다. 노인가족은 자녀와 함께 사는 노인이나 혼자 생활하는 노인에 비해 생활상의 긍정적 측면도 있다. 그것은 손자녀의 보호 및 자녀부양 등에서 벗어나 노부부 내지는 노인들만의 생활을 즐길 수도 있기 때문이다. 노인가족이 집단으로서의 강한 조직성을 확보하는 데 영향을 주는 자원으로 신체적 건강, 정신적 건강, 경제적 자원, 가족과 친척 및 친구 등의 사회적 자원이 확보되었을 때 건강한 노인가족이 가능하다고 말할 수 있으나 여러 가지 자원이 부족한 노인가족은 많은 부담을 갖게 되는데 그 이유는 다른 가족과 동거하는 노인보다 소득원이 적고 수입이 낮으며, 일상생활에의 지원과 서비스뿐만 아니라 정서적 지지도 적게 받고 있기 때문에 심리적 안정도도 낮을 것이라고 볼 수 있다.

따라서 현대사회의 노인복지의 방향은 생산복지와 자율적 노인을 지향하고 있다는 점에서 노인은 스스로에게 긍정적이고 적극적인 인식을 가져야 하며 주변 사람들도 노인에 대한 잠재력과 능력을 인정해 주는 태도를 가져야 한다.

(2) 노인가족의 문제

① 노화에 의한 신체적 쇠퇴와 건강보호

노화에 따른 신체적 쇠퇴현상은 개인에 따라 차이가 크다. 그러나 연령이 증가할수록 신체적으로 의존적이 되는 것은 노년기의 가장 심각한 문제이다.

특히 노년기의 질병은 만성적이면서 장기적인 치료가 요구되고 합병증을 수반하는 경우가 많다. 노인은 젊은이에 비해 와병률이 2~3배에 달한다고 한다. 때에 따라서는 노인을 돌보는 간호자가 상주해야 하기 때문에 의료비의 지출이 많아질 수밖에 없고, 노인의 신체적 부자유와 질병을 단순한 노화 현상으로 받아들이고 치료를 하지 않아 질병을 방치하는 경향이 있으며, 장기적 질병을 감당할 만한 경제적 여유가 없어서 더 신체적으로 쇠퇴하고 병약한 생활을 하게 되기도 하며, 노인부부가족의 경우는 단독가구 노인보다는 나은 편이지만 가족 구성원이 모두 노인인 경우 연령 증가에 따라 신체적 쇠퇴에 따른 질병 때문에 돌봄 인력 없이는 생활이 곤란하다.

② 역할 상실에 따른 소외와 할 일 없음(무위)

전통적인 노인의 역할은 전통 윤리와 지혜를 후세에게 전하는 사회교육자로서의 역할로, 그 사회적 지위가 확고하였다. 가정 내에서도 최종적인 결정권자로서 가풍과 가계를 계승하여 가정문화를 전달하였으나 현대사회의 급격한 변화는 노인의 역할에 변화를 가져왔다. 퇴직에 따른 소득 상실과 사회적 역할 상실, 무용해진 지식 등으로 자연히 부양자에서 피부양자의 위치로 바뀌게 되면서 권한과 책임이 줄어들게 되고 점점 소외되었다. 앞으로도 젊은이와 노인 모두 비동거의 독립적 생활을 선호하는 경향이 증가하고 있어서 소외와 고독은 더욱 문제가 되리라고 본다.

③ 경제적 문제

경제적 문제는 대부분의 노인이 당면하는 문제로 노년기 생활에 영향을 주는 중요한 문제이다. 노인가족이 겪는 경제적 문제는 경제활동에서 물러나게 됨으로써 오게 되는 수입원의 감소 혹은 상실이 주원인이다. 특히 노년기의 경제적 어려움은 일상적인 생활비의 부족뿐만 아니라 어느 시기보다도 신체적 쇠퇴 과정에 있기 때문에 저항력이 약화되고, 질병에 대한 이환율이 높아서 의료비의 지출이 증가하여 어려움이 더욱 가중된다고 할 수 있다.

④ 가족관계

노인이 되면서 재조정해야 할 관계가 가족관계이다. 남성은 은퇴 전 사회적 관계를 중시하고 가족관계에 소홀했던 생활로 인해 가족에게서 소외감을 느낄 수 있으므로 노년기를 함께 보내야 할 가족과의 친밀한 관계를 형성하기 위해 노력해야 한다. 또 노년기에는 남성과 여성의 역할전환이 일어난다. 여성은 점차 남성화되어 가고 남성은 가정 일에 관심이 증가하게 되어 부부간의 갈등이 심화되는 경우가 많기 때문에 서로 간의 협동적 역할 조정이 필요하다. 함께 보내는 시간이 길어지므로 함께 할 수 있는 운동이나 취미생활을 개발하여 노년기의 풍부한 환경 조성에 노력해야 한다.

4) 노인가족을 위한 복지대책

생활에 필요한 소득의 확보는 경제적 안정에 절대적인 영향을 미친다. 이에 보건복지부와 국민연금공단은 전국 150여 개 공단 지사 및 상담센터에 '행복노후설계센터'를 설치하고, 노후설계 서비스를 종전의 재무상담 중심에서 벗어나 일자리와 건강 그리고 여가 등 생활영역에 전반적으로 확대 시행하고 있다(김혜경 외, 2006 : 153). 최근 국가는 저출산 · 고령사회에 대응하는 국가실천전략의 비전을 '건강하고 활력 있는 고령사회'로 정하고 있다. 노인복지서비스를 위한 정책 분야는 일반적으로 고용 · 인력정책 분야와 보건 · 복지 분야로 나뉘며, 현안 과제로는 노인요양보장제도와 노인일자리 창출을 들 수 있다. 고용 · 복지 분야는 관련 제도와 고용 관행 개선, 고용 기회 확대 및 능력개발이 있고, 보건 · 복지정책 분야는 안정적 노후소득보장과 건강한 노후생활보장, 교육 · 여가, 문화 향상 · 주거 환경 개선 및 세대 간 이해 증진 강화 등을 위한 정책이 필요하다.

특히 노인단독가족의 문제는 건강보호 문제, 경제적 문제, 주거생활문제, 가족관계문제, 여가와 사회생활 문제가 있으며 이를 위한 가족복지대책으로는 경제적 안정 지원, 신체적 · 정신적 건강 지원, 편리한 주거와 근린생활 지원, 일상생활 지원, 다양한 여가생활과 사회적 관계 형성 지원, 독신단독가구 지원, 노인단독가족과 자녀가족을 위한 교육 프로그램 실시 등을 다루어야 할 것이다. 아울러 노인학대를 예방하기 위해서는 먼저 노인학대가 사회문제로서 인식되어야 하고, 이를 위해서는 교육, 홍보활동과 인식전환을 위한 교육 그리고 노인학대예방을 위한 상담서비스 제공이 필요하다. 또한 노인학대를 예방하기 위해서 노인부양가족에 대한 사회적 지원이 필요하다.

3. 빈곤가족

1) 빈곤가족의 개념

(1) 절대적 빈곤(absolute poverty)

최저생활을 유지하는 데 필요한 생계비를 충족시키지 못하는 상태를 의미하는 것으로 유엔(UN : 국제연합)에서 규정하는 절대적 빈곤은 '기본적인 인간의 욕구, 식품, 안전한 식수, 하수설비, 건강, 주거, 교육, 정보 등이 심각한 박탈에 처한 상태'를 의미한다. 절대적 빈곤은 사회 변화에 따라 융통성 있게 적용할 수 없다. 장점은 정책결정에 도움이 되며, 빈곤인구를 파악하는 데 요긴하다. 문제점은 수준이 다양하며 변화하므로 절대적 빈곤의 개념은 존재하지 않는다. 또한 편차가 있으며, 주관적 입장에 따라 차이가 날 수 있고, 정책적 사각지대가 존재한다.

(2) 상대적 빈곤(relative poverty)

개인 또는 한 가구가 생존유지는 할 수 있는 소득이 되어도 소속되어 있는 사회 내의 평균소득에 비하여 상대적으로 낮아 상대적 박탈감을 갖게 되는 상태를 의미하는 것으로 빈곤은 개인과 가족이 속한 사회에서 관습이 되어있는 수준에 미달되거나 물리적 기준이 결핍되어 있고 가족활동이나 사회적 활동에 참여할 수 없는 경우라고 정의할 수 있다. 유엔에서 규정하는 상대적 빈곤은 '사회에 통용되는 기준과 연관시켜 규정하는 것으로 불평등이나 박탈'을 의미한다. 물질적인 개념으로 제한되지 않고, 적절한 삶의 질의 결여, 문화적 재화에 대한 접근 부재 등도 포함된다. 빈곤 규정의 국제적인 추세는 상대적 개념으로 유엔에서는 회원국별로 '전체 가구의 평균소득의 50% 미만'을 빈곤으로 규정하고 있다. 장점은 차이와 비교에 도움이 되고, 빈곤의 한 측면을 잘 반영하고 계산이 쉬우며, 경제수준의 변화를 자동적으로 반영할 수 있다. 빈곤에 대한 정책적 정의는 빈곤의 절대적인 측면과 상대적인 측면, 기본필요의 충족과 소득 불평등이라는 두 가지 차원을 모두 고려하여 내려야 한다.

2) 빈곤가족의 발생원인

(1) 개인적 요인

개인의 동기 부족, 낮은 성취동기와 열망 수준, 게으름, 의타심, 과다한 출산, 음주, 도박, 부적응 등과 같은 개인의 부적절한 생활태도나 도덕성 부족이고, 가족 구성원이 주어진 기능이나 책임을 수행할 수 없는 기능 손상(부양의무자의 사망, 질병, 장애, 노령, 이혼, 별거, 가출, 구속 등)이다.

(2) 자연환경적 요인

해일, 지진, 화산폭발, 산불 등의 천재지변은 해당 지역 주민에게 인적, 물적 손실을 가져와 그 지역을 빈곤하게 만든다. 우리나라에서 빈곤이 발생하는 사회구조적 요인은 영세농 출신 도시 이입자의 취업기회의 제한과 불안정한 취업, 농촌지역 경작규모의 영세성, 저소득층 자녀의 교육기회 제한 등으로 빈곤의 세습화, 공공부조나 사회보장 등 소득보장 정책의 미흡, 최저임금제의 미정착과 임금격차 현상, 사회복지서비스의 미흡 등 경제위기 이후 실직과 비정규직도 빈곤의 주요한 원인이 된다.

(3) 빈곤가족의 실태와 빈곤율 전망

여성가장 가구주의 빈곤화는 전 세계적으로 구조화되는 매우 심각한 문제인데, 한국사회에서 이러한 현상이 발생하는 이유는 특히 유교적 전통에 기반을 둔 가부장제 관행이 사회에 뿌리깊이 남아 있기 때문이다. 실제로 많은 기혼여성이 노동시장 진입단계뿐 아니라 노동과정에서도 사회적 배제와 차별을 받고 있으며 그 결과 여성가장 가구주의 경제적 어려움으로 연결될 가능성이 대단히 높다.

3) 빈곤가족의 특성

(1) 인구사회학적 특성

① 빈곤의 노령화와 여성화

빈곤의 여성화(가족 해체 및 이혼율의 증가, 노동 시장적 요소와 가족적 차원의 요인들이 복합적으로 연결되는 빈곤화 과정이 있다. 빈곤의 노령화) 급속한 고령화와 생산양식의 변화, 가족해체 및 부양의식의 약화 등 가치관의 변화를 의미한다.

② 만성적 건강문제

- 건강과 직접적인 관련이 있는 여러 가지 물질적 조건의 악화
- 가족 기능을 약화, 경제적 · 심리적 자원 고갈 → 빈곤화 초래

③ 낮은 교육 수준과 불안정한 직업

- 일반 가족보다 교육 수준이 낮음
- 불안정한 직업 및 낮은 소득과 밀접한 관련

(2) 심리사회적 특성

① 스트레스를 주는 환경적 조건이나 사건과 관련이 높다.
② 가정폭력, 자살, 알코올이나 기타 약물중독 등의 복합적인 문제가 있다.
③ 빈곤가족의 아동과 청소년의 특징은 다음과 같다.

- 적응 유연성 떨어짐
- 부정적인 정서발달 통해 정상적인 발달과업 이루는 데 어려움을 겪음
- 절망감, 우울, 스트레스, 행동문제, 또래갈등, 학업부진과 중퇴 등의 문제
- 약물사용, 비행, 폭력범죄 등

(3) 가족관계적 특성

① 가족해체를 경험 또는 빈곤화되는 과정에서 가정이 해체되고 있다.
② 부부관계는 폭력과 불화의 특성이 있다.
③ 부모-자녀관계는 방임과 부적절한 양육태도가 특징이다.

4) 빈곤가족의 문제

(1) 빈곤율의 지속적인 증가와 상대적 빈곤율의 악화

전반적으로 1960년대 이후 지속적인 고도성장을 이루어 온 한국 사회는 평균소비수준은 꾸준히 높아지고 1996년까지 절대빈곤율과 상대빈곤율은 지속적으로 감소하여 왔다. 그러나 1997년 말 외환위기와 더불어 대량실업사태와 근로빈곤층이 급증하면서 절대빈곤율과 상대빈곤율은 모두 상승하였다. 2000년을 지나면서 실업률이 점차 감소하고 우리나라의 가구 빈곤율도 점차 감소하였으나, 2003년 이후 경기침체 및 기타 요인으로 인하여 최저생계비 기준 전국가구의 빈곤율은 지속적으로 다시 상승하고 있다.

(2) 빈곤의 여성화

빈곤의 성차별적 분포는 빈곤가구 중 여성가구주가 높은 비율로 나타나는 빈곤의 여성 집중현상을 말한다. 여성가구주의 비율은 지난 25년간 꾸준히 증가해 왔다. 특히 빈곤 여성가구주는 빈곤 남성가구주와는 달리 30대 초부터 말까지의 연령대와 55세 이후의 노년기에 빈곤율이 증가하는 양극점 형태를 보이고 있다. 여성가구주는 자녀양육부담으로 인하여 노동시장 참여가 어려워 빈곤가구로 전락하게 되며, 이들 가구는 빈곤으로 인한 자녀문제, 부양스트레스 등으로 물질적, 정신적, 신체적 역기능가정으로 전락할 확률이 높으며 빈곤탈출률도 매우 낮다.

(3) 빈곤의 노령화

우리나라 노인빈곤의 동향 및 빈곤 구성에 대한 연구들은 빈곤의 노령화 현상을 공통적으로 지적하고 있으며, 1970년대 이후 노인의 경제적 수준이 꾸준히 낮아지고 있어 노인 빈곤율이 지속적으로 높아지고 있다.

(4) 도농 간 지역에 따른 빈곤율과 양상의 차이

우리나라의 빈곤가구는 지역과 지역의 특성에 따라 차이가 심하며 지역에 따른 빈부격차가 매우 크다.

(5) 단독가구의 빈곤화

일반 수급 가구 중에서 단독 1인 가구의 빈곤율이 상대적으로 높다. 2010년 우리나라의 독거노인 수는 100만 명을 돌파하였으며 이는 단독가구 빈곤율 증가와 관련이 높다. 빈곤가구에 대한 사회적 서비스의 개발 및 적용에 시사하는 바가 크다.

5) 빈곤가족을 위한 복지대책

빈곤가족을 위한 복지대책의 내용을 살펴보면 다음과 같다.

(1) 기초생활보장제도

수급자 선정에 있어 소득 및 재산의 이원적 기준과 현실에 부합되지 않는 부양의무자 기준 등으로 인해 실제소득은 최저생계비 이하임에도 기초생활보장대상에서 제외되는 사각지대 발생의 결과라 할 수 있다. 이러한 기초생활보장제도의 사각지대는 기초생활보장의 수급자 선정이 탄력적으로 이루어질 때 개선될 수 있다(홍봉수 외, 2020 : 238).

(2) 자립 및 자활지원 서비스

조건부 수급자가 비취업대상자일 경우, 취로형, 공익형, 시장형 자활근로사업으로 구분하여 자활후견기관 등을 통하여 자활사업에 참여한다. 또한 빈곤가족이 취업대상자일 경우, 노동부 지원의 구직활동, 자활인턴, 창업지원, 지방자치단체 공공근로에 참여한다.

(3) 의료보장제도의 정비

빈곤가족의 건강지원을 위한 대책으로 의료서비스의 접근성을 높이는 방안이 필요하다. 빈곤은 노령 및 질병과 깊은 연관성을 가지고 있으므로 빈곤가족의 질병이 만성화되지 않도록 건강진단과 예방접종 등이 적절하게 제공된다면 사후에 많은 의료비를 부담하는 악순환은 초래되지 않을 것이다. 따라서 공공의료체계의 강화에 대한 필요성이 강조된다(홍봉수 외, 2020 : 239).

(4) 아동양육 관련 복지대책

국 · 공립 보육시설, 직장보육시설, 법인보육시설, 가정보육시설, 부모협동보육시설, 민간보육시설을 의미하며, 국민기초생활보장법에 의한 수급자와 여성부령이 정하는 일정소득 이하의 가구자녀의 보육비를 전부 혹은 일부 보조한다.

(5) 가족관계향상 서비스 활성화

건강가족지원센터 등과 기관을 통하여 일반가족은 물론 저소득층 가족들에 대한 예방과 교육차원의 다양한 가족관계 증진 및 자원개발 프로그램을 실시한다.

4. 소년소녀가족

1) 소년소녀가족의 개념

청소년 백서(보건복지부, 1998)에서는 소년소녀가장세대를 부모의 사망, 이혼, 질병, 심신장애, 가출, 복역 등으로 노동력이 없는 직계혈족을 모시고 있거나 생활 능력이 없는 방계혈족과 더불어 생계가 곤란한 어려운 결손 · 결함세대로서 18세 미만의 소년 · 소녀가 경제적 · 정신적으로 가사의 실질적인 책임을 지고 생활하는 세대라고 정의하고 있다(보건복지부, 1998). 소년소녀가족은

1985년 '소년가장세대지원지침'이 실시된 이후로부터 현재까지 변화해 오면서 초기에 미성년세대주나 아동세대주, 어린이가장 등으로 불렸다. 그 이후 2000년 9월 소년소녀가장세대에서 소년소녀가정(youth family)으로 명칭이 변경되었다.

2) 소년소녀가족의 책정

1980년대 중반에 들어오면서부터 대리보호 형태가 가정적 보호 형태를 띤 모습으로 변화하였다. 이러한 가정적보호 형태의 방식이 갖는 의의는 두 가지로 살펴볼 수 있다(조추용 외, 2001 : 126).

첫째, 가정적보호 형태는 시설보호로 인한 아동의 발달과 복지에 미치는 부정적인 영향인 시설병을 최소화할 수 있다. 둘째, 국가 중심의 보호에서 벗어나 이들 요보호아동에 대한 민간 참여를 유도할 수 있으며, 이를 통해 부족한 국가의 복지 재원을 보충할 수 있다. 하지만 이러한 의의에도 불구하고 발생되는 문제점은 첫째, 자아정체감의 확립이라는 발달과업을 수행해야 하는 청소년기에 가장이라는 책무를 짊어져야 하는 것은 아동복지의 기본 신념이나 가치에 위배된다는 점, 둘째, 현재 이루어지고 있는 대책은 물질적 서비스가 대부분이기 때문에 건전한 성장 및 발달을 위한 지원의 관점에서는 부적절하다는 점, 셋째, 소년소녀가족제도는 소년소녀가족을 보호하기 위한 목적이라기보다는 민간 자원에 의존함으로써 국가의 아동·청소년복지에 대한 경비 부담의 극소화가 목적이라는 점을 문제점으로 볼 수 있다. 그러므로 이들의 생활 실태를 파악하여 지역특성에 맞는 가족복지서비스를 개발해야 한다.

3) 소년소녀가족의 발생 원인

1960년대부터 연차적인 경제개발계획을 단계적, 지속적으로 추진해 감에 따라 급격한 산업화가 이루어지기 시작했으며, 이에 따라 사회는 점점 공업화, 도시화, 핵가족화로 변화되었다. 이와 같은 변화는 가정생활에도 직·간접적 영향을 미쳐 소년소녀가족을 발생시키고 있다. 소년소녀가족은 1990년을 기점으로 변화되고 있다. 1990년대 전에는 주로 부모의 사망이나 행방불명, 가출 등의 요인으로 발생되었으나 1990년대 들어서는 가족해체로 인한 이혼, 별거, 가출 등의 이유로 소년소녀가족이 증가되고 있는 추세이다.

4) 소년소녀가족의 문제

소년소녀가족의 실태 현황에 따른 일반적 특징은 구성원의 연령이 20세 이하이며 중학교나 고등학교 재학 중인 학생이 대부분이다. 그리고 상당수가 친척과 함께 살면서 직·간접적으로 도움을 받고 있는 것으로 나타나고 있다. 따라서 이들 소년소녀가족의 아동은 시설보호보다는 가정에서 생활할 수 있도록 보호하고 후원하는 편이 더 바람직해 보인다. 또한 정부, 지역사회는 가장으로서의 역할 수행을 기대하기보다는 오히려 안정된 가정 속에서 건전하게 성장하여 사회활동을 할 수 있도록 지원해야 할 요보호아동임을 인식해야 한다. 소년소녀가족에게는 경제적, 심리정서적, 사회적응, 교육적, 가정생활 및 주거환경 등 여러 가지 문제가 있다.

(1) 경제적 문제

가족부양의 책임자인 부모의 부재 및 상실은 생계유지에 위협이 된다. 소년소녀가족을 구성하고 있는 아동과 청소년은 학교에 다니거나 학교에 다니지 않는 경우에도 직업을 구하지 못하는 경우가 많고 함께 거주하는 직계 및 방계가족 역시 경제적 능력이 없기 때문에 소년소녀가족은 경제적 어려움을 호소하고 있다.

(2) 심리정서적 문제

가족 내 역할의 변화와 관련하여 소년소녀가족은 부모, 부 또는 모의 부재로 인해 가족구조의 변화를 가져오므로 새로운 환경에 적응해야 한다. 즉, 이전의 역할이 갑자기 단절되고 새로운 역할에의 적응이 요구되는 것이다. 이와 같이 소년소녀가족의 아동과 청소년은 부모의 부재로 인해 갑작스럽게 가장이라는 새로운 역할을 획득하는 과정에서 역할 변화와 역할 부조화로 인한 어려움과 자신에게 부여된 역할이 스스로 선택한 역할과 동일하지 않다는 것에서 갈등이 심하다.

(3) 사회적응문제

소년소녀가족의 아동과 청소년의 경우 가정 안에서 적절한 역할모델의 대상이 존재하지 않기 때문에 부모를 통한 가정교육의 기회를 상실함으로써 가치판단이나 사회적응에 영향을 받게 된다. 따라서 소년소녀가족의 아동이 바람직하고 건전한 사회성원으로 성장하기 위해서는 정상적 가정에 비추어 결여된 부분들에 초점을 맞추는 동시에 가정의 기능을 보완한다는 측면에서의 친척, 이웃, 지역사회의 지원과 보호가 있어야 한다.

(4) 교육적 문제

소년소녀가족은 부모에 의한 가정교육 기회의 상실로 원만한 성격 및 가치관 형성이나 사회적응 면에서 불리할 뿐만 아니라 상급 학교의 진학에 어려움을 겪고 있다.

(5) 가정생활 및 주거환경의 문제

소년소녀가족의 아동과 청소년들은 식사 준비나 청소, 세탁과 같은 가사, 동생 돌보기, 질병이 있는 부모나 조부모 돌보기, 돈 관리, 중요한 집안일의 결정 등의 가정 관리에 어려움을 호소하고 있다.

5) 소년소녀가족을 위한 복지대책

소년소녀가족을 위한 복지대책은 정부나 사회단체 및 기타 후원자의 도움을 받아 소년소녀가족이 자립 능력을 길러 건전한 가정 및 사회인으로 성장할 수 있게 하는 데 목적이 있고, 정부가 경제적으로 최저생활을 보장하고 사회단체, 기관, 친척, 이웃 등의 경제적 · 정서적 도움을 유도하여 후견 및 결연사업을 통해 지역사회의 관심을 제고하도록 하는 데 있다. 이에 따라 정부는 1984년에 소년소녀가족에 대한 보호대책을 수립하여 1985년부터 정부사업으로 실시했는데 소년소녀가족에 대해 최저생활을 보장하고 주거비, 학비 등을 주로 정부가 전담하고 있지만 현실적으로 만족도가 떨어져 어려운 실정이다.

또한 경제적 지원과 함께 정서적 지원이 필요하며 불우아동사업에 포함시켜 결연사업을 실시하도록 추진하여 후원자 및 후견인을 발굴하고 결연을 맺도록 정부가 유도하였으며, 지역사회 주민, 사회단체, 종교단체, 기업체 및 교육기관 등을 결연대상으로 하였다. 정부에서는 소년소녀가족의 보호 및 후원단체의 지원을 보다 체계적으로 추진하기 위하여 결연 및 후원 사무를 민간단체인 한국어린이재단에 위탁하여 실시토록 했다. 이 재단은 15개 시 · 도청 소재지에 지부를 설치 · 운영하여 같은 사업을 추진하고 있다. 그리고 소년소녀가족의 지원체계는 소년소녀가족을 보호 및 부양할 수 있는 지원자 및 지원기관의 발굴이 선행되어야 하므로 지원자 간의 지원수준과 그 관리를 총괄하고 조정할 수 있어 소년소녀가족이 요구하는 적정한 서비스를 제공할 수 있도록 노력하고 있다(김혜경 외, 2013 : 407-408).

5. 알코올중독자 가족

1) 알코올 중독의 개념

정신질환자에 의한 강력범죄가 해마다 증가하고 있고 정신질환자의 경우 자살을 하는 경우도 많다. 이를 치료하기 위한 경제적 부담도 크며, 이에 대한 사회적 비용도 증가하고 있다. 이에 보건복지부는 과학적으로 정신질환에 대처하기 위한 대책을 내놓고 있는데 알코올사용장애는 흔하게 알코올 중독(alcoholism)으로 불리지만 미국 정신의학회(American Psychiatric Association)의 정신장애 진단 통계편람(DSM-5)에서는 알코올 중독이라는 용어를 사용하지 않는다. 알코올관련 장애는 알코올의 사용으로 인해 발생하는 다양한 심리적 장애를 말한다. 음주를 조절하지 못하고 강박적인 음주 갈망, 음주 추구 행동 및 음주 행동을 보이며, 과음, 정기적 음주, 금주할 때 나타나는 내성 및 금단 증상이 있다. 즉, 과도한 음주로 인한 정신적, 신체적, 사회적 기능에 장애가 오는 것을 일컫는다. 알코올 사용의 원인은 생물심리사회적으로 설명될 수 있으며 알코올 문제 치료에는 약물 치료, 개인 및 집단 심리 치료, 자조 치료 등 다양한 방법이 사용된다(서울대학교병원 의학정보, 서울대학교병원).

2) 알코올중독자가 있는 가족의 특성

알코올 중독은 가족원 한 사람의 문제가 가족 전체에 심각한 피해를 주는 가족병으로 알려져 있고, 알코올 중독자의 배우자들은 가정을 지키기 위해서 필사적인 노력을 하는 경우가 많으며, 이러한 가정의 상황이 외부에 노출되지 않게 하기 위해 배우자의 알코올 증상을 숨기기도 한다. 이러한 스트레스로 인해 가족들은 우울, 신경성 두통, 불안, 소외감, 수치심 등 다양한 심리적 어려움을 경험하게 된다. 알코올 중독은 자녀들에게 부정적인 영향을 미치며, 건강한 가정의 자녀들에 비해 학교적응, 반사회성, 공격적인 행동, 비행 등의 행동문제와 낮은 자존감, 두려움, 공포심 등 정서적 문제에 많은 영향을 미치는 것으로 보고되고 있다.

3) 가족복지 지원 서비스와 개입 필요성

(1) 가족복지 지원 서비스

중독관리통합지원센터를 설치 · 운영하여 통합적 음주자나 알코올 등 중독자 관리체계를 구축하고 중독자 조기발견 · 상담 · 치료 · 재활 및 사회로의 복귀를 지원한다. 서비스의 대상은 알코올 의존자, 문제 음주자와 그 가족 등 지역주민이다. 알코올 중독자 가족을 지원하는 프로그램이 많지 않으며, 가족 프로그램의 내용이 가족의 정서적 어려움을 다루기보다는 알코올 중독자의 치유를 지원하기 위한 내용이 주를 이루며, 서비스의 내용은 알코올 등 중독자관리, 중독자가족지원, 중독폐해 예방 및 교육, 지역사회 사회안전망 조성, 지역진단 및 기획 등이 있다.

(2) 개입의 필요성

검찰에 따르면 우발적인 범행의 원인 중 상당수가 알코올 등 약물 남용 때문이며, 음주 상태에서 범행을 저지른 것으로 나타났다. 음주상태에서 저지르는 강력 범죄 비율이 높아지자 경찰도 알코올 등 중독 치료와 음주문화 개선의 필요성을 제기하기도 하였다(검찰청, 2014년 범죄통계).

4) 알코올중독자 가족을 위한 복지대책

알코올 중독 예방 서비스에서 가장 우선해야 할 과제는 홍보이다. 알코올 중독이 음주자 자신뿐 아니라 가족 전체, 나아가 지역사회에 심각한 사회문제로 전이될 수 있다. 또한 알코올 중독 가족에 대한 편견을 갖지 않고, 지역사회 성원으로 지지해 줌으로써 그 가족이 고립되지 않도록 해야 하며, 이를 위해 정부 및 민간단체가 연계하여 알코올에 대한 올바른 이해와 문제 발생 시 대처할 수 있는 다차원적인 정보를 제공해야 한다(김태현 외, 2004 : 185). 또한 지역사회 차원의 알코올중독자 가족을 위하여 전문적인 치료시설이나 기본적 서비스의 전달체계가 갖추어져야 한다.

PART 04

가족복지의 미래

Chapter 14 가족복지의 전망과 과제

Chapter 14

가족복지의 전망과 과제

1. 가족복지의 전망

가족복지의 대상이 될 가족의 변화에 따른 가족복지의 전망을 정리하면 다음과 같다(이소희 외, 2003 : 523-525, 조추용 외, 2001 : 354-355 재인용 ; 김혜경 외, 2013 재인용).

첫째, 가족형성에 대한 변화가 올 것이다. 배우자와의 성관계를 통하지 않는 인공수정, 유전공학 등을 통해 '가족'이라는 집단을 형성할 수 있게 될 것이다. 다양한 형태의 가족이 생겨날 것이며 이로 인한 개념지체 현상은 세대차를 더욱 부채질하고 또 다른 가족문제를 야기할 것이다.

둘째, 가족은 주거를 공유해야 한다는 개념이 약화되면서 주말부부가족이 크게 늘어날 것이다. 나아가 통신기술의 발달로 멀리 떨어져 있는 가족들이 화상을 통해서 면대면(face to face)으로 대화를 나누며 가족의 지지를 받는 일들이 빈번해질 것이다. 따라서 생리적 기능보다 정서적 기능을 더 중요시하는 가족이 형성될 것이다. 여기에 따른 자녀교육, 부부생활에 대한 문제가 가중될 것이다.

셋째, 전통사회에서는 경제적 가족의 부양자가 아버지였으나 점차적으로 여성인 어머니, 아내의 역할이 커지는 등 부권중심의 가족 이미지가 약화될 가능성이 높다. 바깥일은 아내이며 어머니인 여성이 담당하고, 집안일은 남자이자 아버지인 남성이 담당하는 사례도 요즘 나온 신풍경이다. 즉, 성 역할 개념 변화의 가능성이 크다. 특히 우리나라의 경우 성비 불균형 현상은 이러한 측면을 더욱 가속화시킬 것이다.

넷째, 생물학적 부모가 영원한 부모가 된다는 가능성이 점차 희박해질 것이다. 아동의 권리에 대한 사회적 인식과 아동 자신의 인식도 강화되어 부모가

부모로서의 소임을 다하지 못한다고 생각할 때, 보호 및 양육권의 거부와 양육권의 박탈현상이 심화될 것이다. 생물학적 부모가 지니는 의미는 약화되고, 사회적 차원에서 의미 있는 역할을 담당하는 부모가 진정한 부모가 되는 역설적 가능성이 현실화되는 일이 더욱 증가할 것이다.

다섯째, 가족 내에서의 이기주의가 팽배하여 '남보다 못한' 가족이 늘어나고 동시에 존속살인, 유기, 방임도 늘어날 것이다. 이에 따라 한부모가족, 노인가족, 아동가족 등이 증가하여 스스로 생활할 수 있는 취약한 가족층이 더욱 두텁게 형성되고 고복지부담을 야기할 것이다.

여섯째, 전통적 가족의 의미는 일부일처에 의한 세대에 기초하였고, 시간경과에 따라 특징적 발달을 보이는 가족생활주기가 자연히 형성되었다. 그렇기 때문에 일부다처, 일처다부, 동성애가족은 가족이라고 보기 어려웠다. 그런데 최근 가족개념에 대한 수용의 범위가 확대되고 있는 추세이다.

2. 가족복지의 과제

1) 가족복지정책의 방향

(1) 가족관련법과 가족정책 전달체계의 문제

가족복지의 목표는 행복한 가정을 만들어 가는 것이다. 따라서 이를 위해서는 가족정책의 성공적인 수행 여부가 매우 중요하다. 이것은 아동보육과 노인요양 및 민주적 역량과 편안한 가족환경 조성 등이 개별 가족의 책임소재에서 나아가 공공의 책임으로 전환시켜 사회적 합의가 전제되어야 가능하다. 따라서 아동양육, 노인부양, 다양한 가족문제에 대한 가족해체 요인을 최소화하고 예방적 차원에서 종합적이고 체계적인 전달체계와 지원책을 마련하되 사회적 차원에서 인식제고와 깊이 있는 논의 및 실천의지가 필요하다.

(2) 재취업을 위한 노력

현대에 오면서 맞벌이 비율이 갈수록 증가하고 있다. 현대는 능력 위주의 시대로 물론 성실성도 중요하지만 직장을 여러 곳으로 옮긴다 하여 무능한 사람이 아님을 알아야 한다. 그리고 재취업의 새로운 세상을 만나게 되면 가정생활에도 활력을 되찾게 되고 자녀에게도 공부하며 노력하는 부모로서 모범이 될 수 있으므로 현대가정에 새로운 비전으로 제시해 본다.

(3) 통합적 서비스 제공과 전문인력의 교육과 자격에 관한 문제

건강가정사는 가족의 문제를 개별 가족의 고립된 문제로 인식하지 않고 지역사회 및 전체사회와의 상호관계 속에서 이해하는 능력이 갖추어진 전문가이어야 한다. 그러므로 전문인력은 가족과 지역사회의 관계를 유기적으로 결합시켜 지역사회자원을 연계활용하고 그 자원을 효율적으로 운영할 수 있는 전문교육을 받은 집단이어야 한다. 이것은 상담을 통해 가족해체 · 위기가족의 문제를 완화시킬 수 있는 전문인력의 자격조건으로 현장경험이 필수적으로 요구되고 있어 건강가정 관련 시설 현장실습을 강조하고 있다.

(4) 알코올중독 전문가 양성의 필요

우리나라의 경우 알코올 중독 치료, 가족개입 등에 대한 전문적 지식을 가진 인력이 많이 부족하고, 현재 알코올중독에 대한 전문지식과 기술을 습득할 수 있는 곳은 드물다. 그러므로 이러한 전문적 양성 교육이 활성화되어야 한다.

2) 가족복지서비스의 방향

(1) 1~2인 가구에 대한 주거정책 및 사회적 보호의 강화

도시지역에서의 1~2인 가구와 농어촌지역에서의 1~2인 가구의 특성은 상당히 다를 것이다. 전자는 주로 젊은 연령층이, 후자는 노인층이 많을 것이다. 특히 노년기 1인 가정의 대다수는 신체적인 기능 제한이 낮아 경제적으로 취약하고, 가족이나 보호자의 지원을 받지 못하며, 이웃과의 교류접촉 등 사회적 관계측면이 낮은 편으로 정서적으로 우울한 증상을 보일 수 있다(차성란 외, 2019 : 356).

따라서 이러한 특성이 반영된 사회정책이 요구된다. 먼저 1~2인을 위한 저렴한 주거정책이 강화되어야 할 것이다. 지역에 따라 1~2인 가구의 가구원 특성이 상이한 점을 고려하여야 할 것이다. 도시지역에 많이 거주할 것으로 전망되는 젊은 연령층이 직장생활과 가족생활을 병행할 수 있도록 마켓, 대중교통, 주차장 등 근린시설이 가까이 있는 지역에 주거시설이 갖추어져야 할 것이다. 농어촌지역에 많이 거주할 것으로 전망되는 독신노인 및 노인부부 가족에게는 편리한 주거생활을 할 수 있는 주거 내부환경이 갖추어져야 할 것이다.

(2) 돌봄서비스 및 가사지원서비스에 대한 사회적 책임 강화

수급자의 가구유형은 대부분 노인, 장애인, 모자 또는 부자가구 등 취약계층 가구가 60%이다(이영주 외, 2018 : 125). 따라서 자녀양육, 가족보호 등 돌봄서비스와 가사지원에 대한 취업여성의 강한 사회적 욕구를 충족하기 위한 사회서비스가 강화되어야 할 것이다. 현재 아이돌보미사업, 보육서비스 지원, 간병서비스 등이 제공되고 있으나 사업대상, 서비스 제공기관의 충분성, 서비스 제공자의 질적 수준 등에서 많은 문제점을 안고 있다.

따라서 사회서비스의 사업대상을 '서비스를 필요로 하는 모든 대상'으로 확대하고 소득에 따라 차등부담하도록 하는 방안을 강구해야 한다. 서비스 제공자의 질적 수준이 서비스의 질을 좌우하게 되므로 수요자의 눈높이에 맞는 적정 수준의 자격기준을 설정하고, 양질의 서비스 제공자를 충분히 확보하여 '인력pool'을 갖추며, 자격관리체계를 구축하여 지속적으로 자격을 관리해 나감으로써 서비스의 질을 담보할 수 있어야 한다.

(3) 성평등 의사결정 및 가족문화의 정착지원

한국가족에서 성평등 의사결정은 상당히 정착되어 가는 바람직한 경향을 보인다. 그렇지만 자녀양육 및 가사에서 주로 여성이 의사결정을 갖고 있다는 점은 이러한 부담을 주로 여성이 담당하고 남성은 무관심하다는 점을 시사하는 것이다. 따라서 점차 개선되고 있는 성평등 가족 내 역할이 정착될 수 있고, 이러한 경향이 가족문화로 연결될 수 있도록 제도적인 지원이 이루어져야 한다.

(4) 취약 · 위기가족 통합사례관리 체계 구축 및 지원 강화

이혼 · 재혼가족 및 다문화가족을 포함한 모든 취약 · 위기가족에 대하여 통합사례관리 체계를 구축하고 정책적 지원을 강화해 나가야 할 것이다. 사례관리는 가족 특성과 가족원의 욕구에 따른 맞춤형 서비스를 제공하는 전제조건이다. 개별 가족이 어떤 문제와 어떤 욕구를 가지고 있으며 가족과 개인의 강점을 최대한 활용하고 약점을 보완할 수 있는 최선의 방안을 찾아 적절한 서비스를 제공함으로써 이들 가족의 취약성과 위기성을 극복할 수 있기 때문이다. 필요하다면 사례관리를 위한 별도의 통합된 전담기관(부서)과 이를 관리하는 전담기구의 설치가 논의되어야 할 것이다.

(5) 가족 여가시간의 활용 지원 및 가족 스스로의 노력 필요

토요휴무제의 정착으로 미래 한국가족의 여가시간은 증가할 전망이다. 그렇지만 가족 여가의 제약요인으로 제기하고 있는 경제적 부담, 부족한 여가프로그램과 정보, 여가시설이나 장소에 대한 문제는 정책적으로 해결해야 할 과제이다. 정부는 저렴한 비용으로 좋은 프로그램과 좋은 여가시설을 즐길 수 있도록 가족 여가 인프라를 구축하여야 할 것이며, 이는 도시, 농촌 할 것 없이 지역균형적으로 갖추어야 할 것이다. 더불어 가족 스스로도 공동의 관심사를 개발하고 가족이 다 함께 참여할 수 있는 분위기를 조성하여야 할 것이다.

3) 가족복지 프로그램의 다양화

(1) 여성의 가사와 일의 병행 지원제도의 확대

우리나라 여성의 경제활동참여율은 M자형의 곡선을 나타내며 이는 여성이 출산 및 양육의 이유에서 경제활동을 중단하는 사례가 많음을 의미한다. 이와 같은 경제활동의 중단으로 인해 여성은 재취업하기 어렵고 재취업하더라도 과거경력을 인정받지 못하며 임금과 승진 등에서 차별대우를 받고 있다. 따라서 여성의 경제활동은 여성의 권리로서 인정되어야 하며, 여성이 취업과 자녀 출산 및 양육을 병행할 수 있도록 지원해 주는 기존의 제도적 장치를 확대하고 새로운 제도들을 도입해 나가야 한다. 여기에는 ① 기존의 육아휴직제도를 정착시켜 나가는 것, ② 간호휴가제와 같이 취업여성이 가족부양부담을 융통성 있게 대처할 수 있도록 하는 제도를 도입하고 확대시켜 나가는 것(간호휴가제는 가족 중에서 환자가 발생하였을 때 그들을 돌보기 위해서 일정 기간 휴직을 할 수 있는 제도이다), ③ 탄력적 근무제와 같은 직장과 가정을 양립할 수 있는 근무형태의 다양화가 필요하다.

(2) 재가노인복지 서비스의 확대

다가오는 21세기에는 노인보호의 이슈가 크게 대두될 것이다. 노인인구, 특히 후기 고령노인의 증가는 가족의 보호기능에 커다란 영향을 미칠 것이다. 즉, 지금과 같이 노인인구의 비율이 그다지 높지 않은 시점에서도 노인을 유기하는 등 역기능을 보이고 있는 점을 감안할 때, 다양한 가족복지서비스가 개발되고 보편화되지 않는 한 노인부양비가 급격하게 증가하는 시기에는 가족의 노인보호기능이 타격을 받을 수밖에 없다. 시설보호노인의 비율이 적은 우리 사회에서 대다수 노인은 지역사회에서 생활하고 있다. 따라서 이들 주간보호서비스, 단기보호서비스 등 노인에 대한 다양한 재가노인복지서비스를 개발하여 보급해 나감으로써 노인을 보호하고 있는 가족들이 고갈되지 않도록 지원해야 한다.

(3) 여성, 아동 및 노인의 동등한 권리를 인정하는 가치관의 변화

가족복지의 과제는 여성, 아동 및 노인의 동등한 권리를 인정하는 방향을 지향할 뿐 아니라 가족 관련 가치관도 이에 상응하는 방향으로 변화되도록 적극적 역할을 하는 데 있다. 가족주의 가치관, 가장 이데올로기, 현모양처 이데올로기, 효 이데올로기는 얼핏 붕괴되어 가는 것처럼 보이지만 나름대로 사회변화에 적응하는 양상을 보이고 있다. 가장 이데올로기는 가장역할과 생계유지자의 역할을 동일시하는 것을 극복하고 가장이 가족생활에 적극적으로 참여하는 새로운 역할이 모색되고 있다. 현모양처 이데올로기는 가족에 대한 희생적 역할을 탈피하여 여성의 성장과 발달이 고려되는 방향으로 옮겨가고 있다. 또한 효 이데올로기도 개인의 개성과 자유를 추구하는 현대사회에 부합되는 새로운 노인부양방식이 시험적으로 모색되고 있다. 이런 방향은 개인의 자율성, 민주성, 평등성을 추구하는 사회가치의 변화방향과 일치되므로 앞으로도 지속될 것으로 보인다.

(4) 평등한 남녀성역할 분담

앞으로 가족 내 보호기능이 가족 구성원들 간에 어떻게 분담될 것인가는 주요한 가족복지의 과제라고 하겠다. 전통사회에서는 성역할 분업이 가능하였으나, 여성의 취업이 보편화되는 미래 사회에서 성역할 분업을 지속하는 것은 여성에게 이중 및 삼중 역할로 인한 역할갈등이 유발할 것이다. 이에 대한 대안은 가사, 양육 및 보호기능에 있어서 남성이 여성과 균등하게 역할을 분담하는 것이다. 이미 신세대 부부를 중심으로 가사와 양육의 역할분담이 균등한 방향으로 이루어지는 경향으로 미루어 볼 때 이는 점차 확산되어 나갈 것으로 예측된다(김승권, 2010).

4) 가족복지 실천의 방향성

가족복지는 다양한 가족 유형과 이에 따른 여러 가지 욕구와 다양한 문제들에 적극적으로 대처할 수 있는 방향으로 전개되어야 할 것이다. 가족복지학에서는 개입 대상을 생태체계론적 관점에 따라 유기적인 상호적 관계성에 기반하는 전체로서의 가족으로 보는 것이 중요하다. 향후 가족복지 실천에 대한 방향성을 제시해보면 다음과 같다.

(1) 가족생활주기에 따른 프로그램 개발 및 확대

가족의 형태나 가족생활주기에 따라서 직면하게 되는 문제들을 해결할 수 있도록 가족활동에 관한 프로그램을 개발하고 제공해야 할 것이다.

(2) 가족 친화적 복지정책의 개발

여러 형태의 가족이 상이한 욕구를 충족하기 위해 국가 주도적 지원을 할 수 있도록 가족친화적 복지정책을 마련하고, 가족복지 서비스기관에서 사례관리를 통하여 가족의 복합적인 문제를 포괄적으로 사정하고 계획하여 서비스를 제공해야 할 것이다.

(3) 가족복지 관련 담당인력의 전문화

가족문제에 관한 전문적 상담능력을 확보하고, 복지정책과 제도 및 서비스를 총괄할 수 있도록 전문적인 교육을 받을 수 있는 시스템이 구축되어야 할 것이며, 전문인력은 가족과 지역사회를 유기적으로 결합시킴으로써 자원을 효율적으로 운영할 수 있어야 한다.

(4) 가족단위의 상담프로그램 강화

가족의 정서적인 유대와 지지를 강화하고, 가정폭력 예방과 대응을 강화시키며 가족의 정신건강의 함양을 위한 가족단위의 상담 프로그램에 대한 개발 및 제공이 필요하다.

(5) 가족복지 사례관리의 강화

가족복지 서비스기관에서 사례관리를 통하여 가족의 복합적인 문제를 포괄적으로 사정하며 계획하여 서비스를 제공해야 할 것이다.

참고문헌

검찰청(2014). 범죄통계. https://www.police.go.kr.
고용노동부(2023). 모성보호와 일·가정양립 지원 업무편람.
고정자(2001). 오늘날의 결혼과 가족. 경기 : 형설출판사.
곽미정·황현주·박지윤·전대성·한신애·현영렬(2021). 가족정책론. 경기 : 양성원.
곽형식 외(2011). 아동복지론. 경기 : 공동체.
권수영·박태영·신혜종·안미옥·오화철·이인수·이진희·이현숙·이화자·전명희·정병호·조은숙·최규련(2020). 한국 가족을 중심으로 한 부부·가족상담 핸드북. 서울 : 학지사.
권신영·공정원·김미영·방미나(2018). 가족복지론. 경기 : 어가.
김경동(1995). 한국사회변동 : 과거 50년, 미래 50년, 한국사회학회, 광복 50주년 기념 학술대회 발표논문집, 1-18.
김경신(2006). 다양한 가족의 차이를 넘어서. 여성발언을 위한 think tank를 향한 여성정책 포럼 자료집, 6-18.
김두섭 외(2005). 가족구조와 관계의 변화 및 전망. 충북 : 정보통신정책연구원.
김성철·김성숙·모아라·박란이·박종란·송희경·염영옥·이만복(2020). 가족복지론. 경기 : 양성원.
김소영(2012). 가족미래 시나리오와 가족정책의 주요 이슈. 젠더리뷰, 26, 68-74.
김승권 외(2004). 다양한 가족의 출현과 사회적 지원체계 구축방안. 세종 : 한국보건사회연구원.
________(2010). 한부모가정정책세미나자료집.
김용환·김태경·신미애·양정안·이상민·이순비·이태자(2019). 가족복지론. 서울 : 동문사.
김윤재(2007). 가족복지론. 서울 : 동문사.
김윤재 외(2012). 사회문제론. 서울 : 동문사.
김익균(2008). 건강가정론. 경기 : 파워북.
김태현·전길양·이영자·임선영(2004). 현대 가족복지. 서울 : 하우.
김형태(2008). 가정생활과 인간관계. 서울 : 태영.
김혜경·도미향·문혜숙·박충선·손홍숙·오정옥·홍달아기(2006). 가족복지론. 경기 : 공동체.
________(2013). 가족복지론. 경기 : 공동체.
________(2015). 가족복지론. 경기 : 공동체.
김혜영(2012). 기로에 선 가족정책, 어떻게 할 것인가, 한국여성학, 28(3), 63-94.
김훈희·황영신(2019). 상담과 생활지도. 서울 : 박영사.
도미향 외(2014). 가족정책론. 대구 : 한국가족복지학회.
도미향 외(2014). 가족정책론. 서울 : 신정.
박선환 외(2008). 정신건강론. 경기 : 양서원.
박성석·오정아·이영주·최경화·최금해(2010). 가족복지론. 경기 : 양서원.
박희숙 외(2014). 가족복지론. 경기 : 공동체.
배태순(1996). 현대사회에서의 성공적인 입양의 요건은 무엇인가?. 연세사회복지연구.
______(1998). 국내입양발전을 위한 입양관련 프로그램 개발 및 입양법 개정 제안. 한국아동복지학.

법제처(2021). 영유아보육법시행령.
보건복지부(1998). 청소년 백서.
_________(2024a). 2024년 장애아동 가족지원 사업안내.
_________(2021b). 아동복지법 시행령 일부개정령(안).
_________(2021c). 2021 사회보장제도 신설 · 변경 협의 운영지침.
서울대학교병원 의학정보 http://www.snuh.org
성영혜 · 송주미(1997). 가족복지에 관한 이론적 고찰, 한국가족복지학, 2(1), 한국가족복지학회.
성정현(2014). 가족복지론. 경기 : 양서원.
성정현 · 여지영 · 우국희 · 최승희(2009). 가족복지론. 경기 : 양서원.
성정현 · 우국희 · 최승희 · 임세희 · 김희주(2020). 가족복지론. 경기 : 양서원.
손병덕 외(2014). 가족복지론. 서울 : 학지사.
송성옥(1998). 외동이와 형제아의 사회성발달과 아버지의 양육태도에 관한 연구. 성균관대학교 교육대학원 석사학위논문.
송정애 · 이승현 · 이정숙(2020). 가족복지론. 경기 : 양서원.
양옥경(2006). 가족과 사회복지. 서울 : 이화여자대학교출판부.
여성가족부(2021a). 2025 세상모든 가족함께 제4차 건강가정기본계획(2021-2025).
_________(2021b). 21년 가족사업안내 1권(최종본).
_________(2024c). 한부모가족지원사업안내.
오강섭(2016). 건강한 가정 만들기 프로젝트 우리가족 마인드 클리닉. 서울 : 풀잎.
원영희 · 손화희(2019). 가족복지론. 서울 : 학지사.
유계숙 · 최연실 · 성미애 편역(1999). 가족학이론. 서울 : 문음사.
유영주(1986). 신가족관계학. 서울 : 교문사.
육아정책연구소(2017). 입양가정의 서비스 이용 현황 및 개선방안.
윤승희(2020). 스웨덴의 저녁은 오후 4시에 시작된다. 서울 : 청림출판.
이배근(2001). 아동복지론. 서울 : 형설출판사.
이상로(1982). 성격과 행동의 지도, 서울 : 중앙적성출판부.
이성진 · 이기우(1986). "한자녀 가정에 대한 조사연구", 1-55. 서울 : 대한 가족계획협회.
이소희 외(2003). 가족문제와 가족복지. 경기 : 양지.
이소희 외(2004). 영유아복지론. 경기 : 현학사.
이영실 외(2010). 가족복지론. 경기 : 양서원.
이영주 · 최경화 · 정윤태 · 김현희 · 오정아(2018). 가족복지론. 경기 : 양서원.
이영호(2006). 정신건강론. 경기 : 공동체.
이원숙(2012). 가족복지론. 서울 : 학지사.
_____(2016). 가족복지론. 서울 : 학지사.
이현주(2016). 가족쇼크. 경기 : 윌북.
장혜경 외(2002). 외국의 가족정책과 한국의 가족정책 및 전담부서의 체계화 방안 연구. 한국여성개발원.
전선영 외(2011). 가족복지론. 서울 : 신정.
________(2012). 가족복지론. 서울 : 신정.

전선영 · 조금화 · 박성석 · 강윤경 · 박정숙(2011). 가족복지론. 서울 : 신정.
조추용(2001). 가족복지론. 서울 : 창지사.
조흥식(1998). 한국가족사회복지학회 제3회 학술세미나(1998년 5월 1일 발표자료), 실직자 가족의 사회복지서비스 대책수립을 위한 가족스트레스 대처모델의 적용.
조흥식 외(2002). 가족복지학. 서울 : 학지사.
_________(2009). 사회복지실천론. 경기 : 나남출판.
조흥식 · 김인숙 · 김혜란 · 김혜련 · 신은주(2017). 가족복지학. 서울 : 학지사.
차성란 · 정영금 · 정지영 · 윤소영 · 조성은(2019). 가족복지론. 경기 : 양서원.
최선화 · 공미혜 · 전영주 · 최희경(2018). 변화하는 사회의 가족복지. 서울 : 학지사.
최순영(2009). 캐나다의 다문화정책(Multiculturalism Policy) 연구.
최정숙 · 강향숙 · 김경희 · 김선민 · 김유정 · 김주현 · 김지혜 · 박형원 · 백형의 · 우재희 · 이영선 · 이예승 · 이인정 · 이혜경 · 임정원 · 장수미 · 정선영 · 한인영(2020). 가족복지론. 서울 : 학지사.
통계청(2020a). 장래인구추계. 한부모 가구 비율.
______(2020b). 장래인구추계. 독거노인비율.
______(2020c). 인구동태통계연보. 국제결혼현황.
한경혜(1994). 동반자적 부부관계를 지향하는 가족, “세계가정의 해” 기념세미나. 열린사회와 가족 한국여성개발원.
한국어사전편찬회(1976). 한국어사전. 서울 : 현문사.
함인희(1993). 산업화에 따른 가족문제의 실태 및 유형에 관한 연구. 한국사회학회 1993년 전기 사회학대회자료집, 73-81.
허남순(2009). 가정위탁보호제도의 과제와 발전방안. 가정위탁세미나 자료집.
홍민주 · 태영숙 · 노미영(2012). 암환자를 돌보는 가족원의 스트레스, 대처방식과 소진의 관계. 종양간호학회지, 12(1).
홍봉수 · 강혜자 · 김미연 · 조 웅 · 전경란 · 김영호 · 김남식 · 박찬상 · 이순금 · 박영옥 · 임정자(2020). 가족복지론. 경기 : 공동체.
홍성희 · 김혜연 · 김성희 · 윤소영 · 고선강(2008). 건강가정을 위한 가정자원관리. 서울 : 신정.

가정법률상담소, http://www.lawhome.or.kr
가족법개정운동본부 http://antihoju.lawhome.or.kr

Carter, B., & McGoldrick, M.(1988). Overview : The change family life cycle-A framework for family therapy. In B. Carter., & M. Carter(Eds), *The changing family life cycle : A framework for family therapy*(2nd ed.). Boston : Allyn & Bacon.
Collins, D., Jordan, C., & Coleman, H.(1999). *An Introduction to Family Social Work.* F. E., Peacock Publishers, Inc.
Collins · Jorden · Coleman(2001), 김정자 · 권진숙 · 김만지 · 김미옥 · 김선희 · 김성경 · 김정진 · 김혜영 · 김희성 · 이연호 · 이원숙 · 장수미 · 정선영 · 최정숙(이화여자대학교 사회복지연구회). 가족복지실천론. 서울 : 나눔의 집.
Dail, P. W.(1988). Unemployment and Family Stress. *Public Welfare, Vol. 46,* No. 1, 30-34.

Duncan & Brown(1992). Miley, K. K., O' Melia, M., & DuBois, B. L.(1995). *Generalist Social Work, An Empowering Approach.* Allyn and Bacon.

Falbo. T., & Polit, D. F.(1986), A quantitativereview of the only-child literature ; Research evidence and theory delopment. *Psychological Bulletin, 100*, pp.176-189.

Hantrais, Linda & Marie-Therese Lerablier(1996). *Families and Family Policies in Europe.* London/ New York : Longman.

Hays. W. C.(1977). Theorists and theoretcal frameworks identified by family sociologists. *Journal of Marriage and the Family, 39*, 59-65.

Hepworth, D. H., Rooney, R. H., Rooney, G. D., Strom-Gottfried, K., & Larson, J. (2006). *Direct Social Work Practice : Theory and Skills*(7th ed.). Thomson, Brooks/Cole.

Hepworth, D., & Larsen, J. A.(1993). *Dirct Social Work Practice*(4th ed.). Brooks/Cole Publishing Company.

Hurlock, E B.(1964), *Child Development*(4th ed), Rev., New York : Mc Graw-Hill. Kohn.

Jones, L.(1990). Unemployment and Child Abuse. *Families in Society, 71*(10), 579-586.

Kadushin, A.(1980). *Child Welfare Service.* New York : Macmillan Publishing Co. Inc.

Kamerman, S. B., & Kahn, A. J.(ed.)(1979). *Family Policy : Government and Families in Fourteen Countries.* New York : Columbia University Press.

Kaplam, L., & Girard, J.(1995). *Strengthening High-Risk Families.* New York : Modern Liberary.

Kemp, A.(1998). *Abuse in the Family : An Introduction.* Brooks/Cole Publishing Company.

Kirst-Ashman, K. L., & Hull, Jr., G. H.(2002). *Understanding Generalist Practice*(5th ed.). Brooks/Cole Cengage Learning.

Larson, J. H., Wilson, S. M., & Beley, R.(1994). The Impact of Job Insecurity on Marital and Family Relationships. *Family Relations, 43*, 138-143.

McLeod, J. D., & R. C. Kessler(1990). Socioeconomic Status Differences in Vulnerability to Undesirable Life Events. *Journal of Health and Social Behavior, 31*, June, 162-172.

Miley, K. K., O'Melia, M., & Dubois, B.(1995). *Generalist Social Work Practice : An Empowering Approach.* Allyn and Bacon.

Nichols, M., & Schwartz, R.(2001). *Family Therapy : Concepts and methods*(5th ed.). Boston : Allyn & Bacon.

Saleebey, D.(1997). *The Strengths Perspective in Social Work Practice.* New York : Longman.

Titmuss, R. M.(1974). *Social Policy : An Introduction*, London : George Allen & Unwin Ltd.

Vosler, N. R.(1996). *New Approaches to Family Practice : Confronting Economic Stress.* Thousand Oaks, California : Sage Publications.

Zajonc, R. B. & Markus, G.B.(1975). *Birth order and intellectualdelopment. Pschology Review, 82*, 74-88.

Zimmerman(1995). *Understanding Family Policy : Theories & Application.* CA : Sage Pub.

찾아보기

저/자/약/력

강영숙
강서대학교 학사(사회복지학)
서울한영대학교 석사(사회복지학)
서울한영대학교 박사(사회복지학)
서울한영대학교 사회복지학과 교수

김성숙
서울성경신학대학원대학교 석사(사회복지학)
서울한영대학교 박사(사회복지학)
경기도평생교육진흥원 진로코디네이터
서정대학교 사회복지과 외래교수

조미정
경운대학교 학사(사회복지학)
계명대학교 석사(교육학)
계명대학교 박사(사회복지학)
대구공업대학교 사회복지경영계열 교수

가족복지론

|공저자| 강영숙 · 김성숙 · 조미정

|1판 1쇄| 발행 2024년 8월 30일
|1판 2쇄| 발행 2026년 1월 20일

|발행인| 김동훈
|발행처| **공동체**

|주소| 경기도 고양시 일산동구 호수로 358—39, 동문타워 I 905호(백석동)
|전화| 031)814-3000(대표)
|팩스| 031)814-3100
|홈페이지| http://compub.co.kr
|전자우편| compub@naver.com
|출판등록| 2005년 10월 6일
|등록번호| 제396-2005-36호

|ISBN| 979-11-6725-774-1
정가 23,000원